Gisela Schlatter

geb. 1957 in Schiltach, im Schwarzwald.
Ausbildung zur Technischen Zeichnerin,
danach Abitur mit Scheffelpreis für das
Fach Deutsch, Weiterbildung zur Maschinenbau-
technikerin.

Neuorientierung, in der Lebensmitte, beginnt
mit einer zweijährigen Asienreise.

10-jährige Leitung der Zwergschule, einer thera-
peutischen Einrichtung für schwererziehbare
Jugendliche in Nord-Italien.

Zurück in Deutschland, Schulbegleiterin.

Heute lebt sie mit ihrem Ehemann abgelegen im
Schwarzwald.

INHALT

Bei den vorliegenden Schilderungen handelt es sich um einen
Roman mit autobiographischen Zügen.
Viele Personen und Handlungen sind frei erfunden.
Ähnlichkeiten mit meinen Erlebnissen vor mehr als zwanzig
Jahren sind rein zufällig.

ERSTE FAHRT
Der Shop

Schon immer war es einer meiner größten unerfüllten Wünsche gewesen, nach Indien zu reisen. Nicht weil ich so naiv gewesen wäre, an den schnellen Weg zur Erleuchtung durch irgendeinen selbsternannten Guru zu glauben, vielleicht aber, weil ich vielen Jugendjahren doch ein bisschen nachtrauerte, die ich mit Ausbildung und Arbeit verbrachte, während andere über Afghanistan nach Goa trampten.

Dennoch, ein Rest von Zauber- und Aberglauben lag unübersehbar in mir, gemischt mit der Hoffnung, dass auch ein so rational lebender Mensch wie ich, noch einmal vom Unbekannten förmlich hinweg geblasen werden könnte. Und dann waren da auch noch meine Pläne mit Dominic.

Ich war bereits Anfang Vierzig, als ich zum ersten Mal indischen Boden betrat. Viele Tipps und Ratschläge erfahrener Morgenlandfahrer, wie ihm, Dominic, sollten mir erste Fehler und Frustrationen ersparen, für die ich natürlich auch zu alt war. Außerdem gab es den unvermeidlichen Lonely Planet und dennoch landete ich im Schlepptau eines kanadischen Pärchens, welchem ich mich am Flughafen von Panjim angeschlossen hatte, in einem viel zu teuren Guesthouse von Anjuna. Es war bereits dunkel gewesen und eine heiße Wand, vermischt mit würzigen Düften, war mir entgegengeschlagen, als ich das Flugzeug verließ. Ganz klein saß ich dann hinten im Taxi mit dem Rucksack auf dem Schoß und wollte einfach nur irgendwo ankommen.

Die portugiesische Villa lag in einem kleinen Park, der von einer alten Steinmauer umgeben war und vermittelte das Gefühl von Geborgenheit und Schutz. Dies entsprach genau dem, was ich in diesem Augenblick brauchte, stand aber in deutlichem Widerspruch zu den geplanten Abenteuern, welche schließlich der Grund für mein Herkommen waren. Mein Zimmer war im Gegensatz zum Preis eher bescheiden. Das einfache, aber saubere Bett stand in einem unförmigen hohen Raum. Ein schräges Dach über mir eröffnete die Aussicht auf die nackten Ziegel von innen. Hoch oben gab es Spinnen, die harmlosen Geckos an der Wand hatte ich auch noch nie zuvor gesehen und ich überlegte, wie nah mir all diese Krabbeltiere wohl im Schaf kommen würden. Am nächsten Morgen hieß es, die Kanadier hätten früh ausgecheckt und wären weiter nach Norden gefahren. Das war mir recht so, denn ich wollte meine ersten Stolperschritte in dieser neuen Welt lieber anonym und unbeobachtet unternehmen. Allein mein ausgeprägt schlechter Orientierungssinn zwang mich zu überlegtem Handeln, was hieß: nie einen Weg gehen, ohne vorher genau auf den etwaigen Rückweg zu achten. Doch das war gar nicht leicht hier in Anjuna. Alle Wege glichen sich und erschienen mir endlos lang. Überall waren schmale geteerte Sträßchen unter Bäumen und ich hatte zunächst zwei Ziele: erstens das Meer und zweitens, das Zentrum. Das Meer fand ich auch, nach langen schweißtreibenden Märschen, aber ein Zentrum war einfach nicht zu finden! Bei meinen Wanderungen stieß ich immer wieder auf Häuser, auf Cafés oder Restaurants, ja plötzlich stand ich sogar unvermittelt vor der German Bakery, aber das Zentrum, dort wo alle waren und alles stattfand, wo war das?

Ich setzte mich an einen Tisch und wusste nicht recht, ob ich warten sollte. Um mich saßen wenige kleine Gruppen von Leuten, die sich in Englisch unterhielten. Die sahen eher normal aus und ich dachte, die Richtigen sitzen ohnehin anderswo. So trank ich einen Orange Juice und setzte meine Odysee fort.

Das Schlimmste war aber, dass ich mit der Zeit realisierte: Ich bin die Einzige, die auf diesen Sträßchen zu Fuß unterwegs ist. Ständig kam mir ein Zweirad entgegen, oder ich wurde von selbigen überholt. Oft empfand ich das als bedrohlich, weil diese Hippies hier blitzschnell hinter den Straßenbiegungen auftauchten und das sinnlose Gas geben auch mit einer enormen Lärmbelästigung verbunden war. Das hatte ich mir anders vorgestellt: vergeistigte Wesen, ob nun kurz vor dem Nirvana oder einfach nur bekifft, hatte ich stets in Stille und sitzend, vor meinem geistigen Auge und nun kamen die zweirädrig daher, was ich als eher unwürdig empfand.

Da gab es vor allem Motorroller, Scooter genannt, wenige Mofas und unglaublich viele schwere Maschinen. Davon waren die Enfield Oldtimer so etwas, wie die Königsklasse. Das sah ich bereits an diesem ersten Tag, denn wenn mich nicht alles täuschte, fuhr der betagte Goa Gil, mit seinen langen wilden Dreads, persönlich mit so einem Vehikel an mir vorbei. Aber wohin?

Der zweite Tag glich dem ersten, ich setzte meine Wanderschaft fort. Manches erkannte ich wieder, aber die Abenteuer wollten auf sich warten lassen.

Da hörte ich hinter mir eine kindliche Stimme: „Hello, what's your name?"

Ein kleiner Junge holte mich ein, endlich noch ein Fußgänger. Er war barfuß und ärmlich gekleidet, aber seine großen schwarzen Augen lachten aufgeweckt. Ein bisschen freute ich mich über das Kerlchen, ein bisschen fand ich es auch peinlich, dass das nun meine erste Bekanntschaft sein sollte. Auf die Frage: „What is your countrie?", antwortete ich brav: „Germany", so wie ich es später noch tausendmal getan habe und er lief begeistert neben mir her.

Dann kam es: „Please come to my shop!"

Aha, das war es also, dachte ich enttäuscht und wollte ihn dann allmählich los werden. Ich begann ihm zu erklären, dass dies hier der Anfang meiner Reise wäre und dass ich jetzt noch nichts kaufen wolle, sonst müsse ich das doch alles mit mir rumschleppen. Ja vielleicht am Ende der Reise, da käme ich vielleicht. Aber der kleine Teufel ließ nicht locker und erklärte mir, dass sein Shop nur um die Ecke wäre und ich doch nur mal ganz kurz schauen könnte. Es hatte mich schon gewundert, dass er von SEINEM Shop sprach und nicht vom Shop seines Vaters oder der Mutter.

Man wird den Jungen losgeschickt haben, dachte ich, und er tat mir auch ein bisschen leid. Dennoch wollte ich mich nicht gleich so vereinnahmen lassen, schließlich war ich nicht hier her gekommen, um das halbe Land zu retten. Um mir selbst meine eigene Souveränität zu beweisen, riss ich mich los, versprach aber, am Abend bei seinem Shop in der Seitenstraße vorbei zu schauen.

Wieder war der Tag ein ergebnisloses ermüdendes Umherwandern. Als ich in der Abenddämmerung in die Gasse einbog, sah ich den Jungen am Straßenrand sitzen. Vor ihm lag ein kleines schmutziges Tuch, auf welchem wenige Habseligkeiten ausgebreitet lagen, ein Sortiment Räucherstäbchen, billige Kettchen und ein paar Shiva Abziehbilder. Seine Augen leuchteten, als er mich sah und voller Stolz zeigte er mir seine Ware.

„This is my shop."

Es lag keinerlei Ironie in seinen Worten und ich begriff, dass zwei Menschen eine ganz unterschiedliche Wahrnehmung von ein und derselben Sache haben konnten. Für mich sah das nach nicht mehr, als einem Kinderspiel aus, für ihn war das sein Shop, seine Existenz? Natürlich kaufte ich die Räucherstäbchen und ging nachdenklich zum Zimmer zurück. Dieser kleine, stolze Mann, das war eine gute, erste Lektion.

Sam

Am nächsten Morgen fuhr auch ich nach Norden.

Dominic hatte gesagt: „Fahr nach Arambol, das wird dir gefallen."

Dort gab es endlich Fußgänger, ein Zentrum und das Meer sah man auch sofort und von überall her. Man fühlte sich hier gleichsam um Jahre zurück versetzt. Viele der Unterkünfte waren sehr einfach, oft nur ein besserer Unterstand bei Fischern unter niedrigen Palmdächern. Die Mehrheit der Einheimischen bestand aus Hindus und morgens hörte man über einen scheppernden Lautsprecher spirituelle Gesänge, die eher weltliche Gefühle in mir auslösten. Die meisten Ausländer pflegten den alten Hippystyle aus den 70ern und Techno war geradezu verpönt. Während das katholische und noblere Anjuna von ziemlich coolen (Nord-) Deutschen dominiert war, herrschten hier in Arambol die Italiener mit ihrem Zentrum, dem Restaurant Fellini. Dort konnte man nicht nur original Pasta in allen Varianten bekommen, sondern auch Espresso wie in Rom, alles per Seefracht von Genua nach Mumbai.

Viele Italiener reisten in kleinen Gruppen und meistens konnte nur einer davon wirklich Englisch. Durch Dominic, der selber Italiener war, sollte ich später einige seiner Landsleute kennen-und lieben lernen. Fast alle waren strenge Shilomraucher und in jedem Rucksack befand sich irgend etwas Kulinarisches aus der Heimat, sodass ihre geselligen Abende, sowohl aus gemeinschaftlichem Kochen, als auch Rauchen bestand, beides auf höchstem Niveau. Handgemachte Musik vervollständigte anschließend das kollektive Glück. Die obligatorische Gitarre fehlte selten, dazu kamen Tablas oder andere Percussions - und selbstverständlich gemeinsamer Gesang:
„Do you really know what´s going on in India", klingt mir da noch im Ohr, aber natürlich sangen sie vor allem Lieder aus der Heimat, die mir unbekannt waren. Das hat für Deutsche etwas von Pfadfinderromantik mit Lagerfeuer und nicht wenigen von uns wäre diese Art der Gemeinsamkeit eher peinlich.
Aber irgendwie beneiden wir sie auch, diese Italiener, die zusammen halten, wenn sie auf Landsleute treffen und nicht wie wir, lieber in Deckung bleiben, oder gar davon laufen, wenn wir im Ausland die eigene Sprache hören.

Aber das alles wusste ich damals noch nicht. Ich war am Nachmittag mit dem Local Bus angereist und ließ mich von einem einfachen, höflichen Mann in kurzer Hose, Hemd und Gummilatschen in einen „cheep room, very basicly", führen.
Der eher finstere, kleine Verschlag lag gleich hinter dem Strand und man konnte Meeresrauschen und den Wind in den Palmen hören. Das fand ich exotisch, authentisch und billig war es obendrein. Die sanitären Verhältnisse waren all das auch und schon am selben Abend bestand ich die Probe, vor der ich mich wirklich gefürchtet hatte, nämlich das Hintern abwischen nur mit Wasser, ganz ohne Papier.

Auch wenn ich morgens stets eine ganze Weile brauche, bis ich im Tag angekommen bin, hatte das Erwachen an diesem Ort etwas Befreiendes, Leichtes. Nach Kaffee, Mixed fruit salad oder Pancake mit Meerblick im Restaurant nebenan, wollte ich die Gegend erkunden. Richtung Norden endete das Dorf in einem Fußweg entlang der Küste. Der Sandstrand wurde durch niedere

Felsblöcke abgelöst und gegenüber erhob sich eine bebaute Hügelkette. Einstöckige Häuschen gruppierten sich zwischen Palmen und Gebüsch. Hier wohnten offensichtlich auch Traveller, was an den Wäscheteilen, die teilweise davor hingen, leicht zu erkennen war. Wer hier wohnte, verfügte über eine Veranda mit Sonnenuntergang im Arabischen Meer, was sicher seinen Preis hatte. Außerdem hieß es, die Häuschen wären nicht sicher, es gäbe immer wieder Diebstähle.

Nach etwa einer halben Stunde erreichte ich wieder einen Sandstrand, wo sich schon Einige niedergelassen hatten. Gleich dahinter lag ein kleiner Süßwassersee, der von einem Bächlein, das vom nahen Bergwald herunter floss, gespeist wurde. Die Hitze hatte allmählich zugenommen und ich nahm ein genussvolles Bad, zuerst im Meer und anschließend im See. Vom Dschungel her näherte sich nun ein blonder, fast nackter Mann, der gänzlich mit Lehm eingerieben war, auch im Gesicht, was äußerst wild aussah. Auch er nahm ein Bad im See und verwandelte sich schnell wieder in einen Touristen.

Dominic, mein in Deutschland gebliebener Freund, hatte mir all das schon beschrieben. Ursprünglich wollte wir zusammen- und zwar „One Way" hier her kommen, aber weil unsere Beziehung zunehmend schwieriger geworden war, sagte er eines Morgens beim Frühstück in dem alten Bauernhaus, das wir damals gemeinsam bewohnten:

„Du warst noch nie in Indien und hast keine Ahnung, ob du dort klar kommst, geschweige denn, ob es dir dort überhaupt gefällt?"

Da hatte er natürlich recht, aber für mich klang das wieder einmal wie ein Vorwurf, ein weiterer Hinweis für meine Unzulänglichkeit, mein „falsches Leben."

Doch heute war er nicht böse, sondern sehr klar.

„Fahr doch erst mal für zwei Monate alleine nach Indien und wenn wir dann zusammen dort sind und es nicht mehr miteinander aushalten, kannst du gehen, wohin du willst und bist nicht abhängig von mir."

Er hatte recht, aber er meinte natürlich, dass er mich im Zweifelsfall auch wieder los werden würde.

Vor ein paar Jahren hatte Dominic auch hier den Lehm abgewaschen, nur er sah danach immer noch wild aus. Ich konnte mir lebhaft vorstellen, wie er stolz, braungebrannt und mager mit seinen langen schwarzen Rastahaaren die Szenerie beherrschte. Oben im Dschungel hatte er ein paar Tage, oder waren es Wochen?, bei einem Banyan Tree campiert. Dort gab es einen kleinen Shivaschrein, bei welchem Opfergaben, wie Blumen, Räucherwerk oder Früchte abgelegt wurden.

Am Nachmittag, als es immer heißer wurde, machte auch ich mich auf den Weg am Bach entlang. Immer wieder traf ich auf mit Ton panierte Leute, neben oder im Wasser. Am Banyan Tree selber war eine kleine Rauchergruppe versammelt und ich gesellte mich wortlos dazu.

„Das dauernde: Wer, Wie und Warum, das interessiert dort niemanden. Man ist dort nicht so rational wie du. Man kann einfach mal den Mund halten", hatte Dominic mir eingebläut.

OK, das war ja nicht so schwer. Und wer kann schon unterscheiden, ob einer nun Philosoph ist und sich bereits in Sphären befindet, oder doch nur, ganz einfach, nichts zu sagen hat.

Später wurde dann doch noch über eine Schlange gesprochen, die hier wohl gelegentlich auftauchen würde und ich war dann auch froh, wieder den Rückweg antreten zu können.

Zurück im Dorf begab ich mich auf die Suche nach einem Obststand und fand mich unvermittelt vor dem berühmten Fellini.

Das dreistöckige, stattliche Gebäude beherbergte im Erdgeschoss die Küche und ein paar einfache Tische und Stühle, die bereits jetzt, am frühen Abend, fast alle besetzt waren. So nahm ich die Außentreppe ins zweite Stockwerk, wo mir gleich diese Woge aus Lachen und lautstarker Unterhaltung entgegen strömte, die einen Einzelnen stets in Verlegenheit bringt und einen Fluchtimpuls auslöst. Indische Kellner drängten mit köstlichen Speisen an mir vorbei zu den voll besetzten Tischen. Hier war das eigentliche Restaurant, wo es nicht einen freien Platz zu geben schien. Aber es war Samstag Abend und ich wusste, ein Stockwerk weiter oben, auf der Dachterrasse, würde es heute, wie jeden Samstag, Live Musik geben. Das Fellini stellte die Instrumente zur Verfügung und jeder, der sich traute, oder für kompetent hielt, konnte sich an der Session beteiligen, so hatte ich gehört.

Oben angekommen, wurde ich gleich durch eine laue Brise, vom Meer her, beruhigt. Zwei langhaarige Mittvierziger bauten bereits die Instrumente auf, es gab den üblichen Soundcheck. Ich ließ mich auf einer Bank am Geländer, Richtung Seeseite, nieder und wollte hier so lange ausharren, bis es los ging. Ein weiterer Musiker gesellte sich mit einer Gitarre dazu und probierte ein paar Riffs. Mit ihm war eine dunkelhaarige, ehemalige Schönheit, Anfang Fünfzig, gekommen, die aufgeregte Blicke zwischen die Musiker warf. Man sprach englisch, aber die Frau war Deutsche, unverkennbar. Hatte ich den Namen Angelika oder Angie gehört? Sie trug Jeans, Achselshirt und viele bunte Ketten. Die langen braunen Haare trug sie klassisch: Mittelscheitel ohne Pony, ihre Figur noch immer tadellos.

Angie schien nervös, lief von einer Ecke in die andere, bis ihr ein Mikrofon gereicht wurde. Ah, dachte ich: verkannter Rockstar!

Und so war es. Zuerst „One, two, one two," und dann: oh, bitte nicht! „There is a house in New Orleans ...", mit dem Gitarristen, der auch Deutscher war.

Die Italiener stimmten kurz mit ein und einer sagte dann: „OK!" Es wurden dann diverse andere Stücke angespielt und allmählich füllte sich die nach drei Seiten offene Terrasse. Ich hatte einen Mangoshake bestellt, beobachtete und fühlte mich sicherer, seit ich nicht mehr das einzige Publikum war.

Woouu!, dachte ich, noch vor etwas mehr als einer Woche saß ich noch vor dem Computer und quälte mich mit dem CAD-Programm in der Firma herum, mit Blick auf den grauen Novemberhimmel und jetzt, war ich hier - sozusagen mitten drin. Niemand kannte mich und ich war keinem was schuldig.

Man sah mir all das nicht an und ich würde es auch keinem erzählen. Wenn man über Vierzig ist in Goa, denkt jeder: Die war schon vor zwanzig Jahren hier und man wird respektiert.

Angie tat mir jetzt doch ein bisschen leid und wurde immer unruhiger, bis es endlich los ging. Lauter alte Titel, mäßig gespielt und mäßig gesungen. Anfangs hörten noch einige zu, doch mit der Zeit wurde die Unterhaltung dann immer lauter. Angie spürte, dass sie das Publikum nicht bannen konnte, als sie „Black Magic Woman" anstimmte.

Da gab es Unruhe im Publikum: Die Gruppe um einen Schwarzen applaudierte diesem fordernd mit lauten „Dave, Dave"-Rufen. Er wollte lachend abwehren, aber seine Freunde ließen nicht locker, bis er auf der Bühne stand.

Er war kräftig gebaut, Glatze, schwarze glänzende Haut, blütenweiße Jeans und weißes, enges T-Shirt über prallen Muskeln, dazu rhythmische Bewegungen.

Im Grunde habe ich während all der Jahre in Asien, so gut wie nie Schwarze gesehen, warum auch immer. Entweder sie bereisen dann doch lieber Afrika, anstatt Asien oder die Traveller aus USA sind generell eher Kinder der Mittel- und Oberschicht, was den Anteil der Schwarzen von vorne herein reduziert.

Als er dann einsetzte mit: „I´ve got a black magic woman", die richtige Stimme, der richtige Ton, wurde es kurz still auf der Terrasse. Das konnte alle mitreißen, ein super Typ, ein super Song, so musste das sein! Rasender Beifall folgte, doch der Mann ging zurück zu seinen Freunden. Mehr wollte ich dann auch nicht mehr sehen und bahnte mir den Weg durch die Menge, zurück in meine bescheidene Hütte.

Die nächsten beiden Tage verliefen ohne nennenswerte Ereignisse und Begegnungen. Oft spazierte ich am Vormittag zum Süßwassersee, führte eine kurze Unterhaltung mit einem Schachspielverkäufer und der Höhepunkt des Tages wurde allmählich das Essen.

Gebratenen Fisch mit Kartoffeln und Salat mochte ich gerne, aber auch indische Gerichte probierte ich aus. Ich erinnerte mich daran, dass ich mich stets darüber lustig gemacht hatte, wenn ich meine Mutter nach dem Gelingen eines Sonntagsausflugs fragte und sie daraufhin entgegnete: „Ja, es war schön, der Papa hatte ein Jägerschnitzel und ich einen Seniorenteller."

Als ich dabei, wie inzwischen jeden Abend, am Strand saß und mit einigen anderen auf den Sonnenuntergang wartete, musste ich schmunzeln und dachte, es ist wohl Zeit, weiter zu ziehen.

Ein kleiner dunkler Mann, etwas älter als ich, in braunem Lungi und einem Haarknoten, saß wieder ganz in meiner Nähe. Auch er war allein und gestern schon hatte ich über sein Herkunftsland spekuliert. Israeli, Halbinder, aus USA oder sonst irgend ein Land halb?

Nun hatte ich den genauen Moment des Untergangs verpasst. Die meisten erhoben sich bereits und schlugen den Weg zu den Restaurants ein. Der Mann war auch aufgestanden und kam geradewegs auf mich zu.

„Tonight is musik and a fire on the sweetwater lake, if you want."

„Thank you", lächelte ich zurück und weg war er.

OK, dachte ich, gegessen hatte ich bereits und bei Dunkelheit alleine zu diesem See laufen, da war es mir doch mulmig zumute. Andererseits von einem solchen, geradezu geheimnisvollen Mann eine Einladung zu bekommen, das war spannend und schmeichelte mir. So hatte dieser Einzelgänger also doch Bekannte, oder war das ein Trick, eine Falle und ich würde ihn ganz alleine antreffen? Auch wenn mir die typischen Ängste: Raub, Vergewaltigung und Schlimmeres durch den Kopf schossen, auch die Möglichkeit einer Art Test oder Mutprobe zog ich in Erwägung, da wollte ich hin! Außerdem sah er zwar etwas finster aus, aber eher im Sinne von traurig, als böse und im Grunde schien er mir doch vertrauenswürdig.

Die wenigen Stunden bis zum Aufbruch verbrachte ich im Dunkeln in meiner Hütte. Natürlich konnte ich es kaum erwarten und zog früher mit meiner Taschenlampe los, als ich geplant hatte. Der zunehmende Mond schien als Sichel durch die Palmen, Shiva moon, wie ich später erfahren sollte. Die mächtigen Palmäste ächzten im Wind und Sterne blinkten vereinzelt. Schnell hatte ich mich an das spärliche Licht gewöhnt und es schien mir ratsamer, ohne Lampe zu gehen. Ich schritt zügig voran und vermied es, mich umzuschauen, ignorierte jegliches Knacken und Huschen im Gebüsch, bis ich schließlich schon von Weitem den Lichtschein eines Feuers wahrnehmen konnte.

Tatsächlich saßen fast zwanzig Leute im großen Kreis ums lodernde Feuer, das die Gesichter rundum reflektierten. Nach kurzem suchenden Blick, entdeckte ich den kleinen Mann, sozusagen meinen Gastgeber.

Er schaute kurz auf, als ich mich näherte und wandte seinen Blick dann wieder dem Feuer zu. Einer spielte Gitarre und sang ein Lied dazu, irgendwas mit „Shiva Shampoo", was wohl ironisch gemeint war, weil er immer wieder dabei lachte. Gut, dachte ich, wieder Schweigen und setzte mich in eine Lücke. Natürlich wurde geraucht, es gab von den drei offensichtlich wichtigsten Anwesenden gelegentlich Konversation in Englisch und dann wurde wieder musiziert. So ging das eine ganze Weile und ich schaute immer wieder zu meinem Gastgeber, der mich aber völlig ignorierte, warum auch immer. Nach einer geraumen Zeit stand er auf und ging. Nun hatte ich ja gedacht, man würde später doch noch reden, sodass ich jetzt verblüfft und enttäuscht zurück blieb. Ich wartete noch eine Weile und beschloss dann auch den Heimweg anzutreten.

Nach einigen Metern nahm ich hinter mir Schritte wahr. Beim Umdrehen erkannte ich einen der Redner: ein großer, sportlicher Kerl in meinem Alter, weiße Hose, kurze Haare, kein Hippie. Er lächelte und fragte, ob er ein Stück mit mir gehen könne. Auch er wirkte vertrauenswürdig. Ich war froh, so spät nicht alleine gehen zu müssen und endlich mal wieder zu sprechen.

Er war Amerikaner, erzählte mir alles Mögliche, wovon ich nur die Hälfte verstand und lud mich noch zu einem Tee in sein Häuschen ein.

Er hatte eines dieser Begehrten am Hügel, mit Terrasse, Hängematte, Kocher und all solcher Dinge, die mir auch gefallen hätten.

Warum nicht? Ich ging mit und erwähnte aber vorsichtshalber gleich meinen Freund, mit welchem ich in der nächsten Season länger hier sein wolle. Diesen Wink hatte er verstanden und es entwickelte sich ein ungezwungenes Gespräch über Gott und die Welt.

„You see the shiva moon?", fragte er und zeigte auf die Sichel, die immer wieder von rasenden Wolkenfetzen verdeckt wurde.

„Yes", antwortete ich, „It looks very special."

Ich betrachtete den Mond und fragte mich selber, warum das so seltsam und ungewohnt aussah. Plötzlich wusste ich es! Daheim stand die Sichel senkrecht am Himmel und hier lag sie, waagerecht!

Inzwischen hatte sich der Nachthimmel völlig verdunkelt und ein Sturm peitschte durch die Palmen. Vom Meer her streute Wetterleuchten dramatische Szenen ins Dunkel und mit dem ersten Blitz, setzte donnernder Regen ein.

„This is India", grinste der Amerikaner. „You never know, what happens."

„I should go", antwortete ich kleinlaut, obwohl mir klar war, dass das ein Ding der Unmöglichkeit war.

„You can stay here, if you want."

Das hatte mir gerade noch gefehlt. Kaum zwei Wochen in Indien und schon übernachten bei einem anderen Mann!

Und tatsächlich, ich musste ihn mir ein paar mal vom Leibe halten, oder eher schieben. Er hielt das Unwetter, welches die halbe Nacht wütete, anscheinend für eine schicksalhafte Fügung, die uns gegenseitig förmlich in die Arme trieb. Hartnäckig bin ich nicht unbedingt aus moralischen Gründen geblieben, sondern ich war einfach kein bisschen verliebt in diesen Menschen und Sex, nur weil es regnet, war für mich kein Grund. Erst in den Morgenstunden fand ich einen unruhigen Schlaf.

Am frühen Vormittag verabschiedete ich mich so schnell wie möglich. Der Boden dampfte, fremde Vögel sangen fremde Lieder und der Spuk der Nacht war verschwunden, wie er gekommen war. Mein Ärger hatte sich auch verflüchtigt und mir war nach Essen zu Mute, womöglich Eier mit gebratenem Speck.

Gerade als ich den letzten Schluck Kaffee getrunken hatte, kam eine Gestalt mit großem Marschgepäck die inzwischen schon wieder staubige Hauptstraße entlang.

Der kleine dunkle Mann mit dem Haarknoten schien abreisen zu wollen. Er stellte seinen Rucksack neben dem Eingang des Restaurants ab und kam zu mir an den Tisch. Auch er bestellte Kaffee und begann in der größten Selbstverständlichkeit, zudem in deutscher Sprache: „Heute fahre ich nach Hampi, warst du schon mal dort?"

„Nein", erwiderte ich, „ich bin erst seit zwei Wochen hier und überhaupt das erste mal in Indien." Mir war es jetzt völlig egal, was man von mir dachte und zu meiner Überraschung war es das Sam, so hatte er sich inzwischen vorgestellt, anscheinend auch.

„Hampi solltest du dir anschauen: alte Tempel und Tempelruinen auf einem riesigen Areal zwischen magischen, gigantischen Monolithen."

„Ja, das hört sich gut an, da wollte ich auf jeden Fall hin."

„Ich werde eine alte Freundin besuchen, Sharda, Französin. Sie lebt hier seit mehr als dreißig Jahren und hat ein kleines Haus in Anegundi. Da fährst du einfach mit dem Boot über den Fluss und dann hast du noch einen Fußweg von etwa 5 Kilometern. Komm einfach vorbei, Sharda wird sich freuen."

Die Worte Sharda und Anegundi schrieb er dann auf eine Serviette, als ein Motorrad Taxi vor dem Lokal hielt. Sam erhob sich, nahm seinen Rucksack und lächelte zum Abschied: „Also, Tschüss, wir sehen uns." Er gab dem Fahrer die Hand, stieg auf den Sozius und weg war er. Woouu! das war natürlich ausgesprochen nach meinem Geschmack und ergänzte meine Pläne, wie die heißen Himbeeren das Vanilleeis.

Zwei Tage später saß ich im Nachtbus nach Hampi, oder besser gesagt, ich lag in einem dieser Sleeperbusse, das erste und letzte Mal. Der Bus steuerte über eine breite, gut ausgebaute Straße aus Panjim heraus und es dämmerte. Flache rötliche Strahlen verklärten eine sandig gelbe Ebene. Wir fuhren durch belebte Kleinstädte, mit offenen Läden, hatten die Grenze zu Karnataka bereits überschritten. Töpfe, Plastikschüsseln, Klopapier oder ganze Bananenstauden hingen seitlich der Türen, daneben Kleidergeschäfte mit goldbestickten Saristoffen, Berge glitzernder Armreife, Chaishops, die auch Samosas anboten und Menschen, viele bunte Menschen, dazu Rikschas, Kühe und Lärm aller Art.

So sah also Indien jenseits von Goa aus! Es wurde Nacht, als die Straßen schmäler wurden und einen die Schlaglöcher fast unter die Decke schleuderten. Die Landschaft war kaum mehr erkennbar, aber es ging bergauf, bergab und der Bus nahm die Kurven so scharf, dass man die Fliehkräfte spürte und mir himmelangst wurde. Gegen Mitternacht hielten wir bei einer Art Raststätte und ich sah dunkle, ärmliche Männer ihre Hände an offenem Feuer wärmen. Sie trugen Lungis und Gummischuhe, dazu aber schäbige Jacketts, manche Strickmützen.

So ging das die ganze Nacht und ich stieg bei den Stopps nur aus, wenn ich unbedingt musste.

Wenn Dominic mich jetzt sehen würde, wäre er stolz auf mich, oder würde er sagen: „Man nimmt doch keinen Sleeperbus!"

War er froh, endlich wieder seine Ruhe zu haben, oder vermisste er mich? Vor meinen Augen erstand ein Bild von diesem einsamen alten Haus, wo dunkelbraune Schindeln vor eisigen Herbstwinden schützen. Vielleicht war aber auch schon Schnee gefallen. Ich sah das Wegkreuz zwischen zwei im Frost erstarrten Birken, als der Bus scharf bremste und ich aus einem kurzen Schlummer aufschreckte. Eine Kuh stand in einem Städtchen mitten auf der Fahrbahn und wurde weggeschoben, eine fünfköpfige Familie fuhr auf einem Roller an uns vorbei und führte auch noch ein Huhn in einem Käfig mit sich. Männer kauten Betelnüsse und spuckten eklig rote Brühe auf den Asphalt. Das alles war zauberhaft fremd, aber auch furchteinflößend und ich war froh, als das Morgengrauen die Schrecken und glühenden Blicke dieser Nacht vertrieb.

Sharda

Als ich aus dem Bus stieg, fühlte ich mich wie gerädert. Ein paar Inder hatten sich bereits versammelt und lockten die Aussteigenden mit ihren sensationellen Übernachtungsangeboten. Ich war so erschöpft, dass ich dem nächst Besten folgte.

Er führte mich in ein solch übles Verlies, dass ich fast geweint hätte. Der längliche, mit Lehm verputzte Flachbau bestand auf der einen Seite aus einem schmalen Gang und gegenüber befanden sich die Rooms, oder ich will lieber mal „Zellen" sagen. Jede hatte eine Tür, ein vergittertes Fenster, durch welches Heerscharen von Moskitos ein- und ausfliegen konnten und eine Liegestatt, auf welcher ich gleich meinen Sommerschlafsack ausbreitete, damit ich die fleckige Matratze nicht sehen musste. Die Gemeinschaftstoilette bestand aus einem einfachen Loch im Boden, das nicht für jeden Ausländer so leicht zu treffen war und nachspülen konnte man mit einem rosa Schöpfbecher aus Plastik. Dusche gab es keine, dafür aber ein weiteres, kloartiges Kämmerchen, ebenfalls mit Loch nach unten, Eimer und Schöpfbecher.

„In einfachen Unterkünften trifft man die interessanteren Menschen", hatte ich gehört.

Mag sein - oder auch nicht. Jedenfalls war dieser Room ein echter Fehlgriff, aber ich war zu erschöpft, um meine Situation zu verändern.

Bei der ersten Erkundung am nächsten Tag, fand ich gleich eine Art German Bakery und wie so oft in Indien, in der Hand eines sympathischen Nepali. Hier ließ es sich frühstücken, es wirkte sauberer und freundlicher, als man das oft bei Indern erlebte. Auch die Nepali waren hier Fremde und versuchten ihre Chance auf ein bisschen Wohlstand zu nutzen.

Auf dem Weg zu den Tempeln begegnete ich vier jungen Frauen, die gekonnt schwere Lasten, lange, geschnittene Binsen, gebündelt auf ihren Köpfen, balancierten. Die gewählten Schritte, unter Last, die bunten Gewänder und ihre schmalen Silhouetten, verliehen ihnen Grazie und Würde. Ihre fröhliche Unterhaltung hatte etwas Ansteckendes und als sie mich sahen, kicherten sie erst recht.

Im Hintergrund erhob sich ein Bergrücken und riesige, glatte Steinbrocken lagen verstreut, als hätte ein Riese seine Spielzeugschachtel hier ausgekippt.

Auch für den Bau des archaisch wirkenden Tempels, den ich betrat, hatte man diesen warmtönigen, rotbraunen Stein verwendet. Eine quadratische Basis mit Säulengängen rundum, wurde gekrönt von nach oben hin immer kleiner und filigraner werdenden Türmen, in welche mythische Figuren und Szenen eingemeißelt waren.

Über allem lag dieser kakaofarbene Ton, der im Abendlicht rötlich schimmerte. Im Innern des Tempels fanden sich verschiedene blumengeschmückte Altäre und ein gigantischer, liegender Stier, Nandi, Shivas Gefährte, lag lebensgroß in der Mitte des Raumes.

Auf schmalen Pfaden, die durch einen Palmenhain bergan führten, erreichte ich einen Aussichtspunkt, der mich viele dieser Sakralbauten erspähen lies. Neuere hatten weißen Putz und andere waren bereits halb zerfallen, verloren sich wieder zwischen den mächtigen Monolithen.

Unter einem Mangobaum von gigantischem Ausmaß trafen sich hier die Traveller, tranken Tee und rauchten.

Man konnte im Schatten irgendwo dazu sitzen und ich erfuhr von ein paar Engländern, die auf mich keinen besonders vertrauenswürdigen Eindruck machten, dass heute Abend auf der anderen Seite vom Fluss, eine Party wäre. Ich fragte nach dem genauen Ort, doch einer antwortete mir: „I don`t know", a friend of mine knows. We go there later, if you want, you can follow us."

In Goa hatte ich keine Party erlebt und hier wollte ich die Gelegenheit keinesfalls verpassen. Wir saßen noch eine halbe Ewigkeit herum, dann ging es zu der Unterkunft des Freundes und ich war überrascht, wie komfortabel dieser wohnte. In einem gut durchlüfteten Zimmer mit großer Veranda davor, stand ein riesiges Doppelbett, welches unter einem ebensolchen weit ausladenden Moskitonetz aussah, wie das Lager einer Prinzessin aus dem Morgenland. Auf der Terrasse wurde wieder Tee gereicht, geraucht und Proviant für die Nacht, also Drogen aller Art, ausgetauscht und eingepackt, bis die kleine Gruppe von circa sieben Personen mit mir, loszog.

Es ging den Weg hinunter zum Fluss, mit einem Boot auf die andere Seite, durch Felder, ein kleines Wäldchen, wieder Felder und da es bereits dunkel war, wurde mir klar, dass ich den Weg zurück nie mehr finden würde. Ich müsste also die ganze Nacht hier bleiben, ob es mir gefiele oder nicht.

Als wir beim Partygelände ankamen, wurde bereits getanzt. Um den, mit Schwarzlicht spärlich ausgeleuchteten Platz, saßen vereinzelt kleine Gruppen.

Das Soundsystem war ein Desaster. Die Bässe schepperten und auch die Deko war bescheiden. Egal, dachte ich, in der Schweiz oder in MeckPom wäre das zwar undenkbar, aber dafür sind wir in Hampi und müssen nicht am Montag, über die Autobahn zurück nach Hause und zum Arbeiten fahren.

Da ich schon seit Stunden nichts mehr gegessen hatte, setzte ich mich erst mal auf die Matte einer Chaimama, die außer Tee, auch noch Kuchen, Zigaretten und Obst offerierte.

Die Engländer hatte ich inzwischen aus den Augen verloren, aber das war OK. Jeder macht seine eigene Party. Die Rhythmen gingen allmählich in mein Blut über und ich kam in Stimmung. Das Dancefloor war noch nicht so voll, genau der richtige Augenblick für mich zum Tanzen.

Meine Beine bewegen sich im Takt, die Arme und der Oberkörper schwingen und gleiten auf den Höhen der Melodie, alles geht wie von selbst. Je länger ich tanze und je mehr ich eins mit der Musik werde, um so weniger Kraft brauche ich. Der Tanz ist wild, aber die Energie nimmt zu. Die Musik fließt widerstandslos durch den Körper und befreit allmählich den Geist. Das Lächeln auf den Lippen will kein Ende nehmen.

Stunden vergehen, nur immer wieder kurz etwas trinken und dann zurück auf die Wolke. Ein Lächeln trifft auf ein anderes und die Energie steigert sich. Dazwischen mal an einer Tüte ziehen ist auch nicht übel. Übel ist nur, wenn du plötzlich von jemandem angesprochen wirst, jemand, der all das nicht weiß, nicht kennt und versteht. Der holt dich runter auf die Ebene normal- banal, was für ein Bruch! Am Besten man lächelt und macht einfach weiter.

In diesem Schwebezustand, dem Glücksrausch in dieser Musik, da hatte Dominic sich in mich verliebt. Er sah mein Lachen und wie frei ich war durch diesen Tanz. Das hatte ihm gefallen, da waren wir eins.

So können Stunden vergehen und dann wird man doch müde. Ich setzte mich wieder zu meiner Chaimama und bestellte zum Tee noch einen trockenen Nusskuchen, als ich neben mir wieder zwei meiner Engländer wahrnahm. Sie lächelten mir zu, auf welchem Trip auch immer, und gaben mir ein kleines Klümpchen Opium: „You can eat with the chai."

Also gut, das hatte ich noch nie probiert, die Nacht war fast vorbei und ich müsste noch eine ganze Weile ausharren. Ich legte mich zur Seite, sah in den Sternenhimmel und machte mir keine Gedanken mehr. Das Ganze hatte den Vorteil, dass ich vergessen konnte, wie kalt mir eigentlich war, den Nachteil, dass ich mich nicht mehr erheben konnte, das Tanzen war vorbei.

Als ich erwachte, war es bereits heller Tag, die Musik war noch in vollem Gang, aber mein Zustand war noch immer weit ab vom Normalen. Ich erhob mich und ging ein paar Meter wie auf Watte. Es war wie in einem Traum, ich sah Menschen, aber konnte nicht mit ihnen in Verbindung treten, was ich keineswegs als beunruhigend empfand. Ein klarer Kopf war etwas anderes, aber als ich sah, dass viele Leute einen Weg entlang gingen, um offensichtlich die Party zu verlassen, schloss ich mich ihnen an. Dies musste der Weg zurück nach Hampi sein. Das Erreichen des Flusses bestätigte meine Vermutung. Endlich im Zentrum von Hampi angekommen, traute ich meinen Augen nicht! Der breite Platz war voll von Menschen, Unmengen dunkler Menschen! Wo waren die so plötzlich her gekommen? Was ging hier vor? Eine Gruppe in dieser Menge trug blaue Lungis, andere orangefarbene mit passenden Turbanen, dann Frauen, Kinder, Familien, alle marschierten in Richtung der Tempel. Mir wurde schwindelig und ich musste mich setzen. Am Rande der Bank bei einem Chaishop war ein schmaler Platz frei, auf welchen ich niedersank. Der Verkäufer brachte Tee und ich fragte:"What is this?"

„Tempelfestival, merriage from Shiva and Parvati, all day, all night."

Das traf mich jetzt völlig unvorbereitet, aber ich wollte trotzdem eine solche Gelegenheit nicht verpassen. Zuerst musste ich ein wenig abliegen und neue Kräfte sammeln. Ich bahnte mir den Weg zu meiner Kammer und schloss die Augen, auch wenn kein rechter Schlaf kommen wollte.

Daran, wie ich diesen Tag verbracht habe, kann ich mich nicht erinnern. Ich weiß nur noch, dass ich nachts im Haupttempel war.

Überall saßen und lagen die Pilger, es wurde gegessen, geschlafen und dazwischen lagen Kühe. Vor dem Eingang zu einer besonders heiligen Halle saßen links und rechts Tablaspieler, trommelten wie besessen, gaben sich wie Rede und Antwort und jeweils dazu sang eine Frau, immer abwechselnd die eine und dann die auf der Gegenseite. Der Gesang war tief und schön, gleichzeitig aber auch leidenschaftlich, wie ein Schreien. Noch nie hatte ich etwas so magisches gehört. Ich war benommen und die Szenerie schien so irreal, dass ich überlegte, ob ich träumte. Doch als ich mich umdrehte, sah ich den Engländer vom Nachmittag vor der Party, der mich eingeladen hatte. Wir lächelten einander zu, im gegenseitigen Wissen, dass wir unglaubliches Glück hatten, jetzt und hier dabei zu sein. Die Engländer waren doch OK, dachte ich, und wir lachten vor Freude.

Am nächsten Tag waren all die vielen Menschen wieder fort. So schnell der Spuk gekommen war, war er auch wieder verschwunden. Wenn nicht die ganze Umgebung voll menschlicher Exkremente gewesen wäre, hätte ich überlegen müssen, ob ich nicht doch geträumt hätte. Ich wanderte von der verlassenen Hauptstraße den Hügel hinauf, wo ich, ständig angeekelt, den Häufchen ausweichen musste, als ich auf einen Inder traf, der mich begeistert anschaute und rief: „I saw you dancing on the party, so beautiful!"

Das freute und irritierte mich aber auch, weil jetzt alles so ernüchtert war und ich nicht wusste, ob er mich etwa für moralisch bedenklich hielt.

Sam und Sharda waren mir wieder eingefallen. Anderntags wollte ich früh aufbrechen und kaufte gleich ein paar Orangen, die hier ziemlich teuer waren, als Gastgeschenk. Auch hatte ich mich erkundigt, in welcher Richtung mein Ziel lag. Wieder musste ich den Fluss überqueren, aber an ganz anderer Stelle, als an jenem Abend vor der Party.

Ein sandiger Weg führte aus dem Dorf abwärts. Die großen Holzräder der Ochsenkarren hatten tiefe Furchen hinterlassen. Steine lagen herum und ich musste aufpassen, nicht zu stolpern. Zum Fluss hin war das Gelände extrem abschüssig und ich traute meinen Augen nicht, als ich die Anlegestelle erreicht hatte.

Beim letzten Fährübergang hatte man barkenartige Holzboote verwendet, aber hier! Es waren geflochtene, runde Binsenkörbchen, zwei bis drei Meter im Durchmesser! Gerade wurde ein Moped hinein gehievt, dann kamen die Frauen, einschließlich meiner Person, und zuletzt stiegen Männer ein, so viele, bis das Boot voll war und Tiefgang bekam. Kaum eine Unterarmlänge trennte die Bordwand von der finsteren Brühe.

Der Fährmann ruderte gekonnt, einmal links, einmal rechts und bald waren wir auf der anderen Seite. Hier gab es für die Wartenden den obligatorischen Chaishop, welcher gerade durch eine geschickte Handwerkerin mit neuem Putz versehen wurde. Damals wusste ich noch nicht, dass der Hauptbestandteil dieses lehmartigen Materials aus Kuhdung bestand. Das ergab einen glatten natürlichen Putz, der gesund sein sollte und wirklich schön aussah. Wie sich das dann in der Monsunzeit verhält, habe ich nie erfahren.

Zwei Wege führten landeinwärts und ich fragte den Mann, der mir beim Einsteigen behilflich gewesen war: „Anegundi?", mit der Betonung nug auf „gun."

Daraufhin wackelte er nur mit dem Kopf. Das ist eine Geste, die einem in Indien oft begegnet und alles Mögliche bedeuten kann. Es ist weder ein Nicken, noch ein verneinendes Kopfschütteln und ich wusste nicht, was dies zu bedeuten hätte. Ich wiederholte meine Frage mehrfach, doch die Antwort war immer die selbe. Das war doch nicht zu fassen, ich wurde ärgerlich.

„Please say yes or no!", hörte ich mich fast drohend rufen.

„I dont understand this", und dabei ahmte ich ihn nach. Zwei Mädchen in Schuluniform und Zöpfen hatten uns besorgt beobachtet. Wenn Ausländer unruhig, oder gar zornig werden, was ich oft erlebt habe, tut das den Indern weh, sie fühlen sich gekränkt und verletzt.

„Aaanegundi" erklärte eines der Mädchen dem alten Mann, mit der Betonung auf „A". „Aaanegundi?", wiederholte nun der Angesprochene und schaute mich fragend an.

„Yes, Aaanegundi", das wars.

21

Ich lief ein ganzes Stück auf asphaltiertem Weg, Fußgänger begegneten mir, ab und zu ein Fahrrad, keine Ausländer. Es war mittlerweile sehr heiß geworden und keine Hütte, kein Dorf in Sicht. Plötzlich bemerkte ich Schritte, zuerst hinter, dann neben mir. Eine hochgewachsene Frau mit wilden, rotbraunen Dreadlocks und einem bunten, wallenden Gewand war mir gefolgt.

„Where are you going to?", fragte sie mich mit deutlich erkennbarem französischen Akzent. Sie war mir unheimlich, besonders als sie in meine Umhängetasche schaute und eine Orange herausfischte. Ich erzählte von meiner Absicht Sharda besuchen zu wollen und die Orangen wären mein Gastgeschenk. Sie sprach nun davon, dass sie hier in der Nähe in einer Höhle wohne und vor vielen Jahren aus Belgien gekommen wäre. Ich solle sie doch auch einmal besuchen.

Das würde ich sicher nicht tun, dachte ich bei mir, denn sie und die ganze Szene erinnerte mich sehr an Märchen aus der Kindheit, wo böse Feen, oder gar Hexen, armen Kindern (das war zugegeben leicht übertrieben) auflauern. Ich gab ihr die eine Orange, um sie wieder los zu werden und versprach, auch sie einmal zu besuchen. In Erwartung künftiger Geschenke ging sie ihres Weges.

Mein Sträßchen war inzwischen zur staubigen Piste geworden und der Schweiß lief mir von der Stirn. Kurz nachdem ich ein ländliches Anwesen mit einem bellenden, aber Gott Lob angeketteten Hund, passiert hatte, sah ich von weitem einen kegelförmigen, mächtigen Hügel mit einem weißen Tempel darauf, auftauchen. Beim Näherkommen sah ich, dass man eine potthässliche, akkurat betonierte Treppe, mit viel Aufwand und zahlreichen Kehren, von der Straße bis ganz hinauf, gebaut hatte, wahrscheinlich erst vor kurzer Zeit. Die ganze Gegend war wie aus der Zeit gefallen, vielleicht sah es hier schon vor fünfhundert Jahren so aus und dann diese schmucklose, rein funktionale Betontreppe. Ein verrücktes Land, dachte ich, als ich endlich ein Dorf erreicht hatte. Wieder fragte ich nach Anegundi, mit der Betonung auf „A" versteht sich und symbolisierte mit einer Kreisbewegung, dass ich dieses Dorf meine. Der Junge schüttelte den Kopf und zeigte mit dem Finger die Straße entlang. Mit dem Finger zum Boden gerichtet, sagte er: „Hanumanali"

Aha, also weiter marschieren. Erst am Nachmittag erreichte ich Anegundi und Sharda war hier bekannt.

Ihr niederes Betonhäuschen mit Flachdach und Veranda war von einem Garten umgeben. Ein hoher Zaun mit einer Blechtür schützte vor neugierigen Blicken. Ich betrat das Grundstück und sah auf der Veranda eine blonde Frau mit ganz langen Haaren, in einer Hängematte vor sich hin dösen. Als sie mich verwundert ansah, war ich doch sehr verunsichert. Wir begrüßten uns, ich erzählte von Sam und dass er mich eingeladen hätte.

„He is not here anymore, but he will come back tomorrow."

Sharda war noch immer eine schöne, aber auch würdige Erscheinung. Sie schien gut zehn Jahre älter als ich und in ihr Haar hatte sich bereits einiges Grau gemischt. Ihre freundliche und ruhige Art ließ mich schnell Vertrauen schöpfen. Vermutlich war ich ihr nicht lästig. Das beflügelte mich und nach wenigen Stunden waren wir wie zwei alte Bekannte. Sie erzählte mir von ihrem bewegten Leben, was ich im Folgenden wiedergeben will, so gut ich mich erinnere.

Mitte der Sechziger Jahre befand sich die Jugend, auch in Frankreich, in Aufbruchstimmung. Sharda trug damals noch einen anderen Namen, welchen ich aber nie erfahren habe, so wenig wie den Ort ihrer Herkunft. (War es eine Kleinstadt, Paris, oder gar ein Dorf?)

Sie hatte von den Entwicklungen in Kalifornien, von der Musik und freien Lebensweise gehört und wollte Haight Ashbury mit eigenen Augen sehen. Das Konto für ihre Ausbildung hatte sie unter Protesten der Mutter aufgelöst und dafür ein Ticket in die USA erstanden. Am Strand von Venice hatten die Doors gespielt, die damals noch keiner kannte.

Wieder zurück in Frankreich wurde ihr klar, dass sie etwas anderes suchte. Das war die Zeit, als die Ersten über Land nach Indien fuhren, manche mit dem eigenen Auto, andere trampten, eine davon war Sharda.

In Indien probierte sie, wie alle damals, verschiedene Drogen, wurde krank und schließlich ging ihr das Geld aus. Das war eine äußerst prekäre Lage, die für manchen ungut ausging.

Sharda hatte zum Glück von Poona gehört und erfahren, dass Bhagwan auch Mittellose aufnehmen würde.

„Das war meine Rettung", sagte sie, denn ein Rückflugticket von der Mutter aus Frankreich finanziert, kam für sie nicht in Frage. Einerseits hatten sie sich zerstritten vor Shardas Abreise und zudem war ihre Mutter keineswegs wohlhabend. In Poona bekam sie eine Unterkunft, etwas zu essen und die nötige Ruhe, um wieder zu sich selbst zu kommen. Dort gab man ihr den neuen Namen und sie konnte in der Näherei das Schneidern von asiatischen Hosen lernen. Dabei handelt es sich um weit geschnittene Beinkleider, die den Schritt in den Knien haben und am Bund gewickelt sind.

„Das ist auch heute noch mein Einkommen, erzählte sie, „das einzige."

„Von Poona ist es nicht all zu weit nach Hampi und ich fuhr mit Freunden hin. Damals kampierten die Hippies in den halb zerfallenen Tempeln, Sam habe ich dort getroffen. Es gab zahlreiche Sadhus dort. Einige rauchten den ganzen Tag mit den Ausländern Shilom, aber es gab auch echte Asketen, von denen wir uns Unterweisungen in Yoga und Meditation erhofften.

Einer davon war mein zukünftiger Mann. Anfangs war ich sehr fasziniert von ihm. Er wusste eine Menge und ich folgte ihm in seine Hütte. Ich wollte etwas lernen, aber er hat mich nur zu seiner Dienerin gemacht. Als ich schwanger wurde, schlug die Stimmung ganz um und er begann mich zu schlagen. Meine Freunde waren längst nach Poona zurückgekehrt, ich war mittellos und ihm ausgeliefert. Weil er großen Einfluss auf wichtige, reiche Leute hatte, konnte er dieses Haus bauen lassen und wir zogen mit unserer Tochter hier her. Inzwischen waren wir auch verheiratet und er konnte mit mir machen, was er wollte. Seine Zornesausbrüche wurden häufiger und schlimmer. Eines Tages ging er mit einem Messer auf mich los. Ich packte meine damals vierjährige Tochter und konnte mit ihr fliehen. Gute Menschen in einem Nachbardorf haben uns aufgenommen und versteckt.

Er hat wahrscheinlich kaum Nachforschungen nach uns angestellt und ein paar Monaten später geschah das völlig Unerwartete, er war einfach gestorben, Herzversagen oder ähnliches würde der Westler sagen. Für einen Inder aber war das Karma und für mich auch. Da wir offiziell verheiratet waren und eine gemeinsame Tochter existierte, hat man uns bei den Verwaltungsbehörden mitgeteilt, dass die Tochter das Haus erben würde. Seither leben wir hier. Rupa ist inzwischen neunzehn Jahre alt und möchte Sportlehrerin werden."

Später war sie heimgekommen, dieses Mädchen, dunkelhaarig, hochgewachsen mit auffallend breiten Schultern. Sharda sprach in Kanada, der Landessprache von Karnataka, mit ihr. Sie konnte natürlich auch Englisch, schien aber wenig Interesse an Europäern zu haben.

Erwachsene wollen oft was ganz Besonderes sein, Kinder nur normal.

„Rupa", so hatte Sharda erklärt, „will so sein wie ihre Freundinnen, nicht mehr und nicht weniger." Später wurde gemeinsam gekocht: Dal, Reis und Chapatis. Zur Feier des Tages gab es einen Salat aus gekeimten Mungobohnen dazu. Alles war sauber und wohlgeordnet und ich speiste mit großem Vergnügen.

Abends, als die Tochter noch kurz zur Nachbarin gegangen war, begann ich von mir zu erzählen. Dass ich viele Jahre in einer Firma gearbeitet und meinen früheren Lebensgefährten, einen Künstler, unterstützt hatte, bis mir alle

Lebensfreude abhanden gekommen war.

In dieser Zeit war ich wie gelähmt, die Umstände schienen zementiert, bis Dominic in mein Leben trat.

„Befreie dich!", hatte er gesagt, „Gib ihm den Arschtritt!"

Das war es, was ICH brauchte! Den Arschtritt habe ICH gebraucht und einen Menschen, der so radikal und kompromisslos sein konnte, wie er. Und verliebt war ich!

So eine Art von Prinz hatte ich schon immer gewollt: schön und wild, wie Mogli aus dem Dschungelbuch. Durch ihn hatte ich nun die Kraft, vieles von dem über Bord zu werfen, was mich quälte: meine Beziehung, mein Haus und bald würde ich auch die ungeliebte Arbeit beenden.

In etwa einem Jahr, wenn auch Dominic mit seinen Finanzen so weit sein würde, wollten wir gemeinsam nach Indien reisen, um neu zu beginnen, was auch immer.

„Es lässt sich nicht alles im Voraus planen", hatte Dominic meine Zweifel kommentiert.

„Dinge ergeben sich, man muss loslassen."

Und ich hatte begonnen mit dem Loslassen, der Stein war längst ins Rollen geraten. Ich war weder naiv, oder leichtgläubig und noch nicht einmal besonders mutig, aber der Leidensdruck war über die Jahre so groß geworden, dass ich keine Alternative sah.

Sharda hörte mir begeistert zu.

„Hast du bemerkt, dass dieses Haus ein Doppelhaus ist?", fragte sie.

„Die andere Hälfte steht seit ein paar Monaten leer. Du könntest es für umgerechnet etwa 8000 DM bekommen. Du bist ruhig und ein angenehmer Mensch, es wäre wundervoll, wenn du hier einziehen würdest. Ich helfe dir bei allem, mit den Behörden, Visa und was auch immer."

Nun wurde mir doch etwas bange. Gerade einmal drei Wochen in Indien und ich sollte ein Haus kaufen? Das ging zu schnell! Was würde Dominic dazu sagen? Wollte ich hier überhaupt leben? Wie würde man hier leben? Was tun den ganzen Tag? Wegen der Affen, hatte Sharda gesagt, konnte man nicht einmal einen Gemüse- oder Obstgarten anlegen.

Später brachte Sharda eine Decke und ich konnte in einer Hängematte unter dem Moskitonetz schlafen. Noch lange kreisten meine Gedanken im Kopf herum, bis ich endlich in den Morgenstunden einschlummerte.

Als ich erwachte, saß Sam in Shardas Lehnstuhl. Ich fühlte mich wie gerädert und versuchte mir nichts anmerken zu lassen.

Meine Gastgeberin war im Gespräch mit einem jungen Paar, das Hosen anschaute. Es wurde anprobiert, gelacht, erzählt und natürlich geraucht. Sharda war sehr liebenswürdig, zog auch ein paar mal an dem Joint und war mit dem darauf folgenden Verkauf von zwei Hosen sehr zufrieden. Auch ich hätte ihr einen Verdienst gerne gegönnt, aber weil ich einfach sehr klein bin, konnte ich so eine Hose auf gar keinen Fall tragen, ich hätte ausgesehen wie ein Gnom.

Als die Jugend sich verabschiedet hatte, hörte ich, wie Sharda zu Sam sagte: „Jetzt habe ich wieder geraucht, ich hasse es, keinen klaren Kopf zu haben. Es tut mir einfach nicht gut."

Nach all diesen Gesprächen hatte ich das Bedürfnis, alleine zu sein, die vielen Eindrücke auf mich wirken zu lassen und ich beschloss, bald aufzubrechen. Sharda hatte Verständnis dafür und schrieb mir für alle Fälle ihre Adresse auf einen Zettel. Sie nahm auch bereitwillig den hundert Rupie Schein, den ich ihr beim Abschied gab.

Sam bezahlte auch für die Übernachtung und das Essen, so erzählte er mir später. Er wollte den Sonnenuntergang auf dem Tempel anschauen, wo er damals gewohnt hatte und begleitete mich fast auf dem ganzen Rückweg.

Wieder habe ich viel Schicksalhaftes gehört, kann mich aber kaum mehr erinnern, weil ich an dem Tag sicher nicht mehr richtig aufnahmefähig war.

Als wir den Hanumantempel passierten, zeigte er auf die Betontreppe und erklärte: „Das war das Geburtstagsgeschenk einer reichen Familie aus Bangalore an ihren Guru, der hier im Tempel wohnt. Viele der Sadhus sind sehr einflussreich."

Der Sonnenuntergang in dieser Umgebung war zauberhaft und magisch, aber im Grunde wollte ich nur noch zurück in meine Zelle. Ich fühlte mich auch körperlich nicht mehr richtig wohl.

Mitten in der Nacht erwachte ich mit Krämpfen. Es war mir übel und ich schaffte es gerade noch mit der Taschenlampe zum Klo zu rennen, als alles aus mir heraus brach, hinten und vorne. Nach der ersten Erleichterung bekam ich wieder Krämpfe und die Qual begann von Neuem. So verging die halbe Nacht und ich vermute, dass ich das lokale Wasser, mit dem die Mungobohnen gezüchtet und gewaschen wurden, nicht vertragen hatte.

Am anderen Morgen erwachte ich völlig entkräftet und mutlos. Ich fühlte mich so elend und die trostlose Umgebung gab mir den Rest.

Der Film „Papillon" fiel mir ein. Es gab zwar keine bewaffneten Aufseher hier, aber dennoch drückte mich ein imaginärer Arm auf die Liegestatt nieder. Auch die feuchte Hitze, die Qual der unzähligen Moskitos, ließ mich an Französisch Guyana denken.

Der ganze Tag verging bleiern, ohne Aussicht auf Besserung. Ich hatte noch eine große Flasche Wasser und löste die Mineraltabletten aus meiner Medizinbox darin auf. Von den trockenen Keksen aß ich vielleicht zwei oder drei, dann musste ich schon wieder rennen.

Jetzt hatte ich eine so gute Zeit hinter mir. Musste ich dafür bezahlen, oder war das ein Zeichen? Welches?

Die Nacht war wieder sehr schlimm und ich ärgerte mich über mich selber: Warum war ich nur in dieses Loch gezogen und schlimmer noch: Warum war ich hier geblieben?

Am anderen Morgen war mir klar: Ich musste irgend etwas unternehmen! Sicher sah ich furchtbar aus, mein Haar klebte mir am Kopf, ich roch nicht gut und konnte mich nicht weit von der Toilette entfernen.

So beschloss ich, beim Nepali, dem Nachbarn, einen Schwarztee ohne Milch zu bestellen.

Als er mich sah, war er ganz bestürzt: „I missed you. How are you?" und ich erzählte ihm mein Leid.

„You have to go to the doctor", war sein Rat, als er mir einen Tee aus Kräutern des Himalaya brachte, welchen ich als angenehm und lindernd empfand. Dann meinte er: „Wait, I call a rikscha and bring you to Hospet."

Zuerst hatte ich nicht richtig verstanden, was er genau vor hatte. Nach einer Weile kam er wieder, sagte: „Come", verriegelte sein Lokal und führte mich zu einer Rikscha, die davor wartete. Wir stiegen beide ein und ich war so froh über seine Hilfe, ganz egal welche Kosten danach auf mich zukommen würden. Oder würde er mit mir anbändeln wollen, zwecks späterer Heirat, um nach Deutschland zu gelangen?

Die Fahrt dauerte und die Menschenschlange vor der Arztpraxis war entmutigend, aber er führte mich einfach durch bis ins Sprechzimmer. Für den Arzt war das nichts Neues: Ausländer, die all das nicht vertragen, was für Einheimische normal ist.

Er stellte ein Rezept aus und mein Retter lief damit gleich in die gegenüber liegende Apotheke. Ich wollte ihm Geld geben, aber er drückte mich wieder in die Rikscha und sagte abermals: „Wait!"

Für die Tabletten, die er mir gab, nahm er gerade mal 20 Rupie, für die Fahrt und seine Begleitung wollte er nichts. Was für ein lieber Mensch! Selbstverständlich ging ich gleich zu ihm ins Lokal, als ich wieder essen konnte.

Insgesamt war das dann zwar doch noch eine gute Erfahrung, aber ich spürte: Ich muss hier weg, jetzt war es genug mit Hampi. Diesmal aber fuhr ich ab

Hospet mit dem Zug und las bereits im Vorfeld im Lonely Planet das Kapitel über Zimmer in Mysor.

Our Holiness

Nachdem ich so viel Persönliches erlebt hatte, fühlte ich mich in Mysore wieder ganz als Tourist, was auch Vorteile hat, wie beispielsweise die Anonymität. Mein Zimmer hier war teuer, vergleichsweise sauber, aber sehr laut. Die anderen Gäste waren überwiegend Inder. Diese wohnten vielzählig in wenigen Räumen und von früh morgens bis in die Nacht hinein flogen Türen zu. Es wurde ständig laut gesprochen, gestritten, gelacht und geschimpft. Da es völlig zwecklos gewesen wäre, um Rücksicht zu bitten, habe ich Ohrstöpsel zum Einsatz gebracht.

Mysore war eine typische, südindische, traditionelle Großstadt mit Märkten, kleinen Läden, diversen Tempeln und einem Palast. Ich schaute mir alles fasziniert an und wanderte auch zum Haupttempel, etwas außerhalb des Zentrums, habe die tausend Stufen erklommen, die gutes Karma verheißen und genoss den weiten Blick über die Stadt in der Abendsonne.

Auf der Suche nach einem geeigneten Restaurant, fiel mir auf, dass es hier im Stadtbild zahlreiche tibetische Mönche gab. Am nächsten Morgen waren es noch mehr in weinroter Robe!
Schließlich fragte ich einen der jungen Männer: „There are so many monks arround. Is there something special?"
„Oh yes", antwortete er. „Our holiness, the Dalai Lama comes tomorrow to visite Bylakuppe."
Nach meiner Frage, wie weit das denn von hier weg wäre, meinte er: „Not so far."

Während der letzten Jahre hatte ich viel über Buddhismus gelesen und war längst zu einer Sympathisantin geworden. Ursache und Wirkung, das war ein Prinzip, das ein rationaler Mensch, wie ich, verstehen konnte. Man musste sich nicht bei einem unverständlichen Wesen einschleimen, um Gnade zu erlangen, sondern einfach (einfach?!!) an sich arbeiten, dann würde das Früchte tragen, zumindest, wenn man aufrichtig wäre.
„Die klügste Art von Egoismus ist das Mitgefühl", hatte der Dalai Lama gesagt und jetzt war er ganz in meiner Nähe.

Das versetze mich abends im Bett in große Unruhe. Wieder schien mir das Schicksal einen Ball zuzuwerfen. Den Dalai Lama sehen, das wäre schon was!

Gesagt, getan! Am Bahnhof erfuhr ich, dass es einen Bus geben würde, der mich mit einmal umsteigen nach Bylakuppe, einen kleinen, von Exiltibetern bewohnten Ort in leichter Höhenlage, bringen würde.

Zahlreiche fröhlich lachende Mönche und Nonnen im Bus, betätigten die Richtigkeit der Wahl des Fahrzeugs, die mich wieder einige Nerven gekostet hatte. Vom Busbahnhof schloss ich mich dann der kleinen Prozession von Reisenden an, die zu Fuß hinauf zur Klosteruniversität pilgerte.

Die Dorfbewohner hatten bunt bemalte Tore errichtet, alte Frauen in mehrfarbig gewebten Schürzen fegten mit Reisigbesen die Straße. Gebetsfahnen wurden installiert und die alte Landesflagge, welche unter den Chinesen verboten ist, war überall zu sehen. Die Aufregung und Hochstimmung unter den Menschen hatte mich längst angesteckt.

Im alten Tibet gab es rund um Lhasa vier große Klosteruniversitäten mit tausenden von Mönchen. Eine davon war Sera Monastery, die ich ein paar Jahre später mit eigenen Augen sehen sollte. Im Exil versuchten die Mönche, so gut es ging, die alten Traditionen weiter zu leben und die Errichtung von Exiluniversitäten war eine ihrer Maßnahmen. Das riesige Kloster, das wir bald erreichten, war die Exilvariante von Sera Monastery und hier wollte der Dalai Lama für ein paar Tage Belehrungen erteilen.

Der mächtige, mehrstöckige Tempel, der mit seinen Nebengebäuden die Anhöhe überragte und ausfüllte, war ein Neubau im alten tibetischen Stil. Der quaderförmige Block wirkte archaisch und irdisch massiv, auch wenn die vielstufige Vortreppe, welche die volle Breite des Gebäudes einnahm, einen Weg in andere Sphären suggerierte. Die typischen, trapezförmigen Fenster, die ich hier zum ersten mal sah, aus massiven, schwarz gestrichenen Steineinfassungen mit darin rot oder grün bemalten Sprossen, waren oben mit gerafften Stoffbahnen geschmückt. Das flache Dach wurde von einem goldenen „Rad des Lebens", zwischen zwei liegenden Gazellen, gekrönt. Dies soll an die ersten Lehren des erleuchteten Buddhas im Park von Sarnath erinnern. Das Rad der Lehre, so heißt es, wurde dort erstmals gedreht und die zahmen, umherwandernden Gazellen erfreuten sich daran, wie alle lebenden Wesen.

Von überall her waren Mönche gekommen, rote Gewänder so weit man schauen konnte, Westler, oder gar Touristen, wie ich, gab es kaum. Nach einem ersten Rundgang, bei dem mir kaum Beachtung geschenkt wurde, wollte ich im Restaurant eine Kleinigkeit essen. Es gab köstliche Momo, eine Art Ravioli, mit Fleisch gefüllte Teigtaschen in Brühe und ich war sehr zufrieden damit, hier zu sein.

Am Nebentisch saßen Ausländer, die mit einer Nonne in eindringlichen Gesprächen vertieft waren und tatsächlich, man sprach deutsch. Die Nonne war eine beeindruckende, schlanke, große Frau, mittleren Alters, die mich sehr anzog. Ich wollte sie reden hören. Wie würde jemand sein, der so weit gegangen war. Sie trug ihre Robe, hatte einen rasierten Kopf und wirkte sehr unbefangen. Mit etwas Mut stellte ich ein paar formale Fragen zum Ablauf der Belehrungen und kam ins Gespräch mit ihr.

„Die vier edler Wahrheiten, der achtfache Pfad, die Lehre vom Karma, all das", sagte ich „ist nicht schwer zu verstehen. Aber die Leerheit, das scheint mir kompliziert."

Jetzt, so dachte ich, habe ich die geeignete Begegnung für diese Frage, das will ich hören, was SIE dazu sagt.

„Alle Phänomäne sind leer und ohne inhärente Existenz, so lautet der Lehrsatz", antwortete sie mir lächelnd. „Was bedeutet das? Nichts existiert aus sich selbst heraus, alles ist abhängig von Bedingungen. Wenn sich die Bedingungen ändern, ändert sich auch das Phänomen, wie zB. auch ein Mensch. Nimm dich selber! Bist du hier die selbe wie bei deiner Arbeit in Deutschland? Im Gespräch mit mir, bist du da die selbe, wie im Gespräch mit deinem Mann?

Aber wer bist du dann überhaupt? Alle Phänomene sind leer." Und wieder lächelte sie.

„Ja", stimmte ich zögerlich zu, „das kann man verstehen. Aber heißt es nicht im Herzsutra, dass aus dieser Erkenntnis der Leerheit heraus, die Erleuchtung resultiert? Was ist daran so toll?"

Nun musste sie doch lachen.

„Genau darüber wird meditiert und wenn ich all das genau verinnerlicht hätte, dann wäre auch ICH erleuchtet. Aber sei getrost, ich bin es nicht, aber" und nun schaute sie richtig spitzbübisch,

„Ich bin dran!"

So ganz nebenbei hatte ich nun auch noch erfahren, dass der Dalai Lama gar nicht heute, sondern erst morgen kommen würde.

„So ein Mist!", dachte ich. Das war fatal, den ganzen langen Weg zurück nach Mysore und morgen dasselbe Spiel noch einmal? Nein, dazu hatte ich keine Lust. Es gab nur die Möglichkeit hier zu übernachten.

„Ja, sagte die Nonne, „es gibt ein Guesthouse, aber mach dir keine große Hoffnungen, das wird sicher voll sein."

Genau so war es. Was konnte ich tun? Irgendwo hinter den Hecken schlafen? Ohne Schlafsack? Womöglich gab es Schlangen oder Hunde! Während ich so hin und her überlegte, gelangte ich zu einem Verkaufsstand. Junge Mönche boten Räucherstäbchen, Kathas, die weißen Begrüßungsschals, und andere Devotionalien zum Verkauf. Ich schaute beim Aussuchen einer Karte wohl etwas unfroh in die Welt, denn der Verkäufer fragte leicht besorgt: „How are you? You don´t look happy."

Ja, ich bestätigte dies und erzählte ihm von meinem Dilemma.

„But this is not a problem, you can sleep in my room."

Oh, dachte ich, bei einem ganz jungen Mönch übernachten? Wenn das mal keinen Ärger gibt.

(Man stelle sich diese Szene in einem katholischer Männerkloster vor!) und irgendwie hab ich ihm das dann auch gesagt.

Darauf er: „Oh no, I have to help you, this is my duty."

Na, dann! Um 19 Uhr wäre er hier fertig und wir könnten zu ihm ins Zimmer gehen. Ich hatte noch Zeit und spazierte noch eine Weile auf dem Gelände herum. Alles war inzwischen festlich geschmückt, bunt und fröhlich, so wie es den Tibetern gefällt.

Ich kam etwas zu früh, weil ich Karma nicht verpassen wollte und auch noch etwas zweifelte. Aber er war noch immer sehr vergnügt und ich solle ihm einfach folgen.

Wir durchquerten einige offene Gänge, bis es immer enger wurde. Die meisten Türen, links und rechts, standen offen und man konnte in die Kammern der Mönche reinschauen. Manche standen zu zweit in den Türen und unterhielten sich, andere lagen lesend auf den Betten.

Karma grüßte einige, man lachte und schließlich erreichten wir seine Behausung.

Es war ein kleines Kämmerchen mit einem Bett darin, einem Tisch, der ihm als Schreibtisch diente, und einem Stuhl davor. Ein bescheidener Altar mit einer kleinen Buddhafigur, zwei Butterlampen, Räucherwerk und einer Plastikblume, zierte eine Ecke. Auf dem Tisch lagen Bücher und Schreibzeug. Nun nahm er eine Decke vom Bett und richtete sich ein Lager neben der Tür.

„This is your place", zeigte er danach auf sein Bett. „Please, sit down."

Ich bedankte mich vielmals und wir begannen uns voneinander zu erzählen. Er war hier in Südindien geboren und wolle Mönch werden, damit er ein gutes Karma hätte. Aber er wäre auch ein sehr guter Koch, er könne Momos äußerst delikat zubereiten. Ja, eines Tages würde er vielleicht nach Deutschland reisen und ein Restaurant eröffnen. Auf seinem Schreibtisch klebte ein Abziehbild von Rambo und auf meine Frage, was es damit auf sich habe, sagte er: „Ja, Rambo, das wäre auch ein toller Typ, den hätte er einmal in Mysore im Kino gesehen. Aber inzwischen wäre es fast neun Uhr und wir gingen jetzt zur Pudja.

Man hörte bereits lautstarke Zimbelklänge und vor der Tür liefen die Ersten in Richtung Tempel.

Mein junger Mönch forderte mich auf, ihm zu folgen. Alles war auf den Beinen und wenn irgendwer noch nicht gewusst hätte, dass ich mich im Schlafbereich der Mönche befände, spätestens jetzt würde das jeder, auch seine Vorgesetzten, sehen.

Bei den Treppen vor dem Haupteingang war Aufstellung. Auf dem Dach hatten sich die Musiker so platziert, wie sie morgen den Dalai Lama empfangen würden. Neben Trommeln und Zimbeln gab es riesiger Hörner, ähnlich wie Alphörner. Der klare Nachthimmel war überzogen von Millionen von Sternen, die Musik setzte in einem unglaublichen Dröhnen ein und der Zug der Mönche setze sich in Bewegung.

„Om mani padme hum", wurde rezitiert und wir marschierten im Uhrzeigersinn ums komplette Klosterareal, zweimal, dreimal, vielleicht öfter. Ich war mitten drin und durfte mitmarschieren unter diesem südindischen Nachthimmel, bei dröhnenden Klängen, als wollten wir das Böse endgültig und für immer von dieser Erde vertreiben.

Der nächste Morgen begann um vier Uhr, als mich Karma weckte.

„Come, we go to the Morning Meditation."

In der Nacht hatte es abgekühlt und ich war noch völlig benommen. Wieder durfte ich eine der ihren sein und mitten drin sitzen.

Es wurde rezitiert und meditiert und ich dachte, das nimmt kein Ende!

Mir war so kalt und so unbequem, dass ich nicht mehr wusste, wie ich sitzen sollte. Aber, alter Buddhistensatz: „Nothing is permanent", auch diesem Meditieren folgte ein Frühstück!

Jeder, auch ich, bekam eine Fladenbrot und eine Tasse Tee, das war fein.

Der Dalai Lama sollte am Nachmittag eintreffen und die allgemeine Aufregung nahm zu.

Karma meinte, auch ich bräuchte zur Begrüßung eine Katha, Räucherwerk und Blumen, was wir dann gemeinsam besorgten.

Inzwischen waren Sikhs in Turbanen eingetroffen, die für die Sicherheit seiner Heiligkeit sorgen sollten. Alle Ausländer hatten ein offizielles Teilnehmer- Namensschild zu tragen. Wer keines hätte, müsse das Gelände verlassen. Vorher wollte ich unbedingt noch etwas essen. Zum Dank für alles gab ich Karma 100 Rupie, die er gerne annahm.

„I will eat Momo with my friends and we drink Coca Cola."

Im Restaurant traf ich die deutsche Nonne wieder und nach einer Weile erschien tatsächlich Karma in Begleitung dreier Freunde. Sie hatten viel Vergnügen mit ihrem Festmahl und die Nonne meinte nachdenklich: „Die Jungs haben so wenig und wenn sie Mönche werden, dann bedeutet das mindestens eine Existenzgrundlage. Gut, dass du ihm Geld gegeben hast."

Nun ging es ganz schnell: Karma lief mit mir und seinen Freunden, samt Blumen, Schals und Räucherstäbchen zur Straße, die bereits voller Menschen war. Vom Tempeldach ertönte jetzt das bekannte Getöse. Die uniformierten Sikh hielten eine Gasse für die ankommenden Motorradfahrer frei. Darauf folgte eine einfache, indische Limousine (Ambassador?) und darin, wie ich ganz kurz sehen konnte: der Dalai Lama!
Wir schwenkten die Blumen, alles jubelte und ich dachte: Jetzt wird's höchste Zeit, ich habe alles erlebt, was ich erleben konnte. Vielen Dank!

Ganja

Die Westghats sind ein schmaler Gebirgszug, der sich entlang der indischen Westküste zieht und an seinen höchsten Gipfeln zweieinhalb tausend Meter überschreitet. Hier gibt es noch immer unberührte Wälder, die inzwischen zu Naturschutzgebieten erklärt wurden.
Der Periyar Nationalpark beherbergt ein paar Tiger und Leoparden, die aber in der Regel unsichtbar bleiben. Dafür können Frühaufsteher Bisons, Elefanten, Antilopen und Affen beobachten, wenn sie bei Morgengrauen mit dem Schiff auf den zentralen See hinaus fahren. Um diese Zeit kommen die Wildtiere aus ihren Verstecken im Urwald, um an den Ufern zu trinken.
Ursprünglich hatte auch ich das geplant, bin aber gescheitert, weil mir das frühe Aufstehen so absolut zuwider ist. Statt dessen nahm ich das Nachmittagsschiff, das eine Rundfahrt auf dem See bot und diverse Vögel gesichtet werden konnten. Durch die anwesenden Inder, die letztlich ihre Münder NIE halten können, war die Ausbeute an Blicken auf die exotische Vogelwelt auch überschaubar. Ich hatte ohnehin keinen Fotoapparat bei mir.
Daheim hatte ich lange überlegt und mich schließlich dagegen entschieden. Wie viel Prozent der Gegenwart, des lebendigen Augenblicks, geht einem durchs Fotografieren verloren? 20% oder sogar 50%? Jedenfalls ist man ständig mit technischen Überlegungen beschäftigt. Außerdem ist fotografieren in manchen Momenten einfach unpassend, ja undenkbar und dann findet man das trotzdem schade.

Zu Fuß bin ich anschließend auch nicht weit gekommen, weil ich vor Einbruch der Dämmerung den Bus zurück nach Kumily nicht verpassen wollte.

Mal wieder einen Spaziergang in der Natur, ganz alleine, so wie ich das daheim im Schwarzwald so geliebt hatte, danach sehnte ich mich hier. Am nächsten Morgen marschierte ich also stadtauswärts, in der Hoffnung, irgendwo in einen Waldweg abbiegen zu können. Da gab es nicht viele Möglichkeiten und ich entschied mich für eine Piste, von welcher nach vielleicht zwei Kilometern mehrere schmale Pfade abzweigten. Nach weiteren zwanzig Minuten tauchten hinter Gebüsch diverse einfache Hütten auf.

Ein Hund schlug an und plötzlich stand ein großgewachsener, alter Mann vor mir. Etwas verlegen legte ich die Handflächen ehrerbietig neben einander, neigte das Haupt und flüsterte: „Namaste!" Schließlich war das ein alter Mann und ich war wohl in seine Privatsphäre eingedrungen.

Er lächelte mich zahnlos an und murmelte etwas daher, das ich nicht verstand. Dann streckte er mir seine Knochenhand entgegen und wiederholte dieses Wort. In seiner Handfläche lag ein altes Zeitungspapier und darin befanden sich wirre Kräuter.

Wieder nuschelte er besagtes Wort und jetzt hatte ich verstanden: „Ganja", sagte er und die Kräuter waren getrocknetes Marihuana: Blätter, Samen, winzige Blüten, also nicht gerade erste Wahl.

„Twenty", wollte er dafür haben.

OK, das war ein armer Mann, ich nahm das Bündelchen und gab ihm Dreißig. Ganz zufrieden mit meinem kleinen Abenteuer trat ich den Rückweg zu meinem Zimmer an.

Nun war ich doch neugierig und drehte mir einen kleinen Joint, den ich auf dem Bett zu rauchen begann. Lag das nun daran, dass ich ein paar Tage nicht geraucht hatte, oder warum war ich plötzlich so dermaßen high?

Nach einer Weile war ich gar nicht mehr in der Lage, mich vom Bett zu erheben! Bilder zogen an mir vorbei: Der alte Mann lachte mir zu und plötzlich war es Dominic, der lachte. Er spottete: „Der hat es dir gezeigt, was?"

Dann kam der Inder auf mich zu und rief: „I saw you dancing on the Party!" und ich drehte mich voll Euphorie im Kreis!

Plötzlich wurde mir klar, dass ich inzwischen aufgestanden war, den Kopfhörer des Walkman auf dem Kopf hatte, wilde Musik hörte und tatsächlich im Zimmer herum tanzte. Das war unglaublich!

Später, als ich wieder auf dem Bett lag und erwachte, war es bereits dunkel. Ich hatte Durst und große Lust auf Früchte. Noch zu meinem Chaishop, dachte ich, und dann ist gut.

Als ich aber von meiner Nebenstraße in Richtung Zentrum abbog, war dort alles voll von Menschen! Wieder zogen Hunderte die Straße entlang. Einzelne Sekten in ihrer jeweiligen Tracht, so wie kürzlich in Hampi.

„Tempelfestival", erklärte der Chaiwalla, ja, das kannte ich schon, aber es war trotzdem überwältigend. Musiker, auch kleinere Wagen mit bunt bemalten Skulpturen. So viele Blumen und die unzähligen, geflochtenen Tagetesgirlanden!

Normalerweise wirkten die Inder eher harmlos auf mich, aber im Zusammenhang mit ihrer Religion, waren sie wild und manchmal furchteinflößend, so wie heute Abend.

Zwei Tage später stand ich kurz nach Morgengrauen am Busbahnhof. Ein weiter Weg lag vor mir und es war sehr kalt. Auf der Frontscheibe meines Busses lag Eis, darauf war ich nicht vorbereitet. Ich war eine der Ersten im Fahrzeug und konnte mir einen guten Fensterplatz in der Mitte sichern. Hinten schaukelte es zu arg und vorne bekam man Angst, weil die indischen Busfahrer fuhren, wie die Teufel. Ich hatte gehofft, dass es mit den vielen anderen Reisenden allmählich wärmer werden würde, aber der Bus hatte gar keine Fenster, nur waagerecht verlaufend, ein paar Gitterstäbe.

Als es los ging, kam eisiger Fahrtwind dazu und ich war froh, als sich eine Inderin, mit einem Kind auf dem Arm, neben mir nieder ließ. Ein etwa fünfjähriges Mädchen setzte sie mir einfach ungefragt auf den Schoß.

Wir fuhren bergab und passierten Dörfer, in denen immer wieder Schulkinder zustiegen.

Schließlich war der Bus so voll, dass die Jungs sich draußen anhängen mussten. Ein Bündel aus Büchern, die mit einem Lederriemen verschnürt waren, knallte neben mir auf den Sitz und ein lachender Junge klammerte sich an die Gitterstäbe direkt neben mir. Andere taten ihm gleich.

Im nächsten Dorf war die Durchfahrtsstraße so eng, dass ich einen kleinen Schrei ausstieß, weil ich dachte, die Jungs würden zerquetscht werden. Aber keiner nahm Notiz davon, es passierte nichts und jeder war hier an diesen Anblick gewöhnt.

Kein Ausländer befand sich unter den Fahrgästen und ich überlegte, ob hier überhaupt jemand Englisch sprach?

Alles war fremd und ich jubelte innerlich: Wie frei ich jetzt bin! In voller Fahrt und so frei!

Abends kam ich in Kodaikanal, in Tamil Nadu an. Hier gab es wieder mehr Ausländer und ich versuchte abermals mein Glück mit wandern.

Aber auch hier war es schwierig mit Wegen und eine kopierte Handskizze, die ich im Touristenbüro erhalten hatte, war wenig hilfreich. Gelobt sei der Schwarzwaldverein, der bei uns daheim all die segensreichen Wandertafeln aufstellt, dachte ich.

Am nächsten Tag versuchte ich es mit Shopping. Hier gab es guten Tee, sogar Kaffee wurde angebaut. Allmählich konnte ich an Geschenke für die Lieben daheim denken, aber ich selber kam auch nicht zu kurz. Es gab filigrane silberne Ohrgehänge, die denen der Hilltribes hier abgeschaut waren und voller Stolz trug ich den kleinen Schatz in mein Zimmer.

Backwaters

In etwas mehr als zwei Wochen wäre mein Rückflug und ich wollte noch einiges sehen! Aber ganz gleich, was noch kommen würde: „Das was bisher war, nimmt mir keiner mehr!"

Auf dem Weg zum Schiff begegnete ich Susan und Palani.

Sie, eine Prinzessin aus dem Abendland, blond hellhäutig und bildschön! Und er, ein Prinz aus dem Morgenland, sehr dunkle Haut, schwarze, lange Haare und feine, regelmäßige Gesichtszüge.

Beide sehr jung und sehr zart in ihrer Erscheinung, fast nicht wie echt!

Susan war Deutsche und seit ein paar Wochen mit Palani, einem Tamilen, verheiratet. Sie wollten bald in ihre Heimat fliegen, nach Hannover, zuvor aber Palanis Herkunftsland besser kennen lernen.

Palani hatte sehr fein geschnittene Gesichtszüge und war dabei von so dunkler Hautfarbe, dass ich ihn immer wieder anschauen musste. Er erinnerte mich eindeutig an Jim Knopf, besonders wenn er lachte.

Zum Lachen hatten die beiden aber wenig Grund, weil sie bei ihrer Reise hauptsächlich eines kennen lernten und das war der indische Rassismus. Auch in Indien gilt: je dunkler die Hautfarbe, um so schlechter, was die Hackordnung betrifft. Nicht nur Beleidigungen mussten sie immer wieder hören, sondern gelegentlich wurde ihnen sogar die Unterkunft verweigert, was ich fast nicht glauben konnte.

Zum Rassismus gesellte sich dann der Neid, dass SO einer wie Palani, SO eine Schönheit, und dann auch noch eine Deutsche, abbekommen hatte!

Auch Susan und Palani wollten, wie ich, die Backwaterstour mitmachen, bei welcher wir am Abend in Cochin ankommen würden.

Wir suchten uns gemeinsam auf Deck einen Platz, damit wir alles gut sehen konnten. Die beiden waren aber so von ihren Erfahrungen in Anspruch genommen, dass sie den ganzen Tag davon erzählten. Besonders Susan musste einiges los werden, bei einem Menschen, wie mir, der sie verstehen konnte.

Bei einem Stopp fürs Mittagessen kletterte Palani gekonnt auf eine Palme und holte uns eine Kokosnuss herunter, vielleicht seine letzte vor Hannover.

Dennoch habe ich den Zauber der Ansiedlungen hinter den Kanälen wahr genommen: Eine Schönheit, die sich im Fluss das überlange Haar wäscht, den Seidenreiher im Schilf, die mit Bananen voll beladenen Barken und die Sandman.

Das sind arme Teufel, die mit Binsenkörbchen nach Sand für die Baustellen tauchen und das, bis die Barke so voll ist, dass sie fast versinkt. Diese Männer waren so schmal und dunkel wie Palani.

Abends fand ich in Cochin kein Zimmer und fuhr weiter nach Ernakulam. Dort wurde ich fündig, aber als nachts unzählige Kakerlaken unter der Küchentür durch schlüpften, hatte ich die Nase voll. Zwar kam keines der Insekten unter das Moskitonetz, aber die Angst genau DAVOR, wollte ich nicht noch einmal erleben.

Am nächsten Tag fuhr ich wieder mit dem Zug nach Norden, meine Rückreise hatte begonnen.

Für das letzte Stück musste ich einen Bus nehmen, der einfach nicht kommen wollte.

Die angezeigte Zeit war längst überschritten, als ich fragte, wann es denn weiter gehe?

„Komming soon!", war die Antwort.

Nach einer weiteren halben und dann noch einer ganzen Stunde, war die Antwort die selbe: „Komming soon!"

Ungern kam ich in einer neuen Umgebung bei Dunkelheit an, weil die Inder dann sehr zudringlich werden können, aber das ließe sich nun kaum vermeiden. Das ärgerte mich und ich dachte zum ersten mal, dass es gar nicht so schlecht wäre, wenn es bald heim ginge.

OM-Beach

Gokarna, „A very holy Hindu place," war ein kleiner überschaubarer Ort, ein Pilgerplatz mit morbidem Charme.

Rund um den alten Shivatempel gruppierten sich Blumengeschäfte und es gab auch alles andere, was der brave Pilger für sein gutes Karma darbringen sollte. Ein gigantischer, alter Prunkwagen mit riesigen Holzrädern, stand geschmückt und bunt bemalt im Ortszentrum und wurde, wie man mir versicherte, bei Prozessionen von weißen Ochsen, früher anscheinend von einem Elefanten, zum Strand gezogen.

Einerseits wirkte das Respekt einflößend, aber es hatte für mich auch etwas von den Karnevalswagen am Rhein. Mein Zimmer befand sich in einem alten Haus, war nüchtern, fast kahl, aber für meine Zwecke das richtige.

Ausländer kommen nämlich nicht wegen dem Ort selber hier her, sondern weil sich hier der Ausgangspunkt für die Wanderungen zu den Stränden befindet, von denen OM Beach der bekannteste ist.

Seit Goa stärker kommerzialisiert wurde und immer mehr Pauschaltouristen, vor allem aus England, gekommen waren, hatte es die Hippies, Backpackers und Partypeople hier her verschlagen, wo alles noch ursprünglicher war und es deutlich weniger Restriktionen durch die Behörden gab.

Auch ich wollte zunächst OM Beach sehen, um mich davon zu überzeugen, dass die Strandlinie dort tatsächlich ein OM, also einen Dreier, beschrieb.

Am Ortsausgang passierte ich erst mal den Gokarna Dorfstrand, in welchem ein paar Inder in Vollmontur badeten. Von dort führte ein Pfad zu einem kleinen Tempel, mit leerem Wasserbecken davor.

Gerade als ich ihn umrundet hatte und den weiteren Weg zur Anhöhe hinauf suchte, näherten sich vom Ort her drei Männer in meinem Alter, Landsleute, die sicher den gleichen Weg suchten, wie ich. Ein bisschen fühlte ich mich überlegen, als mich einer der drei in Englisch nach dem Weg fragte.

Früher hatte ich gedacht, Konkurrenzkampf und Hierarchien gäbe es hauptsächlich in der westlichen Welt, aber beim Reisen wurde ich, gerade durch die Kritiker unseres Systems, eines Besseren belehrt. Wer ist schon wie lange unterwegs? Wer hat schon wie viele Länder bereist und wer hat überhaupt die spektakulärsten Abenteuer erlebt?

Und so war es Sebastian, Andy und Tom etwas peinlich, mit über Vierzig, als Männer, zu dritt auf Reisen zu sein. Warum eigentlich? Ich fand alle drei sehr sympathisch, habe aber gleich bemerkt, dass sie sich gegenseitig oft auf die Nerven gingen und dass viel gemeckert wurde.

Nachdem die Drei weiter marschiert waren, folgte ich mit reichlich Abstand. Das Hochplateau war mit dürrem, niederen Gebüsch bewachsen und vereinzelt nagten Ziegen an mageren Halmen. Auf dem ausgedörrten Boden gab es mehr Steine, als Pflanzen, vereinzelt wuchsen, mir gänzlich unbekannte Bäume. Der Weg zu den Stränden war nicht markiert, aber so ausgetreten, dass er nicht zu verfehlen war. Eine grenzenlose Öde lag weitläufig vor mir, die Hitze nahm ständig zu und ich schlang mir ein Tuch um den Kopf. So irgendwo stellte ich mir die Begegnung mit einer gefährlichen Schlange vor, natürlich einer Kobra. Das schauderte mich und ich war froh, als der Pfad wieder abwärts durch dichteres Buschwerk führte.

Zwei Kehren auf sandiger Piste und da war er, der Blick auf einen Traumbeach!

Kudle Beach, wie ich bald erfahren sollte. Der weiße Sandstrand beschrieb einen Bogen und war fast menschenleer, jetzt um die Mittagszeit. Zum ansteigenden Wäldchen hin gab es Bambushütten in verschiedenen Größen. In der Mitte lag das Restaurant einer Spanierin, das ich gleich ansteuerte. Leute lagen oder saßen herum, die Tische nur eine Ellbogenlänge über dem mit Matten ausgelegten Boden. Es lief dezenter Ambientsound im Hintergrund und ein steinerner, mit Blumen umrankter Ganesch im Eckaltar, gab dem Ganzen die spirituelle Note. Alles war freundlich und schön.

Die Hamburger Freunde hatte ich ja quasi schon kennen gelernt, weshalb ich mich gleich mutig zu ihnen setzte. Die Unterhaltung, das Essen, das Rauchen, die Leute, all das war für mich so heimatlich, dass die Stunden vergingen. Dazwischen baden im Meer, dann neue Leute, wieder rauchen, dann Spanier mit Gitarre und ehe ich mich versah, war die Dämmerung gekommen. Zum Glück hatten die Hamburger ihre Zimmer auch in Gokarna und wir wanderten gemeinsam unterm Sternenhimmel zurück in die Stadt.
Es war mir vollkommen klar, dass die meisten sich in den Bambushütten hinter den Stränden eingemietet hatten, weil die Abende am Meer sicher noch schöner waren, als die Tage.
Auch ich hatte mir so eine Hütte angeschaut, die ich einerseits völlig überteuert fand, andererseits hatte sich gerade, als ich den Vorhang anhob, um das Innere zu begutachten, eine stattliche Spinne von der Decke abgeseilt. Deswegen war mein Plan, das bisheriges Zimmer zu behalten und das nächste Mal mit dem Schlafsack und kleinem Gepäck los zu ziehen. Ich würde einfach am Strand schlafen, so wie das andere auch taten. In der Gruppe konnte das nicht gefährlich sein.
Am anderen Morgen marschierte ich wieder los. Bei der Spanierin am Kudle Beach wurde gerade geputzt und so wanderte ich weiter am Strand entlang,

bis es wieder bergauf, zur Anhöhe auf der anderen Seite ging.

Bei der stehenden Hitze auf dem Plateau erschien mir der Weg endlos, bis es schließlich wieder bergab ging. Nach der ersten Kehre, gelangte ich an einen Felsvorsprung, der den Blick auf OM Beach freigab.

Tatsächlich, das war beeindruckend, die Strandlinie erschien als perfektes OM.

Gegenüber lagen dann wieder die Strandbars und Wohnhütten, viel mehr allerdings, als an der Kudle Beach.

Beim ersten Mango Lassi lernte ich gleich eine lustige Truppe um einen jungen Spanier kennen, der sich Samosa nannte.

„Samosa, like Samosa to eat?", wiederholte ich seinen Namen.

„Samosas are the best, and I am also the best!"

Ja, dann! Ein schöner Tessiner, dessen Eltern ein Hotel in Lugano hatten, war eher still und ernst. Sein Vater, so erzählte er mir, wolle, dass er ins Geschäft einsteigt und das Hotelfach lernt und dazu hätte er gar keine Lust.

Des Weiteren war da ein junger Mann unbestimmter Herkunft mit einer dicken Brille, von welcher ein Bügel verloren gegangen war. Auch wenn Brillenträger auf mich eher einen harmlosen Eindruck machen, dieser Bursche schien nicht ohne.

Er lächelte abgründig, als er mir versicherte: „Om beach is totaly free."

Mich schauderte und ich fasste unwillkürlich an meinen Geldgurt unterm Hemd.

Abends gab es dann Musik und um ein hoch loderndes Feuer hatten sich lauter nette Leute versammelt.

Zu später Stunde hatte ich dann genug und legte ich mich zu einer Gruppe von Reisenden, die unter ein paar Bäumen ihr Lager aufgeschlagen hatten. Gleich neben mir hing die Hängematte eines jungen Mädchens, das noch lange mit ihrer Freundin kicherte, bis sich bei allen der Schlaf einstellte.

Durch einen schrillen Schrei erwachte ich. Noch immer war es finstere Nacht, aber es gab ein riesen Spektakel. Dem Mädchen in der Hängematte war der Geldgurt geklaut worden. Sie hatte diesen direkt neben sich platziert gehabt und dann plötzlich eine Hand gespürt. Trotz einiger Suchaktionen war er nicht wieder aufzutreiben und auch der nächste Tag brachte nichts ans Licht.

„Om beach is totaly free!", so war das also.

Der Zauber hatte ein Loch und ich ging lieber wieder an den schönen Kudle Beach ins spanische Restaurant, welches mir kultivierter vorkam und wo ich auch die Hamburger wieder traf. Dem Nachmittag folgte ein Abend mit allem, was man sich wünschen konnte: gute Gespräche, köstliches Essen, Musik, Rauchen und Feuer am Strand.

Schließlich war ich so stoned, dass ich mich außer Stande sah, mich beim nächtlichen Baden zu beteiligen.

Da kam Tom angelaufen und rief: „Das musst du sehen, steh auf, da gibt es diese Fluoreszenz, das Meeresglühen! Das gibt es ganz selten, es ist wie flüssiges Gold, hat was mit Algen zu tun."

Ich wollte mich erheben, aber es war aussichtslos. Ich hatte einfach viel zu viel geraucht und jetzt verpasste ich SO WAS, zu blöd!

Am Nachmittag hatte ich beim Baden auch einen meiner silbernen Ohrringe aus Kodaikanal verloren. Ja, alles hatte doch auch seinen Preis.

Die Tage rannen dahin und ich hatte längst beschlossen, hier zu bleiben. Ursprünglich war der Plan, ein paar Tage vor dem Rückflug, noch Palolem in Südgoa anzuschauen, aber besser wie hier, wäre es dort auch nicht.

Weitere Wanderungen führten mich noch zu Half Moon und Paradise Beach, was eher kleinere Buchten waren, aber die meiste Zeit verbrachte ich doch an Kudle Beach und alle paar Tage nahm ich mir eine Auszeit in meinem dunklen Zimmer in Gokarna.

Mit den Hamburgern tauschte ich noch Adressen und Telefonnummern aus, E-mail hatte ich damals, Mitte der Neunziger, noch nicht. Dieses erstaunliche Land hatte mich in seinen Bann gezogen und ich wusste, ich würde wieder kommen.

AUF DEM SCHOREN
Wie alles anfing

Das darauf folgende Jahr war eine einzige Katastrophe.
Dominics Wiedersehensfreude, nach meiner ersten Indienreise, weilte nur kurz.

Ich musste auch wieder zur Arbeit und fühlte mich dort noch viel fremder, als vorher. Man fragte mich natürlich, wie es gewesen wäre, aber was sollte ich da erzählen?
Ich benahm mich möglichst unauffällig und hoffte noch eine Weile dort arbeiten zu können, weil meine Bezahlung ziemlich gut war. Die Arbeit forderte mich und ich kam oft müde heim.

Als Mädchen und Arbeiterkind meiner Generation, hatten mir die Eltern eine Kaufmännische Lehre empfohlen.
„Du wirst ohnehin einmal heiraten und Kinder bekommen, da wäre ein Studium vielleicht ganz umsonst und für Papa und mich eine große finanzielle Belastung", erklärte mir meine Mutter.
Es war die Zeit der aufkommenden Frauenemanzipation und wenn ich nicht studieren konnte, dann wenigstens ein technischer Beruf in einer Männerdomäne, dachte ich.
Mit gerade einmal fünfzehn Jahren, war das eine Trotzreaktion, die ich später bereute.
Außerdem herrschte Anfang der Siebziger Jahre politisch ein völlig anderes Klima als heute. Die ganze Intelligenz war links, man wusste noch nicht, dass Mao den Tod von Millionen von Menschen zu verantworten würde und sich mit dem Proletariat zu solidarisieren, hatte etwas Ehrenhaftes.
Schon nach wenige Wochen, die ich mit U-Stahl Feilen in der Lehrwerkstatt verbracht hatte, war mir die Arbeiterromantik bereits vergangen. Das mit der Solidarität war doch eher was für Studenten, die eine Fabrik höchstens mal während der Semesterferien von innen sahen.
Um geistig nicht völlig unterzugehen, begann ich viel zu lesen. Mit Hesse, Novalis oder den russischen Klassikern, schuf ich mir ein Gegengewicht zur Banalität meines Alltags.
Oft weinte ich morgens und meine Mutter tröstete mich: „Wenn du erst einmal im Konstruktionsbüro bist, wird alles besser."

Die Werkstattausbildung dauerte aber eineinhalb Jahre und danach war es NICHT besser. Nun meinte meine Mutter: „Jetzt hast du schon so viel geschafft. Wenn du die Lehre abbrichst, dann war doch alles bisher umsonst." So hatte ich das in meiner Familie gelernt: Durchhalten! Das war die Devise. Meine Eltern hatten nie Druck auf mich ausgeübt, aber die Ratschläge meiner Mutter, die stets im Konjunktiv formuliert wurden, hatten großes Gewicht.

Als ich mit Anfang Zwanzig doch noch das Abitur nachgeholt hatte, hätte ich studieren können, aber da war ich bereits schon lange mit Paul zusammen, mit dem ich „aussteigen" wollte.

Dafür brauchte man aber Geld und ich kehrte freiwillig zurück in den alten, verhassten Beruf. Wir arbeiteten beide und legten Einiges zur Seite.

Das ging ein paar Jahre so, bis er mir eröffnete, dass er jetzt Freischaffender Künstler werden wolle und dafür wäre es super, wenn ich ihn unterstützen könnte. Es ging um die Kunst und um ihn und ich sagte „Ja"

Auch das war ein großer Fehler. EINE Fehlentscheidung zieht meistens weitere Fehlentscheidungen nach sich und so war es auch bei mir. Der Weg war für mich zum Ziel geworden.

Die Arbeit und die Atmosphäre in der Firma, die jetzt anscheinend mein Leben waren, führten zur Entfremdung gegenüber Paul, aber auch zu sehr viel Unglück. Bereits am Sonntag Mittag war ich stets schlecht drauf, weil ich bereits an den Montag dachte.

Damals fuhr ich die drei Kilometer von unserer Wohnung zur Arbeit mit meinem alten Fahrrad, das immer wieder Pannen hatte.

So war es auch an einem sonnigen Morgen im Juni. Die Wiesen standen hoch und in voller Pracht. Es war noch frisch, aber es würde ein grandioser Tag werden, voll Glanz und Schönheit. Bienen und Schmetterlinge umflogen mich, als ich an der Straße stand, um das kurze Stück per Anhalter hinter mich zu bringen.

Je länger ich aber stand, um so deutlicher spürte ich in diesen Tag hinein. Was würde ich wieder verpassen, wenn ich mich jetzt ins Büro begeben würde.

Auf dem Radweg gegenüber näherte sich eine Gestalt mit einem Rucksack. Er trug einen Zweig am Hut und schritt gemächlich voran. Seine Kleidung hatte etwas Schäbiges, es war ein Landstreicher. Voller Neid sah ich ihm nach.

„ER wird heute Herr über seinen Tag sein, ICH nicht", dachte ich und war darüber schockiert, dass ich jetzt schon Obdachlose beneidete.

„Du bist schon wieder in deinem alten Trott", maulte Dominic schon nach ein paar Tagen.

Die ständigen Wiederholungen, das „Hallo", „Tschüß" und „Essen ist fertig", als täglich wieder kehrendes Mantra, deprimierte und lähmte ihn, wie er mir versicherte. Doch wie sollte ich das ändern? War das nicht bei allen so?

„Ja, genau, das ist bei allen so, die den Kotau vor der Gesellschaft machen, aber nicht bei mir, oder Michael, der auch ein selbstbestimmter Mensch ist."

Ja, bei Dominics Freund und Rastabruder war kaum ein Tag wie der andere, trotzdem war er stets guter Laune und warf anderen Leuten nicht deren Lebensstil vor.

„Weil er ein freier Mann ist", ereiferte sich mein Freund, „und kein Hanswurst in einer Beziehung, wie ich!" So ging das oft. Es gab zeitweise mehr Tränen, als Lachen. Trotzdem hielten wir aneinander fest, wie zwei Ertrinkende.

Ich war in meinem neuen Leben noch gar nicht richtig angekommen und mir fehlte völlig die Orientierung. Es gab auch so etwas wie Liebe zwischen uns, aber unsere war kein Glück, sondern ein gemeinsames Unglück.

Das war nicht immer so gewesen. Vor etwas mehr als einem Jahr hatte ich ihm per Telefon mitgeteilt, dass ich mich nun von meinem früheren Freund Paul endgültig getrennt hätte. Abends, als ich dann bei ihm eintraf, war er voll unbändiger Freude. Dies geschah bereits in der Vorweihnachtszeit und er hatte so viele Weihnachtssterne gekauft, dazu überall Kerzen aufgestellt, dass ich von diesem Anblick völlig überwältigt war.

Dominics Eltern kamen als jung verheiratetes Paar von Italien nach Deutschland, um hier ein besseres Leben zu finden. Mein Freund wurde hier geboren und fühlte sich schon frühzeitig als Gastarbeiterkind diskriminiert. In der Pubertät rebellierte er mehr als andere, fand wenig Verständnis in seiner Umgebung und musste wegen einiger spektakulärer Aktionen, aber auch schlechter Noten, das Gymnasium verlassen.

Im Religionsunterricht gab es Diskussionen über kirchliche Dogmen und Glaubensinhalte.

„Das ewige Licht, das ist auch so ein Quatsch!", rief er, stand auf, lief rüber zur nahegelegenen Heilig Geist Kirche, entwendete die Kerze, brachte diese zurück in den Unterricht und blies sie vor aller Augen aus.

„So, das war es jetzt, das ewige Licht!"

Das war es dann auch mit seiner akademischen Laufbahn.

Zur selben Zeit erwachte bei ihm die Reiselust und er fuhr per Anhalter nach Paris. (Durchbrennen nennt man das in Deutschland. Was für ein Wort! Wenn ein Topfboden durchbrennt, ist er kaputt und mit einem durchgebrannten Holzscheit kann man auch nicht mehr viel anfangen.)

Später kamen die Drogen und eine Punkzeit in Tübingen.

Seine Mutter, die in Deutschland nicht das fand, was sie einmal erhofft hatte, projizierte all ihre Sehnsüchte in den hübschen Sohn. Er war intelligent, voll Fantasie und hätte studieren können. Jetzt aber war sie selber oft überfordert und nicht in der Lage, dem Sohn immer wieder aus der Patsche zu helfen. Sie tat, was sie konnte, aber an Stelle von Dankbarkeit, hörte sie nur Vorwürfe: „Warum habt ihr mich hier in diesem Land ausgesetzt?" So sah er das.

Als ich Dominic kennen lernte, war er schon dreißig und warf seiner Mutter dies noch immer vor. Schuld bei anderen suchen, besonders bei Frauen, das hatte er sich angewöhnt. Gleichzeitig hatten alle Frauen ihm auch immer geholfen, so wie ich. Er fühlte sich deswegen natürlich unfrei und in Abhängigkeit, was ihn hart in seinem Stolz traf. Unsere gemeinsame Zeit war ein einziges Wechselbad der Gefühle.

Immer wieder beschuldigte er mich langweilig und ohne dritte Dimension zu sein. Weil ich nicht adäquat auf seine gelegentlichen Tobsuchtsanfälle reagierte, nannte er mich gefühlskalt.

„An dir prallt alles ab, wie an einer Wand!" „Du bringst mir die Fabrik hier herein in mein Leben!" „Weil du keinerlei Ideen hast, keine Fantasie!"

Ein anderes Mal tröstete er mich: „Du bist so ein guter Mensch. Du bist die beste Freundin, die ich je hatte. Aber ich brauche eine Frau, die meine Visionen teilt."

Ich selber hatte unendlich viel Verständnis für ihn, entschuldigte seine schlimmsten Worte, weil er so verzweifelt war, auch arm und verwahrlost an Leib und Seele. Unbewusst wollte ich Dominic beweisen, dass die Liebe und das Gute siegt. Dass ich zu ihm halte würde, geradezu bedingungslos. Natürlich versprach ich ihm alles, was mit diesen zu teilenden Visionen zusammen hing. Oft wusste ich nicht, ob und wie ich all die Versprechungen würde halten können.

Aber auch ich war keineswegs selbstlos. Einerseits wollte ich ihn nicht verlieren.

Andererseits hatte ich aber auch in diesem alten Bauernhaus den Ort gefunden, der mir von Grund auf zusagte.

Das mächtige alte Haus auf dem Schoren, mit seiner dunkelbraunen Schindelfassade, war längst in die Jahre gekommen. Es lag einsam auf einer zugigen Hochebene, umgeben von Feldern und Weideland, im Süden schloss sich ein Wäldchen an.

Vor dem Eingang gab es eine kleine Wiese, die laut Mietvertrag gemäht werden musste und neben der Zufahrt lag der Garten, den ich gleich im ersten Frühling hier übernommen hatte. Der Ökonomieteil des Hauses bestand aus einer Art Scheune, wo das Feuerholz für den Winter gelagert wurde und einer Werkstatt.

Beides zusammen war größer als der Wohnteil, den Dominic in besseren Zeiten mit Holzwänden verkleidet hatte. Der Schlafraum war vom Wohnbereich durch eine vergipste, halboffene Wand in Bogenform getrennt. Das Hochbett lag auf dem gleichem Niveau wie die Fenster, mit dem Blick auf die Wiese.

Besonders wenn Schnee lag, befand man sich wie mitten in diesem weißen Zauber und hatte es durch den warmen Kachelofen trotzdem kuschelig. All dies war entstanden in einer Zeit, in der Dominic noch an eine Zukunft hier geglaubt hatte.

Heute war er sich darüber im Klaren, dass er sein Leben nicht an diesem Ort und schon gar nicht in diesem Land verbringen würde. Er war nur noch hier, um Geld zur Seite zu legen.

Der Himmel über dem Haus war grenzenlos, die Wolken zum Greifen nah. Man konnte sich die Welt als Kugel vorstellen, wobei der Himmel, mit seiner überwältigenden Zahl von Sternen die eine Hälfte füllte und auf der anderen war unser Platz, der Platz der Menschen und Schicksale von dieser Erde.

Wenn man das Haus betrat, ging es gleich rechts in Dominics Universum. Geradeaus lag die Küche, ein schlauchartiger Gang, mit Herd, Spüle und einer Waschmaschine. Mittels einer Durchreiche gelangten die Speisen in den Wohnbereich. Im Anschluss an die Küche lag nach hinten hinaus mein Zimmer. Er hatte es für mich geräumt und ich richtete mich mit den paar Möbeln, die ich als die meinen betrachten konnte, recht gemütlich darin ein.

Während der ersten Monate war ich nur selten in diesem Zimmer, aber mit der zunehmenden Entfremdung zwischen uns, verbrachte ich dort immer öfter die Abende. Dominic wurde mit der Zeit ungeduldiger mit mir. Schon bei der kleinsten Kleinigkeit, zB. wenn ich zu eifrig nickte, wenn er mir etwas auseinandersetzte, geriet er aus der Fassung.

Was ich auch erzählte, erregte seinen Unmut. Vielleicht habe ich zu spät begriffen, dass nach langem alleine leben, ein Mensch nicht so plötzlich auf Gemeinsamkeit umstellen kann, vielleicht waren wir zu unähnlich, sowohl in unserem Menschsein, als auch in der jeweils so verschiedenen Erfahrungswelt, die uns geprägt hatte. Wahrscheinlich war er damals überhaupt nicht beziehungsfähig.

„Du erwischt mich hier in einer Phase des Abbaus", sagte er eines Tages.

„Ich habe längst beschlossen, dass ich weggehen werde. Dazu braucht man nicht nur eine materielle Grundlage, man muss auch beginnen, sich zu distanzieren. Man muss hart sein, stark und wie kann ich das, wenn hier so viele Gefühle einziehen?"

„Du kommst im falschen Augenblick in mein Leben, entweder wir lassen das mit der Beziehung, oder du baust auch ab und entscheidest dich dazu, mit mir etwas ganz Neues zu beginnen."

Reisen war für mich schon immer ein großer Traum und erstrebenswert gewesen, aber Auswanderungsgedanken hatte ich zu dem Zeitpunkt keine. Unser gemeinsames Leben war für mich schon neu genug. Mir gefiel es hier und ich sah wenig Grund, das alles schon wieder hinter mir zu lassen.

Sicher hat er das gespürt, auch wenn ich immer wieder beteuerte, mit ihm gehen zu wollen. Dass ich es trotzdem ernst meinte, konnte er ja bereits an der Indienreise sehen, die gerade hinter mir lag. „Wenn wir ohnehin spätestens in einem Jahr weggehen, dann ist es doch besser, wenn ich noch ein bisschen Geld verdiene, als nur herum zu sitzen", rechtfertigte ich mich.

„Du denkst halt, der Zweck heilig die Mittel! Aber ich sage dir: „Der Weg ist das Ziel!" Wenn du dich befreien willst, dann fang gleich damit an!"

Seine Welt war durch mich aus den Fugen geraten und er nahm mir das immer mehr übel. Launige Kommentare führten dazu, dass ich kaum noch etwas sagte. Mein Schweigen fand er aber auch langweilig und wir lebten zunehmend aneinander vorbei.

Wenn Leute zu Besuch kamen, konnten wir aber nicht nur eine äußere Fassade aufrecht erhalten, sondern es herrschte wieder, wie früher, eine starke Verbindung zwischen uns.

Dominic redete und erzählte, schaute dabei aber weniger den Besucher an, sondern mich. Durch den „dritten Mann" entstand wieder so etwas wie Spannung zwischen uns. Wir konnten uns nie ganz nah kommen, weil ja der Besucher dabei war. Das verschaffte ihm aber Luft und eine gewisse Ungezwungenheit.

Wenn der Besucher ging, nahm er die Magie, die zwischen uns entstanden war, wieder mit. Alles rutschte in die Zweidimensionalität zurück. Es war aussichtslos, sich dagegen wehren zu wollen, so erhob ich mich dann und zog mich in mein Zimmer zurück.

Wir lebten, besonders seit der Sommer zu Ende gegangen war, in getrennten Welten, um unerfreuliche Szenen zu vermeiden. Dennoch gab ich die Hoffnung nicht auf.

Das sah dann so aus:

Dominic schaut drüben bei sich fern. Es ist schon abends nach neun. Ich sitze hier in meinem Bett, lese gelangweilt, wartend. Wenn es in der Küche raschelt, lausche ich, wartend. Es ist, als säße ich hinter einer Bühne, fertig für den Auftritt, Kostüm und Maske perfekt und dann kommt die Spannung vor dem Auftritt. Ich warte und werde nicht aufgerufen. Mal geht das Licht an in der Küche und ich denke in froher Erwartung: jetzt kommt mein Auftritt, aber er kommt nicht. Wieder raschelt es, und ich denke: jetzt, jetzt, aber das Licht geht wieder aus. Mein Auftritt fand nicht statt, meine Nummer ist nicht mehr gefragt. So vergeht Abend um Abend. Alle Versuche, diese Mauer zu durchbrechen, enden kläglich. Er wird zornig und ich bereue mein verzweifeltes Aufbegehren. Manchmal kommt er dann und nimmt mich in den Arm. Ich weine viel, aber ich bin nicht in der Lage, mich zu wehren, um mein Leben, mein Glück.

Mein Boot steuert auf die Niagarafälle zu und ich schöpfe Wasser, damit wir nicht ertrinken.

Inzwischen war es Herbst geworden und es kamen weniger Leute zu Besuch. Unsere Welt wurde immer kleiner. Es gab nur noch ihn und mich.

Wenn ich früher ab und zu Trost bei einer Freundin gesucht hatte, so empfand ich das inzwischen auch nur noch als anstrengend. Wie sollte ich anderen erklären, was bei uns los war. Das konnte niemand verstehen und ich blieb lieber daheim, in unserer Welt, unserem Wahn, der uns allmählich beschlichen hatte.

Abende lang hörte er Goa Musik in voller Lautstärke. Der Techno Sound war wie das Trommeln eines Stammes, der sich zum Kriegspfad rüstet. Der Feind, so hatte ich das Gefühl, war ich und er machte sich stark und unverwundbar durch die Magie dieser Musik, die das Fremde, Exotische aufmarschieren lies gegen meine graue Bürgerwelt und meine undifferenzierten Gefühle.

Draußen fuhr ein Sturm durch die beiden Birken, die das steinerne Wegkreuz an der Straße flankierten, als ich erwachte.

Von der Küche her hörte ich Geschirrgeklapper und roch getostetes Brot. Plötzlich stand er in der Tür: „Bist du schon wach? Willst du mit mir frühstücken?"

Ja, wollte ich. Er schien ausgeglichen, bester Laune.

„Nächstes Frühjahr ziehe ich los. Ich werde nach China fliegen. Es gibt die Möglichkeit für ein Halbjahresvisum. Oder ich reise zuerst nach Zentralasien, das wäre auch gut. Kasachstan, Usbekistan, Kirgisien. Du könntest erst mal hier bleiben, weil ich mich wieder finden muss. Aber im Sommer, da treffen wir uns dann in Tibet."

Mir blieben die Bissen im Halse stecken. Tibet, davon träumte ich schon lange. Ich hatte bereits so viel gelesen und all das einmal in Wirklichkeit sehen?

Wir lächelten einander zu, wie schon lange nicht mehr. Trotzdem blieb ich verhalten und misstrauisch.

„Das nächste halbe Jahr werde ich hier abbauen und mich hart geben müssen. Du bist meine Freundin, aber mehr noch mein Kamerad, dass du eine Frau bist, ist nicht das Wichtigste."

Ich dachte an das Haus und dass ich es nicht hergeben würde. Untervermieten, das ginge, aber hergeben, niemals.

Dominic war mit einem Freund vor ein paar Jahren bereits in Tibet gewesen, sogar in, für Ausländer, verbotenen Gebieten.

Es gab Fotos von ihm, in tibetischem Gewand, und seinen damaligen Reisegefährten, daneben zwei Khampas, Männer mit Zöpfen und Ohrringen, wie Indianer.

Oft schon hatte er mir von den damaligen Erlebnissen erzählt und davon, wie man zusammen gehalten hatte. Ron, der Israeli und Peter, ein Amerikaner, waren mir in den glühendsten Farben geschildert worden.

Von seinem Freund, mit dem er von hier aus gestartet war, hatte er kaum gesprochen.

Später fuhren sie mit dem Motorrad von Varanasi nach Goa, was wohl eine echte Tortur war. In Goa dann hatte er den Psychedelic Trance und die Goa Partys kennen gelernt, was zu seiner Vision, seiner Identität geworden war.

Genau so hatte ich ihn kennen gelernt.

Wenige Wochen, nachdem er damals von Indien zurück gekommen war, organisierte er mit seiner damaligen Freundin die erste Goa Party hier im Südwesten und war seiner Zeit damit weit voraus. Durch gemeinsame Freunde hatte auch ich davon erfahren und war so überwältigt von dieser Nacht, dass ich seit dem keine andere Musik mehr hören wollte.

Klar, in der Nacht hatte ich mein erstes Ecstasy genommen, das hatte Einfluss, aber ich war auch schon vorher eine begeisterte Tänzerin gewesen. Dieser Sound jedoch, gab dem Tänzer solche Möglichkeiten, Freiheiten, es war grenzenlos. Die ununterbrochene Musik versetzte mich in solche tranceartige Glücksgefühle, das war fast nicht mehr von dieser Welt.

Natürlich waren die Schwarzlichtbilder animierend, auch der Nebel und das Stroboskop, hatten Anteile, aber getragen war alles durch die Schwingung dieser Rhythmen, die alle Tänzer miteinander verband. Dieser Abend war nicht nur für mich so etwas wie eine Initialzündung, auch für Michael und andere öffnete sich eine Tür in ein bisher unbekanntes Land.

Danach wollte ich dieses Gefühl immer wieder erleben und bin oft am Wochenende mit zwei Freunden losgezogen, mal nach Freiburg, nach Stuttgart oder in die Schweiz.

Diese kleinen Fluchten machten mein Leben wieder lebenswert. Einer meiner beiden Kollegen war dann weggezogen, der andere hatte eine neue Freundin. Trotzdem wollte ich nicht mehr auf meine Ausbrüche verzichten, also zog ich dann oft alleine los.

Einmal fuhr ich mit meinem alten Polo nach Zürich zur Street Parade. Abends war eine große Party in Örlikon und ich platzierte meine Kiste schon am Nachmittag in der Nähe der Halle. Mit der Straßenbahn fuhr ich dann in die Stadt und schaute mir die Parade an, bei der ich viele Menschen sah, die mit mir sicher GAR keine Gemeinsamkeiten hatten. Dennoch, dieses wilde Aufbegehren gegen das Graue im Leben, das gefiel mir.

Zurück in Örlikon konnte ich mein Auto nicht mehr finden. Anderen ging es genauso und man teilte uns mit, wir hätten falsch geparkt und wären abgeschleppt worden. Ein gemeinsames Taxi brachte uns auf einen Autohof, aber ohne sofortige Barzahlung von 400 Franken konnte man das Auto nicht wieder bekommen.

„Ich bin alleine und habe gar nicht so viel Geld dabei", jammerte ich.

„Hast du eine Bankkarte?", fragte der Aufseher.

Ich bejahte und er fuhr mit mir zu einem Bankschalter, sodass ich meinen Polo auslösen konnte.

Die gute Laune war mir etwas vergangen, aber deswegen heim fahren kam nicht in Frage.

Also, jetzt erst recht! Ich parkte irgendwo, aß mein Vesperbrot und dann ging es zur Party.

Es war eine riesige Halle und so viele Menschen, aber ich fand immer ein Plätzchen zum Tanzen, die halbe Nacht.

Wenn mich jemand angesprochen hätte, wäre ich von ein bisschen Doping nicht abgeneigt gewesen, aber jemanden fragen, das wollte ich nicht.

Es war so gegen vier Uhr morgens, als ich doch müde wurde. Ich ging in den Vorraum, wo es eine Bewirtung gab. Dort bestellte ich Kaffee und ein belegtes Brötchen und war bald wieder munter.

Es ging dann weiter bis etwa zehn Uhr am Vormittag und ich war bei den letzten auf dem Dancefloor.

„Was hast DU denn genommen", fragte mich mein Nebenmann in Schweizer Dialekt. Meine Euphorie war wohl ansteckend.

„Einen Kaffee und ein Wurstbrot", lachte ich zurück.

Pläne

Die meisten Leute denken, der Weg nach Tibet führe über Nepal, aber das ist ein fundamentaler Irrtum. Wer über Nepal einreist, bekommt meist nur ein kurzes Visum innerhalb einer Gruppe.

Das kostet dann sehr viel Geld und man darf nur zwei oder drei Wochen bleiben. Zu allem Unglück bekommen dann einige noch die Höhenkrankheit, als Folge von zu schnellem Anstieg zum Dach der Welt und dann war alles umsonst.

Dominic hatte von seiner ersten Tibetreise her viele Erfahrungen gesammelt.

„Tibet besteht aus zwei Teilen", erklärte er mir. „Das östliche Drittel hat China sich ganz einverleibt, nämlich die Provinzen Westsichuan, das ehemalige Kham, Gansu und Shing Hai, wo der Dalai Lama herkommt. Diese Gebiete kann man mit dem ganz normalen China Visum bereisen. Der Rest des ursprünglichen Landes ist die Autonome Region Tibet, da muss man schauen, von wo aus man, für wie lange, einreisen darf."

Abgesehen von diesen Besonderheiten in Tibet, war China, gerade der Westen, der wilde Westen Chinas, von großem Reiz für uns.

Im Süden, in den subtropischen Gebieten von Yunan gab es nicht nur bemerkenswerte Flora und Fauna, sondern auch Stammesgebiete, die alte, sehr spezielle Kulturvölker beheimateten, die mit den Hanchinesen gar nichts zu tun haben.

Im Norden der Wüste Taklamakan lag die alte Seidenstraße mit den sagenumwobenen Orten Kashgar, Turfan oder Dunhuang, wo Uiguren leben und andere muslimische Minderheiten.

Alles unglaublich interessante Reiseziele, aber auch enorme Herausforderungen für sogenannte Individualtouristen ohne Sprachkenntnisse.

„Bei der Volkshochschule wird ein Chinesischkurs angeboten", eröffnete ich Dominic am nächsten Tag. „Das würde mich interessieren."

Ich hatte große Lust auf diese fremde Sprache mit den zauberhaften Kalligraphien, aber ich wollte auch wissen, ob er es tatsächlich ernst gemeint hatte, mit seinen Vorschlägen.

„Ja, das wäre super. Ich lerne dann bei dir ein bisschen mit."

Gesagt, getan. Ich hatte nur den ersten Abend verpasst und wurde noch aufgenommen.

Mit Frau Liu, einer gebürtigen Chinesin aus Peking, hatte ich eine äußerst kompetente Lehrerin. Das Lernen der Vokabeln und die Grammatik empfand ich nicht als all zu schwer, aber diese Schriftzeichen forderten sehr viel Zeit und Geduld.

Natürlich war es auch eine Freude, die Zeichen mit Aquarell und Pinsel auf feines Papier zu malen, aber ich konnte mir deren jeweilige Bedeutung fast nicht merken.

Später dachte ich: Wenn ich doch nur in der Zeit, in der ich Zeichen pinselte, Vokabeln gepaukt hätte, so wäre der Nutzen für mich um ein Vielfaches größer gewesen.

Mit den wenigen Zeichen, die ich letztlich gelernt hatte, konnte ich später im Land, nichts anfangen, aber an viele Worte kann ich mich heute noch erinnern.

Für kurze Zeit waren wir uns wieder näher gekommen, aber bis zu seiner Abreise war es noch weit. Anfang November waren die neuen Kräfte bereits verpufft und er konnte mich kaum noch aushalten.

Inzwischen hatte er unsere Reisepläne schon mehrfach geändert und zeitweise war von mir gar keine Rede mehr.

Wieder lebte jeder in seinem Zimmer, man ging sich aus dem Weg. Einmal hörte ich, dass es gut wäre, wenn ich das Haus behalten würde, ein anderes mal meinte er wütend: „Wenn man nicht richtig abbaut, kommt nie was Neues".

Am 16. November schrieb ich:

Draußen versinkt die Welt im Schnee. Der Winter ist am Samstag gekommen und jetzt ist er da mit seinem ganzen Hofstaat, mit den dicken Flocken, die alles gleichermaßen verstecken, sanft umhüllen, die schönen und die hässlichen Dinge.

Ich sitze an meinem Schreibtisch und male chinesische Zeichen, wofür auch immer. Er lebt drüben in seiner Welt und ich bin hier. Gestern kam er ganz verzweifelt und sagte: „Geh zurück in dein altes Leben. Es geht nicht mit uns."

„Du kannst mich nirgendwo hin schicken", entgegnete ich mit letzter Kraft.

„Aber ich werde mir ein Zimmer nehmen, bis du weg bist, danach komme ich zurück."

Zuerst hat ihn meine so planvolle Eröffnung überrascht, doch nach kurzem Nachdenken meinte er: „Das machen wir so!" und dann ging er wieder.

Nun ist Handlungsbedarf und ich weiß nicht, wohin. Wo ist die Grenze zwischen Stolz und Selbstachtung? Ich denke, stolz sein ist reine Eitelkeit, dass man es nicht ertragen kann, wenn das Ego ein bisschen gepiekst wird. Wenn man aber seine Würde bewahren will, gibt es Grenzen. Vielleicht ist aber derjenige, der auch das noch überwunden hat, einfach auch zum fürchten stark.

Die Aussicht auf das Zimmer führte zunächst zu einer deutlichen Entspannung.

Erneut hatte er die Pläne umgestellt. Vielleicht ginge er zuerst nur für drei Monate nach Nepal. Im Sommer könnten wir dann zusammen zu diesem großen einwöchigen Psytrance Festival nach Ungarn fahren und gleich Karten bestellen.

Danach hatte mein Leben erdrutschartige Züge angenommen.

Er wurde so klaustrophobisch, dass er nur noch deprimiert war und mich beschimpfte. Er hatte mich auf ein Untermaß gestutzt, das ich zuvor nicht gekannt hatte.

„Jeder Mensch hat doch irgend eine Art", versuchte er zu erklären, nur ich hätte keine.

Einmal warf er den Fernseher, den wir für ihn zur Fußball Weltmeisterschaft gekauft hatten, die Treppe hinunter, aber doch so, dass er nicht kaputt ging.

„So etwas war früher nicht in meinem Haus."

Wer abgelehnt wird, will immer wissen: Was habe ich falsch gemacht? Man will Erklärungen, um sich rechtfertigen zu können und man will eine Chance, um es in Zukunft anders zu machen.

Man will eine Zukunft und hat in Wahrheit gar nichts falsch gemacht! Man IST falsch, der falsche Mensch, egal, was man sagt oder macht.

Ich war doch nur ich selber, so wie ich geboren und geworden bin. Das war mein Fehler, ein irreparabler Fehler.

Anfang Januar fand endlich der Umzug statt. Er fuhr mich mit meinem Auto hier her. Nun war ich wieder in dem Ort, wo ich aufgewachsen war und es wurde sehr still.

Ich saß in einem kleinen Appartement, spärlich möbliert und wusste nicht, ob dies Zimmer Gefängnis, Verbannung, Freiheit oder Krankenhaus war. Was ich wusste, war, dass ich mich so unglaublich verbraucht fühlte, wie noch nie.

Ich spürte die ganze Anstrengung der letzten beiden Jahre und war vorläufig unfähig, jemanden anzurufen oder gar zu treffen.

Mit der Zeit ging es mir besser und ich war froh, zur Erholung an diesem neuen Ort zu sein.

Ich vermisste nichts, auch nicht IHN.

Aber es war seltsam, dass alles, was ich tat, ohne Relevanz war.

Niemand konnte sehen, was vorging und man selbst bewirkte nichts. Alles wurde dadurch beliebig, bedeutungslos.

Kaum fand ich mich damit ab, dass ich ihn nun nur noch selten sehen würde, klingelte es - und er war da.

Er nahm mich in die Arme und machte mir klar, dass ich das Leben nicht an mir vorbei ziehen lassen dürfe.

„Ich sah gestern Abend einen Bericht über Varanasi, hab geweint, aber auch gelacht und dachte: Ich will dich dabei haben! Wer ist denn diejenige, bei der alles so passt, wenn nicht du! Du bist unabhängig, bist intelligent, interessierst dich für Buddhismus und Geld hast du noch dazu."

Er fragte mich auch, ob ich mit ihm, nach all dem, was ich mit ihm erlebt hatte und wie ich ihn kennen würde, noch eine gemeinsame Zukunft sähe.

Ich bejahte, weil ich die normalen Pfade verlassen wollte. Es würde wundervoll werden und schrecklich und ich würde es tun.

An den Laternen blitzten die Silberstreifen schräg vorbei und die Spurrillen der Autos wurden immer neu mit weißem Flor bedeckt. Der Schnee fiel schnell, dicht und geräuschlos in die Nacht, wie der Überfall einer fremden Macht. Die Lichter in den gegenüber liegenden Häusern waren längst verlöscht. Der Wind lies nach und die Schneeflocken wurden müde, fielen verträumt eine zur anderen auf die Erde: Die Nacht trifft sich mit dem Schnee, unbelauscht, die Menschen haben sich in ihre Behausungen zurück gezogen, die Autos haben ihren Explosionsdrang gezügelt. Die Romanze von Schnee und Nacht bleibt vorerst unentdeckt, in Sicherheit.

Ich stand rauchend am Fenster und konnte keinen Schlaf finden. Ich überdachte die letzten Wochen. Warum hatte dieser Mensch so viel Macht über mich?

Es gibt Situationen, wo Grenzen überschritten werden. Alles wird dann wie in einem Film, man hat keinen Einfluss mehr. Die Handlung trägt dich dann mit sich davon.

Es sind nur so wenige Stunden, in denen ich glücklich bin.

Das Glück ist dann so groß, dass alles andere erlischt, so warm und dicht, wie der Regen in den Tropen.

Da verfällt er auch einmal MIR, so einsam, wie er seit Jahren ist.

Ich bin lieb und das verfälscht die Bilanz, ja, ich frisiere mit meinem Nett Sein die Bilanz.

Ich bin eine Betrügerin.

Am Wochenende holte er mich meistens ab und wir verbrachten oft gute Tage.
Die Reisepläne nahmen wieder neue Formen an, Hong Kong, sollte seine erste Destination werden. Ende März wurden überall Kräfte spürbar, es kam Bewegung in die Szenerie.

Zuerst lies sich Dominic einen Zahn ziehen und eine Woche später kauften wir zusammen die Schuhe, die er mitnehmen würde, stabile Trekkingschuhe.

Er war nun meist freundlich zu mir, schaute mich aber oft seltsam von der Seite an.

Er wunderte sich, dass ich schon lange nichts mehr bekommen hatte und meinen Dienst (an ihm?) unverändert, mit gleicher Ausdauer und gleichem Engagement, verrichtete, wie zu Zeiten, als es noch Lohn gab.

Das wunderte ihn, und irgendwie bewunderte er es auch. Er sah, wie sehr sich die Welt von Menschen abwendet, von denen nur noch Probleme zu erwarten sind. Bei mir war das nicht so, ich hielt immer und immer wieder zu ihm und nahm das, was es gab.

Ich gab Gold und erhielt Asche. Dazu sagte ich Danke und schien dabei noch nicht einmal unglücklich zu sein. Wenn er sagte: „Es ist gut", dann war es sogleich gut und der Film, der gute Film, ging an dem Punkt weiter, wo er Tage zuvor vom bösen Film abgelöst worden war. Der böse Film hatte dann keine Gültigkeit mehr, dann war einfach der gute dran.

Schon immer hatte ich versucht, die Beste zu sein, wenn ich schon nicht so war, wie die anderen, wenn ich schon mit Niemandem wirklich zu tun hatte. Ein bisschen Autismus, ein bisschen Opportunismus, vor allem aber komisch sein, nicht wirklich individuell, einfach nur komisch, zu farblos, für schräg.

Zum ersten April hatte ich das Zimmer wieder gekündigt und meine Rückkehr ins Bauernhaus schien für Dominic weniger Relevanz zu haben, als der Kauf seines neuen Schlafsacks.

Dies bewerkstelligten wir in der nahen Kreisstadt. Es war Frühling, wir saßen in einem Straßencafè und aßen Hamburger. Im Geiste waren wir schon unterwegs. Wir sprachen über Landkarten, Visa und Ausrüstung aller Art.

„Warum soll ich an das Gute nicht glauben? An das Schlechte glaube ich ja auch!"

Wer hatte das an diesem Apriltag gesagt? Er oder Ich?

Abends in meinem Zimmer dachte ich: Was glaubst du, wer wird wen eher vermissen? Der Diener den Herrn, oder der Herr den Diener? Wer ist mehr abhängig?

Aber heute war ein guter Tag und ich beschloss ihn mit kühnen Träumen.

Ich stellte mir vor, wir wären zusammen unterwegs, bei fremden Menschen, in fremden Ländern. Von Dominic käme die Lebendigkeit und der Spaß und von mir das Liebevolle und Vertrauenerweckende.

Das wäre ein Team! Man würde uns als Paar mögen, bunt und frei und sympathisch.

Seit kurzem war klar, dass Dominic am 24. April von Frankfurt, über London, nach Hong Kong fliegen würde.

Wir hatten noch zwei Wochen zusammen, aber als er heute erfahren hatte, dass es nichts mit einem Halbjahresvisa für China werden würde, bekam er Herzstechen und war verzagt.

Wenn sein Visa abgelaufen wäre und er nach Pakistan ausreisen müsste, würde ich kommen. Unser Zeitplan war gecancelt.

Später meinte er: „Hier ist eigentlich alles besprochen", aber spätestens in einem halben Jahr würde er sich freuen, mich wieder zu sehen. Ich müsste nun zwar erst einmal ein Viertel Jahr alleine reisen, aber das hätte auch den Vorteil dass ich dann auch kein Anfänger mehr wäre, wenn wir uns Anfang September in Tibet treffen würden.

Die letzten Tage waren angebrochen. Das war eine Folter ganz besonderer Art.

Die Zeit rann wie Staub durch die Hand, unaufhaltsam und bedeutungslos verschwendet.

Dann kam der Tag, vor dem ich mich am meisten gefürchtet hatte.

Beim Verlassen des Hauses fragte ich ihn: „Hast du auch alles?"

Er schaute mich an und antwortete: „Ja, alles außer dich."

Als wir aus dem Hof fuhren, schaute er nicht zurück. Er war die ganze Zeit so leicht und beschwingt, wie ich ihn so lange nicht gesehen hatte.

Immer wieder hatte ich während der letzten Tage lobende Worte gehört, wie: „Du bist so ein guter Mensch," oder „Du hältst immer zu mir", aber keine wirklichen Gefühle, alles blieb unverbindlich. Vielleicht war ich für ihn so eine Art Rückversicherung oder menschlicher Notgroschen.

Sollte er mich später dann doch nicht brauchen, wäre ich aus der Entfernung schnell abgeschüttelt, so, wie man sich einer leicht klebrigen Spinnwebe entledigt.

Erst am Flughafen nahm er mich in die Arme und sagte: „Wir hätten zusammen gehen können."

Als er schon den Zoll passiert hatte, drehte er sich nach mir um und warf mir Handküsse zu.

Er ging bescheiden in Cordhosen und Wanderschuhen, aber innerlich stolz und als Sieger, so wie er sich das immer vorgestellt hatte. Viele Hände hatten noch seine Schultern geklopft, Freunde, Bekannte und auch mit seiner Familie hatte er einen guten Abschied.

Sogar von mir ging er in Frieden.

Ich konnte nicht gleich zurück in das leere Haus, fuhr in die Kreisstadt, wo wir so unbeschwert zusammen eingekauft hatten und schaute Bücher über China an, probierte Sandalen.

Kaum war ich wieder daheim, klingelte das Telefon. ER war es, rief mir für Zwanzig Mark von London aus an, war so gut drauf.

Er gewinnt seine Selbstachtung wieder, Gott sei Dank, dachte ich.

Danach war er dann wirklich fort. Es wurde ganz still, ich habe gelauscht und Dinge gehört, die ich zuvor nie gehört hatte, wie das Nagen des Holzwurms.

Bevor mich wehmütige Gefühle beschleichen, dachte ich, fange ich lieber gleich mit Aufräumen an, auch wenn ich damit die letzten Spuren von ihm tilge.

Der Tag 3 in einer neuen Kalenderordnung hatte angefangen:

Ich musste den Rasen mähen, hatte Benzin nachgefüllt und das Rad festgeschraubt. Mit dem Garten wollte ich beginnen, ebenso mit Putzen.

Am Abend war ich dann so erschöpft, dass ich meinen Aktivismus hinterfragen musste: Wird mich der Schoren verschlucken, so wie er Dominic einst verschluckt hatte?

Ich weinte auch leise, aber ganz wenig. Nicht, weil ich ihn vermisste, sondern weil wir zwei Jahre lang hier zusammen unglücklich waren.

Tag 4

Plötzlich bin ich nicht mehr dabei, sondern die Einzige, die da ist. Alles was jetzt geschieht, geschieht, weil ich es so will oder so lasse. Ich muss alles selbst verantworten. Jetzt gibt's nur noch mich, jetzt gelten keine Ausreden mehr. Ich muss selber denken und für alles selbst gerade stehen. Ich fühle mich wie in einem Wahnsinn, dabei aber unglaublich frei, mit allen Abgründen und Härten. Ich denke, wir sind doch das richtige Paar, nur liegen unzählige Hautschichten über uns, die wir abstreifen müssen. Erst wenn wir beide ganz nackt vor uns stehen, können wir uns lieben und einander wärmen. Du bist fort und alles beginnt zu schweben. "

Das Zeitalter des Internets hatte eingesetzt. Wenn man früher tausende von Kilometern weit weg war, dann war man einfach weg.

Ja, Telefon gibt es schon eine ganze Weile, aber oft war in den Ländern der dritten Welt die Verbindung schlecht, es war teuer und zudem kam der Zeitunterschied, weshalb man darauf eher verzichtete.

Briefe schreiben, das war eigentlich das Beste: Man beschränkt sich auf das Wesentliche, gibt sich Mühe, die richtigen Worte zu finden und man kann den Brief erst einmal überschlafen, bevor man ihn abschickt.

Es dauert dann zwar Wochen, bis der Empfänger ihn in Händen hält, aber er hat dann tatsächlich etwas in der Hand. Die individuelle Schrift, die sich je nach Verfassung des Absenders ganz unterschiedlich darstellen kann, ist ersichtlich und die exotische Briefmarke lässt die Entfernung des Schreibers Wirklichkeit werden.

Ganz anders das E-mail: Es suggeriert eine Nähe, die tatsächlich gar nicht existiert. Es ist Illusion zu glauben, man wäre in der Realität des anderen.

Von Hong Kong aus erhielt ich an zwei Tagen drei Mails.

Dominic war begeistert von all dem Neuen, das er hier sah, die Menschen, exotische Märkte, der Klang der vielen Sprachen.

Ich hatte zu dem Zeitpunkt noch nicht einmal eine private Mail Adresse und erhielt alle Nachrichten von ihm in der Firma, was eigentlich verboten war.

So saß ich quasi geduckt hinter meinem Bildschirm in meiner Ecke und hörte, dass die Welt sich dreht. Er nannte mich seine Liebste und ich bräuchte nicht herum zu zweifeln, er würde zu mir stehen.

Der nächste Tag verlief ruhig, es kam nichts von ihm und die Arbeit war mir sehr schwer gefallen. Die Stunden wollten nicht vorüber gehen.

Sobald ich aber nach Hause kam, wurde ich lebendig. Ich hatte bereits die Kartoffeln gesetzt, am Freitag Mittag die Fenster geputzt und unter dem Bett war es sauber. Ich spürte, ein neuer Geist zog ein. Heute Abend hatte ich sogar meine Freundin zu Gast und ich bereitete ein gutes Abendessen. Danach plauderten wir lange über meine Situation.

Sie sagte: „Es gibt stets nicht nur den, der es mit einem macht, sondern auch den anderen, der es mit sich machen lässt.“

Natürlich hatte sie recht und doch auch wieder nicht, aber das war für Außenstehende unverständlich. Später im Bett stieg ein warmes Gefühl in mir hoch, das mir so etwas suggerierte wie: Ich kann leben!

Zuerst hatte ich gedacht, er geht und ich bleibe da, fertig.

Und jetzt! bin ich in einem neuen, so was von neuen Leben. Die Optik verwandelt sich unter meinen Augen, ohne dass ich viel geändert hätte. Liegt es am Putzen, oder ist es etwas Immaterielles?

Ich war erstaunt, wie unabhängig ich von allem war, auch von Dominic. Dort bei ihm war die Welt, wie er mir geschrieben hatte, in Ordnung und ich müsste mir keine Sorgen seinetwegen machen.

Alles, was ich tat, war für mich schön und wichtig.

Einerseits fühlte ich mich stark und selbstbewusst, andererseits war ich auch schnell aufgeregt und manchmal ängstlich, weil der Augenblick so wandelbar war. Ungern wollte ich mich dabei stören lassen, Sprünge auszuprobieren, erster Galopp auf freiem Feld.

Nachdem ich tagsüber viel herumgewirbelt hatte, hörte ich abends Musik und die chinesischen Vokabeln wurden vernachlässigt. Manchmal dachte ich: Es gibt niemanden mehr außer mir.

Bin ich eigentlich glücklich oder traurig? Ich bin ziemlich nahe bei mir, bin weder das Eine, noch das Andere. Vielleicht will ich hier nie mehr weg.

Oft dachte ich auch an unsere Anfangszeit.

Nach der ersten Goa Party traf ich Dominic gelegentlich beim Einkaufen, wobei wir uns beide stets sehr freuten, über Musik sprachen und über Partys.

Ich hatte ihn auch bereits auf dem Schoren besucht, als er mir erzählte, dass die guten Partys alle im Norden stattfinden würden. Zu Shiva Moon würde er diesen Sommer mit seinem Freund Michael fahren und es gäbe noch einen Platz in seinem Auto.

Ich sagte sofort zu und bastelte später an den Rahmenbedingungen herum. Der Termin lag zum Glück in meiner Ferienzeit und ich buchte, gleich im Anschluss, ein Zimmer auf der Insel Hiddensee für eine Woche.

Ich trug eine bunte Schlaghose, als mich Dominic abholte. Meine langen dunkelblonden Haare, schon mit einigen Silberfäden darin, waren frisch gewaschen, das Oberteil betonte die schmale Taille und ich gefiel mir selber.

Michael saß vorne neben Dominic und ich schaute von hinten in ihre Haarmähnen, beide Dreadlocks, beides Löwen, was sonst. Das war wild! Und ich dabei! jubelte ich innerlich.

Natürlich gab es schon auf der Fahrt Musik, aber wir unterhielten uns auch über Vieles. Am Vortag hatte ich einen Film über die Freundschaft von Van Gogh und Gauguin gesehen und erzählte davon. „Endlich redet mal jemand über etwas ganz anderes, das gefällt mir", bemerkte Dominic und schickte ein Lächeln in den Rückspiegel.

Die Fahrt führte zunächst nach Berlin, wo wir einen alten Freund aus Tübinger Tagen abholten. Ingo wohnte im Osten in einer WG. Es war ein mehrstöckiger Altbau und einige Leute saßen in der Küche. Als ich nach der Toilette fragte, verwies man mich in ein Kämmerchen gleich neben der Küche, das mir wie ein Wandschrank vorkam. Zum Glück musste ich nur „klein".

Auf dem Festivalgelände herrschte bereits ein buntes Treiben und wir bauten unsere Zelte am Rande auf. Ingo wollte mit Fliegenpilzen experimentieren, was für uns Schwarzwälder wenig nachvollziehbar war. Das Resultat war natürlich Erbrechen und Durchfall von Freitag bis Montag, sodass er sein Zelt nur im Notfall verlassen konnte.

Michael, Dominc und ich aber hatten eine super Zeit zusammen. Wir tanzten, lachten und in der Nacht von Sonntag auf Montag lag ich dann in Dominics Armen.

Auf Hiddensee hatte ich dann Gelegenheit die Ereignisse zu überdenken und mein Resultat war: „Das gebe ich nicht mehr her!"

Inzwischen kamen neue Mails, Dominic war zuerst nach Guillin in Südchina gereist und danach nach Yangshuo, wo es ihm sehr gut gefiel. Das kleine Städtchen, schrieb er, lag malerisch am River Li, in dieser magischen Hügellandschaft, die man oft auf Kalendern sieht.

Dort gab es das traditionelle Kormoranfischen und zahlreiche Traveller aus aller Welt, tummelten sich.

„Es ist nicht nur super schön hier, sondern man kann hier sogar bleiben! Ich habe Leute getroffen, die arbeiten als Englischlehrer, obwohl sie keine Ausbildung haben. Warum bist du nicht dabei? Es würde dir gefallen. Warum verschwendest du dein Leben in dieser Firma? Jeder Tag zählt! Komm zu mir, ich umarme dich!"

Nun war er gerade einmal zwei Wochen weg, dachte ich, und schon raubt er mir wieder den Frieden, greift ein in mein Leben, das gerade angefangen hat, mir zu gefallen.

Andererseits hatte ich mich nicht immer nach so einem Angebot gesehnt? Jetzt habe ich eine solche Chance und mir wirds himmelangst davor mein warmes Bett, die Hütte und meinen Peugeot zu verlassen?

Es war alles so verstrickt, aber es gab kein zurück mehr. Immer hatte ich verkündet, wie schön so ein Feuer wäre und jetzt, wo es lichterloh brannte, durfte ich mich nicht beklagen.

Nun galt es Einiges zu organisieren: Kündigen, Zahnarzt, Nachmieter suchen, Auto verkaufen! In drei Wochen könnte ich los.

Ich überdachte auch meine Situation hier auf dem Schoren: Für wen lohnt sich all die Arbeit? Ich bin hier doch ganz alleine, sollte es DAS gewesen sein, was ich wollte? Dauernd geht ein ekelhafter Wind, selbst beim schönsten

Wetter ist es kalt.

Ein Freund von uns suchte eine Bleibe und ich konnte ihn dazu bewegen, das Haus zu übernehmen, bis wir wieder kommen würden, wann auch immer das wäre.

Das Auto war schnell verkauft.

Viele, die von meiner Entscheidung hörten, hielten mich für verrückt, andere beglückwünschten mich. „Das ist ja super!" Heimlich dachten sie aber: Zum Glück, darf ich daheim bleiben.

Meine Eltern waren traurig und voller Angst.

Dominic war begeistert, als ich ihm mailte: „Anfang Juni könnte ich bei dir sein."

Er staunte, weil ich alles so schnell hinkriegen konnte, nannte mich eine Kanone.

„Gut, schrieb er, „Du fliegst am Besten über Hong Kong nach Kunming und dort hole ich dich ab."

Abends saß ich nun vor dem Atlas und fuhr mit dem Finger die Route nach, die er ausgesucht hatte. War das nun ein Sechser im Lotto, oder war ich zum Tode verurteilt?

Hier auf dem Schoren wurde es immer schöner. Der Apfelbaum, den ich im Herbst geschnitten hatte, stand in voller Blüte, der Flieder duftete über den Pfingstrosen, aber man war hier abgeschnitten von der Welt.

Es war Samstag Abend, ich saß in der Haustüre und hatte den Sonnenuntergang angeschaut. Anderswo flanieren jetzt Menschen und ich saß hier alleine. Es begann ein Lösungsprozess von innen her, manchmal weinte ich ein bisschen, vor lauter Schicksal.

Während der letzten Tage gab es etliche Verabschiedungen und ICH hatte eine Wichtigkeit, wie nie zuvor.

Ich verfiel in Euphorie, mein Leben schien vom Gleichschritt in den Tanz überzugehen.

Schließlich kam mein letzter Arbeitstag: Alles verlief so sang- und klanglos, wie es immer war.

Ich war einfach gegangen, sehr entspannt, an Tränen, nach so vielen Jahren, war gar nicht zu denken. Überrascht hatte mich nur meine Gefühlskälte.

Ich dachte an meine frühen Jugendjahre. Musste ich SO weit zurück, um jetzt an einer Weggabelung die andere Seite zu wählen?

Freunde und Bekannte waren sehr liebevoll mit mir. Es war, als hätte ich ein Zeichen auf der Stirn, oder als müsste ich morgen sterben.

Meine Mutter tat mir sehr leid bei der Verabschiedung. Es war, als würde sie immer kleiner werden. Um keinen zu verlieren, hatte sie sich bei ihren Kindern immer so sehr bemüht, alles zu verstehen und nun stand sie trotzdem da, mit dem ganzen Verlust.

Am letzten Abend gab es noch ein Gewitter, dem ein Regenbogen folgte. Das war ein gutes Zeichen.

ZWEITE FAHRT
Yunan, eine fremde Welt

Meine Verabschiedung in Stuttgart war wie ein Fest, so viele Leute waren gekommen.

Pia und ihr Freund fuhren mich zum Flughafen. Dort trafen wir auf Michael mit seinem Hund Kelly und Marco, meinen Nachmieter, der gerade seinen Berliner Freund Uwe hier abgeholt hatte.

Uwe war mit einer Maschine aus Karakas gekommen und hatte ein halbes Jahr Südamerika hinter sich. Schließlich trafen noch meine Freundin Anne aus Tübingen mit ihrem Lebensgefährten ein und wir saßen noch eine Weile zusammen, bei Kaffee und Bier.

Michael war, wie fast immer, barfuß und Kelly lief frei neben ihm her.

„Der Hund muss hier an die Leine", verlangte ein Polizist.

Michael hatte keine und band dem Hund ein Baumwolltuch um den Hals.

Alle umarmten mich und wünschten mir das Beste.

Ich hatte ja doch Freunde, dachte ich und überlegte, ob ich während der letzten Wochen etwas versäumt hätte. Aber das war jetzt zu spät und ohne Bedeutung.

Ich ging durch den Zoll und diese Welt hier, würde bald Vergangenheit sein.

Das Flugzeug war nur halb voll und ich hatte einen Fensterplatz. Die meisten Passagiere waren Chinesen und klangen sehr fremd. (Der Chinesischkurs war weit weg.)

Mein Flug würde elf Stunden dauern. Wir flogen in die Wolken und der Flickenteppich Holland verschwand.

Später überquerten wir Russland und ich fragte mich, ob Dominic sich auf mich freuen würde, oder ob Angst und Zweifel die Oberhand hätten.

Das Bild vom Schoren zog in meinen Gedanken an mir vorüber, mein Bett, die Salatköpfe und die Ruhe dort, aber es gab keine Verlustgefühle.

Die ersten neben mir schliefen schon, aber ich konnte nicht zur Ruhe kommen.

Schließlich überdachte ich wieder meine Lage: Ich gehörte nicht zum Jet Set, war weder Journalistin, noch Geschäftsfrau, war keine Krankenschwester bei einer NGO und auch nicht für eine Mission unterwegs. Noch nicht einmal eine Abiturientin, die ihr Reisejahr antritt, war ich.

Ich war nur ein kleiner, ganz normaler Mensch, der ein halbes Leben lang seine Pflicht getan hatte, der Tag für Tag und Jahr für Jahr, morgens vom Parkplatz in die Firma gelaufen war, bei Sonne, bei Regen, im schwülen August und im verschneiten Winter mit Christbäumen an der Straße.

Und jetzt war ich einfach nicht mehr dabei!

Ni hao, zhong guo! Guten Tag, China! Oder wörtlich übersetzt: Du gut, Land der Mitte!

Ja, das hoffte ich von Herzen, dass dieses Land gut zu mir wäre.

Die Chinesen aber lachten nicht. Sie waren wie eine kalte Wand. Der gigantische Flughafen in Hong Kong sah hyper modern und seelenlos aus.

Lächerlich klein dagegen war das würfelförmige Raucherkabuff, wo zahlreiche chinesische Geschäftsleute hastig ihre Kippen zogen. Ein paar saßen auf harten Stühlen, den Aktenkoffer auf dem Schoß und ihr Blick ging ins Leere. Andere, wie ich, standen neben den Aschenbechern und bemühten sich, den total verqualmten Raum so schnell wie möglich wieder zu verlassen.

Mein Rucksack war ordnungsgemäß angekommen, obwohl ich vergessen hatte, ein Namensschild daran anzubringen.

Ich saß bereits am Gate 28 für meinen Weiterflug nach Kunming, als ich doch noch einmal zur Toilette musste. Dort betrachtete ich mich im Spiegel, korrigierte den Kajalstrich und dachte: Das ist keine junge Frau mehr.

Ich war 42 Jahre alt und im Gesicht konnte man das sehen, zumindest ohne das tägliche Augen Make Up, das ich jetzt noch hatte. Auf Reisen würde ich diesen Standard nicht aufrecht erhalten können. Ich war müde.

Er war da! Wir fielen uns in die Arme und ich bekam glasige Augen.

„Jetzt musst du nicht mehr weinen. Wir fahren gleich ins Hotel, da kannst du dich ausruhen. Leider bin ich ein bisschen krank, aber nichts schlimmes", erklärte er mir.

Dominic war ruhig und freundlich, aber nicht euphorisch.

Ein moderner Bus brachte uns ins Zentrum und nahe vom Hotel aßen wir eine Nudelsuppe.

Es war die erste von unzähligen und sie war köstlich, hen hao, (sehr gut) mit vielen Kräutern und drei Wachteleiern obendrauf.

Im gemütlichen Zimmer plauderten wir noch lange über all das, was jeder, während der letzten sechs Wochen, ohne den anderen, erlebt hatte. Wir lachten über die Geschichte von Michaels Hund am Stuttgarter Flughafen.

Zusammen lachen, das hatte ich vermisst.

Vermutlich war meine Ankunft die Ursache für Dominics Unwohlsein.

„Das ist jetzt schade, aber schau dir doch heute mal die Stadt alleine an und ich werde mich auskurieren. Morgen fahren wir dann mit dem Bus nach Dali. Das ist eine kleinere, touristische, aber sehr malerische Stadt, ein guter Platz für unseren Anfang." So hieß es am nächsten Tag.

Kunming war eine moderne Großstadt mit traditionellen Elementen.

Ein riesiges, dreiteiliges Tor, welches von seitlich nach oben gezogenen Dächern gekrönt war, führte in die Innenstadt. Dort gab es moderne Läden, Straßencafes und kleine mobile Garküchen, die allerhand Köstlichkeiten offerierten. Besonders nahe dem alten Markt verdichtete sich das Angebot und mir war oft nicht klar, worum es sich bei den Speisen handeln könnte.

Der Markt selber glich einer gut sortierten Zoohandlung: Schlangen, riesige Kröten, lebende Fische, Schildkröten, Hühner und Affen, nur Hunde konnte ich keine sehen.

Beeindruckend fand ich die Obst- und Gemüsestände, mit viel Exotischem, Bekanntem und ganz Neuem.

Im Garten des tausend Jahre alten Juantong Tempels ruhte ich mich ein wenig aus. Der achteckige, bunt bemalte Bau lag in einem kleinen See. Von vier Seiten konnte man das zweistöckige Holzgebäude über gewölbte Brücken betreten. Beeindruckend waren für mich wieder die beiden geschwungenen Dächer, sowie die Schnitzereien.

Es herrschte mediterranes Klima, aber hier auf bereits zweitausend Metern Höhe, war es noch nicht zu heiß.

Auf der Weiterfahrt am nächsten Morgen in einem ziemlich vollen Bus, sah ich die ersten traditionell gekleideten Frauen. Eine Ältere in einem bunten, mit vielen Bordüren verzierten Oberteil, führte einen Tragekorb, mit breiten, ledernen Schulterriemen mit sich, in welchem sie Kohl, Lauch und anderes Gemüse transportierte. Sie trug ein schwarzes Käppchen mit einem breiten roten Band dazu und einen schwarzen Rock. Es könnte eine Sani Frau gewesen sein.

Noch bunter und prächtiger aber waren die Muso mit ihren üppigen Haarkronen, von deren tiefem Schwarz die weißen Perlen und Kunstblumen leuchtend abstachen.

Die meisten Reisenden aber waren ganz normale Hanchinesen.

Der etwa sechs stündige Weg führte an traditionellen, kleinen Dörfern vorbei und ich konnte mich kaum satt sehen an den bescheidenen Holzhäusern, mit ihren geschwungenen Ziegeldächern.

Die üppige Vegetation am Wegesrand bestand aus Bambus, Rhododendren, die bereits am Verblühen waren, aus Feldern und ab und zu sah man einen Wasserbüffel in einer Wiese grasen.

Was Dali betrifft, hatte Dominic nicht zu viel versprochen. Schon das alte Guesthouse in traditioneller Holzbauweise, gefiel mir ausgesprochen gut. Der Garten bot zahlreiche Möglichkeiten für die Gäste zum Verweilen.

Vor dem Haus saßen einige Ausländer an einem runden Holztisch und tauschten ihre Erlebnisse aus. Nach hinten lag ein überwachsener Pavillon, in welchem ein junger Mann seine Notizen in ein Buch schrieb und im Garten wucherte allerhand Grün um leuchtend rote Pfingstrosen und blauen Agapanthus. Sogar die Balkone waren bepflanzt.

Hier wollten wir erstmal bleiben und bezogen ein Zimmer mit einem überdachten Balkon.

Die meisten, die hier wohnten, kamen, wie wir, aus Europa. Außerdem gab es Amerikaner und ein paar junge Japaner, welche durch ihre außerordentliche Höflichkeit auffielen.

Dominic kam gleich mit einem gewissen Kevin ins Gespräch und ich wollte noch etwas Obst besorgen. Gleich in der nächsten Straße fand ich einen kleinen Laden und entschied mich für eine Mango.

Im Zimmer schälte ich sie und schnitt gerade kleine Häppchen in meine Edelstahldose, als Dominic den Raum betrat. Zusammen setzten wir uns dann auf die Veranda, betrachteten die fliederfarbenen Wölkchen am Abendhimmel und genossen die Frucht.

„Das ist die beste Mango, die ich je hatte", lobte Dominic und er hatte recht.

Den Altstadtbereich von Dali, der von einer mittelalterlichen Stadtmauer umgeben war, betraten wir am nächsten Morgen durch ein opulentes Tor.

Die breite, gepflasterte Hauptstraße beherbergte beidseitig kleine, offene Geschäfte mit kunstgewerblichen Besonderheiten aller Art. Viele der Händler, die täglich mit Reisenden zu tun hatten, waren erstaunlich offen, für Chinesen. Einige sprachen ein paar Brocken Englisch und wollten uns zum Kauf animieren. Natürlich hatten wir schon genug zu schleppen, sodass wir es beim Schauen bewenden ließen. Aber es gab schöne Handarbeiten, Schnitzereien und Devotionalien aller Art.

Bei den Papierwaren wäre ich fast schwach geworden, aber Dominic schaute mich grinsend an und ich ließ es dann doch bleiben.

Um einen Zugang zum Erhai See zu finden, liefen wir endlose Wege, aber es gelang uns nur ein Mal, ein malerisches Uferstück zu finden, wo wir eine Weile in der Mittagssonne dösten.

Am Nachmittag trafen wir vor dem Guesthouse wieder auf Kevin, den Engländer, und setzten uns auf eine Tasse Tee zu ihm.

Auch Kevin wollte nach Tibet, aber außer Golmud kannte auch er keinen Ort, von welchem aus dies für Ausländer möglich gewesen wäre.

Während der nächsten Tage schauten wir uns noch die berühmten drei Pagoden an, die zentrale fast siebzig Meter hoch, die sich weiß getüncht, vor dem See, erhoben.

Auch die vielen kleinen Tempel, die man überall fand, hatten für mich ihren Reiz, zumal nicht recht erkennbar war, welcher Religion sie huldigten. Es gab in EINER Anlage Buddhas, Laotse, den Begründer des Daoismus und daneben aber auch lamaistische Gottheiten und den Kriegsgott Guandi, wie ich gelesen hatte. Ein schönes Durcheinander, aber warum nicht? Vielleicht haben sie ja alle was zu sagen? Besser, keinen vergessen! Das war chinesischer Pragmatismus, wie ich ihn auch später noch kennen lernen sollte.

Am Ende einer Seitenstraße lag eine Schreinerei neben der anderen. Sie hatten sich auf traditionelle chinesische Sitzgarnituren spezialisiert. Niedere Sessel, Zweisitzer und passende längliche Tische dazu, alles reich verziert mit Schnitzereien, seitlich und an der Lehne. Nach dem Herstellungsprozess werden die Einzelstücke üblicherweise geschliffen und dunkelbraun lackiert. Das hatte ich so schon gesehen und es war nicht mein Geschmack. Ohne diese Lackierung, also hell und im Rohzustand, wirkten die Sitzgruppen völlig anders und gefielen uns ausgesprochen gut.

Wir schauten uns die Möbel aus der Nähe an und kamen mit einem der Handwerker ins Gespräch, soweit unsere Sprachkenntnisse das zuließen.

Wieder kam das Wörtchen „hao" zum Einsatz.

Dominic hob den rechten Daumen und sagte bewundernd: „Hen hao"! Also: sehr gut.

Der Mann, so Mitte Vierzig, musterte uns eingehend. Er hatte bestimmt gleich erkannt, dass wir keine Geschäftsleute waren, aber einem Small Talk war er nicht abgeneigt.

Durch Andeutungen konnten wir vermuten, dass er uns fragen wollte, aus welchem Land wir kämen.

„Idali", antwortete Dominic, indem er auf sich zeigte.

Auf mich deutend, erklärte er: „De guo". Daraufhin lachte der Mann und hob seinerseits den Zeigefinger und meinte : „De guo hen hao!" Lothar Mathäus hen hao!"

Den Rest konnten wir nicht verstehen, aber er sprach wohl über Fußball, was die Chinesen sehr lieben. Er schien sich gut auszukennen und nannte weitere Spielernamen. Das war ein Thema für Dominic und wir hatten viel Spaß. Nun wollte mein Gefährte auch wissen, wie viel so ein Sessel kosten würde und es waren umgerechnet weniger als 50 DM.

In unserem Zimmer waren diese wunderschönen, geschnitzten Möbel noch lange ein Thema.

Als Dominic Macao bereiste, hatten ihn chinesische Möbel auch dort schon sehr fasziniert.

„Das wäre etwas ganz Neues in Deutschland und wenn man einen Kontainer von Macao aus nach Hamburg schicken würde?", wandte sich mein Gefährte an mich, fragte aber mehr noch sich selbst.

„Ja, man braucht eine Halle oder einen Laden für die Präsentation", antwortete ich.

„In einem Dorf ginge das aber nicht, das müsste in einer Stadt sein wie Freiburg, wo es Kunden gibt, die etwas Besonderes wollen und auch bezahlen."

Das wären keine geringen Investitionen, dachte ich. Dazu der ganze Transport, der Kontainer und ein LKW ab Hamburg.

Trotzdem fanden wir das nicht uninteressant.

Gerne wären wir noch länger in Dali geblieben, aber wir mussten unsere Visa im Auge behalten und wollten noch so viel sehen. Zunächst Lijiang, was noch pittoresker war, als Dali.

Dort gab es unzählige Altstadtgassen mit Kopfsteinpflaster und den markanten Holzhäusern, deren Türen, Fenster und Balkone rot getüncht waren. Ein Netz von Kanälen schaffte malerische Winkel, wo man Tee trinken konnte. Gebogene Steinbrücken, aus alter Zeit, verbanden die Gassen miteinander. Wieder konnte ich mich an den Läden, die Kunsthandwerk anboten, nicht satt sehen.

Lijiang galt als Zentrum der Naxi Kultur. Beim Volk der Naxi, in dem die Frauen das Sagen haben, werden heute noch alte Traditionen gelebt. Die Frauen erledigen die schweren Arbeiten, dafür werden dann aber auch die Höfe von der Mutter zur Tochter vererbt. Die Ehemänner werden von den Frauen ausgesucht und bleiben auch nach der Hochzeit im Hause ihrer Mutter.

Als ich wieder einmal einen Papierwarenladen inspizierte, fielen mir ein paar ganz besondere Kalligraphien auf. Sie glichen ein wenig ägyptischen Hieroglyphen, hatten aber auch etwas von Kinderzeichnungen und waren zart koloriert. Es gab Fische, stilisierte Männchen, Vögel, dies und das.

Ein älterer Verkäufer erklärte mir, das wären Gedichte in Naxi Schrift und er reichte mir die ausgedruckte Übersetzung in Englisch. Nur wenige Fachleute würden dieses alte Wissen noch pflegen. Das war so zauberhaft, dass ich so ein Gedicht unbedingt kaufen wollte. Der ältere Herr zeigte mir ein Papprolle, in der ich es transportieren könnte, aber diese war ziemlich sperrig.

Vor meinem geistigen Auge sah ich mich dann mit dieser Papprolle durch ganz Tibet oder Indien marschieren und dachte, am Ende wird sie kaputt gehen.

Schweren Herzens verzichtete ich und sagte zu Dominic: „Wer weiß, was wir noch alles sehen. Es ist vielleicht keine gute Idee, jetzt gleich was zu kaufen." Tatsächlich haben wir noch viele besondere Dinge gesehen, aber diese Schrift NICHT gekauft zu haben, bedauere ich noch heute.

In der Teestube hinter einer Kanalbrücke winkte uns Kevin zu. Er war gerade von einer Trekking Tour durch die Tiger Lipping Gorge zurückgekehrt und noch völlig aus dem Häuschen.
„You have to go there, it´s amazing beautiful."
Wir bekamen noch ein paar Tipps und am nächsten Mittag saßen wir bereits im Bus.

Tiger Lipping Gorge

Die dreistündige Fahrt führte uns durch bewaldete Gebiete in das Dorf Quiatou, wo sich der Startpunkt für die Wanderung durch die Tigersprungschlucht befand.
In einem dreistöckigen, unschönen Haus konnten die Wanderer unterkommen. Die Gaststube war lieblos eingerichtet und nur ein Tisch war besetzt, als wir eintraten. Eine magere Frau mittleren Alters kam hinter dem Ausschank vor und fragte mit einem nach oben gerichteten Nicken, was wir wollten.
„Room?", fragte ich.
Sie ging nun durch ein finsteres Treppenhaus voraus in den ersten Stock.
„OK", das Zimmer war einfach und schmucklos, wir nahmen es.
Bevor es aber zu dämmern begann, wollten wir den Anfangspunkt der Wanderung sehen. Kevin hatte erzählt, es gäbe ein Kassenhaus, in welchem man den ausländischen Wanderern eine beträchtliche Summe Wegzoll abknöpfen würde.
„Wir gehen morgen schon bei Dunkelheit los", schlug Dominic vor, „Um die Zeit wird noch keiner da sein."
Wir fanden den Weg, sowie das Häuschen und es war alles klar für den nächsten Tag.
Zurück im Hotel nahmen wir im Gastraum platz und bestellten eine Nudelsuppe.
Vom anderen Tisch her hörten wir eine Unterhaltung in amerikanischem Englisch. Ein ganz junges Paar mit chinesischem Äußeren versuchte vermut-

lich gerade, sich auf einer Landkarte zurecht zu finden. Wir trafen immer wieder auf junge Amerikaner, die das Land ihrer Väter kennen lernen wollten und China bereisten.

Diese beiden in modischem Outfit, sie ziemlich klein mit Pony und er ein bisschen übergewichtig, mit Brille und Bürstenschnitt, gehörten offensichtlich auch dazu.

Wir hatten den Wecker gestellt und bereits am Vorabend bezahlt. Das Packen ging ganz schnell. Leise schlichen wir die Treppe hinunter und dann hinaus in die Nacht. Tatsächlich war noch niemand unterwegs. Im Dorf schlug ein Hund an, aber wir kamen unbehelligt am Kassenhaus vorbei.

Der Pfad führte bergan, unten rauschte der Fluss Jinsha, wie der Oberlauf des Jangtse hier noch hieß und der Morgen graute hinter den Bergen. Man konnte jetzt immer besser sehen, aber wir waren noch müde und sprachen kein Wort.

Plötzlich blieb Dominic ruckartig stehen, schlug sich gegen die Stirn und schrie: „Scheiße, ich hab meinen Geldgurt im Zimmer liegen lassen."

Das war ein Super GAU! Man konnte den Chinesen nicht trauen. Was, wenn man ihn finden würde und die ihn nicht mehr her gäben? Da war alles drin: das ganze Bargeld, Pass und Reiseschecks. Außerdem war es ein roter, bestickter Ledergurt, den Dominic vor ein paar Jahren bei seiner Tibetreise erstanden hatte. Er war sein ganzer Stolz und hatte großen ideellen Wert für ihn. Wir kehrten sofort und auf dem schnellsten Wege um.

Als wir das Kassenhaus passierten, war es immer noch leer. Vom Dorf her näherten sich allerdings zwei Wanderer. Es war das amerikanische Paar, das uns gleich zuwinkte, als es uns sah.

Der Junge blieb stehen, öffnete seinen Rucksack und zog tatsächlich den Geldgurt heraus.

„You forgot this on a chair infront of your room."

Dominic war außer sich vor Freude. Jetzt liebten wir diesen großen Jungen, er hatte uns gerettet. Ein kurzer Blick genügte, es fehlte nichts.

Wir kamen schnell ins Gespräch und marschierten zusammen weiter.

Lucy und Steven waren vor einem Monat von Los Angeles nach Peking geflogen und hatten schon viel gesehen. Yunan war ihre letzte Station und bereits in einer Woche kam der Rückflug.

Mit ihren geringen Sprachkenntnissen war der Besuch bei Lucys Tante in Peking ein nur mäßiger Erfolg gewesen. Das Land ihrer Wurzeln war ihnen so fremd wie uns.

Der Pfad führte zunächst, an einem Kiefernwäldchen entlang, stetig bergan. Der Fluss lag bereits sehr tief unter uns in der Schlucht. Entlang des Abgrundes wuchsen Bambus und stachlige Hecken. Die Bergkette auf der anderen Seite lag zeitweise in den Wolken und schien bis fast in den Himmel zu ragen. Oft wurde der Pfad zu einem schmalen, felsigen Sims und ich schaute dann lieber nicht nach unten.

„Oh my god", rief Lucy, denn der Abgrund reichte zwei bis drei tausend Meter in die Tiefe.

Nach wenigen Stunden öffnete sich das Wäldchen und ein paar Häuser an einem terrassierten Hang wurden sichtbar. Die Sonne war inzwischen hervor gekommen und wir nahmen auf der Terrasse einer Lodge platz.

„Zeit für ein Mittagessen!", meinte Dominic.

„Und für eine Pause", ergänzte ich.

Lucy und Steven hatten ihr Essen dabei und wollten lieber weiter laufen. Man würde sich bestimmt später wieder treffen.

Der Blick auf die Berge und den Canyon, der inzwischen nur noch eine schmale braune Zickzacklinie war, ließ die Dimensionen erkennen, mit denen man es hier zu tun hatte.

Nach wenigen Kilometern passierten wir den Ort des Tigersprungs. Hier lag die gegenüberliegende Seite in nur dreißig Meter Entfernung. Der Legende nach hatte an diesem Punkt der gejagte Tiger den Sprung auf die andere Seit gewagt und war somit in Sicherheit vor seinen Verfolgern.

Am späten Nachmittag erreichten wir die erste Lodge, in welcher wir übernachten konnten.

Es war eine Naxi Ansiedlung, was leicht an der Tracht der jungen Frau, die uns begrüßte, ersichtlich war. Sie trug den typischen blauen Rock und dazu das rot weiße Oberteil, mit dem weißen, über Kreuz gebundenen, Tragegurt auf dem Rücken.

Das freundliche Anwesen verfügte über einen Innenhof und unser Zimmer hatte eine Steinterrasse, auf welcher wir den Nachmittag ausklingen ließen. Wir waren die einzigen Gäste und wurden mit einem köstlichen Fleischgericht, in einer Erdnusssoße, bewirtet. Abends wurde es schnell kühl und wir schliefen früh und so gut, wie lange nicht mehr.

Bereits am nächsten Mittag führte der Pfad bergab. Die Schlucht wurde breiter und führte in eine überwachsene Ebene hinein. Als wir uns dem Ufer des Jangtse, dem Fluss des goldenen Sandes, näherten, war bereits klar, dass wir auf die andere Seite müssten.

Es gab keine Brücke, sondern einen Fährmann, der einem hinüberbringen würde. Der Fluss hatte hier eine sehr starke Strömung und das Floss war mit einem Drahtseil an einem Baum befestigt. In dieser braunen Brühe, die Sedimente aus den Bergen transportierte, hatte man früher Gold heraus gewaschen, daher der Name.

Bei dem fast biblischen Bild, dachte ich an den Fährmann aus Hesses Siddharta und fühlte mich erhoben in eine andere Welt.

Der alte Mann nahm unser Gepäck und Dominic fragte daraufhin erst mal nach dem Preis. Ich erinnere mich nicht mehr an eine Zahl, aber es war richtig viel und, klar ersichtlich, Betrug.

Das würde mein Gefährte nicht mit sich machen lassen. Er nannte einen anderen Betrag, den der Alte wiederum ablehnte. So ging das eine Weile hin und her, bis es Dominic so in Rage brachte, dass er schrie: „So, das reicht mir jetzt, ich schwimme rüber."

„Bei der Strömung? Bist du verrückt?", rief ich.

Da hatte Dominic bereits damit begonnen, sich auszuziehen: die Jacke, die Schuhe, die Hose.

Der Fährmann schaute völlig verblüfft zu, schüttelte fast ängstlich den Kopf und lenkte schließlich ein, was den Preis betraf.

Mein Freund zog sich wieder an, wir zahlten und der Chinese brachte uns verdrossen zur anderen Seite.

Als wir unseren Weg fortgesetzt hatten, fragte ich: „Das war knapp, du wärst aber nicht wirklich rüber geschwommen, oder?"

„Natürlich nicht!", lachte er. Die Chinesen kriegen richtig Ärger von oben, wenn einem Ausländer was passiert. Das will keiner riskieren, war mir völlig klar."

Bald näherten wir uns einem Dorf, das zwischen überfluteten Reisfeldern lag. Die Häuser aus einfachen Lehmziegeln fügten sich unauffällig in die Landschaft. Umgeben von hohen Kakteen und Bambusgebüsch boten sie Schutz für Mensch und Tier. In einer Umfriedung aus lose aufgesetzten Flusssteinen graste ein Esel.

Als kunstvoll angeordnete Kreissegmente schloss sich eine Reisterrasse an die andere, dazwischen ragten vereinzelt Weiden empor. Wenn nicht hier und da ein Holzmast mit einem Stromkabel daran heraus ragen würde, dachte ich, hätte dieses Dorf hunderte Jahre alt sein können.

Der nächste Ort war unser Wanderziel und schon wieder viel moderner.

Im einzigen Guesthouse trafen wir Lucy und Steven wieder, mit denen wir einen lustigen Abend verbrachten.

Steven hatte sich bereits erkundigt: Unser Bus zurück nach Lijiang ginge am nächsten Morgen um sieben Uhr.

Pünktlich standen wir mit ein paar Bauern an der Hauptstraße. Wir wurden eingehend gemustert, während die Männer, auf Säcken sitzend, ihre Kippen rauchten. Eine Naxi Frau schleppte tief gebeugt ein Bündel Feuerholz an uns vorbei und verschwand in einem Hof. Die Zeit wollte nicht vergehen und Lucy lief ein paar mal die Straße hinunter, um Ausschau zu halten. Schließlich kam sie zurück und rief genervt: „Oh my good, it´s seven thitry!"

Dominic und ich schauten uns an und lachten los. Wer erwartet denn in so einem Kaff, am Ende der Welt, einen pünktlichen Bus? So wurde Lucys Ausruf für uns zum geflügelten Wort für alle möglichen Katastrophen.

Es dauerte dann noch eine weitere Stunde, bis ein Kleinbus die Straße entlang gezuckelt kam.

Alle waren bereits eingestiegen, als der Fahrer noch nach einem technischen Defekt schauen musste. Gleich neben dem Fahrersitz öffnete er zwei Blechklappen und schaute den laufenden Motor an. Es roch übel nach Benzin und Luftschlieren schwebten über dem Motorblock.

Auf den letzten Sitzen wurde geraucht. Ich sah bereits alle in die Luft fliegen, als ich nach hinten lief und den Rauchern, wild gestikulierend, versuchte klar zu machen, dass wir in Lebensgefahr wären. Als man mich wohl tatsächlich verstanden hatte, fuhr der Bus los.

Die Klappe blieb die ganze Zeit offen. Hinten fingen sie wieder zu rauchen an und ich spürte meinen Magen.

„Du musst dir keine Sorgen machen", tröstete mich Dominic.

„Die machen das nicht das erste Mal, die wissen schon, was sie tun."

Das erste Kloster

Zhongdian lag bereits auf über drei tausend Metern und fast die Hälfte der Bevölkerung bestand aus Tibetern.

Die erste bedeutende Gompa, das Kloster Ganden Sumtseling, lag etwas außerhalb der Stadt und war mit einem Bus zu erreichen.

Wie eine mächtige Trutzburg lag die Anlage an einen Hügel geschmiegt. Kleinere stufenförmig angeordnete Häuschen im unteren Bereich, vermutlich Wohnräume und Wirtschaftsgebäude, überragte der alles dominierende Haupttempel. Der einheitlich weiße Putz wurde durch verzierte Dachkanten und die trapezförmigen Fenster belebt. Früher wohnten hier angeblich bis zu drei tausend Mönche, zehn mal so viele wie heute.

Wir betraten durch das Haupttor eine schmale Gasse, die bergan führte. Die vielen, vor allem jungen Mönche in weinroter Robe, gingen geschäftig ihrer Wege, aber auch viele Pilger, belebten die Szenerie.

Im Innenraum des Tempels dominierten mächtige rote Säulen, die nach oben hin bunt bemalt waren. Altarstufen führten zu goldenen Buddhas verschiedener Größe, vor welchen zahlreiche Butterlampen brannten. Die vielen Sitzreihen für die Mönche waren mit roten Kissen ausgelegt. Verschiedene bunte Thankas, welche die buddhistische Lehre, vor allem für einfache, der Schrift nicht mächtige Gläubige, darstellten, schmückten die Wände. Die Mischung aus Sakralem und folkloristisch Buntem wirkte einladend, aber auch Respekt einflößend auf mich.

Gleich neben diesem Tempel entstand gerade ein zweiter, noch größerer.

Die Bauarbeiten waren in vollem Gang und die halbe Bevölkerung schien sich daran zu beteiligen. Niemand hinderte uns daran ganz hinauf zu steigen, wo gerade neue Wände hoch gezogen wurden. Männer und Frauen in roten Kopftüchern, trugen in Blecheimern Lehm in das obere Stockwerk, wo andere dieses Material mit Holzstangen in Verschalungen stampften. Sie sangen gemeinsam und das Stampfen gab den Takt dazu. Als sie uns sahen, lachten sie und hatten offenbar viel Freude bei ihrer Arbeit.

Ich durfte fotografieren, was ich wollte, doch als ich mich nach Dominic umsah, war er nicht mehr da.

Etwas erschrocken stieg ich wieder hinunter, konnte ihn aber auch dort nicht finden und wurde das Gefühl nicht los, dass er mich absichtlich abgehängt hatte.

Schon morgens war er übellaunig gewesen, gerade einmal zwei Wochen hatte seine gute Laune angehalten. Ich spürte, dass ich nicht weiter suchen müsste und ging zurück in den Tempel.

Ein älterer Mönch machte sich dort an den Butterlampen zu schaffen und deutete mir an, dass ich mich setzen solle. Er meinte es gut mit mir und gab mir ein Stück geknetetes Tsampa, Gerstenmehl mit etwas Buttertee und dazu einen halben Pfirsich. Ich bedankte mich und überlegte, ob er mir angesehen hatte, wie traurig ich gerade war.

Konnte ich das bedenkenlos essen, oder wäre es ein Risiko für meinen europäischen Magen?

Egal, man hatte mir die Hand gereicht und ich fasste Vertrauen. Ein junger Mönch kam dazu und beide begannen zu beten. Manchmal trommelten sie mit einer kleinen Handtrommel, dann wurde eine Glocke geläutet.

Ich musste ein bisschen weinen, ein wenig wegen der Spiritualität, und etwas mehr, weil ich nicht wusste, ob Dominic schon wieder genug von mir hatte.

Später fuhr ich alleine in die Stadt zurück und fand zum Glück auch den Weg zum Tibet Hotel, wo wir uns in einer Dormitory eingemietet hatten. Wir bewohnten ein sehr schönes, mit Wandmalereien geschmücktes Zimmer, aber mussten es mit acht anderen Reisenden teilen, was mir gar nicht gefiel.

Mir war Privatsphäre mit einem Rückzugsgebiet immer sehr wichtig, aber Dominic hatte gemeint, die Dormitory wäre doch viel billiger und man müsste doch nicht immer aufeinander sitzen.

Kevin war inzwischen auch hier eingetroffen und ich traf ihn mit Dominic in der Halle. Beide lachten und hatten die beste Stimmung. Ich war müde, wollte auch nicht stören und ging hinauf ins Zimmer. Später in der Nacht kam Dominic dann wortlos für eine Weile in mein Bett und ich war wieder beruhigt.

Am nächsten Morgen zogen wir los, um die weitläufigen Hügel zu erkunden. Alles war Grasland und hinter EINEM Berg kam der nächste und wieder der nächste, bis sie sich am Horizont verloren. Vereinzelt grasten Schafe, die grenzenlose Weite öffnete das Herz.

Wir trafen auf eine alte Frau mit sehr dunkler Hautfarbe und langen Zöpfen, die unter ihrem roten Kopftuch heraus hingen. Sie sammelte in der fast kahlen Umgebung die wenigen Äste, die vom Gebüsch gebrochen waren.

Die unvermutete Abwechslung durch unsere Begegnung schien ihr Vergnügen zu bereiten, denn sie winkte schon von Weitem. Als wir uns näherten, streckte sie die Zunge heraus, was eine Einladung zum Essen bedeutete. Ihr Stampfen mit den Füßen konnte man anscheinend als Geste für die Zubereitung von Tsampa deuten.

Tsampa war so etwas wie das Grundnahrungsmittel der Tibeter.

Auf dem Dach der Welt wächst kein anderes Getreide als Gerste. Damit lässt sich aber kein Brot backen, weil der Gerste die notwendigen Klebstoffe fehlen. Aus diesem Grund verwenden Tibeter ihr Mehl, welches zur besseren Haltbarkeit leicht geröstet wird, ohne weitere Verarbeitung.

Das zweite Grundnahrungsmittel ist der gewöhnungsbedürftige Buttertee. Der in Ziegelform gepresste Schwarztee wird gekocht und mit gesalzener Yakbutter gemischt, was weder unserer Geschmacksvorstellung von Tee, noch der von einer Bouillon entspricht.

Fast alle Europäer empfinden starken Ekel beim Probieren, zumal die Yakbutter oft auch noch ranzig ist.

Der Buttertee wird nun in eine, oft mit silbernen Ornamenten verzierte, hölzerne Schale geleert und Tsampa hinzu gegeben. Die Tibeter kneten das Tsampa darin, dann wird es verzehrt.

Für das extreme Klima auf drei bis fünf tausend Metern Höhe ist dies eine ideale Ernährung, kalorienreich und einfach zu handhaben.

Es war schon später Nachmittag und wir gingen schweren Herzens NICHT mit ihr. Sie trieb ein paar Kühe zusammen, schnürte ihr Feuerholz und war bald nur noch ein roter Punkt in der Weite.

Khampas

Die Weiterreise führte stetig bergan und der Bus brauchte seine Zeit, um eine Serpentine nach der anderen zu bewältigen. Bäume wurden bereits selten.

Eigentlich war unser nächstes Ziel Litang, was bereits in Sichuan, der ehemaligen Provinz Kham, lag.

In Chiang Cheng, einem Ort davor, der uns spontan sehr gut gefiel, legten wir einen Tag Pause ein. Wir übernachteten bei einer freundlichen Familie und stiegen am anderen Morgen hinauf zur örtlichen Gompa, die sich gerade im Aufbau, oder vielmehr im Wiederaufbau befand.

Während der Kulturrevolution war auch in Tibet viel zerstört worden und die chinesische Regierung bewilligte nun Gelder für die Rekonstruktion traditioneller Klosteranlagen.

Die Chinesen demonstrierten so im In- und Ausland Toleranz anderer Kulturen gegenüber und Religionsfreiheit, die es in Wahrheit gar nicht gab. Die Anzahl der Mönche wurde von den Besatzern festgelegt und deren Gesinnung durch Spitzel aus den eigenen Reihen überwacht. Der Besitz von Fotos vom Dalai Lama stand unter Strafe.

Die ganze Anlage war ein Neubau im alten Stil. Auf verschiedenen Ebenen reihten sich die Gebäude an den Hang.

Wir betraten den Tempel, in welchem zahlreiche Kunsthandwerker bei der Arbeit waren. Ein etwa vierzigjähriger Tibeter in Hemdsärmeln kam gleich auf uns zu und begrüßte uns. Es war für alle eine willkommene Abwechslung, weil hier kaum Ausländer her kamen.

Der Mann zeigte auf die filigranen Schnitzereien an den Stützbalken und der Decke und deutete dann auf sich.

Er war wirklich ein großer Künstler und wir zollten ihm Respekt. Den endlosen Knoten, eines der acht tibetischen Glückszeichen, der mir besonders zusagte, hatte er dreidimensional, mit vielen Verzierungen, über einen Pfeiler geschnitzt. Jetzt, gerade nach Fertigstellung der Schnitzarbeit, konnte man das Geschick des Künstlers gut erkennen.

„Ich fürchte, diese Arbeit wird später noch bunt bemalt", sagte ich zu Dominic. „Dann sieht man die Details gar nicht mehr so gut."

„Den Tibetern gefällt es bunt einfach besser", antwortete er.

Hoch oben unter der Decke war ein Gerüst aufgebaut, auf welchem vier weitere Handwerker arbeiteten. Ein junger Mann modellierte einen mannsgroßen Garuda, der furchterregend seine Schwingen ausbreitete, die anderen montierten bemalte Deckenplatten.

Unten saß ein Maler vor ein paar Holzpaneelen und zauberte Blumenranken und Ornamente auf das Holz.

Die vielen aufwändigen Details überraschten und begeisterten uns. Da steckte so viel Arbeit drin und wir fragten den Vorarbeiter, wer all das bezahlen würde?

„Die Chinesische Regierung", war seine Antwort.

Nach einer Suppe im Ort, wollten wir hinunter zum Fluss und das Dorf auf der anderen Seite besuchen. Unsere Vermieterin schickte uns ihren stillen und braven Sohn, den kleinen Angenon, mit, weil der Weg schwer zu finden war. Er führte uns durch wogende Gerstenfelder hinunter an den Steilhang, der zum Fluss führte.

Von dort aus gingen wir alleine über die Brücke und den Weg auf der anderen Seite hinauf in Richtung Dorf.

Auf halber Strecke trafen wir auf einen freundlichen Mann und ein paar Kinder, die sich uns anschlossen. Wir wollten im Dorf die trutzburgartigen Gehöfte, die uns sehr gefielen, aus der Nähe anschauen. Meist waren sie dreistöckig und ihre Außenwände verjüngten sich nach oben, was etwas turmartiges hatte. Außer einem gut verschlossenen Tor, welches mit religiösen Symbolen geschmückt war, gab es keinen Zugang ins Innere. Die Gebäude waren weiß getüncht und von einigen trapezförmigen, verzierten Fenstern geschmückt, die sich in gleicher Weise wie die Außenwände, nach oben verjüngten. Nach einer Seite öffnete sich eine Dachterrasse, die zum Dreschen und trocknen der Gerste diente. Zweckmäßigkeit und Ästhetik ergänzten sich in idealer Weise.

Unser Wegbegleiter führte uns zu genau so einem Haus und lud uns ein, seine Gäste zu sein. Natürlich war das wieder eine große sprachliche Herausforderung, aber so eine Gelegenheit ließen wir uns nicht entgehen.

In der eher düsteren Küche trafen wir auf die verwunderte Frau und ein paar eingeschüchterte Kinder. Wir nahmen gegenüber dem eisernen Küchenherd platz und wurden mit Tsampa und Buttertee bewirtet. Später brachte der große Junge eine Schüssel voll Heidelbeeren und jeder konnte davon nehmen. Wir lachten, weil bald alle blaue Münder hatten und fotografierten die ganze

Runde. Der Mann wollte uns danach einen Übernachtungsplatz zeigen, aber wir deuteten ihm an, dass wir zurück gehen wollten. Ohne Sprachkenntnisse wäre der Abend für die Familie, aber auch für uns kompliziert geworden, was wir vermeiden wollten.

Die Fahrt nach Litang führte immer weiter bergan. Gleichzeitig weitete sich die überwiegend mit Gras bewachsene Gegend.

Irgendwo im Niemandsland stoppte der Bus, weil drei Khampas, die wilden Bewohner der alten Provinz Kham, zusteigen wollten. Wo waren diese Männer her gekommen? Man sah nirgends eine Ansiedlung, auch keine Nomadenzelte. Vermutlich wollten sie nach Litang, um Besorgungen zu machen und hatten sich bestimmt besonders schön herausgeputzt für diesen Ausflug.

Sie erinnerten mich an Indianer, trugen ihre langen schwarzen Haare in einen Zopf geflochten, der, zusammen mit einem roten Fransentuch, um ihre Köpfe gewickelt war. Dazu gehörten Türkisohrringe, Ketten aus Steinkorallen und manche trugen einen Elfenbeinring im Haar. Wie Indianer waren sie bartlos und von hellbrauner Gesichtsfarbe.

Sie lachten und als sie endlich platz genommen hatten, öffnete einer von ihnen das Fenster, streckte seinen Kopf hinaus in den Fahrtwind und ließ einen euphorischen Schrei ertönen. Schließlich begannen sie ein Lied zu singen und strahlten eine solche Lebensfreude aus, dass Dominic völlig mitgerissen wurde.

Litang lag auf mehr als vier tausend Metern Höhe und war ein wilder Ort. Viele Khampas lebten hier, auch andere langhaarige Typen, verwahrloste Mönche und Nomaden, die für kurze Zeit ihre Yakherden verlassen hatten, um sich hier mit allem Lebensnotwendigen zu versorgen. Die Nomadenfrauen trugen viele, ganz dünne Zöpfe, die sie an den Enden in einer Art Kamm aus Silberschmuck zusammen hielten. Hundertacht Stück, habe ich später erfahren. Das ist die heilige Zahl der Buddhisten, die auf den einhundertundacht Sutren der Lehre basiert. Dazu trugen sie bodenlange schwarze Filzmäntel, die mit allerhand Schmuck oder bunt Gewobenem gegürtet waren.

Sie schauten mich aus seltsam schrägen Mandelaugen staunend ausdruckslos an, aber es war kaum möglich, ihnen ein Lächeln abzuringen. Diese Mimik schien dort, wo diese Frauen her kamen, nicht geläufig zu sein.

Wieder nahmen wir eine Dormitory, dieses Mal mit vier Schlafplätzen.

Auf einem Bett saß bereits ein Tibeter mittleren Alters, als wir eintraten. Er war in Geschäften unterwegs, wie er Dominic gleich berichtete und konnte etwas Englisch.

Wir richteten gerade unsere Nachtlager, als sich die Türe öffnete und zu meiner Überraschung einer der drei Khampas aus dem Bus den Raum betrat. Es war der jüngste von ihnen und ein ausgesprochen schöner Mensch, der aber auch sehr schüchtern zu sein schien.

Mein Gefährte wollte ihn gerne kennen lernen und zeigte auf sein großes Messer, das er auf Khampaart am Gürtel trug. Es war reich verziert und der Junge schien stolz darauf zu sein. Dominic wollte es gerne näher betrachten und deutete dies mit einer Geste an. Der Khampa überreichte seinen Schatz, doch als mein Gefährte bei der Begutachtung feststellte, dass die Klinge nicht fest im Griff verankert war, schien dieser Makel den Jungen etwas zu verstimmen. Nun legte er sich auf sein Bett und schaute zur Decke.

Er tat mir etwas leid, auch weil er so scheu war, aber als mein Freund kurz das Zimmer verließ, drehte sich der Schönling zu mir um und zwinkerte mir zu. Ich musste lachen und dachte, OK, so schüchtern bist du auch wieder nicht.

Bei unserer ersten Runde die breite, geschotterte Hauptstraße entlang, fühlten wir uns ein bisschen wie im wilden Westen. Vor den Läden und Restaurants gab es Holzpfosten mit Querstangen daran, um Pferde fest zu binden. Viel buntes Volk war unterwegs, man sah auch Betrunkene.

Mit dem ersten Ausländer, den wir trafen, kamen wir gleich ins Gespräch. Carlo war Italiener und studierte in Mailand Anthropologie. Mit seiner Freundin und Studienkollegin Francesca war er hier her gekommen, um eine Facharbeit zu schreiben. Es ging dabei um den Zusammenhang der Pflanzenwelt mit den Lebensumstände der Menschen, wenn ich das richtig verstanden habe.

Am Abend trafen wir uns dann zu viert und die Italiener erzählten, wie es ihnen hier die letzten beiden Monate ergangen war. Sie liebten diese besonderen Menschen, die Landschaft, überhaupt alles, wenn es auch immer wieder chaotisch war.

Die Khampas lachten Carlo aus, weil er seine Wäsche selber wusch. Das sei Frauenarbeit, meinten sie. Traurig war die Geschichte dieser Stadt, wie Carlo uns berichtete. Die mutigen und stolzen Khampas leisteten bei der Invasion der Chinesen lange, mit einfachsten Mitteln, Widerstand. In dieser Gegend waren die Menschen aber so rückständig, dass sie die technische Übermacht des Gegners nicht einschätzen konnten. Schließlich flüchtete die Bevölkerung in ihr Kloster, wo sie sich sicher glaubte. Es waren wohl mehrere hundert Menschen darin, als es bombardiert wurde. Alle starben und dieses Trauma lag heute noch auf dieser Stadt. Das klösterliche Leben war seither nie mehr richtig in Gang gekommen und so konnte ich mir dann auch die paar verwahrlosten Mönche erklären, die ich gesehen hatte. Es gäbe eine sehr alte Weissagung, erzählte uns Fracesca, welche besagte: Wenn der Eisenvogel fliegt, wird der Tibeter aus seinem Land vertrieben. Das verursachte mir Gänsehaut. Ob die Grenze zur Autonomen Region Tibet im nahen Batang offen wäre, wussten die beiden nicht.

Am nächsten Tag wollten wir im weitläufigen Grasland umher wandern und Yaks anschauen. Auf der eingeschlagenen Piste fuhr ein Vehikel hinter uns, das ich jetzt schon oft gesehen hatte. Es war eine Art Traktor mit langer Lenkgabel und vorne konnte man offen lange Riementriebe sehen. Diese Dinger machten meistens einen Höllenlärm und preschten in Höchstgeschwindigkeit durch die Landschaft, selbst wenn sie einen Anhänger zogen.

Der Fahrer bot uns die Mitfahrt an, die wir nicht abschlagen wollten. Um nicht aus dem Anhänger zu fallen, in welchem noch ein paar andere Leute saßen, krallte ich mich in Dominics Oberschenkel, was die Tibeter sehr amüsierte.

Später liefen wir übers dünne Gras, der Wind sang seine Melodie und sonst war nur Stille und Weite. Ein Geier kreiste und ging zwischen schwarzen, zottigen Jaks nieder. Am Horizont lagen sanfte Hügel vor höheren Berggruppen und dazwischen schimmerte jenseitiges Licht und ich dachte, dort liegt Shangrila.

Die Yaks sind sehr scheue Tiere und flüchten vor Fremden. Wenn wir ihnen zu nah kamen, zogen sie weiter und waren bald wieder schwarze Punkte in irgend einer Ferne.

Auf einem Hügel trafen wir einen Hirten, der uns von seinem Tee gab. Er saß auf ein paar Steinen und trug ganz stolz einen weißen Hut zum schwarzen Filzmantel. Neben ihm waren Steine aufgesetzt, aus denen lange Stangen heraus ragten, die mit zerfetzten Stoffbahnen umwickelt waren. Irgendwelche religiöse Symbole mussten das sein und ich dachte an die Wegkreuze und Bildstöckle im Schwarzwald und wie ähnlich sich doch die Menschen in ihren Bedürfnissen sind.

Als leichter Regen einsetzte, traten wir den Rückweg an.

Vom nächsten Hügel aus konnten wir eine Nomadenfamilie erspähen, die bei dem Wetter, stürmisch war es inzwischen auch noch geworden, zu neuem Weideland weiter zog.

Ganz vorne gingen die Schafe, danach kamen die Yaks, die teilweise voll bepackt, den ganzen Besitz der Familie trug. Eine alte Frau saß hoch zu Ross, der Vater, als Familienoberhaupt, ebenso. Die Mutter führte ein anderes Pferd am Zügel, auf welchem zwei Kinder saßen. Der ältere Sohn und eine weitere Frau liefen mit Stöcken neben dem Tross her und trieben immer wieder die Herde an. Ein großer Hund unterstützte ihre Arbeit. Die Frauen trugen diese schwarzen langen Mäntel und ich dachte, die müssten doch sehr schwer werden, wenn sie sich mit dem Regenwasser voll saugen.

„Was für ein eisenhartes Leben!", sagte Dominic und wir schauten noch lange hinter her.

Auf der Suche nach einem geeigneten Lokal fürs Abendessen, betraten wir eine Gastwirtschaft in einer Seitenstraße. Viel einfaches Volk saß oder stand vor einem großen Bildschirm und schaute sich fasziniert einen amerikanischen Sience Fiction Film an.

Gigantische, hochstelzige Kampfmaschinen gingen gegen drachenartige Monster vor. Die Hirten und Khampas waren, teilweise mit offenen Mündern, völlig in diese Welt abgetaucht. Ein dicker Alter, anscheinend der Patron, saß in der Nähe des Eingangs vor einem Tisch und kassierte persönlich den Eintritt ab. Wenn er bedient werden wollte, schlug er mit seinem Gehstock ein paar mal auf den Tisch, bis eine Frau herbei lief und nach seinen Wünschen fragte. Voller Genugtuung lachte er uns zu und schaute gelegentlich in die blecherne Geldkassette, die vor ihm lag. Der schrille, viel zu laute Ton ließ uns gleich wieder umkehren und wir steuerten lieber ein anderes Lokal an.

Am nächsten Morgen machte Dominic mir klar, dass er kein Tourist wäre und dass er sofort mitgehen würde, wenn ein Khampa ihn einladen sollte, auch wenn es ein halbes Jahr wäre.

Gut, dachte ich, dann mache ich heute alleine den Touristen, und antwortete: „Bis heute Abend dann."

Er schien damit zufrieden zu sein und wünschte mir einen schönen Tag.

Zuerst schaute ich mir den Neubau des Tempels an. Er unterschied sich in nichts von anderen, aber hatte doch etwas Bedrückendes. Ob die vielen Toten hier darunter begraben waren? Oder hatte sie jemand an einen anderen Ort gebracht? Vielleicht hatte man für den Neubau überhaupt einen neuen Platz gewählt. Das schien mir doch das Wahrscheinlichste.

Danach streifte ich planlos durch die Stadt und fotografierte ein paar typische Häuser. Sie waren etwas kleiner als die Gehöfte, die wir in Chiag Cheng gesehen hatten und waren nicht verputzt. Der grobe Stein ließ sie weniger schmuckvoll erscheinen, aber die Dachabschlüsse und Fenster verliehen ihnen trotzdem einigen Charme.

Als ich am Hinterhaus eines Restaurants vorbei lief, hörte ich plötzlich eine zauberhafte Musik.

War das eine Geige, die diese wehmütige Melodie spielte? Ich blieb vor einer offenen Tür stehen und lauschte fasziniert. Eine Frau mit zwei schweren

Eimern kam heraus und lächelte mir zu, als sie mich vor dem Eingang verharren sah. Sie gab mir Zeichen, dass ich ihr ins Innere folgen sollte und dort sah ich, was es mit den Zauberklängen auf sich hatte.

Ein kleiner, älterer Chinese mit einem milden Gesichtsausdruck, saß auf einem Schemel und spielte meisterlich auf dem Erhu, der chinesischen Geige. Ich durfte mich neben einem Ofen zu ihm setzen und bekam eine Tasse Tee. Der große Raum war eine Gemeinschaftsunterkunft der Bediensteten des Restaurants. Ich zählte acht Schlafplätze und sah mehrere Wäscheleinen mit Kleidungsstücken daran. Der Ofen bullerte und eine große Wasserkanne stand darauf. Die Sonne schien schräg zum Fenster herein und feinste Staubkörnchen tanzten im letzten Abendlicht. Der Musiker schaute unter einer einfachen blauen Arbeiterkappe hervor und schien sich über sein Publikum zu freuen. Wie war dieser Mann hier her gekommen? Wieso arbeitete ein so virtuoser Meister als Diener in einem Restaurant? War er, wie viele andere, aus politischen Gründen nach Tibet geschickt worden? Oder war er freiwillig hier? Ich würde es nie erfahren, aber die Traurigkeit seiner Augen und seiner Lieder werden mir unvergesslich bleiben.

Dominics schlechte Laune hatte natürlich eine Ursache: die Ungewissheit wo und wie wir nun weiter kommen würden. Am liebsten wären wir direkt in das Autonome Gebiet Tibet eingereist: zunächst nach Batang, dort über die Grenze und dann weiter nach Lhasa.

Es gab aber einige Hindernisse: Wir hatten nicht das richtige Visum und eine zu schlechte Ausrüstung. Wahrscheinlich würden sie uns zurück schicken.

Obwohl wir wenig Hoffnung hatten, wollten es aber probieren.

Der Bus kämpfte sich auf eine Passhöhe hinauf, wo es leicht zu schneien begann.

Wir fuhren immer wieder an Nomadenlager vorbei. Ihre schwarzen Zelte aus gefilzter Yakwolle wirkten so trostlos und finster wie die Frauen, die uns kaum hinterher sahen. Nur die schmutzigen Kinder freuten sich über die kleine Abwechslung, während uns grimmige, große Hunde nach bellten. An einer Kreuzung hielt der Bus und zwei Khampas stiegen zu. Drei Nomadenfrauen hatten ebenso auf den Bus gewartet, hielten kleine Säckchen nach oben und wir fragten uns, was sie wohl anzubieten hätten? Ein paar Chinesen stiegen aus und traten mit den Frauen in Verhandlung, was Dominic gleich aus der Nähe sehen wollte. Ich blieb sitzen und wartete. Ich sah, dass eine Frau Geldscheine zählte und ein Handel statt fand.

„Es sind kleine Würmchen oder eine Art Pilze, davon habe ich schon gehört. Bei den Chinesen gelten sie als hervorragendes Potenzmittel, wofür sie eine Menge zu zahlen bereit sind. Hier oben wächst so etwas, aber es ist sehr schwierig zu finden," berichtete Dominic, als er wieder neben mir saß.

Batang war ein geschäftiges Nest und wir versuchten gleich das nächste Busticket zu kaufen.

Der erste Fahrer schüttelte den Kopf, der nächste wollte ein Permit sehen und unsere Bemühungen blieben ohne Ergebnis.

Mein Gefährte war sehr ungehalten und meinte: „Damals, mit Peter und Amir, sind wir einfach illegal über die grüne Grenze gegangen, aber mit dir kann man sowas natürlich nicht machen!"

Ja, darauf konnte ich tatsächlich verzichten. Wir hatten ja schon mit einem Misserfolg gerechnet, warum sich jetzt also ärgern?

Am nächsten Tag fuhren wir zurück nach Litang und dann weiter nördlich nach Kanding. Es war nun klar, dass wir vorläufig nicht in das Autonome Gebiet Tibet kommen würden, aber es gab eine Alternative, die uns auch lohnenswert erschien: Die Seidenstraße!

Endlose Fahrten

In Kanding schauten wir uns die Karte an und entschieden uns für die Weiterreise nach Sergu, von wo aus man in die Provinz Qinhai, das ehemalige Amdo, gelangen konnte. Diese Route war keine Touristenroute und gefiel meinem Gefährten.

Gleich am Busbahnhof trafen wir auf ein österreichisches Paar, Alexandra und Walter, die in die gleiche Richtung wollten, wie wir. Neue Leute trugen immer zur Verbesserung der Stimmung bei und ich war den beiden sehr zugetan.

Bei dem Gedränge konnten wir gerade noch Sitzplätze ganz hinten ergattern. Dort saßen wir zusammen und konnten uns gut unterhalten. Die beiden Wiener hatten sich zwei Jahre auf diese Reise vorbereitet und folgten der Einladung eines Rinpoche, dem Abt der Aritsa Gompa, den sie bei einem Vortrag in Wien kennen gelernt hatten. Beide verfügten über Grundkenntnisse in Tibetisch und Chinesisch und wollten im Kloster in ihrer Meditationspraxis weiter kommen. Anfangs hatten wir viel zu lachen miteinander.

„Österreich, das heißt Audili", erklärte uns Alex, „nicht zu verwechseln mit Audalia, was Australien bedeutet."

Bald realisierten wir aber, dass diese Fahrt stellenweise sehr gefährlich war.

Es regnete in Strömen, der Bus war völlig überfüllt und überladen. Schon am Morgen hatte der Kampf um die Sitzplätze mit einer Schlägerei zwischen dem Busfahrer und einem Fahrgast begonnen, kein gutes Zeichen.

Ständig kamen uns auf der schmalen Straße, mit Holzstämmen voll beladene chinesische LKWs entgegen. Die Folgen des Raubbaus in den Wäldern konnten wir bereits am Kahlschlag vieler steiler Hänge beobachten.

Entlang eines überfluteten Flusses, hatte ein Erdrutsch die Straße unpassierbar gemacht und war behelfsmäßig mit ein paar zusammen gebundenen Stämmen repariert worden. Es gab einen Stau und die Ungewissheit, wann und wie es weiter gehen würde, zehrte an den Nerven. Der Gegenverkehr hatte Vorfahrt.

Nach zwei Geländewagen quälte sich der erste voll beladene LKW über die provisorische Brücke. Ich selbst konnte das von hinten nicht richtig sehen, aber ich hörte die entsetzten Rufe der Leute vorne im Bus. Der LKW war abgestürzt, lag mit dem Führerhaus nach unten im Fluss und ein Teil der Ladung, Körbe und Kartons, schwammen an uns vorbei. Dem Fahrer war anscheinend nichts passiert, aber mir wurde himmelangst.

Stop and Go, so ging das den ganzen Vormittag, mal hatte ein Fahrzeug einen Maschinenschaden und wir mussten warten, dann blieb ein LKW wegen einem Achsenbruch liegen, an dem man nicht vorbei kam und an unserem Bus fanden auch Reparaturen statt. Wir waren ziemlich demoralisiert, als wir für eine Mittagspause in Ganze anhielten.

Das Wetter klärte sich auf und die fröhlich bunte Wild -Westatmosphäre in der Stadt vertrieb unsere inneren Dämonen. Nach einer Stärkung erwachten sämtliche Lebensgeister wieder und wir bummelten vergnügt auf dem Hauptplatz.

Viele wilde Typen waren unterwegs, Khampas und Nomaden, aber die Hauptattraktion waren wir selbst. Zuerst wurden wir neugierig beäugt, aber als uns der Erste eine Kette aus Steinkorallen anbot, war das Eis gebrochen.

Bald waren wir umringt von Einheimischen, die uns etwas verkaufen wollten. Dominic hatte sich auf Türkise spezialisiert und suchte besondere Einzelstücke, die er später in einer Kette tragen wollte.

Es gab sehr schöne Schmuckstücke, aber ein schmaler lederner Geldbeutel, den die Tibeterinnen am Gürtel tragen, hatte es mir besonders angetan. Er war aus rotem, verziertem Leder und hatte außen herum lauter kleine, stilisierte Silberblumen. Die Rosette in der Mitte krönte eine Steinkoralle. Auch die Österreicher hatten eingekauft und wir zeigten uns später im Bus unsere Schätze, als es zu unserem Bedauern schon wieder weiter ging.

Gegen Abend erreichten wir Manigango, wo wir in einem Truck Stop ein Vierbettzimmer mieteten. Das Abendessen wollten wir oben im Dorf einnehmen, das nun wirklich an Dotch City erinnerte. Das Restaurant glich einem Saloon und man konnte sein Pferd davor anbinden.

Als wie unser opulentes Mahl verspeisten, wurden wir neugierig von zwei jungen Männern beobachtet, die am Eingang lehnten und wie Indianer aussahen. Einer davon hatte sehr schöne lange, schwarze Haare und ein hübsches Gesicht.

Dominic war wieder in seinem Element und winkte sie heran. Sie kamen sehr zögerlich und nahmen erst nach mehrfacher Aufforderung bei uns am Tisch platz. Zum Mitessen konnte mein Gefährte sie nicht bewegen, aber einem Tee stimmten sie zu.

Die Unterhaltung war schwierig, da sie nicht mal richtig chinesisch verstanden, aber mit der Zeit baute sich doch etwas zwischen meinem Freund und den Jungs auf. Zuneigung kann auch in einer Sprache ohne Worte ausgedrückt werden. Der Schönling fand Gefallen an Dominics Silberringen und bekam einen geschenkt.

Eine Bettlerin, mit ihrem Kind auf dem Arm, hatte all dies von der Türe aus beobachtet und wurde schließlich auch eingeladen. Sie trug ihre Haare gezöpfelt und lächelte schicksalsergeben, aber mit innerem Licht. Sie bekam 5 Yuan und Dominics Reis.

Draußen hatte sich inzwischen allerhand Volk versammelt, das uns umringte, als wir das Lokal verließen. Alexandra und Walter übernahmen glücklicherweise die ganze Kinderschar und wir schauten uns die Schmuckstücke an, die man uns auch hier verkaufen wollte. Waren die Leute hier so arm, dass sie womöglich Erbstücke verschacherten?

Später erfuhren wir, dass die Tibeter auch untereinander gerne mit Fellen, Halbedelsteinen, Silberwaren oder Brokatstoffen handelten.

Dominic erstand wieder zwei Türkise und ich kaufte für achtzig Yuan ein Paar schwere, alte Ohrringe, vermutlich aus Bronze, mit je einer Steinkoralle und einem Türkis verziert. Unsere jungen Freunde waren plötzlich verschwunden.

„Denen ist das emotional einfach zu viel geworden", meinte mein Gefährte, doch der Schöne kam nach einer Weile zurück. Auch er hatte von zu Hause Schmuck geholt. Wieder begann das Feilschen und Dominic kaufte ihm, trotz einer gewissen Skepsis, schließlich zwei weitere Türkise ab.

Bereits im Zimmer, als er die Steine mit dem Messer leicht ankratzte, um sie auf Echtheit zu untersuchen, war klar, einer der beiden war eine Fälschung.

Etwas enttäuscht, aber doch auch verständnisvoll kommentierte mein Gefährte: „Diese Menschen hier sind nun mal sehr arm und bleiben für sich."

Wir waren keine Freunde.

Am anderen Morgen regnete es wieder und der voll besetzte Bus, in dem noch einige Fahrgäste im Gang standen, kam beim Anstieg auf einen Pass ins Rutschen. Die Piste war dermaßen aufgeweicht, dass ich große Angst bekam. Irgendwie schafften wir es dann trotzdem, aber oben auf dem Kamm musste der Fahrer einem LKW ausweichen und rutschte seitlich in einen Graben.

Alle stiegen aus und besahen den Schaden. Dominic dokumentierte mit seinem Fotoapparat. Seile tauchten auf und wurden am Bus befestigt. Alle Männer mussten ran. Schnell sollte ich die Kamera in seinen kleinen Rucksack packen, den er auf dem Rücken trug. Noch ehe ich den Reißverschluss richtig zugezogen hatte, war er schon weg und reihte sich an einem Seil mit ein.

Bestimmt dauerte das eine gute Stunde, Bretter waren noch unterlegt worden und Frauen hatten Steine herbei getragen, die dem Matsch Festigkeit verleihen sollten.

Dann ging es weiter, was für mich fast an ein Wunder grenzte, doch gerade als Dominic auf der Karte den soeben überwundenen Pass suchen wollte, bemerkte er, dass sein Fotoapparat nicht mehr da war. Herausgefallen, verloren, gestohlen? Jedenfalls war das ein großer Verlust. Einerseits der Apparat selber, aber natürlich auch die Fotos! Dominic war stinksauer und zwar auf mich. Ich hätte nicht richtig zu gemacht, ich war schuld. Vielleicht stimmte das, jedenfalls war ich sehr deprimiert.

Ein junger Mönche, mit dem Alexandra geredet hatte, kämpften sich nun durch den Gang nach vorne zum Fahrer und hieß diesen, bei einer Brücke anzuhalten.

Die Österreicher mussten hier aussteigen und hatten anscheinend noch einen dreistündigen Fußmarsch bis zur Aritsa Gompa vor sich. Das Kloster lag irgendwo hinter einem dieser unzähligen, riesigen Hügel, im endlosen Grasland.

Unsere Stimmung war inzwischen bereits ausgesprochen schlecht, doch als wir in Sergu, unserem vorläufigen Ziel, eintrafen, sank sie auf einen solchen Tiefpunkt, dass ich am liebsten los geheult hätte.

Hier war nichts von Wildem Westen, nur eine halbleere, trostlose, chinesische Trabantenstadt starrte uns einsilbig entgegen. Es gab keine traditionellen Häuser, nur hässliche, seelenlose Betonbauten und die Menschen wirkten kaputt und stumpfsinnig. Wo sollte man hier essen, wohnen? Alles wirkte schmutzig und deprimierend. Dann erfuhren wir auch noch, dass es keinen Bus nach Xiwu, in die Provinz Qinghai, gäbe.

Das Hotel und unser Zimmer hatten den Charme einer Haftanstalt. Im ganzen Gebäude gab es keine Toilette. Diese lag außerhalb, wie oft in China, in einem halboffenen Häuschen. Um dort hin zu gelangen, mussten wir zuvor einen Hof überqueren, der von zwei grässlichen Hunden bewacht wurde.

Wir hatten keinen Streit, waren aber völlig am Ende und wollten nur noch weg.

Doch wie so oft, sah die Welt am anderen Morgen schon wieder ganz anders aus. Es hatte sich herum gesprochen, dass wir nach Xiwu wollten und ein bepackter, älterer Mann nahm uns mit in einen Innenhof. Davor parkte ein offener Kleinlaster, der uns in etwa vier Stunden mitnehmen würde.

Diese Zeit musste überbrückt werden und zum Glück winkte uns eine Nachbarin herein. Es gab Tee und hart gekochte Eier. Danach zeigte sie uns ihr Fotoalbum. Herrliche Trachten mit vielen Schmucksteinen um Kopf und Hals waren zu sehen, auch Männer mit Tigerfellen. Ein junges Mädchen, in der Uniform der Rotgardisten, schaute aufmerksam in die Kamera, das war sie selbst einmal gewesen.

Als es dann los ging, waren eine ganze Menge Leute versammelt. Dominic und ich kletterten auf die Pritsche und wurden allmählich mit allerhand Säcken, Körben und anderem Zeug zugepackt. Zwei Indianer saßen vorne und ein lustiger, dicker Mönch direkt neben mir. Alle Fahrgäste hatten einen Platz gefunden und los ging es.

Der Weg konnte nicht einmal als Piste bezeichnet werden, so schlecht war er. Im Grunde fuhren wir einfach eine Wiese runter, die immer wieder durch Passagen mit groben Steinen unterbrochen war und ich hatte wieder große Angst.

Der Laster fuhr oft so schräg zum Hang, dass ich wiederholt mit dem Umkippen rechnete. Zu allem Übel saß der dicke Mönch, der den Schwerpunkt erheblich zu unseren Ungunsten verschob, auf der Talseite.

Die Unterhaltung, gerade mit dem Mönch, der uns sein Diplom zu einem Geshe zeigte, war trotzdem fröhlich und interessant. Als er meine Angst bemerkt hatte, wollte er uns ein Mantra beibringen, das man wohl in solchen Situationen sprechen kann. Wir waren sehr abgelenkt und brauchten eine Weile, bis wir es nachsprechen konnten:

Om Ah Hum

Bei Zangere

Bei Vasattva Hum

Das war das erstes Mantra, das ich gelernt habe und wie oft schon, war es mir von Nutzen, zumindest lenkt es mich, in entsprechenden Situationen, von schlimmeren Gedanken ab.

Im Gegenzug lernte der dicke Mönch ein paar Brocken italienisch: Avanti, chiao oder non capisco. Auch wenn ich völlig eingeklemmt war und Dominic auch noch in meinen Armen ruhte, fasste ich wieder neuen Mut.

Qinghai

In der kleinen Durchgangsstation Xiwu trafen wir erstmals auf Muslime. Wir mieteten uns gleich neben der Bushaltestelle in einer Schankwirtschaft mit Übernachtungsbetrieb ein.

Einer der beiden Indianer aus dem Lastwagen folgte uns in die Schenke, auf einen Tee. Er hatte wohl abgewartet, bis der Mönch weg war und nun zog er eine sehr schöne Schnitzerei aus dem Mantel, die er uns zum Kauf anbot. Das war vermutlich Diebesgut aus einem Tempel und wir lehnten ab.

Die Wirtin, eine zierliche Qinghai Muslimin, führte uns in ein Zimmer, dessen Bett sich auf einem gemauerten Ofen befand. Die Mutter von zwei Töchtern, die ihr in der Küche behilflich waren, trug einen schwarzen, strukturierten Samtschleier über dem einfachen, weißen Kopftuch, eine hellblaue Bluse und eine karierte Halbschürze zur dunklen Hose. Ihr bleiches Gesicht schien weder chinesisch, noch tibetisch. Sie war eine mitfühlende und interessierte Frau. So gut wir konnten, unterhielten wir uns, zeigten Fotos vom Schoren mit der saftigen Wiese davor und sie wunderte sich, dass wir keine Tiere hätten. Und überhaupt, was wir hier tun würden? Tja, das war zu kompliziert, wie sollte man das erklären?

Jedenfalls heizte sie mit Dung den Ofen ein und wir fühlten uns fast wie zu Hause. Abends kamen ihr Mann und dessen Bruder dazu und wir hatten viel zu lachen.

Xiwu lag auf dreitausend Metern und ich musste mich immer wieder über die dünnen, chinesischen Stoffschuhe wundern, die hier alle trugen. Kein Wunder war unsere Vermieterin von meinen Wanderschuhen völlig begeistert.

Ob sie sie einmal anprobieren dürfe?, so interpretierte ich ihre Gesten und Blicke.

Ja, klar, sie hatte genau meine Schuhgröße und marschierte stolz in der Stube herum.

„Du hast doch noch deine alten auf dem Schoren", meinte Dominic. „Die sind doch auch noch gut. Lass uns ihre Adresse aufschreiben und wir schicken sie hier her."

„Oder ich sende Pia einen Brief mit der Adresse und sie soll ein Paket machen, sonst dauert das zu lang", rief ich euphorisch.

Es bedurfte einiger Bemühungen, bis der Mann verstand, dass er uns in chinesischen Schriftzeichen ihre Adresse aufschreiben sollte. Wir waren voll Dankbarkeit für ihre Menschlichkeit und wollten uns revanchieren.

Am nächsten Morgen war es unruhig und die Männer, auch von nebenan, versammelten sich im Hof hinter dem Haus. Seitlich davon lag die saubere, einfache Toilette, diesmal ohne jegliche Bedachung.

Eimer mit heißem Wasser wurden hinaus getragen und ein älterer Mann mit weißem Käppchen und Kinnbart, der ein Yak an einem Strick hinter sich her zog, kam zum Tor herein.

„Das werden sie jetzt schlachten," vermutete Dominic. „Wahrscheinlich sogar schächten. Du musst da nicht zuschauen."

Das hatte ich auch nicht vor gehabt, aber ab und zu schaute ich doch.

Dominic fotografierte sogar mit meinem Apparat, als das Tier mit zusammengebundenen Vorder- und Hinterbeinen auf der Seite lag. Es wehrte sich nicht besonders, als ihm der Mann mit dem Käppchen die Kehle durchtrennte. Der Wirt hielt das Tier fest und sein Bruder fing in einen Eimer, unter dem Hals des Tieres, das Blut auf. Manchmal zuckte es noch mit den Beinen und nach einer viertel Stunde war sein Leben erloschen. Der Hofhund, ein gutmütiges Tier, bekam das Blut.

Nach dem tagelangen Bus fahren, wollten wir wieder einmal die Beine vertreten und die Natur genießen. Xiwu lag in einem breiten Tal und zu beiden Seiten erhoben sich Bergketten. Weit oberhalb der Altstadt konnten wir ein Dorf ausfindig machen, das interessant aussah.

Die vermeintliche Altstadt war verlassen und hätte auch ein Kloster sein können. Terrassenförmig reihten sich einfache Steinquader mit je einer Tür und zwei Fenstern unter einem Flachdach aneinander.

Das Besondere waren nicht diese Häuschen selbst, sondern wie sie alle gestrichen waren. Die Grundfarbe grau- blau wurde jeweils von einem breiten weißen und rostroten Streifen umrahmt. Jedes Häuschen bestand aus drei grau blauen Feldern, zwei mit den Fenstern, eines mit der Tür und außen herum kamen die Streifen. Dies schuf nicht nur eine geniale Gesamtkomposition, sondern vervielfachte die Anzahl der Häuschen optisch. Kein großer Künstler hätte dies besser gestalten können. Wie schon so oft, faszinierte mich der Sinn dieses Volkes für Ästhetik mit einfachsten Mitteln.

Für Prunk im europäischen Sinn waren die Tibeter zu arm und doch waren sie keineswegs unterlegen.

Gold wird in Tibet ohnehin nur für Buddhas verwendet und persönlicher Schmuck oder Amulettkästchen sind stets aus Silber oder Bronze.

Der steile Pfad zur Anhöhe hinauf brachte uns mächtig ins Schwitzen, denn die Sonne war herausgekommen.

Hoch oben tauchten drei Mönche auf und es stellte sich heraus, dass die Gebäude, die wir gesehen hatten, zu ihrer einfachen, sehr bescheidenen Gompa gehörten.

Die weltverlassene Gemeinschaft von vielleicht dreißig Mönchen, empfing uns wie Ehrengäste.

Wir wurden in den Tempel geführt, der nur ein paar kleine Buddhas beherbergte, dafür aber eine ganze Wand mit den breitformatigen religiösen Schriften, in dieser herrlichen, tibetischen Schrift. Davor befanden sich die Sitzreihen der Mönche. Chinakohl lag seitlich gestapelt und Vögel durchflogen den ganzen Raum.

Zwei Novizen, kaum älter als zwölf oder vierzehn Jahre alt, wurden beauftragt, mit uns einen Rundgang zu unternehmen. Sie führten uns zu einer Quelle, etwa einen halben Kilometer vom Kloster entfernt, von wo die Mönche ihr Trinkwasser bezogen. Zum Transport wurde eine hölzerne Schubkarre benutzt, in welcher sich ein Fass befand. Der Wassertransport war eine mühevolle Arbeit, musste zweimal am Tag erledigt werden und vermittelte uns ein Bild von der Armut dieser Menschen. Doch die kleinen Mönche wirkten lustig und hatten viel Freude mit meinem Fotoapparat.

Nach einem letzten Gruppenfoto begaben wir uns auf den Rückweg und einer der beiden Novizen begleitete uns noch ein gutes Stück. Bei einem Felsvorsprung blieb er stehen und sein Gesicht wurde sehr traurig. „By By, zaijian", sagte er kleinlaut und wir stiegen langsam abwärts. Jedes Mal, wenn ich mich umdrehte, winkte er, wieder und wieder, voll Sehnsucht nach Welt und Ferne und Leben.

Abends servierte uns die Hausfrau eine köstliche Suppe mit gekochtem, frischem Yakfleisch.

Der Bus nach Xinning sollte bereits um sieben Uhr durchfahren, war aber um neun immer noch nicht hier. Dominic war genervt und verdächtigte mich, die Uhrzeit nicht richtig verstanden zu haben. Um halb zehn kam dann einer, aber der war bereits so überfüllt, dass er gar nicht erst angehalten hatte. Gegen elf Uhr kam die Muslimin aus dem Haus und erklärte, dass jetzt keiner mehr fahren würde. Das hieß zurück ins Zimmer und wieder auspacken. Zum Trost servierte sie uns frische, gedämpfte Mantous, eine Art Hefeklos, zum verspäteten Frühstück.

Am nächsten Morgen hatten wir mehr Glück und kamen zunächst bis Yushu, wo wir nochmals übernachten mussten.

Das Hotel befand sich leider in einem hässlichen Betonbau mitten in der Stadt, wo gerade gebaut wurde. Gleich nach dem Einchecken flüchteten wir vor dem Lärm zu einem Spaziergang am Stadtrand.

Dort trafen wir auf die Barackensiedlung der chinesischen Wanderarbeiter, die hier die Straßen erneuerten. Das waren zusammengebastelte Verschläge aus allerhand Verpackungsmüll, mehr nicht. Feldbetten sah man und gelegentlich einen niederen Eisenofen mit einer Kanne oder einem Topf darauf. Unter Plastikplanen hing Wäsche zum Trocknen.

Weiter oben lag das ehemalige Kloster, das den selben Anstrich hatte, wie in Xiwu, das selbe grau- blau mit den roten und weißen Streifen. Diese Anlage war aber viel größer und musste einmal von Bedeutung gewesen sein.

Xinning war eine moderne chinesische Großstadt. Im fast luxuriösen Hotel nahmen wir aus Preisgründen ein Vierbettzimmer, zusammen mit zwei Japanerinnen, von denen eine Schoko hieß. Sie wusste, was das bei uns bedeutet und hörte fast nicht mehr zu kichern auf, als sie uns das eröffnete.

Dominic gefiel das Pulsierende einer Stadt und wir schlenderten mit dem Gefühl, wieder zurück in der Welt zu sein, durch die Straßen. Ich dachte an den jungen Mönch und ob ihm das hier gefallen würde?

Abends saßen wir vor einer Garküche, bei Reis und Huhn und überdachten unsere Lage.

„Wir haben Tibet jetzt bereits verlassen und es beginnt etwas ganz Neues", meinte Dominic. „Dunhunang liegt bereits in der Wüste und es wird verdammt heiß werden. Sollen wir übermorgen weiter oder erst einen Tag später?"

„Wie du willst, wir können auch nochmal hier bleiben", antwortete ich. „Allerdings müssen wir natürlich auch unsere Visa im Auge behalten", gab ich zu bedenken.

Ich fand Städte nie besonders anziehend und somit gab es für mich wenig Grund, warum wir gerade hier hätten verweilen sollen.

Den nächsten Tag verbrachten wir mit der Organisation der Weiterfahrt. Wir fanden auf dem riesigen Busbahnhof unser Terminal nebst Abfahrtszeit und besuchten anschließend einen lokalen Markt. Hier gab es wirklich alles und wir kauften eine Unmenge Proviant für den Reisetag: Gebratene Ente, kleine Kuchen, Brotfladen, zwei Hühnerschlegel, Trauben, dies und das. Alles steckten wir in die ockerfarbene Mönchstasche, die ich erstanden hatte und freuten uns auf die Fahrt im bequemen Liegebus.

Entlang der Seidenstraße

Unsere Plätze waren nummeriert und man konnte es sich gemütlich machen.

Die Fahrt führte hinaus aus dem Gebirge, durch seltsam rötliche Dörfer, welche in Mitten von knallgelben Rapsfeldern lagen, in die Ebene hinein. Wir fuhren den ganzen Tag und als es dämmerte, wurde es bereits merklich wärmer.

Am späten Abend, als wir irgendeine Stadt passierten, in der Menschen draußen saßen und lachten, streifte mich das Gefühl einer Leichtigkeit des Seins, das mich irgendwie aufweichte, innerlich. Ich dachte, dass ich wieder nur vorbei führe, an so einer Leichtigkeit. Tränen rannen mir über das Gesicht und die Beleuchtung einer Kneipe traf mich genau in dem Moment, als Dominic zu mir rüber schaute. Gerade noch waren wir so guter Stimmung gewesen, aber nun war mein Freund genervt: „Was ist denn jetzt schon wieder los?"

Ich konnte es nicht vernünftig erklären und die Stimmung war dahin.

Der Fahrer fuhr sehr schnell, es schaukelte, man sah nichts.

Ab und zu schaute ich hinüber ins andere Bett, doch Dominic streckte mir den Rücken entgegen und ich sah nur seine langen Dreadlocks, die ihn so unabhängig zu machen schienen, geradezu feindlich gegen mich.

Wir fuhren die ganze Nacht und ich konnte keine Ruhe finden. Wieder einmal hatte ich Angst vor dem nächsten Tag. Es war, als wäre eine Saite zersprungen und unsere Melodie verstummt.

Plötzlich erklang ganz laute Musik aus dem Kassettenrekorder, der Bus strauchelte, man spürte Fliehkräfte und dann war da dieses Durcheinander, wie bei der Titanic.

Ich hörte Dominic ganz laut und besorgt meinen Namen rufen, große Angst lag in seiner Stimme.

„Mir ist nichts passiert", antwortete ich, „und was ist mit dir?"

Seine Stimme klang schmerzlich, als er sagte: „Oh, meine Hand!"

Der Bus war von der Fahrbahn abgekommen und in den weit tiefer gelegenen Graben gekippt.

Über uns wurde die Seitentür des Fahrzeugs geöffnet, aber ich konnte nicht hinaus klettern.

Mein Gefährte erblasste: „Mir wird schlecht" und er musste sich wieder setzen.

Inzwischen hatte der Fahrer die Frontscheibe des Busses eingeschlagen und die Fahrgäste konnten vorne aussteigen. Ich versuchte, alles, was uns gehörte, zusammen zu suchen: die Wanderschuhe, den kleinen Rucksack mit Dominics neuem Fotoapparat, die Vespertasche und schließlich die großen Rucksäcke.

Es war schlimm, aber da war auch wieder dieses Gefühl, nicht auffallen zu wollen. Jetzt hieß es reagieren, so, wie ein richtiger Mensch reagieren würde. Nicht zu unbeteiligt sein, nicht abzutauchen, sondern zu handeln und zu fühlen, so, wie es die Situation erforderte.

Ich cremte Dominics Hand ein, aber als ich ihm den Verband anlegen wollte, wurde auch mir übel und ich musste dringend hinter die, tatsächlich nicht vorhandenen, Büsche, wo alles aus mir heraus schoss.

Die Chinesen standen ratlos herum und lachten aus Verlegenheit. Zum Glück gab es nur leicht Verletzte, aber der Bus war hinüber. Die Landschaft glich hier bereits einer menschenleeren Steinwüste, aber einen Kilometer weiter sollte es ein Gehöft geben, von wo aus man würde telefonieren können.

Zwei Männer liefen in diese Richtung und kamen eine Ewigkeit nicht wieder.

Dominics Schmerzen wurden von Stunde zu Stunde schlimmer. Inzwischen kamen andere Busse vorbei, auch Autos und LKWs, aber keiner hielt an, um uns zu helfen.

„In diesem Land gibt es zu viele Menschen", meinte mein Freund. „Da hilft keiner."

Der Busfahrer, der den ganzen Tag und die Nacht über gefahren war, hatte sich mit Zigaretten und Kaffee wach gehalten, war völlig übernächtigt gewesen und beim Einlegen dieser unseligen Kassette, hatte er die Kontrolle über sein Fahrzeug verloren. Nun war der Bus Schrott und er würde vermutlich seine Anstellung verlieren. SO war also China!

Morgens um halb sieben war der Unfall passiert und etwa um ein Uhr mittags hielt endlich ein anderer Bus, der uns bis Dunhuang mitnahm.

Erst nach dem Einchecken in ein Hotel, als wir das schwere Gepäck los hatten, konnten wir gegen Abend das örtliche Krankenhaus aufsuchen.

Ein rundlicher, lustiger Chinese, der sich als Deputy vorstellte, nahm uns mit zum Röntgen und dann wussten wir es genau: Dominic hatte sich die linke Hand gebrochen!

Mit einem dicken Gipsverband, den er mindestens vier Wochen lang tragen sollte und völlig deprimiert, erreichten wir unser Zimmer. Mein Gefährte sagte noch etwas über unser schlechtes Karma und danach wollte er nur noch seine Ruhe.

Die nächsten Tage verbrachten wir überwiegend sinnentleert in diesem Brutkasten von Hotelzimmer. Wir schliefen viel, schauten chinesisches Fernsehen, Domino war zu langweilig und beim Schiffe versenken, brachten wir es auch nur auf vier Schiffe. Briefe schreiben wollte auch keiner in der Situation und so blieben nur essen, rauchen und glotzen.

„World Wide Watch" war eine chinesische Nachrichtensendung in englischer Sprache, die uns immer wieder vor Augen führte, wo wir uns hier eigentlich befanden. Oft kamen Beiträge aus Gerichtssälen, welche gebeugte Angeklagte in Häftlingskleidung zeigten, die sich der Korruption schuldig gemacht hätten, jetzt überführt waren und schließlich zum Tode verurteilt wurden.

Besonders beliebt waren auch Warnungen vor der Sekte Falung Gong, die bestimmte ärztliche Eingriffe ablehnte, ein angeblich rückständiges, sprich religiöses Weltbild propagierte und ansonsten nur durch Qi Gong-artige Übungen in der Öffentlichkeit in Erscheinung trat.

Es wurden verzweifelte Eltern gezeigt, deren Tochter auf Grund von Falung Gong so verblendet war, dass sie eine lebensrettende Operation abgelehnt hatte. Die Mutter brach am Sarg des schönen Mädchens zusammen.

Immer wieder war vom Verbündeten und Handelspartner Pakistan die Rede. Auch wenn China der eigenen muslimischen Minderheit kaum Selbstbestimmung zugestand, hatte man mit Pakistan doch eine verbindende Gemeinsamkeit: den gleichen Feind, nämlich Indien.

Oft hörten wir ein Lied, ein seichter Popsong, der gerade sehr populär war. Im Refrain sangen fröhliche junge Menschen immer wieder: Xin Taiwan, Xin Taiwan. Dies bedeutete „Neues Taiwan" und beinhaltete offensichtlich schon einmal die Pläne des Regimes für die Zukunft der abtrünnigen Insel.

Am dritten Tag meinte Dominic. „Warum sind wir bloß mit diesem Bus gefahren? Ich hätte es gut noch einen Tag länger in Xinning ausgehalten."

Das könnte jetzt übel werden, dachte ich und ging um weiterer Beschuldigungen aus dem Weg zu gehen, lieber in die Stadt.

Man konnte hier Fahrräder mieten und ich radelte hinaus in die Felder, die mit hellen, sandfarbenen Mauern eingerahmt waren. Dazwischen standen immer wieder Reihen von schmalen Pappeln, der einzigen Baumart, der es in diesem Klima zu gefallen schien.

Ich fuhr an gepflegten Gemüsebeeten vorbei und sah zu meinem Erstaunen in jeder Parzelle große Marihuana Pflanzen.

Tja, die trinken hier nun mal keinen Alkohol!

Ein Stück weiter erhoben sich die berühmten, riesigen Dünen von Dunhuang, welche die Dimension eines Mittelgebirges hatten. Hier war ein großes Spektakel mit chinesischen Touristen, die vergnügt und kreischend auf Plastiktellern den Hang hinunter fuhren. Der Eintritt war aber ziemlich teuer und ich kehrte lieber zurück zu meinem Kranken.

Zu den berühmten Magao Grotten konnte ich in einer halben Stunde mit einem Bus gelangen.

Auch bei diesen fast fünfhundert buddhistischen Höhlen, schreckte mich zuerst der Eintrittspreis, aber DIE wollte ich sehen! Etwa fünfzig dieser einzigartigen Tempel oder Mönchszellen, waren zugänglich. Durch die Nummerierung der Höhlen konnte ich die jeweilige Geschichte, das Entstehungsjahr und die Bedeutung der Malereien nachlesen. Die Ältesten stammten etwa aus dem Jahr 400, die Jüngsten waren fast tausend Jahre später erschaffen worden.

Neben Szenen aus dem Leben Buddhas fanden sich realistische Landschaften, Jagd- oder Tanzszenen, aber auch Darstellungen buddhistischer Legenden., einiges davon sehr gut erhalten. Man spürte die Bedeutung dieser Anlage, aber die Chinesen hatten die Logistik mit Wegen, Betonmauern, Metallgeländern, Verglasungen und Nummerierungen so unsensibel gestaltet, dass viel auf der Strecke blieb.

An die darauf folgende Zeit kann ich mich nur dunkel erinnern. Dominic hatte ständig Schmerzen und genug Zeit, um sich alle möglichen Komplikationen auszumalen. Vermutlich war unsere Stimmung so finster, dass ich die Erinnerung daran einfach verdrängt habe.

Jedenfalls konnten und wollten wir den Heilungsprozess nicht in Dunhuang abwarten, obwohl mein Freund großes Vertrauen zum Deputy gefasst hatte und mit der Weiterbehandlung nur ungern zu einem anderen Arzt ging.

Unsere nächste Station, Turfan, eine Oase am Rande der Wüste Taklamakan, lag hundert fünfzig Meter unter dem Meeresspiegel. Es herrschte eine solche Hitze, wie ich sie noch nie zuvor erlebt hatte.

Wenn ich das klimatisierte Hotel verließ, empfing mich der reinste Backofen und ich überlegte mir jeden Schritt zweimal. Im Zentrum hatte man die Hauptstraßen mit Weinreben überspannt. Überhaupt gab es hier die süßesten Trauben, die ich je gegessen habe. Die vielen unterschiedlichen Sorten wurden getrocknet und in alle Teile Chinas als Vitaminspender und Süßigkeit verkauft. Die Bewässerung der Oase erfolgte durch ein sehr altes Tunnelsystem, welches unterirdisch große Mengen Schmelzwasser vom Gebirge hier her leitete.

Eine etwa fünfzigjährige Amerikanerin, die nach eigenen Angaben nun schon über zwei Jahre die Welt bereiste und nirgendwo länger als drei Tage geblieben war, fragte uns, ob wir Lust hätten, mit ihr und ein paar anderen, einen Minibus zu mieten, um die Sehenswürdigkeiten der Umgebung anzuschauen. Wir stimmten zu und anderntags fuhren wir klimatisiert hinaus in die Wüste.

Auf dem Parkplatz vor dem Höhlenkloster Beizeklik wurde mir beim Aussteigen schwindlig. Das Thermometer zeigte hier, in den Flammenden Bergen, fünfzig Grad.

Zum Glück sah ich einen gefüllten Wassereimer neben dem Kassenhaus, tauchte blitzschnell mein Baumwolltuch in die Brühe und band es mir nass um den Kopf. Ich erinnerte mich an den Physikunterricht und das Thema Verdunstungskälte: verdunstet Wasser, entzieht es seiner Umgebung Wärme, hatte ich gelernt und tatsächlich, das funktionierte.

Die ganze Umgebung um die Klosteranlage glühte förmlich in einem rötlichen Licht. Die Höhlen klebten fast achtzig Meter über dem ausgetrockneten Flusstal.

Unsere nächste Station, die Ruinenstadt Gaochang konnte ich mit dem selben Trick ganz erträglich anschauen.

Einheimische boten ihre Dienste mit Eselkarren an, falls den Besuchern der Rundgang zu Fuß zu beschwerlich wäre. Ein junger Kerl, der uns gerne gefahren hätte, wollte uns klar machen, dass auch ER ein Arier sei und meinte dann noch: „Hitler gut!"

Damit hatte er uns endgültig vertrieben.

Ürümqi, die Hauptstadt der Provinz Xinjang, war wieder eine moderne Großstadt mit all den städtischen Annehmlichkeiten, aber auch erheblichem Verkehrslärm. Aus Kostengründen nahmen wir das Vierbettzimmer, wieder mit Japanern.

Nachts wurde im Fernsehen ein Fußballspiel Deutschland gegen Brasilien gezeigt und Dominic war wieder bester Laune.

Wir schauten uns das örtliche Völkerkundemuseum an, in welchem anscheinend die ältesten Mumien der Welt zu sehen waren. In einem abgedunkelten Raum lagen ein Mann und eine Frau in gläsernen Vitrinen. Sie hatten helles Haar, trugen karierte Kleidung, was mich irritierte und waren in der Wüste recht gut erhalten geblieben.

Dominics Hand schien sich allmählich zu beruhigen. Er hatte seltener Schmerzen und wurde wieder unternehmungslustig.

Etwa hundert Kilometer nördlich von Ürümqi sollte es auf 1900 Metern Höhe den Himmelssee, Tianchi, geben, eine landschaftliche Besonderheit, die der Schweiz ähneln sollte. Zwar hatte mein Gefährte seit dem Unfall nur noch wenig Vertrauen ins Busfahren, aber was blieb uns übrig? Wir konnten uns die Angst vor diesem Transportmittel einfach nicht leisten.

Die letzten Kilometer Anstieg zum See verliefen in engen Serpentinen und wir waren sehr erleichtert, oben auszusteigen zu können. Erfrischende Kühle erwartete uns, ein blauer, klarer See und rundum Fichtenwald, wie daheim!

Hier lebten überwiegend Kasachen, die Touristen Ausritte mit Pferden anboten, oder ein arrangiertes Foto, hoch zu Ross in einheimischer Tracht.

Die Chinesen liebten Vergnügungen dieser Art, für uns Ausländer, von denen wir derzeit die einzigen Exemplare zu sein schienen, hatten die Kasachen aber auch eine Attraktion zu bieten, das Übernachten in einer Jurte.

Im Frühling trieben die Hirten ihre Herden hier herauf, wo sie den ganzen Sommer über die Almwiesen abweiden konnten. In dieser Zeit wohnte die ganze Familie dann am Tianchi, in einer der traditionellen Jurten.

Als wir den See halb umrundet hatten, wurden wir fündig. Eine Frau in bunter Schürze und Kopftuch winkte uns heran.

Das Lager umfasste zwei Jurten, eine kleinere, in der die Gegenstände des täglichen Bedarfs, Werkzeug, Vorräte und dergleichen aufbewahrt wurden und eine größere Wohnjurte, in der nicht nur die ganze Familie untergebracht war, sondern die für die nächsten zwei Tage auch uns beheimaten sollte.

Der Mann regelte das Finanzielle, während die Frau ihr Baby auf den Arm nahm und mir schüchtern zulächelte. An der Jurtenwand saß ein älterer Mann im schäbigen Jackett vor den bunt bestickten Tüchern und starrte ausdruckslos vor sich hin. Er wurde von den anderen Gege genannt, also älterer Bruder, hatte hier so eine Art Wohnrecht und kam nur zu den Mahlzeiten in die Mitte des Geschehens. Danach rückte er gleich wieder an den Rand zu seinem Platz, wo er anscheinend seinen Tag verbrachte. Unsere Anwesenheit war offensichtlich rein geschäftlicher Natur, Abendessen war inklusive, Konversation nicht.

Die Frau schien mir die einzig Normale hier zu sein und war wohl keine Kasachin. Sie hatte weichere Gesichtszüge, schwarzes, glänzendes Haar, einen dunklen Teint und war Muslimin. Sie betete vor dem zu Bett gehen, trug farbenfrohe Kleider und war viel hübscher und netter, als die Kasachinnen.

Nach dem Essen räumte sie Polster von der Seite in die Jurtenmitte und jeder bekam einen bequemen Schlafplatz zugewiesen.

Niemals in meinem Leben würde ich freiwillig in eine WG ziehen, weil mir die Anwesenheit anderer zu viel Unruhe mit sich bringt, aber für ein, zwei Nächte konnte ich das Atmen fremder Menschen, ganz in meiner Nähe, ertragen.

Gleich am anderen Morgen heizte die Frau den zentralen, niederen Ofen ein, auf dem sie kochte und den ganzen Tag ein Wasserkessel dampfte. Später knetete sie den Brotteig in einem Holztrog und buk daraus flache Fladen draußen im gemauerten Lehmofen.

Den Aufenthalt bei dieser Familie empfand ich eher als bedrückend und war erleichtert, den Rucksack für den Rückweg packen zu können.

„Die Kasachen hier sind ja schon ein bisschen trocken", bemerkte ich unterwegs.

Da drehte sich Dominic zu mir um, schaute mich böse an und entgegnete: „DU bist trocken, kannst nicht mal ein Kind auf den Arm nehmen! Wie soll man da warm werden mit einer Familie? Außerdem hast du ganz offen gezeigt, dass dir ihr Essen nicht geschmeckt hat."

Im Bus schaukelte es ordentlich, weil die Straße so viele Schlaglöcher hatte und Dominic bekam wieder Schmerzen in seiner Hand. Nun kehrte auch die Angst, es könnte etwas falsch zusammen wachsen, zurück. Was, wenn die Hand steif werden würde und er sie nie mehr richtig benutzen könnte?

Zurück in Ürümqi zweifelte Dominic zunehmend an einem guten Heilungsprozess, weil die Schmerzen sich verschlimmerten.

„Ich brauche eine neue Röntgenaufnahme, da stimmt doch etwas nicht!", meinte er am nächsten Morgen.

Das uigurische Krankenhaus lag zum Glück in der Nähe. Der alte Kasten wirkte wenig vertrauenerweckend und in den schmutzigen Gängen saßen viele einfache Leute, die auf den Arzt warteten. Als dieser endlich in Erscheinung trat, kam er gleich auf uns zu und wir zeigten ihm die Aufnahme aus Dunhuang von vor drei Wochen. Für ein neues Bild musste der Gips abgenommen werden. Dies nahm wenig später eine Krankenschwester hier im Gang, unter allgemeinem Interesse, in Angriff.

Wenn Dominic vor Schmerzen das Gesicht verzog oder stöhnte, schien das die Anwesenden gut zu unterhalten. Danach warteten wir fast eine Stunde bis wir zur Röntgenabteilung abgeholt wurden, eine weitere Stunde bis der Arzt das Bild mit uns besprach. Wir verglichen die beiden Aufnahmen und stellten fest, dass sich praktisch nichts geändert hatte. Dominic war sehr verzweifelt, was konnte man tun? Der Arzt schien wenig beeindruckt, sagte etwas von einer Uigur Behandlung und stellte uns ein Rezept aus.

Die Reihenfolge kannten wir bereits aus Dunhunang. Dort hatte uns der Deputy auch ein Rezept ausgestellt und wir mussten damit zur hauseigenen Apotheke, wo wir gegen Barzahlung die Materialien für den Gips erwarben. Mit dem Einkauf ging es dann zurück zum Arzt, der den Gips anlegte.

Dementsprechend gingen wir auch hier mit dem Rezept zur Apotheke. Die Frau hinter dem Schalter nahm das geforderte Geld entgegen und kehrte gleich darauf mit Mullbinden, einem Stapel Kräutern und zwei Eiern zurück. Das war also der Uigur Stile!

Dominic starrte auf die Eier und schrie zornig: „Ich brauch keine Eier, ich brauche einen Gips!", drehte sich um und rannte davon. Ich lief hinter ihm her und sah, dass er Zornestränen im Gesicht hatte.

Als wir an der Rezeption unseres Hotels den Schlüssel verlangten, fragte uns ein junger Mann in deutscher Sprache, ob wir ein Problem hätten.

„Ja, allerdings", antwortete Dominic und erzählte die ganze Geschichte. Der Deutsche war Student an der hiesigen Uni für die uigurische Sprache und empfahl uns das chinesische Krankenhaus aufzusuchen. Das wäre sauberer und viel moderner. Gerne nahmen wir sein Angebot, uns zu begleiten, an.

„Diese Sprache ist natürlich weltweit wenig gefragt", erklärte der junge Mann unterwegs, „aber sie fasziniert mich und ich bin vielleicht in Deutschland der einzige, der das lernt".

Guten Tag hieße so etwas ähnliches wie „Rachses Moses", wenn ich mich recht erinnere, aber die meisten sagten einfach nur „Salam Aleikum", wie alle anderen Muslime auch.

Mit seiner Hilfe ging alles sehr schnell: wieder eine Röntgenaufnahme, die Versicherung, dass alles in bester Ordnung wäre und dann wieder ein Gips. In weiteren drei Wochen, übersetze uns der Deutsche, wäre dann alles OK.

Unsere nächste Station, Kashgar, erreichten wir Ende Juli mit der Eisenbahn. Die alte Seidenstraße hatte hier ihre wichtigsten Karawansereien und hier war der Umschlagplatz für den Warenaustausch zwischen China, Indien und Europa, zwischen Orient und Okzident.

Wir wurden nicht enttäuscht, Kashgar war nicht mehr chinesisch. Hier lebten hauptsächlich die Uiguren, aber auch Usbeken, Kasachen, Kirgisen und Tadschiken, ganz Zentralasien war vertreten. Die Hanchinesen dazwischen wirkten geradezu futuristisch.

Sehr traditionell war zunächst das Äußere der Uiguren. Die Männer trugen bestickte, flache randlose Käppchen auf den rasierten Köpfen. Die meisten hatten einen Schnurrbart, dessen Spitzen lang nach unten hing. Ältere trugen Kinn- oder Vollbärte, dazu Pelzmützen und lange graue Mäntel. Im Sommer, wenn das Thermometer bis zu 40 Grad und darüber zeigt, wirkt das unverständlich, aber Kashgar ist DIE Stadt auf der Welt, die am weitesten vom nächsten Meer entfernt liegt und somit herrscht extremes Kontinentalklima.

Im Winter können leicht zwanzig Grad unter Null und mehr gemessen werden, somit gibt es übers Jahr Unterschiede von sechzig Grad.

Uigurinnen trugen mit Vorliebe lange, hellblaue oder rosa Spitzenkleider, die mich sehr an die Puppenausstattungen auf Jahrmärkten meiner Kindheit erinnerten. Dazu als Musliminnen ein einfaches, buntes Kopftuch.

Ältere Frauen gingen auch bei größter Hitze nicht ohne einen bodenlangen, graubraunen Mantel auf die Straße. Über ihren Köpfen lag ein braunes, gestricktes und extrem schmuckloses Tuch.

Wenn ich bei solch einer Frau an einem Stand Brot kaufte, dachte ich, ein Sack spricht mit mir. Einzig die kleinen Mädchen wurden sehr hübsch eingekleidet, auch sie in Spitzenkleidern mit passenden Hosen darunter. Manche trugen ein besticktes Käppchen dazu.

Im Zentrum liegt die Id-Kah-Moschee aus dem fünfzehnten Jahrhundert, Chinas größte Moschee überhaupt. Die Treppenstufen des gelblich grünen Baues, an dessen Seiten zwei Minarette in den Himmel ragen, sind Treffpunkt der alten Männer der Stadt. Auf dem weitläufigen Vorplatz und in den sich anschließenden Seitengassen pulsiert von morgens bis spät in die Nacht das pralle Leben. Die Seitengassen beherbergen Kunsthandwerk aller Art.

Beeindruckend fand ich die großen goldfarbenen Kisten aus verziertem, getriebenem Blech, aber auch Teppiche, Taschen und Karaffen, ziselierte Messingteller, auch Messer in ledernen Etuis gefielen mir.

Wir besuchten die Werkstatt eines Instrumentenbauers, der an einer mit Intarsien geschmückten Mandoline arbeitete. Als ich ihn fragte, ob ich ihn fotografieren dürfe, gebot er mir, einen Augenblick zu warten. Er setzte dann seine Uigurenkappe auf und war bereit.

Vor allem abends wurden Garküchen aufgebaut, an denen große Schaschlikspieße mit Hammelfleisch verkauft wurden. An einem anderen Stand gab es ausschließlich gekochte Ziegenköpfe und wir haben uns oft gefragt, was und wo wir essen sollten. Mit Pastagerichten lag man aber nie falsch. Die langen Nudeln wurden von Hand gezogen und es war mir ein Rätsel, wieso der Teig nicht brach und die einzelnen Exemplare sich glichen wie ein Ei dem anderen.

An einfachen Straßenständen konnte man das köstliche, frische Fladenbrot kaufen, unser Grundnahrungsmittel in dieser Zeit, neutrales, oder Brot mit Kümmel und Kräutern.

Wir konnten uns beim bunten Treiben nicht satt sehen und hatten eine gute Zeit.

Unsere Unterkunft, das Qini Wake Hotel bot bescheidenen Luxus mit einer noblen Halle und einem Vorplatz, auf welchem abends vor allem die pakistanischen Händler saßen, Musik hörten, Alkohol tranken und Freiheiten genossen, die ihnen im eigenen Land verwehrt waren.

Am Tor vor dem Hotel stand täglich ein altes chinesisches Paar mit einer Kühltruhe. Sie nickten uns stets freundlich zu und zeigten dabei auf die Truhe. Anfangs kauften wir oft ein Eis bei ihnen, aber so gut war das nun auch wieder nicht und mit der Zeit waren uns diese beiden Wackel- Dackel doch eher lästig.

In einer der traditionellen Teestuben, in der man als Ausländerin zwar geduldet war, aber sich unter den betont maskulinen Uiguren nicht besonders wohl fühlen konnte, trafen wir auf ein französisches Paar.

Sie waren gerade mit einem LKW aus Westtibet gekommen und sehr aufgewühlt. Das Mädchen hatte sich durchs harte Aufprallen auf die Ladefläche, wenn es über Schlaglöcher ging, zwei Rippen gebrochen und nun große Schmerzen. Die Piste von Kashgar, über Jetscheng nach Westtibet hinauf wäre extrem schlecht, meinte der Junge, dazu natürlich illegal, aber nicht unmöglich.

Dominic hatte schon länger über diese Reisevariante gesprochen.

In Westtibet, wo es keinerlei Lokal Transport gab, lag der heiligste Berg aller Buddhisten und Hindus, der Mount Kailash oder Kang Ripoche, wie die Tibeter sagten. Dort hin zu gelangen war nicht nur extrem schwer, sondern für Ausländer ohne Tour Group verboten.

Aber den heiligsten Ort der Welt, zumindest war er das für mehr als einer Milliarde Menschen, den wollte auch ich sehen. Im Fernsehen gab es einen Bericht, auch eine Diaschau eines Reisenden mit LKW und noblem Geländewagen hatte ich mir vor ein paar Jahren angeschaut, aber selbst einmal dort zu sein, schien mir unmöglich. Jetzt saßen wir aber hier in Kashgar und waren gar nicht mehr so weit davon entfernt.

Kashgar liegt an einem wichtigen Knotenpunkt, ist aber auch eine Art Sackgasse. Wenn man vom Osten kommt, also aus Ürümqi, wie wir, dann endet hier die chinesische Welt, politisch, sowie geographisch.

Im Norden erhebt sich das Tian Shan Gebirge und dahinter liegt Kirgistan.

Nach Westen gelangt man über das Karakorumgebirge nach Pakistan. Der berühmte Karakorum Highway war aber nur für wenige Monate im Sommer befahrbar. Viele pakistanische Händler nutzten dieses Zeitfenster, um Ware nach China zu bringen und mit dem Erlös wiederum Handelsgüter in China zu kaufen. Ein paar von ihnen hatten wir in unserem Hotel kennen gelernt.

Im Süden liegt Westtibet, eine abgelegene, fast menschenleere Hochebene auf über vier tausend Metern Höhe. In diesem Gebiet war der Grenzverlauf zwischen China und Indien sehr umstritten, es gab keine Straßen und wenn die Chinesen dort eines nicht wollten, dann waren das Ausländer.

Unsere schlechte Ausrüstung, Dominics Gipsverband und unsere bald ablaufenden Visa sprachen natürlich gegen diese Variante, aber wir waren einem Traum sehr nah und diskutierten unsere Möglichkeiten.

Den berühmten Kamelmarkt vor der Stadt, der jeden Sonntag stattfand, wollten wir uns nicht entgehen lassen.

Am Ufer des Tuman Flusses lag ein weites Freigelände, das wir am nächsten Tag über einen Steg von der Stadt aus erreichten. Dieser Markt sollte angeblich, mit dreißig, vierzig tausend Händlern, der größte Asiens sein. Ursprünglich ein Markt für Kamele, Yaks, Schafe, Pferde und Rinder, wurden heute auch Handkarren, Sattlerprodukte, Möbel, Stoffe, Gewürze, Rosinen und vieles mehr verkauft.

Die unzähligen Fuhrwerke, Kleinlaster und Gespanne verstopften alle Zufahrtswege und hüllten das Gelände in eine Staubwolke. Auch zu Fuß war kaum ein Durchkommen. Wenn mich die Exotik bereits in der Stadt oft an Tausend und eine Nacht erinnerte, so war das hier fast eine Zeitreise. Alleine die Händler, aus den umliegenden ländlichen Gebieten, boten ein farbenfrohes Bild.

Eine alte Frau in knielangem, weißen Gewand mit bunten Hosen darunter, schaute aufrecht und stolz unter einem weißen Schleier in die Kamera, als ich sie fotografierte.

Ein Alter in Pelzmütze und langem schwarzen Mantel präsentierte einem Interessierten seinen Esel und zwei junge Burschen zerrten an mehreren blökenden Schafen, die die Piste versperrten.

Dominic gestikulierte mit drei Uiguren in bestickten Kappen, die ihn skeptisch begutachteten.

Einer nahm seine Türkiskette in die Hand und betrachtete diese als wollte er sagen: „Was ist denn das für ein Mann, der so etwas trägt." Und dann natürlich seine Haare! So würde kein Uigure rumlaufen, die Blicke verrieten völliges Unverständnis.

An einem Stand mit Lederwaren sah ich eine Pelzmütze aus Schaffell. Innen schützte das weiche schwarze Fell vor der Kälte und nach außen bestand sie aus einfachem, hellen Leder. Ich setzte sie auf und wusste, die würde ich brauchen können, zumal sie mir sehr gefiel.

„Nimm sie doch", meinte Dominic. Das tat ich und bereute es nicht.

Unter einem Zeltdach verkauften Kigisen bunte gefilzte Teppiche. So etwas hatten wir noch nicht gesehen und wir schauten uns ein Exemplar nach dem anderen begeistert an. Die Oberseite zeigte verschiedenfarbige, ausgeschnittene Ornamente, die an Tiergeweihe erinnerten und die Nahtstellen dazwischen wurden von bunten Schnüren abgedeckt. Die Unterseite bestand aus grauem, grobem Filz. Am liebsten hätten wir einen der ganz großen Prachtstücke gekauft, aber wie transportieren? „Ein Läufer ginge schon", meinte mein Freund. „Den rollen wir zusammen und binden ihn an den Rucksack."

Jeder von uns ging in Verhandlungen und schließlich trugen wir beide jeweils ein solches Schmuckstück in Richtung Stadt. Die Filzteppiche waren nicht schwer, aber für Dominic ein bisschen sperrig mit der Gipshand.

„Komm, wir halten einen Karren an. Es ist doch noch ein ganzes Stück", meinte mein Gefährte, was sich aber als keine gute Idee erwies. Auf der Schotterpiste wurden wir ordentlich durchgeschüttelt und Dominic bekam durch die Vibrationen wieder Schmerzen.

Am übernächsten Tag nahmen wir den Bus nach Yecheng, wo angeblich das Tor nach Westtibet sein sollte.

Wir erreichten diesen trostlosen Ort, am Rande der Wüste, um die Mittagszeit und nahmen uns in der Nähe des Bus Stop ein einfaches Zimmer.

Die einzige stadtähnliche Ansiedlung im ganzen tibetischen Westen wurde von den Tibetern Ali, von den Chinesen Sichuanhe genannt. Dort wollten wir hin und fragten zunächst im Hotel. Wir ernteten nur Kopfschütteln und Unverständnis. Auf der Straße ging es uns nicht besser. Noch nicht einmal die Richtung wollte man uns zeigen.

„Verstehen uns die Leute nicht?", fragte ich Dominic.

„Ich glaube schon, dass die das verstehen, aber vielleicht haben sie Angst, weil jeder weiß, dass diese Route für Ausländer verboten ist."

Das war schwierig und wir kehrten ergebnislos in die Unterkunft zurück. Abends, als die Temperaturen erträglicher wurden, setzten wir uns an einen Tisch vor dem Hotel und bestellten eine Suppe.

Am Nebentisch saß eine Männerrunde, deren Aufmerksamkeit wir erregten. Sie bestellten Hochprozentiges und winkten uns heran.

„Von denen können wir bestimmt etwas erfahren", meinte Dominic.

Aber zuerst musste er mit diesen Typen auf die Freundschaft trinken.

„Pengyou!", Auf die Freundschaft!

Mir als Frau blieb das erspart, aber Dominic, der Alkohol geradezu verabscheute, blieb nichts anderes übrig, als anzustoßen, eins ums andere mal. Allmählich erfuhren wir, dass unser hauptsächlicher Gesprächspartner Tadschike und Arzt wäre, der ruhige Glatzkopf war Usbeke und die anderen beiden waren Uiguren.

Kurz bevor mein Gefährte dann total betrunken war, zeigte der Tadschike die Straße hinunter und meinte: „Ali, bu hao!" (nicht gut)

Seine Gesten interpretierten wir als: Straße kaputt, wegen Erdrutsch. Als wir das zu wiederholen versuchten, bestätigte der Tadschike mit heftigem Nicken.

„Ok", lallte darauf Dominic, „solange ich noch gehen kann, verschwinden wir jetzt".

Man wollte nochmal zum Abschied auf „Pengyou" anstoßen, aber ich winkte ab, da ich meinen Kameraden jetzt schon stützen musste.

Auf dem Bett liegend stöhnte er er: „Mir dreht sich alles" und ich holte einen Eimer aus der Waschkammer.

Zurück im Zimmer sah ich, dass der Tadschike den Raum betreten hatte und mit ein Paar hundert Yuan Scheinen vor Dominics Nase herum fuchtelte. Mit letzter Kraft erhob sich nun mein Freund und schob den besoffenen Kerl hinaus. Schnell verriegelte ich die Tür.

„Der wollte dich kaufen", lachte Dominic. „Immerhin vier hundert Yuan!"

Den nächsten Tag verbrachte mein Gefährte im Bett und ich zog alleine los.

Bei einer hübschen Uigurin ließ ich mir einen Flicken auf meine zerrissene Hose nähen. An der Hauptstraße hatte sie in einem kleinen Bretterverschlag ihre Werkstatt, die aus einem Tisch und einer uralten Nähmaschine mit Fußpedalen bestand.

Danach bog ich in eine Seitengasse ab, die mich in Wohngebiete führte. Bunt gekleidete Kinder spielten an einem Bewässerungsgraben, der erstaunlich viel sauberes Wasser führte. Akazien und Pappeln säumten den Weg und sorgten für angenehm kühle Luft. Die Häuser lagen hinter hohen Lehmmauern und waren unzugänglich.

Als sich dann aber ein Tor öffnete und eine rundliche Mutter nach zwei der Kinder rief, weckte ich das allgemeine Interesse. Die Frau trug eines dieser himmelblauen Spitzenkleider und winkte mir zu. Ich folgte ihr in einen mit Blattwerk überdachten Innenhof, in welchem ein freundlicher alter Mann saß und betrat durch eine Vorhalle mit Säulengang das Haus.

Alles hier schien wohlgeordnet und sauber, auch viel wohlhabender, als ich vermutet hatte. Im Wohnzimmer dominierte ein erhabener Sockel in der Größe von drei Betten, auf welchem bunte Teppiche lagen. Eine weitere Frau in rosa saß darauf und hieß mich neben ihr Platz zu nehmen. Gegenüber standen zwei goldenen Truhen, wie ich sie in Kashgar gesehen hatte und sonst war der Raum leer. Die Frau in hellblau brachte nun Tee, sowie Melonenstücke und setzte sich mit den Kindern zu uns. Man konnte sich nur zulächeln und Gesten der Anerkennung austauschen. Danach posierten alle für ein Erinnerungsfoto und ich verabschiedete mich.

Tags darauf fuhren wir enttäuscht zurück nach Kashgar.

Vor dem Qiniwake Hotel erwarteten uns wieder die zwei Wackel -Dackel mit der Kühltruhe, was durchaus so etwas wie heimatliche Gefühle in mir erweckte.

Abends im Zimmer gab es dann eine Lagebesprechung. Unser nächstes Ziel war eindeutig Pakistan. Dort gäbe es zwei Möglichkeiten:
Würden wir weiter reisen nach Indien, dann hätten wir nur wenig von Tibet gesehen, nicht einmal Lhasa. Außerdem wäre Indien bereits so etwas wie eine Ankunft, wir müssten unsere Lebensperspektiven überdenken und davor scheuten wir uns ein wenig.

Wir könnten in Pakistan aber auch ein neues Visum für China beantragen, auf dem selben Weg zurückkommen und es noch einmal von Yecheng aus in Richtung Westtibet probieren.

Zu diesem Zeitpunkt konnten wir uns nicht entscheiden und mussten das auch nicht, fest stand nur Pakistan als nächstes Ziel.

Aber erneut tauchten Hindernisse auf. Im Hotel erfuhren wir von den pakistanischen Händlern, dass der Bus über den Karakorum Highway vorläufig nicht fahren würde, weil auch diese Strecke durch einen Erdrutsch unpassierbar geworden war.

Kashgar war kein schlechter Platz für eine Pause, aber Dominic war reizbar, weil ihm seine Hand keine Ruhe ließ.

Ich zog oft alleine los und mietete mir ein Fahrrad. Einmal fuhr ich entlang einer Pappelallee hinaus vor die Stadt. Auf dem gelblich sandigen Boden gab es kaum Vegetation und einzelne flache Lehmbauten hinter aufgesetzten Mauern boten ein eintöniges Bild. Ich schaute mir einen Friedhof mit kuppelartigen Erhebungen auf den Gräbern an. Nicht anders als bei uns, gab es schmucklose und luxuriöse Grabstätten und wie so oft in muslimisch geprägten Gegenden, fühlte ich mich etwas unsicher, wusste nicht, ob ich schon durch meine Anwesenheit gegen irgend eine Regel verstoßen würde.

Unverständlich war mir Vieles hier: Einmal kam ich zufällig am Ende einer Gasse zum Eingang eines Kaufhauses, nur für muslimische Frauen. Das interessierte mich und ich ging mit ein paar Halbverschleierten ins Innere.

Zuerst gab es dort ein großes Angebot an Schminkutensilien, Make Up, Lippenstifte, Nagellack und Kosmetika aller Art. Dann natürlich Kopfbedeckungen und Tücher, sowie diverse langweilige Oberbekleidung.

Geschockt hatte mich die Abteilung weiter hinten. War das nun ein Erotikshop, oder eine normale Wäscheabteilung? Die Farben schwarz und rot dominierten und die Designs der Dessaus ließen nichts zu wünschen übrig. Spitzen, Transparentes, Strapse!

„Oh my good, it´s senen thirty!" Was für eine Doppelmoral! Verschleierung, kein Gesicht, keine Haare und für den Pascha daheim dann solch ein Aufgebot! Das empörte mich, ich empfand es als entwürdigend für die Frauen.

Gegen Abend kaufte ich, bei einer mir bereits lieb gewordenen Bäckerin, zwei Stück Schokoladenkuchen und kehrte in der Dämmerung zurück ins Hotel.

Mein Gefährte lag mit geschlossenen Augen auf dem Bett, der Ventilator lief geräuschvoll und es war immer noch sehr warm. Vom Hof her hörte ich wieder die pakistanischen Händler, die jetzt munter wurden und sich lautstark unterhielten. Dominic schaute auf und freute sich über den Kuchen, der eine kleine Abwechslung im eintönigen Tag war.

„Wenn wir in Goa sind", sagte er, „wird sich einiges ändern. Man kann, und ich will auch nicht, immer reisen. Ich will Musik machen. Wir können uns dort ein Haus mieten. Ich werde das ganze Equipment brauchen: einen PC, die richtige Software, Synthie und vielleicht einen Datrekorder."

Im Geiste rechnete ich bereits mit und kam auf erhebliche Summen.

„Es ist mir schon klar, dass das nicht einfach wird. Wenn wir überhaupt ein geeignetes Haus finden, brauchen wir längere Visa, dann leiden die Geräte unter dem Klima und Diebstahl ist auch ein Thema. Aber an diesem Ort wird es die richtige Energie geben und wenn man immer zögert, wird nie etwas Neues entstehen können."

Wie so oft, war ich skeptisch, ließ mir aber nichts anmerken. Alles beginnt schließlich mit einer Idee und das Leben leitet einen dann schon in die passende Richtung. Manchmal kann man das Korrektiv des Lebens als Fügung annehmen, aber es gibt auch Situationen, in denen man sich wehrt, bis zur Selbstvernichtung.

In einer kleinen muslimischen Geschichte fragt der Imam seine Schüler: „Wie kann der Mensch Allah zum Lachen bringen? Er gibt gleich selbst die Antwort: „Indem er Pläne macht!"

Trotzdem: Dass ich jetzt hier war, grenzte ja schließlich auch an ein Wunder! Inzwischen hatte ich ein wenig Vertrauen gefasst und unterstützte seine Träume, zumal es bis Goa noch sehr weit war.

Kirgis OK!

Nach mehr als einer Woche des Wartens kamen neue Händler ins Hotel. Sie waren mit einem Bus vom Hunzatal bis zur Baustelle gefahren, dort zu Fuß über die Erdmassen geklettert und auf der anderen Seite in ein wartendes chinesisches Fahrzeug umgestiegen. Mehr als zwei Tage, meinten sie, würden die Räumungsarbeiten nicht mehr dauern.

Erleichtert organisierten wir unsere Weiterfahrt.

Außer den uns inzwischen gut bekannten Händlern, saßen Niki und Chris im Bus, als es endlich in die ersehnten Berge ging. Wir kamen gleich ins Gespräch. Beide waren erfahrene, englische Traveller und kein Paar, wie sie uns versicherten.

Noch saßen ein paar Chinesen im Bus, doch bei jedem Jackpoint wurden es weniger. Hinter unzähligen trockenen, hellbraunen Bergketten erhoben sich die ersten Schneegipfel. Auf etwa viertausend Metern Höhe, erreichten wir, unter klarem, blauen Himmel, ein sattgrünes Hochplateau. „Hier leben während des Sommers kirgisische Nomaden in ihren Jurten", erklärte uns Niki.

„Wir werden bei den nächsten Häusern aussteigen und uns in solch einer Jurte für ein paar Tage einmieten."

Die Landschaft war überwältigend: der von Grasland umgebene tiefblaue Karakulsee, weidende Yakherden, dahinter Schneeberge und vereinzelt Jurten.

Dominic und ich schauten uns an: „Wir steigen auch aus!"

Nach kurzem Marsch entlang einer Wiese, kam uns ein etwa zwölfjähriger Junge auf einem Kamel entgegen. Er trug den traditionellen weißen, gefilzten Kirgisenhut und hieß uns willkommen. Das Kamel war nicht, wie seine Brüder in der Sahara, sandfarben mit glattem Fell, sondern zottelig und braun, eher so etwas wie das Yak unter den Kamelen und gefiel mir ausgesprochen gut.

Auch ohne Worte wusste jeder, was der andere im Sinn hatte. Wir trabten etwa zwei Kilometer hinter dem Jungen her, als eine Gruppe von drei Jurten am Horizont erschien. Der Familienvorstand, ein Alter, in einem chinesischen Armeemantel, begrüßte uns und regelte mit den Männern das Geschäftliche, während uns eine ältere Frau mit einem bunten Kopftuch, in eine der Jurten führte. Zuerst sah ich natürlich die Filzteppiche, die mir so gut gefielen. Sie glichen denen, die wir in Kashgar gekauft hatten. Kunstvoll waren aber auch die bunten gewebten Gurte, mit denen das Holzgestänge der Jurte verbunden war.

Alles schien wohl geordnet und auf dem eisernen Ofen wurde bereits gekocht. Wir ließen uns auf den Teppichen nieder und plauderten übers Reisen, China, Indien und was jeder schon so erlebt hatte. Später kamen die anderen Familienmitglieder dazu und die Frau servierte das Essen.

Jeder bekam eine Schale mit Reis, Chinakohl und einem winzigen Stück Ziegenfleisch. Es musste ein sehr altes Tier gewesen sein, denn der Fleischhappen war nicht nur zäh, sondern roch so penetrant nach Bock, dass ich es fast nicht hinunter würgen konnte. So schlimm war das Essen bisher noch nie gewesen!

Chris saß neben mir und grinste mich an, während er tüchtige Bissen nahm. In meiner Not flüsterte ich ganz leise: „I can´t eat this."

Er warf einen Blick auf unsere Gastgeber und tauschte dann blitzschnell unsere Schalen. Tja, dachte ich, so ein Engländer, der schafft das. Er lachte und versicherte mir, dass er eben immer Hunger hätte.

Niki schien sowieso eine tapfere, rustikale Natur zu sein und ich bewunderte sie ein wenig. Sie hatte einen kräftigen Körperbau, war nicht besonders hübsch und konnte sich offensichtlich sogar in Ländern wie Pakistan oder China behaupten. Sie hatte eine laute Stimme und ein gewinnendes Lachen.

Unser Zwölfjähriger war wohl für die Konversation zuständig, hob seinen Daumen und fragte uns nach dem Essen: „Kirgis OK?", worauf auch wir die Daumen hoben und „Kirgis OK" antworteten. Schließlich erhob sich die Familie zum Schlafen in der gegenüberliegenden Jurte und wir hatten zum Glück unsere Ruhe.

Die nächsten beiden Tage verbrachten wir mit Wanderungen auf der Hochebene und hatten das Gefühl, dem Himmel sehr nah zu sein. Der Junge zeigte auf den höchsten Schneeberg und nannte seinen Namen: „Muztagh Ata", das war der heilige Berg der Kirgisen mit 7500 Metern Höhe.

Vor fast hundert Jahren waren seine Vorfahren vom Mutterland nach China geflohen, weil sie nicht in der zaristischen, russischen Armee, zur Zeit des Ersten Weltkrieges, für Ziele, die nicht die ihren waren, ihr Leben lassen wollten. Einige gingen nach dem Ende des Krieges zurück, andere blieben.

Bei der nächsten Jurtengruppe, die wir entdeckten, webte eine Frau gerade, mit einfachsten Mitteln, an einem der wunderschönen Gurte. Ein fröhliches Mädchen im rotbunten Kopftuch stellte sich als Dshamilia vor und ich erinnerte mich an das gleichnamige Buch ihres Landsmanns Dshingis Aitmatov, das ich vor ein paar Jahren begeistert gelesen hatte.

Zurück bei unserer Familie sahen wir, dass sich die beiden Frauen an dem gemauerten Lehmofen zu schaffen machten. Mit einem gekonnten Wurf platzierten sie die Teigfladen an der inneren Wand des Ofens. Nach wenigen Minuten bekamen wir von dem unvergleichlich köstlichen, frischen Fladenbrot, das ich bereits von Kashgar her kannte.

Bei der Verabschiedung saß der Junge wieder auf seinem Kamel, auch vier weitere wurden gesattelt, und die ganze Gruppe bewegte sich in Richtung der Berge, wohin und wozu auch immer. „Kirgis OK?", fragte er noch einmal im Davonreiten und wir antworteten: „Kirgis OK."

Niki und Chris wollten noch eine Weile hier oben bei den Kigisen bleiben und wir stiegen alleine in den nächsten Bus, der uns über den Khunjerabass nach Pakistan bringen sollte.

Auch in diesem Bus saß ein Engländer mittleren Alters, den wir bei der nächsten Pause kennen lernten. Wals, ein alter Indienfahrer und Purist in Sachen Spiritualität, hatte endlich zu Ehren Shivas den heiligen Berg Kailash umrunden wollen und war, wie wir, in Yecheng gescheitert. Vor drei Wochen war er aus Pakistan gekommen und kehrte nun auf dem selben Weg zurück. Zuvor hatte er sich Zeit gelassen für Nordpakistan und konnte uns einige gute Infos geben, die uns später nützlich waren.

Pakistan

Nach Taxkorgan, der letzten chinesischen Bastion, erreichten wir die Grenze.

Hier begann eine andere Welt. Natürlich konnte man das an den Gesichtern, der Kleidung und der Sprache erkennen, aber mehr noch am Tempo, der Lautstärke und am Chaos beim Bus Stop. Alles wuselte unkontrolliert, Männer gingen hin und her, Säcke wurden verladen, es gab keine erkennbare Ordnung mehr.

Dominic grinste: „Das ist schon wie in Indien."

Wir nahmen mit Wals zusammen einen Kleinbus und fuhren erst mal nur bis Passu, dem Ausgangspunkt für den Fußmarsch zum gleichnamigen Gletscher.

Wals fuhr nach einem gemeinsamen Essen, Dal mit Reis gab es jetzt, weiter Richtung Gilgit, während wir unsere Rucksäcke schulterten und den Pfad in die Berge einschlugen.

Richtige Berge waren das, wie in den Alpen, grau und massiv. Nicht umsonst galt diese Gegend für Bergsteiger aus aller Welt als besonders attraktiv. Der K2 und der Nanga Parbat waren vom Hunzatal aus gut zu erreichen.

Unser Ziel heute war allerdings nur der Borit Lake, ein kleiner Gebirgssee am Fuße des Passu Gletschers. Wals hatte uns erzählt, dass es oberhalb des Sees eine kleine bescheidene Lodge gäbe. Mit vollem Marschgepäck bergan zu wandern, war eine Herausforderung für mich und ich kam mächtig ins Schwitzen. Doch nachdem wir den letzten Hügel erklommen hatten und der kleine See uns entgegen glitzerte, waren wir sehr erleichtert, eine so hübsche, heile, kleine Welt vorzufinden.

Der freundliche ältere Mann, eine Art Herbergsvater, hieß uns willkommen und servierte Tee auf der Veranda. Vor uns lag der stille See und seitlich konnten wir bereits die schmutzigen Ausläufer des Gletschers erkennen. Endlich waren wieder Gespräche in Englisch möglich und wir fühlten uns fast wie daheim. Der fürsorgliche Mann, mit typischer Hunzakappe, erkundigte sich gleich nach Dominics eingegipster Hand und wir verbrachten den ganzen Abend zusammen. Er erzählte uns, dass lange nicht mehr so Viele in diese Gegend kämen, wie früher. Hier im Norden gäbe es aber keinen religiösen Fanatismus und keinem Touristen wäre je ein Haar gekrümmt worden.

Im Hunzatal lebten sehr viele Hundertjährige, was nicht nur vom guten Klima und der bescheidenen Lebensweise käme, sondern auch von den köstlichen Aprikosen, die hier angebaut würden. Er ging kurz in die Küche und brachte uns einen ganzen Teller voll Früchte. Tatsächlich schmeckten sie ausgezeichnet und ich konnte nicht aufhören zuzugreifen.

Bei der Wanderung zum Gletscher, fuhr er fort, müssten wir sehr vorsichtig sein. Überall gäbe es Spalten, besonders jetzt im Sommer, die man nicht gleich sehen würde. Am besten wäre es, wir gingen nur am Rand entlang.

Unser Zimmer lag nach hinten und war so freundlich, wie alles hier.

Leider erwachte ich aber schon nach kurzem, unruhigen Schlaf, weil mir hundeelend war. Ich hatte eindeutig zu viele frische Aprikosen gegessen und dummerweise zuvor auch noch im Bus von den getrockneten aus Taxkurgan genascht. Das musste ich die halbe Nacht mit Erbrechen und Durchfall büßen.

Am anderen Morgen war ich natürlich so gerädert, dass Dominic alleine zum Gletscher aufbrach. Noch nie hatte ich einen Gletscher aus der Nähe gesehen und nun hatte ich mir das selber verdorben, blöd!

Als es mir dann aber am Nachmittag besser ging, brach auch ich, zumindest zum Anfang der Eisplatte auf. Erde und Eis vermischten sich zu einem schmutzigen Tauwasser, aber das wirklich interessante hier, waren die Geräusche! Da gab es ein Singen und Krachen, ein Klopfen und Bersten! Es klang nicht wie tote Materie, sondern wie das Jammern eines verwundeten Tieres, dann war da etwas Metallisches, wie in einer Fabrikhalle.

Wir blieben drei weitere Tage und fühlten uns wie im Urlaub. Eine Gruppe von vier jungen modernen Pakistani aus Islamabad, in Jeans und Steppjacken, war inzwischen auch hier abgestiegen und abends wurde tüchtig geraucht. In Pakistan war das Haschisch gut, billig und letztlich gab es das hier schon immer. Die kulturelle Akzeptanz, schloss allerdings rauchende Frauen nicht mit ein.

In Gilgit, der Provinzhauptstadt vom Hunza Valley, herrschte ein quirliges Treiben. Die Hauptstraße wurde beidseitig von Läden und Restaurants flankiert.

In unserem Guesthouse war ein Kommen und Gehen. Es gab viele Japaner, aber auch Engländer und wenige andere Europäer. Abends versammelten sich die Reisenden bei einer Filmvorführung auf der überdachten Terrasse vom angeschlossenen Restaurant.

Wir speisten lieber an einem Stand neben der Straße. Die Köche saßen im Schneidersitz hinter ihren wokähnlichen Kochschalen, es blubberten Linsen und Kichererbsen in scharfen Saucen. An den Ständen fanden sich Früchte und andere Lebensmittel, neben Bekleidung und Lederwaren. Besonderes Interesse weckte bei uns das Wanderequipment, das Bergsteiger zurückgelassen hatten und hier günstig, als Second Hand Ware, erworben werden konnte.

„Für Tibet brauchen wir ein Zelt und auf jeden Fall einen Kocher", meinte Dominic.

Also doch Tibet, dachte ich und war irgendwie erleichtert. Während wir in Dörfern weiter oben im Tal, Frauen auf Feldern, ohne jegliche Kopfbedeckung und mit Zöpfen gesehen hatten, war hier keine einzige auf der Straße. Einmal kam eine total Verschleierte, mit einem Mann aus dem Haus und verschwand dann aber gleich in einer Rikscha. Das gefiel mir gar nicht.

Am Ende der Hauptstraße sollte sich, nach Wals Angaben, links eine Art Touristen- oder Souveniergeschäft befinden: Adils Shop.

Wir betraten den finsteren Raum, in welchem wir ganz hinten den Besitzer, Adil, beim Teetrinken antrafen. Bei ihm, hatte Wals gesagt, bekommt ihr gut und günstig zu rauchen.

Wir wurden freundlich begrüßt und mit Tee bewirtet. Adil war ein gesprächiger, aufgeschlossener Mann um die Fünfzig, oder ein bisschen älter und begann uns von der guten alten Zeit, hier im Hunzatal, als noch viele Hippies durchkamen, zu erzählen. Die vielen kunstvollen Gegenstände in seinem Laden, der Silberschmuck und die bunten Klamotten, waren damals en vogue und sehr begehrt. Er war zu jener Zeit ein junger Kerl und hatte viele Freunde unter den Europäern. Einer davon finanzierte ihm Anfang der Siebziger Jahre einen Flug nach Spanien. Natürlich hatte er eine Menge Ohrringe, Kettchen und Nippes im Gepäck, was er auf Ibiza sehr gut verkaufen konnte.

Adil wandte sich nach hinten und kramte ein Fotoalbum vor. Darin zeigte er uns zuerst sich selbst in Schlaghosen, mit Schnurrbart und schulterlangen

Locken und beim Weiterblättern sahen wir dann nur noch Bikinischönheiten am Meer, oder vor irgendeinem Pool.

Wir hatten natürlich längst zu rauchen begonnen und Adil geriet ins Schwärmen. Das war die schönste Zeit seines Lebens gewesen und die Damen, alle seine Freundinnen. Nach etwa zwei Jahren hätte ihn die Familie wieder daheim erwartet, wo er dann auch heiratete und eine Familie gründete.

Ob seine Frau hier auch verschleiert wäre, wollte ich wissen.

„Of corse", meinte er, das wäre die Tradition. Der religiöse Druck wäre auch schlimmer geworden, da könne man nichts machen. Aber er hätte eine Villa außerhalb und wir könnten doch nachher dort mit ihm hin fahren. Es wäre ein wunderschöner Platz, den er uns gerne zeigen würde und dort könne er uns auch was zu rauchen geben.

OK, warum nicht.

Bevor wir in seinem Geländewagen platz nahmen, tätigte er noch zwei, drei Anrufe und dann ging es ein Stück bergan, über Hoppelpisten.

Nach wenigen Kilometern bog er in eine alleeartige Einfahrt, wo uns am Tor zwei seiner Freunde erwarteten. Wir traten ein und standen vor einem weißgetünchten flachen Bungalow, der von allerhand mediterranen Kübelpflanzen umrahmt war. Dahinter befand sich die überdachte Terrasse neben- und da traute ich meinen Augen nicht- einem Swimmingpool, betoniert und hellblau gestrichen.

„Like in Ibiza", bemerkte er ganz stolz.

Inzwischen waren noch zwei weitere Freunde eingetroffen und Adil bot uns an, ein Bad zu nehmen. Aha, dachte ich, der Pool alleine machts halt nicht, die Bikinischönheiten waren das Salz in der Suppe und ausgerechnet ich sollte den momentanen Mangel beheben!

Never! Dominic konnte mit seinem Gips natürlich auch nicht baden und somit waren die Freunde wohl ganz umsonst angereist, Pech!

Bevor es dunkel wurde, fuhren wir mit Adil wieder in die Stadt und ich war erleichtert, dass die Stimmung, trotz meinem spröden Verhalten, nicht gekippt war.

„May be you want to swim the next days", meinte er bei der Verabschiedung.

Die Schönheit Nordpakistans wollten wir noch eine Weile genießen und fuhren in ein bekanntes Seitental, nach Kahlimabad, einer Art Kurort, der seine besten Tage bereits hinter sich hatte.

Die meisten Touristenshops waren geschlossen. Ich kaufte mir eine Kette aus Lapislazuli, das hier gefunden wurde. Wir unternahmen eine Wanderung zum Eaglenest, einem Aussichtspunkt, von dem aus man sechs Siebentausender auf einmal sehen konnte.

Unterwegs kamen wir an schönen Häuschen vorbei und Dominic meinte: „Hier sollte man seine Rente verbringen."

Im Guesthouse gab es hauptsächlich junge Japaner, die vor einem etwa vierzigjährigen Landsmann ständig so den Kotau machten, dass Dominic ein bisschen bösartig wurde.

„The sun, the moon and the stars", hatte der ehemalige Lehrer aus Osaka geschwärmt, als er mit uns über die außergewöhnliche Schönheit der Landschaft sprach und damit äffte Dominic ihn ständig nach. Wir waren müde und wussten nicht recht, wie es weiter gehen sollte.

Am 26. August schrieb ich:

Der Grad von Schwäche, Orientierungslosigkeit und Gleichgültigkeit gegenüber den schönsten Dingen hat eine bedrohliche Dimension erreicht.

Wir mögen uns, haben genug zu rauchen, aber ermüden uns gegenseitig. Ich bin so leer, vor lauter Input, so müde vor Staunen. Wir sollten auftanken, anstatt ganz auszuglühen.

Vorher sind mir zwei Hunzafrauen begegnet, von denen mir die Ältere die Hand gegeben hat. Oft sind diese Frauen sehr schön, ein bisschen herb, manche mit tadschikischen blauen Augen. Sie wissen, wo sie zu Hause sind und wer zu ihnen gehört.

Dominic und ich sind kein schlechtes Team. Er will im Leben noch etwas erreichen und ich folge ihm, der selber nicht weiß, was und wohin er will. Freiheit ist gar nicht so leicht!

Eine gewisse Abstumpfung bleibt nicht aus. Man wird nachlässig, mit dem Waschen und dem Denken, mit dem Essen und den Umgangsformen, mit der Zwischenmenschlichkeit und mit der Achtsamkeit, die doch jeder verdient.

Ich spürte Dominics Schmerz, als er sich eine Hunzakappe kaufte. Er will eintauchen, aber es gelingt nur halb. Er fühlt sich immer wieder desillusioniert und alt.

Die Frage lautet nicht nur wohin, sondern auch wozu, wohin? Das Leben ist überall nur „das Leben"! Shangrila ist nur im Kopf.

Vielleicht ist nur dieser eine Tag, ein Tag zu viel! Es regnet ein bisschen, während ich hier an einem Wassergraben sitze und den säuerlichen Apfel esse, den mir vorher ein Mann geschenkt hat. Sogar gewaschen hatte er ihn noch, bevor er ihn mir reichte.

Letztes Jahr habe ich auch Äpfel eingesammelt, auf dem Schoren. Dominic hatte nicht geholfen, saß drinnen und war übellaunig. Wie hätte mir das Freude bereiten können? Ihm war damals alles langweilig und zuwider, sogar den Apfelsaft hat er eher abgelehnt.

Auch in Gilgit waren die Japaner fast alle knapp über zwanzig und wir konnten sie kaum unterscheiden.

Heute jedoch saßen zwei wesentlich Ältere auf der Terrasse. Wir kamen ins Gespräch und sie erzählten uns, dass sie gerade aus Westtibet kämen. Es war also möglich, aber schwierig, wie sie uns versicherten. Auch würde alles viel mehr Zeit in Anspruch nehmen, als man erwarten würde. Der Ausgangspunkt für die Umrundung des heiligen Berges Kailash, wäre das Dorf Darchen. Das wussten wir bereits. Wenn wir also dort als Illegale eintreffen würden, dann wüsste das gleich jeder, auch die Polizei. Aber die Polizei dort, das wären alles Tibeter, die im Grunde stolz auf die Illegalen wären. Man müsste eine kleine Strafe zahlen, dann noch ein paar Scheinchen drauflegen und bekäme dafür ein Permit! Für einen Monat!

Dominic war begeistert, das waren sehr gute Infos für uns. Wir bedankten uns vielmals.

„Wenn ihr aber zu lange in Westtibet bleibt oder bleiben müsst", fuhr der Japaner fort, „dann reist nach Ali und fragt dort nach einer tibetischen Polizistin namens Miss Deki. Die gibt euch weitere dreißig Tage Extension."

Nach diesem eher kurzen Gespräch, sahen wir die beiden Japaner nie wieder. Es war aber, als hätte uns irgend eine Himmelsmacht diese beiden Lichtgestalten geschickt.

Dominic hatte jetzt den entscheidenden Impuls bekommen und am nächsten Morgen kauften wir ein Zweimannzelt und einen Gaskocher mit einer Ersatzkartusche.

Die chinesische Botschaft in Islamabad war unser nächstes Ziel. Der Weg von Gilgit bis in die Ebene führte entlang des reißenden Hunza Flusses und war viel zu schmal für einen Fernbus. Dementsprechend nahmen wir einen der Minibusse, die sich am späten Nachmittag auf den Weg in die Hauptstadt begaben. Um die Aussicht voll genießen zu können, hatten wir uns vorne beim Fahrer einen Platz ausgesucht.

Schon nach wenigen Kilometern wurde mir klar, welchen Gefahren man sich hier aussetzte. Die Straße befand sich in keinem guten Zustand, seitlich fehlte manchmal ein Stück, das bereits in den oft zehn oder zwanzig Meter tiefen Canyon gestürzt war. Auf der gegenüberliegenden Seite befand sich der pure Fels, dem man die Straße abgerungen hatte. Oft passte nur ein Fahrzeug durch, es gab aber Nischen, um den Gegenverkehr durchzulassen.

Der junge Fahrer schien ungerührt und drückte aufs Gas. Hinter uns kam bereits der nächste Minibus, den vermutlich ein Freund unseres Fahrers lenkte. Bei einer längeren zweispurigen Etappe, gab er uns die Lichthupe und überholte wagemutig. Das konnte unser Fahrer natürlich nicht auf sich sitzen lassen und überholte seinerseits den Kollegen bei nächster Gelegenheit. Es kam eine scharfe Kurve und wir schafften das Einreihen in unsere Spur gerade noch so. Ich bekam große Angst und Dominic wurde richtig sauer. Er vermutete, dass die beiden Kerls bekifft wären und forderte den Draufgänger auf, vernünftig zu fahren.

„No problem", meinte der.

Nach einer Weile, es war inzwischen dunkel geworden, hörten wir Gehupe und der andere Bus überholte uns wieder. Nach dem Unfall, den wir bei Dunhuang erlebt hatten, lagen unsere Nerven jetzt blank. Unser Fahrer setzte wieder zum Überholen an, als Dominic schrie: „Are you creasy?" So ging das noch eine ganze Weile. Die anderen Fahrgäste schienen sich kaum daran zu stören, ich aber bekam Magenschmerzen.

Es war fast schon Mitternacht, als unser Fahrer wieder ein so krasses Manöver gestartet hatte, dass Dominic ihn nur noch anschrie. Kurz darauf durchquerten wir eine Kleinstadt.

Dominic rief: „Stop, stop here, we go out!"

Damit hatte der junge Kerl nicht gerechnet und hielt an. Wir nahmen unsere Rucksäcke und standen nun in irgend einer Durchgangsstraße, in irgend einem Kaff. Es gab eine spärliche Straßenbeleuchtung und keine Menschenseele war unterwegs.

Wir trabten eine Weile schimpfend die Straße entlang, bis ich eine kümmerliche Leuchtreklame entdeckte. „Cafe Paris" stand darauf. Das war ein kleines, schäbiges Hotel, das uns nach wiederholtem Klopfen einließ.

Am nächsten Mittag erreichten wir ohne weitere Zwischenfälle den Busbahnhof einer größeren Stadt. Hier mussten wir nach Islamabad umsteigen.

Inzwischen war es heiß geworden und staubig. Bei all dem Durcheinander von rufenden Fahrgastwerbern, Reisenden, Gepäck und Hupen entgingen mir die aufwändig verzierten Prachtkarossen, die immer wieder zu sehen waren, keineswegs.

Manche LKWs oder Busse glichen fahrenden Schlössern. Auf einer leuchtenden Grundfarbe waren komplizierte, bunte Ornamente und Muster aufgemalt, darüber befanden sich üppige Chromteile, Fransen aus goldfarbenem Metall, ausgesägte Dachkronen und Lichterketten aller Art.

Die Fahrer konkurrierten miteinander und jeder war gleich dazu bereit, für ein Foto zu posieren. Die Asiaten lieben das, was wir nüchternen Europäer, als Kitsch bezeichnen würden. Hier aber, in ihrer eigenen Sphäre, konnte auch ich nur anerkennend staunen.

An unseren kurzen Aufenthalt in der Hauptstadt Islamabad und dem älteren Ravalpindi kann ich mich nur bruchstückhaft erinnern.

Ich weiß nur noch, dass wir im Popular Inn abgestiegen sind, wo man uns gleich zur Begrüßung etwas zu Rauchen geschenkt hatte und dass ich mich sehr unwohl fühlte, beim Busfahren.

Frauen fuhren in Begleitung von Männern und als eine mit mir Kontakt aufnehmen wollte, ging das auch nur über ihren Aufpasser.

Im Botschaftsviertel stand eine alte Villa mit Park, neben der anderen und die meisten wichtigen Länder waren vertreten.

Vor dem amerikanischen Konsulat befand sich eine Schlange, deren Länge sich über zwei Blocks hinweg zog, während vor unserer, der chinesischen, gerade mal drei Leute standen. Glück für uns. Es ging alles ziemlich unproblematisch von statten, aber mehr als acht Wochen waren nicht zu bekommen.

Der lange und beschwerliche Rückweg führte wieder durchs Hunzatal und Gilgit, wo wir in einem Restaurant Wals trafen, der sich fürs Hierbleiben entschieden hatte. Nachdem wir ihm eröffneten, dass wir es noch einmal mit China und dem Kailash probieren wollten, schaute er uns eine Weile verständnislos an, bevor er uns mit den Worten: „Just say no!", antwortete.

Um das zusätzliche Gewicht der Campingausrüstung auszugleichen, hatten wir beschlossen, ein Paket nach Hause, an meine Mutter, zu schicken. Außer den Filzteppichen, hatte sich einiges angesammelt, was wir jetzt nicht benötigten.

Ich ging zur Post, stellte das Pakete auf den Tresen und trug mein Anliegen vor. Dahinter saßen vier Männer, die irgendetwas taten.

Ein Bärtiger mit Turban meinte, ich könne zuerst einmal Tee bestellen.

„Ja, gerne", meinte ich.

Ein dafür zuständiger Junge wurde gerufen, der uns nach einer Weile ein Tablett mit dampfenden Gläsern brachte.

Nun erklärte mir der Bärtige die Prozedur: Zuerst müsse er alle Waren, die ich abschicken wollte, sehen. Er würde sie wiegen und einzeln in einem Formular auflisten. Dann sollte ich zum Schneider gehen, der gegenüber seine Werkstatt hatte. Der würde das ganze Paket in weißen Stoff einnähen. Danach käme ich wieder hier her.

Gesagt, getan. Zurück in der Post, begann erneut das Wiegen und Ausfüllen von Formularen, bei dem mir der Bärtige wieder Beistand leistete. Zu guter Letzt öffnete er eine Art Briefmarkenbuch und trennte ganze Seiten davon heraus. Mit einem Leimpinsel strich er dann die Marken ein und tapezierte mein Paket damit.

Ich hatte nicht nur Zweifel, ob das Papier auf dem Stoff kleben bleiben würde, sondern an der ganzen Aktion überhaupt. Aber was soll ich sagen? Nach wenigen Wochen kam alles ordnungsgemäß im Schwarzwald an.

Ein paar Tage später erreichten wir wieder die Grenze zu China. Was vor uns lag, würde schwierig werden, der Erfolg ungewiss.

Wieder waren etliche pakistanische Händler im Bus und kurz bevor wir zu Fuß am Zoll vorbei patrouillieren mussten, nahm jeder von ihnen einen Persianer Pelzmantel aus dem Gepäck und zog diesen über. Die langen pakistanischen Hemden mit gleichfarbigen Hosen und darüber Mäntel, deren Ärmel gerade mal bis zum Ellbogen ging, das war zu lächerlich!

Der Pelzhandel war aber verboten, wie wir später erfuhren. Das, was jeder auf dem Leib trug, galt jedoch nicht als Handelsgut und war somit legal. Die Mäntel waren bei den kleinen Chinesinnen sehr beliebt und brachten was ein.

Dennoch wurden diese Männer scharf kontrolliert, während uns, zum Glück, kaum Aufmerksamkeit geschenkt wurde.

Just say No!

Den Aufenthalt in Kashgar nutzten wir, um unsere Ausrüstung für Westtibet zu vervollständigen. Wichtig erschienen uns Nudelsuppen, Nüsse, Trockenfrüchte, Kochgeschirr und Besteck, über warme Kleidung verfügten wir bereits.

Dominic hatte sich in Islamabad den Gips abnehmen lassen und fühlte sich den kommenden Strapazen gewachsen.

Diesmal nahmen wir uns in Yecheng gleich ein Taxi und ließen uns zu einem Truck Stop, in Richtung Ali, fahren.

Wir durchquerten das Zentrum, vorbei an dünnen, staubigen Pappeln, wo hinter hohen Lehmziegelmauern orientalisches Leben stattfindet, vorbei an weiß gekachelten, chinesischen Vorstadtshops mit Tiefkühltruhen davor, bis wir das Tor zu einem trostlosen, fast leeren Innenhof passierten.

Dort stiegen wir aus, liefen vor zur Piste und versuchten zu trampen.

Die Straße, die uns ins Gebirge bringen sollte, führte kerzengerade in einen verschwommenen Horizont. Gelegentlich fuhr ein Eselkarren, mit Bauern darauf, an uns vorbei. Sie schauten uns emotionslos an und verschwanden in einer Staubwolke. Mit den wenigen LKWs ging es nicht besser. Stunden vergingen, es geschah nichts.

„Vielleicht ist es besser, wenn wir Leute direkt im Truck Stop ansprechen", war Dominics Vorschlag.

Dort standen ein paar Arbeiter herum, ein leerer LKW wurde repariert und ein Chinese wusch gerade seinen alten, roten Toyota Jeep.

Mein Gefährte lief lässig über den Hof und fragte: „Ni zou nali?" (Wo fährst du hin?)

Der Chinese sagte das Zauberwort: „Ali"

Auf die Frage, ob er uns mitnehmen würde, antwortete er mit „Hao", das berühmte „gut".

Dann ging es ganz schnell: Er nähme uns mit, für sechs hundert Yuan pro Nase, zwei hundert Anzahlung. Am Abend um acht Uhr, aber jetzt müssten wir verschwinden: „Zou, zou".

Er nähme uns an der Straße mit. Konnte man ihm trauen? Es blieb uns aber nichts anderes übrig, als auf sein Angebot einzugehen und wie die Idioten an der Landstraße zu warten, während er vermutlich mit immerhin vierhundert Yuan, was etwa hundert DM waren, für immer verschwinden würde.

Wir liefen die staubige Straße entlang, durstig und in aller Unsicherheit, mit großen Zweifeln, aber auch so voller Hoffnung. In drei Tagen könnten wir bei Miss Deki sein, das war unglaublich!

Von Kashgar aus hätten wir in einer Tour Group, mit weiteren fünf Leuten, fünftausend pro Person gezahlt, mit dem Chinesen sechshundert!

Wir waren so aufgekratzt und rauchten am Straßenrand, um uns zu beruhigen. Langsam sank die Sonne tiefer und es wurde kühl. Immer wieder kamen die Eselkarren, Frauen mit fast feindseligen Blicken, kamen mit leeren Körben aus der Stadt und fuhren hinaus in irgendein Uigurendorf, am Rande der Wüste.

Die Straße verlief schnurgerade von einem Horizont zum anderen und ganz weit hinten lag Ali, das Tor nach Tibet, zum heiligsten aller Berge, dem Kailash. Vom anderen Horizont kamen immer wieder blaue LKWs, man hätte trampen können.

Dann wieder nur Horizont.

Plötzlich tauchte der rote Toyota mit beladenem Dachgepäckträger auf, das war er, kein Beschiss, er hatte Wort gehalten!

Aber irgend etwas stimmte nicht, denn er war allein. Er hielt neben uns an, war sehr freundlich und erst in dem Moment realisierte ich, dass wir auf einen wirklich netten Kerl getroffen waren. Nun versuchte er uns klar zu machen, dass wir erst morgen früh fahren könnten. Wir sollten einsteigen, dann würde er uns erst einmal in ein Hotel bringen.

Besser, dachte ich, kann es ja nicht laufen. Wir könnten morgen früh ausgeschlafen starten und ersparten uns eine harte Nachtfahrt.

Das Hotel entpuppte sich aber als Truckerpuff mit Karaokebar, in welchem man uns für ein finsteres Stundenzimmer, mit französischem Bett und WC, ganze hundert Yuan abluchste.

Dominic war ganz begeistert von diesem „dreckigen Milieu", von den Zuhältern, großen chinesischen Jungs und deren Mädels, geschminkt, in Discokleidung und Mikimausschuhen mit Plateauabsätzen.

Mir war das alles egal, Hauptsache unsere Pechsträhne hätte ein Ende und unser gemeinsames Karma müsse nicht ständig angezweifelt werden. Jetzt könnten wir den Teufelskreis der ewigen Busfahrten unterbrechen, wieder Landschaft sehen, anstatt Städte. Das könnte die Wende sein, in unserer Reise und auch in der Beziehung.

Noch aber waren wir nicht unterwegs. Wir sprachen darüber, wie wir an den Checkposten vorbei kommen könnten. Vielleicht unter einer Plane liegend, mit dem Gepäck über uns?

Draußen lief ein schnulziger Chinesenschlager und die Mädels und ihre Kunden kamen in Stimmung. Man klopfte an unsere Tür, denn die Neugier war mit dem Alkoholpegel gestiegen. Kichernde Mädchen schauten herein, als Dominic nachsah. Die Kunden wollten uns zum Trinken einladen und mein Freund hatte Mühe, sie abzuwimmeln. Bei der Verabschiedung drückte einer dermaßen Dominics verletzte Hand, dass er aufschrie und befürchtete, sie wäre erneut gebrochen worden.

Wir lagen bereits im Bett, als es erneut, diesmal aber viel lauter, klopfte.

„Ignorieren", schlug ich vor.

„Vielleicht ist es unser Fahrer", wandte Dominic ein und ging zur Tür.

„Oh, come in", hörte ich und dann stand ein Polizist vor mir.

„I have to ask some questions. We must make something clear", sagte er mit ernster Mine, das war nicht gut.

Der wusste alles, dachte ich.

Während ich mich im Bett aufsetze, nahm der Uniformierte im Sessel gegenüber platz. Auf die Frage, welches unser Reiseziel wäre, wich Dominic zunächst aus. Dann wollte er unsere Pässe sehen, prüfte die korrekten Visa und gab uns die Papiere NICHT zurück.

Etwas unfreundlicher forderte er uns nun auf, die Wahrheit zu sagen. Wir dürften auch nicht in diesem Hotel übernachten, das wäre nicht für Ausländer. Draußen standen Leute mit Taschenlampen und ich hörte, wie Einer mehrmals „Ali, Ali" sagte.

Irgendjemand hatte uns denunziert. Von einem japanischen roten Auto war nun auch die Rede und ob wir Geld bezahlt hätten. Unsere Seifenblase war am Platzen, aber wir gaben trotzdem nichts zu. Nun mussten wir uns anziehen und mitkommen in die feindselige Nacht hinaus, an LKWs und schummrigen Bars vorbei.

Dominic weigerte sich, bei dem Polizisten hinten aufs Moped zu sitzen und so marschierten wir ihnen hinterher.

Es roch nach Urin und „aus der Traum".

Die schmuddelige Polizeiwache musste erst einmal von irgendwelchen armen Teufeln geräumt werden, während sich der Chief der Foreign Police, ohne Uniform und jeglicher Englischkenntnisse, auf einem Sofa räkelte.

Wieder wurden die bekannten Fragen gestellt und wieder gaben wir die selben Antworten, die keiner glaubte.

„We have to make something clear. You have to tell us the truth."

Dominic wurde lauter mit der Zeit, der Polizist, der bei uns im Zimmer war, auch.

Schließlich meinte er, wir sollten jetzt zurück ins Hotel.

„Have a rest, and tomorrow morning, ten o´clock, Beijing time", ginge die Befragung weiter. Unsere Pässe behielt er, morgen, meinte er, bekämen wir sie zurück.

In dem Augenblick öffnete sich die Tür und unser Fahrer wurde hereingeführt. Er wirkte ängstlich und zerknirscht. Kurz waren wir dann sogar alleine mit dem Mann und er bat uns, nichts von dem Geld zu sagen. Wir beruhigten ihn und würden auch sonst nichts zugeben.

Dann standen wir wieder allein in der dreckigen Chinesennacht, aller Illusionen beraubt.

Dominic tat kämpferisch, auch wenn wir verloren hatten und wurde grob, als ich mich sorgte, weil wir unser Hotel nicht gleich finden konnten.

Wieder im Bett, begann eine schlaflose Nacht, mit vielen Fliegen im stickigen Zimmer. Draußen hörte ich Besoffene, Discomusik, das Knallen von Türen und ab und zu wurde ein Dieselmotor gestartet.

Morgens um sechs fragte mich Dominic, ob ich noch wach wäre.

„Klar". Er fluchte und verzweifelte wieder an unserem Karma, weil bei uns gar nichts klappen würde. Schließlich packten wir unsere Sachen zusammen, das Zelt, die Suppen, die Zwiebeln.

Der rote Toyota stand nun im Hof der Hauptwache. Unser Fahrer rauchte sehr nervös mit ein paar anderen Chinesen, am Tor wartend, eine Zigarette.

Das Hauptgebäude war ein riesiger Betonblock und im Hof übten ein paar uniformierte Burschen irgendeine militärische Choreographie ein.

Bei der Befragung warf Dominic dem Foreign Chief vor, dass er nicht mal Englisch könne, weswegen er einen anderen, einen RICHTIGEN Chief sprechen wolle.

Damit hatte er wohl seinen wunden Punkt erwischt, denn der Angesprochene trollte sich und erschien nicht wieder. Wir warteten dann auf unseren Englischexperten, der dann endlich die „Truth" wissen wollte. Später konnten wir uns wieder mit unserem Fahrer absprechen, wobei er mir unauffällig die vierhundert Yuan zusteckte.

Im Grunde hatten wir nicht verstanden, ob er nun echten Ärger bekommen hatte, oder nicht.

Bei uns dauerte es nun nicht mehr lange. Wir einigten uns darauf, dass wir nach Ali gefragt hätten, vom Fahrer darauf eine abschlägige Antwort erhielten und er uns aus Gefälligkeit ins Hotel gefahren hätte.

So wurde das ins Protokoll aufgenommen, wir unterschrieben und bekamen unsere Pässe zurück. Der rote Toyota stand im Hof und unser Fahrer wurde auf einem Moped irgendwohin gebracht. Ob und was mit ihm passierte, würden wir nie erfahren.

Völlig geschlagen und innerlich leer, trotteten wir zur Busstation, mit dem Zelt, den Suppen und Zwiebeln.

Mein Gefährte war so enttäuscht und zornig, dass ich nicht zu fragen wagte, wohin wir denn nun fahren sollten. Wir setzen uns auf einen Betonsockel und nach einer geraumen Zeit mit bösem vor sich hinstarren, sagte Dominic: „Wir fahren nach Hotan!"

Hotan, das lag in der Wüste Taklamakan!

„Es soll einen Weg durch die Wüste nach Golmud geben, hab ich gelesen. Davon wurde in dem Buch zwar eher abgeraten, aber es bleibt uns nichts anderes übrig." meinte er.

Ich stimmte sofort zu, denn es musste jetzt weitergehen, sonst sah ich ganz schwarz.

Spät am Samstag Abend erreichten wir entkräftet und zu müde, um die Enttäuschung in Zorn umschlagen zu lassen, das viel zu teure Hotel in Hotan.

Auf dem Weg von der Bushaltestelle bis hierher hatte uns ein freundlicher Chinese begleitet, alleine hätten wir es kaum gefunden.

Auf die Frage: „Binguan zai nali?"(Wo ist das Hotel) , war er einfach die gut drei Kilometer lange Strecke mit uns gegangen.

Hier gab es keinerlei Tourismus und es begann wieder etwas völlig Neues. Der Sonntagsmarkt mit zauberhaften Stoffen, Nahrungsmitteln und lebenden Tieren, war kulturell wieder so tief uigurisch, dass wir eigentlich begeistert sein sollten, aber wir waren kaum noch aufnahmefähig, kehrten nach kuzem Rundgang zurück ins Zimmer und relaxten lieber den halben Tag. Am Montag Morgen sollte die Fahrt durch die Wüste, Richtung Südosten, beginnen.

Der Uigurenritt

Die Uiguren betrachteten alles sehr entspannt und setzten sich Stress erst gar nicht aus.

Bei einer Verzögerung der Abfahrtszeit um ein bis zwei Stunden, war die Kraft des neuen Tages bei mir bereits verpufft, nicht aber bei einem Uiguren.

Als es dann endlich los ging, hielt der Fahrer an jeder zweiten Hausecke, um Tee zu trinken, Menschen, Säcke, Kanister, ja eine ganze Drehbank, einzuladen.

Die Truppe im Bus schien sehr ärmlich. Ein rundliches Mädchen mit schmutzigem Unterrock und Geldscheinen, sowie ihrem Ticket, in blickdichten Strümpfen versteckt, führte einen löchrigen Plastiksack mit sich, der ihre Kleidung beinhaltete.

Vor ihr saß ein weißbärtiger Alter mit Tolstoikopf und gütigem Lächeln. An den Knien trug er dicke Lederpolster, seine Beine schienen seltsam gekrümmt und verkürzt. Später sah ich, dass er eine üble Behinderung hatte und zum Kriechen auf den Knien gezwungen war. So musste er sich zur Toilette bewegen und das Essen wurde ihm auf den Boden gestellt. Auf Essen, als Indikator für gutes Leben, hatte sich diese Seele, im Laufe ihres schweren Daseins, eingestellt. Wann immer es etwas gab, ob Brot oder Schafsfleisch in Teigtaschen, ob Lamian oder Melonen, er aß mit Konzentration und Gier.

Manche trugen ihre Kleidung so korrekt, wie es ihren Vorstellungen entsprach und rochen doch so penetrant aus den staubigen Slippers, dass mir immer wieder der Atem stockte. Aber warum, fragte ich mich, stellen die Chinesen die dünnen Socken, nebst aller anderer erdenklicher Textilien, ausschließlich aus hundert Prozent Kunststoff her? Da hat der Uigure keine Chance.

Während der ganzen Fahrt gab es immer wieder Checkpoints mit rüden Polizeikontrollen. Alle wurden zum Aussteigen aufgefordert und hatten in einer Reihe auf dem Boden zu knien.

Uns, als Ausländer, blieb diese Prozedur zum Glück erspart, aber die Uiguren mussten eine Identitätskarte zeigen, wehe dem, der keine hatte.

Einer jungen, völlig verhüllten Muslimin, wurde zur Identifikation gefühllos das Kopftuch heruntergezogen. Alle schauten und ein ganz normaler Mädchenkopf erschien, viel normaler, als ich gedacht hatte. Wenn etwas verhüllt ist, erwartet man darunter etwas Besonderes, Ungewöhnliches. Dieser Kopf aber war so normal, dass mir die ganze Verhüllung wie Hochstapelei erschien. Sie aber war voller Scham, warum nur?

Die chinesischen Polizisten führten ein Suchplakat mit sich, das mich an die RAF Fahndungsplakate aus den Siebzigern bei uns erinnerte. Dunkle Gestalten waren darauf abgebildet, Mörder, Freiheitskämpfer, oder nur arme Schweine, die zur falschen Zeit am falschen Ort waren? Damals jedenfalls, noch vor der Jahrtausendwende, wusste man im Westen noch nichts von Uiguren, deren Unterdrückung und den unmenschlichen Umerziehungslagern.

Am Nachmittag, so gegen drei hieß es Pause! Ok: schnell Lamian, ein Nudelgericht, essen, dann unauffällig eine Tüte bauen und konspirativ rauchen. Danach warteten wir.

Der Busfahrer, sowie sein Gehilfe, ein schmächtiger Uigure mit klugen, wachen Augen, dem es immer wieder gelang, seine aufbrausenden Landsleute zu besänftigen und den „Busfrieden" zu gewährleisten, machten es sich auf Bänken vor den Übernachtungskammern gemütlich. Sie rauchten und plauderten mit den Fahrgästen.

Plötzlich dämmerte es Dominic: „Du, die fahren heute gar nicht mehr weiter!"

Wir konnten es kaum fassen! Keiner hatte es offensichtlich für nötig gehalten, uns zu informieren und dazu die Verschwendung eines halben Tages!

Wohl oder übel mussten auch wir eine Kammer mieten und erfuhren nebenbei, dass es morgen früh um liu dian, also sechs Uhr, weiter nach Qiemo ginge.

In der Nacht erwachte ich am lauten Klopfen an unserer Tür. Wieder fuchtelten Leute mit Taschenlampen herum und wieder war es Polizei. Ich dachte sofort, es hätte uns jemand beim Rauchen beobachtet und bekam ein flaues Gefühl im Magen.

Diesmal konnte keiner Englisch, aber es war klar, wir mussten alles einpacken und mitkommen. Meine Ängste, wieder zur Wache abgeführt zu werden, erwiesen sich jedoch als unbegründet, denn die Uniformierten brachten uns in ihrem Jeep zum teuren Lauwei Binguan, also Ausländer Hotel, wo wir um halb eins in der Nacht, für ganze fünf Stunden, einchecken mussten. Der billige Truckstop am Busbahnhof war natürlich für Ausländer verboten.

Dominic war am Ausrasten.

„Just say no!", hatte Wals in Gilgit gesagt, als wir ihm von unseren Plänen, zurück nach China reisen zu wollen, erzählt hatten. Das sollte ich noch oft hören, z.B. am anderen Morgen, als wir voll bepackt, in aller Herrgottsfrühe, durch die halbe Stadt, wieder zum Busbahnhof trabten.

Heute fuhr der Bus- und wie er fuhr! Bis zum letzten Platz mit lauter Uiguren besetzt, durch Dörfer und Wüste, entlang von grauem, steppenartigem

Ödland.

Unseren guten Dreiersitz mussten wir nun mit einem kahlrasierten Käppiträger teilen.

Vor uns saß eine gutmütige, dicke Frau, mit ihrem vielleicht sechsjährigen Sohn, Mehmed. Auch dieser war dick, schielte mit einem Auge und war mangels Ermahnungen zu Zucht und Ordnung, seitens der Mama, dermaßen entartet, dass er vor Selbstbewußtsein nur so strotzte.

Er stand meist aufrecht im Mittelsitz, mal den Blick nach vorne, mal nach hinten gewandt, immer den Überblick über den ganzen Bus bewahrend und er war, wie sich erweisen sollte, ein richtiger Entertainer!

Oder eigentlich war er eher eine Nervensäge, die keine Grenzen gezeigt bekam und seine Umgebung terrorisierte. Trotzdem hatte er Charme und mich zu seinem Lieblingsobjekt erkoren. Er stellte sich mit dem Rücken zu mir, verschränkte seine feisten kleinen Arme hinter sich und streckte mir auf diese Art, ganz cool, ein Bonbon hin. An diesem Spiel fand er großen Gefallen und es folgten Sonnenblumenkerne, Brot, das ich dankend ablehnte, und dann noch ein Bonbon.

Nachdem sein Interesse an mir, mangels uigurischer Sprachkenntnisse meinerseits, nachließ, bearbeitete er seine Mutter und die ältere Frau neben ihm, mit leichten Schlägen auf deren Köpfe. Die Mutter lachte dazu und küsste ihn, als wolle sie ihm danken.

„Der wird mal Bürgermeister!", bemerkte ich.

Wir fuhren bis in die Nacht hinein und mussten uns dann wieder ein viel zu teures Zimmer für wenige Stunden nehmen.

Anderntags hieß es, es gäbe einen Bus bis Ruoqiang und es gab ihn.

Mit so einem abgewrackten Teil waren wir bisher allerdings noch nie gefahren. Der Fahrer, ein teilnahmsloser Uigure mit einem Rentnerstrohhut, hatte was von den Bluesbrothers und die Reisenden, zum ersten mal wieder etliche Chinesen, glichen dem Bus, na prima!

Zum Trost saß ein junger uigurischer Fotograf, namens Kurban, mit geringen Englischkenntnissen und großer Hilfsbereitschaft, in unserer Nähe.

Am Horizont tauchten Kamele auf und ich rief begeistert: „Schau mal Kamele! Das sind aber andere, die Einhöckrigen. Die von den Kigisen haben mir aber besser gefallen."

„Ja, erklär mir die Welt!", war Dominics Antwort.

Wir fuhren auf einer Piste hinaus ins Nichts, reines Steingeröll ringsum und mein Gefährte war wieder in der allerfinstersten Stimmung. Ich war so ausgelaugt, dass mich das nicht mal tangierte.

Nachdem ich ein wenig mit Kurban geplaudert hatte, tauchte rechter Hand ein malerisches rötliches Faltengebirge auf und dahinter zeichnete sich eine weiße Linie in den Himmel.

„Schneeberge", bemerkte Dominic, „das ist das Tibetische Hochplateau, dort sollten wir jetzt eigentlich sein."

Wir näherten uns diesem unwirklichen Bild und konnten uns seinem Zauber nicht entziehen. Auf meine Begeisterung hin, zitierte Dominic den japanischen Lehrer aus Kahrimabad: „The sun, the moon and the stars."

Seine Travellerseele war aber längst wieder zum Leben erwacht, als wir die echte, schöne Sandwüste erreichten. Der Fahrer bugsierte gekonnt sein Vehikel durch den zementdünnen, gelben Sand. Dünen bauten sich seitlich der Piste auf und dann blieben wir stecken.

Alle stiegen aus, die Reisenden begannen mit Schaufeln die Reifen frei zu graben, mitgeführte Dielen und Rundhölzer wurden unterlegt und unser Wüstenschiff kam wieder in die Gänge. Das wiederholte sich nun ständig, aber dieser Abschnitt war von solcher Schönheit, dass wir keinen der Stopps bereuten.

Im nächsten Dorf, das wir am Abend erreichten, half uns Kurban eine Unterkunft zu finden.

Für eine Weiterfahrt übers Gebirge in Richtung Golmud gäbe es aber keinen Bus, denn es gäbe auch keine Straße!

Nein, das ging jetzt über unsere Kräfte! Dominic schimpfte, aber Kurban wusste auch keinen Rat. Ein schmächtiger Chinese, Ende dreißig, mit einer Aktentasche, in khakifarbenem Hemd und passender Hose, der gebildet wirkte, vielleicht Lehrer, Ingenieur oder Geschäftsmann war, bemerkte die Unruhe um uns und kam auf mich zu.

„Golmud?" Er wollte auch dort hin, machte er mir klar, und hatte von einem Uiguren mit einem alten Geländewagen gehört. Man könnte ihn anheuern und die Kosten teilen.

Wir waren gerettet. Am nächsten Morgen saßen wir in einer uralten Militärkiste und fuhren einen ausgetrockneten Flusslauf hinauf. Es ging über Stock und Stein mit maximal zehn Stundenkilometern.

Als der Kühler kochte, musste eine Reparaturpause eingelegt werden, danach gab es mindestens drei Reifenpannen und weiter oben in den Bergen mussten wir einen Fluss MIT Wasser durchqueren, in welchem wir stecken blieben, weil der Fahrzeugboden aufgesessen war.

Alle Versuche des Haudegens eines Uiguren, halfen nichts. Wir mussten mittendrin, im knietiefen Wasser, aussteigen.

Der Chinese versuchte schließlich mit einem umgestürzten kleinen Baum den Wagen anzuheben, während der Uigure leicht Gas gab und das half.

Als wir endlich einen Pass erreicht hatten, begann auf der anderen Seite eine Piste. Wir kamen nun schneller voran und durchquerten immer wieder gottverlassene Dörfer.

Eines gruppierte sich um ein riesiges Zementwerk. Die Baracken, die Menschen, die ganze Umgebung, alles war bedeckt von diesem feinen Staub, ein Inferno in Grau, eine Hölle für alles Lebendige, wo keiner ohne Maske atmen konnte. Wir wurden sehr still und kleinlaut. So lebten also auch Menschen!

Und wir? Wir litten auf sehr hohem Niveau, das konnten wir beide anerkennen.

Am Abend erreichten wir eine kleine Stadt, ab welcher es wieder Busse geben sollte. Von Yecheng bis hier her hatten wir fast eine Woche gebraucht, die als „der Uigurenritt" in unseren Sprachgebrauch einging. Es war eine Tortur gewesen, aber hinterher betrachtet, wollte ich auch diese Woche nicht missen.

Tibet

Golmud war wieder eine richtige, moderne Stadt. Die Formalitäten für die Einreise in das „Autonome Gebiet Tibet" gestalteten sich als völlig unproblematisch. Mit dem Busticket, das uns am nächsten Tag nach Lhasa bringen sollte, erhielten wir ein Permit für vier Wochen.

Wir jubelten und wollten es kaum glauben. Hier konnte ich endlich wieder vernünftig duschen, Haare waschen und dann das Essen!

Am frühen Abend schlenderten wir vergnügt durch die Straßen und erreichten einen großen, von vielen Menschen gefüllten Platz. Auf einer Bühne spielte eine Art Rockgruppe. Wir bahnten uns den Weg nach vorne und sahen die jungen chinesischen Musiker, in westlicher Manier, die Gitarren bearbeiten. Sie trugen Jeans, bedruckte T-Shirts und die Wichtigsten hatten lange Haare, wie ihre Vorbilder.

Als sie Dominic mit seinen Dreadlocks sahen, glaubten sie in ihm einen Kollegen entdeckt zu haben und streckten ihm eine Gitarre entgegen. Er aber spielt kein Instrument und versuchte ihnen das, eher vergeblich, klar zu machen.

Der Lhasa Bus war ein Sleeper Bus und erinnerte uns schmerzlich an unsere Dunhuang Fahrt. Wenn es in eine Kurve ging und die Fliehkräfte in der Magengegend spürbar wurden, erlebte ich enorme Adrenalinschübe, Hitze stieg in mir auf.

Da war ich irgendeinem Chinesen, Uiguren, oder Tibeter ausgeliefert und wusste nicht, wie dieser, mir völlig fremde Mensch, über Sicherheit oder Verantwortung denkt, vielleicht sah „der Asiate" die Macht des Schicksals doch von vorne herein ganz anders? Im Westen denken wir, dass wir mit unserem Wissen und rationalem Handeln das Ausgeliefertsein an das Schicksal, auf ein Minimum begrenzen können, aber ob der Tibeter mit dem Struwwelkopf, der den Bus lenkte, auch so veranlagt war?

Dominic ließ sich nichts anmerken, aber ich wusste, dass er genauso fühlte wie ich.

Ein junges Australisches Paar hatte seinen Platz uns gegenüber und sorgte mit seiner Unbeschwertheit für Ablenkung.

Ben und Kelly waren so ziemlich das Gegenteil von Dominic und mir: jung, fröhlich, verliebt und ständig zu einem Spaß bereit. Nicht nur ich beneidete sie, auch meinem Freund hätte es gefallen, wenn wir so eine Leichtigkeit zusammen hätten leben können. Natürlich versuchten wir unsere Außenwirkung halbwegs positiv zu gestalten und nur Wenige merkten, was wirklich mit uns los war.

Kelly, ein herzliches, etwas molliges Mädchen mit einer fröhlichen, lebensbejahenden Ausstrahlung, wirkte manchmal, im Gegensatz zu Ben, etwas oberflächlich. Er sah aus wie ein großer Junge, rötliche, längere Haare, Sommersprossen und eine viel tiefere Stimme, als man erwartet hätte.

Über die vierspurige Schnellstraße zu den ersten Vororten Lhasas, hatte man Willkommensbanderolen in mehreren Sprachen gespannt, auf dem Mittelstreifen blühten Rosen. Die beidseitig flankierenden modernen Glaspaläste nach Chinesenart, oft mit weiß gekacheltem Sockel, hatten nichts von Spiritualität und bremsten meine Euphorie, endlich hier anzukommen. Weiter Richtung Stadtmitte tauchten dann ein paar ältere Häuser im tibetischen Stil auf und dann war da dieser erste Blick auf den Potala! Er wirkte riesig, mächtig, gebaut für die Ewigkeit und wie nicht von dieser Welt.

Wir hatten uns für das Banakshol Hotel, das damals, vor mehr als zwanzig Jahren, noch ein traditioneller Bau war, entschieden und die Australier begleiteten uns.

Unsere Zimmer lagen nach hinten, Richtung Hof, waren ruhig und es gab eine Holzveranda, wo man direkt vor dem Zimmer, im Freien, sitzen konnte. Hier trafen wir uns, tranken Tee und rauchten. Ben wusste unsere Mitbringsel aus Pakistan, die mich an der Grenze ganz schön Nerven gekostet hatten, sehr zu schätzen.

Durch belebte Altstadtgassen, in denen Yakbutter, Felle und Teeziegel verkauft wurden, gelangten wir in einer viertel Stunde zum Barkhor, dem achthundert Meter langen Umrundungsweg um den Jokahang Tempel. Für Tibeter war nicht der Potala, der ursprüngliche Amtssitz des Dalai Lama, der heiligste Ort der Stadt, sondern der Jokhang. König Songtsen Gampo, der Tibet zu Größe und Macht verholfen hatte, erbaute den Tempel Mitte des siebenten Jahrhunderts. Um seine Position zu sichern, heiratete er eine nepalesische Prinzessin und eine chinesische. Letztere brachte zu ihrer Hochzeit, ein Geschenk des chinesischen Kaisers, den Jobo mit. Diese Buddhastatue wird bis heute, durch eine Umrundung im Uhrzeigersinn, tief verehrt.

Auf dem Barkhor, dem mittleren Umrundungsweg, wird dem Jokhang Tempel gehuldigt, der innere Umrundungsweg, der Nangkhor, betrifft den Jobo und zuletzt wird auch noch die ganze Stadt Lhasa auf dem Lingkhor, dem äußeren Umrundungsweg, geehrt. Letzterer führt am Potala vorbei und wurde auf dessen Rückseite durch Straßenbaumaßnahmen und einige Neubauten unterbrochen. Davon ungerührt, sieht man trotzdem die vielen Pilger, aus allen Teilen des Landes, mit der Gebetsmühle in der Hand, ihre Runden drehen.

Die Tibeter sind ein pragmatisches Volk und haben schon immer verstanden, das Angenehme mit dem Nützlichen zu verbinden. Urlaub oder Ferien gibt es bei ihnen nicht, dafür ausgedehnte Pilgerreisen. Diese ermöglichen ihnen eine Abwechslung im eintönigen Alltag und fördern darüber hinaus ein günstiges Karma. Zu besonders großen Verdiensten gelangt der Tibeter durch die Umrundung des Jobo, das Maximum aber stellt die Umrundung des heiligen Berges Kailash dar.

Der Barkhor wurde zu unserem täglichen Highlight. Vor den Geschäften standen mit weißen Tüchern überdachte Stände, die sowohl für den Pilger, als auch den Touristen, Kunsthandwerk und Devotionalien aller Art, bereit hielten.

Dominic und ich kamen in einen richtigen Kaufrausch. Wir zogen inzwischen getrennt los, aber abends zeigten wir einander doch, was jeder so erstanden hatte. Ich liebte Stoffe aller Art und kaufte Brokatmotive auf goldenem, schwarzem oder rotem Grund, welche hauptsächlich für die Umrahmung der Tanghas verwendet wurden. Auch aufgedruckte oder eingewobene, buddhistische Symbole gefielen mir.

Mein Prunkstück aber war ein antikes, taschentuchgroßes Stück glänzender grauer Seide, auf dem mit feinstem Garn, ein Drachen in lavierenden Lilatönen aufgestickt war.

Dominic kam eines Abends mit einer alten, menschlichen Schädelschale ins Hotel. Sie war mit kleinen silbernen Totenköpfen rundum verziert und hatte einmal rituellen Zwecken gedient.

Meine Visite des Potala absolvierte ich auch alleine und trotz des gigantischen Ausmaßes der Anlage mit anscheinend tausend Zimmern, ließ mich das eher ungerührt. Es war nur noch ein Museum und die Wärme, die Sakralbauten in Tibet üblicherweise ausstrahlten, fehlte gänzlich.

Ganz anders verlief mein Besuch im Jokhang Tempel.

Bereits auf dem Vorplatz verrichteten die Pilger ihre Niederwerfungen. Manche trugen eine Lederschürze und hatten Holzbretter in die flache Hand gebunden. Diese Männer und Frauen waren oft von weit her gekommen und maßen die Strecke in Körperlängen. Mit jeder Niederwerfung kamen sie ihrem Ziel, dem Jobo und auch der günstigen nächsten Wiedergeburt, ein Stück näher. Ich reihte mich in den Zug der Gläubigen ein und berührte den Sockel der halb verhüllten Statue leicht mit der Hand. Ich bat um eine glückliche Zukunft, die ich nicht näher beschreiben konnte. Später kletterte ich hinauf aufs Dach, wo ich an diesem sonnigen Septembertag, eine gute Aussicht durch das goldene „Rad des Lebens" und den zwei seitlichen Gazellen, auf den Potala hatte. Ein paar Mönche hatten sich hier oben einen Verkaufsstand eingerichtet und ich erstand ein großes weißes Tuch mit dem, in blauen Bändern, aufgenähten „Endlosen Knoten". Er symbolisiert, dass alles ohne Anfang und Ende und außerdem miteinander verbunden ist. Später würde ich mir dieses Zeichen auf den Arm tätowieren lassen.

Die Pilger kamen aus allen Teilen Tibets, manche zu Fuß, manche mit LKWs. Jeder trug sein bestes Gewand, die Tracht der jeweiligen Region, und dazu den ganzen Schmuck. Während manche der Frauen zur traditionellen Chuba einen lächerlichen chinesischen Strohhut trugen, zeigten sich die Pilgerinnen aus Amdo in einer, mit Schaffell gefütterten Mütze. Außen herum bestand sie aus Brokatstoff und den Hinterkopf zierten konzentrische Kreise aus verschiedenfarbigem Filz.

Gerne hätte ich ein solches Exemplar erstanden, aber Dominic meinte: „Die machen sie sich wahrscheinlich selber."

Auf der Barkhorrunde sah ich eines Mittags eine Amdofamilie, Mutter, Vater und Tochter mit solchen Mützen. Geistesgegenwärtig zog ich einen zwanzig Yuanschein aus der Tasche und deutete auf die Mütze der Tochter. Der Vater hatte sofort begriffen, nahm den Geldschein und zog der Tochter die Mütze vom Kopf.

Ein bisschen hatte ich danach ein schlechtes Gewissen, aber der Preis musste wohl ziemlich korrekt gewesen sein, sonst wäre das nicht so schnell gegangen. Für die ländliche Bevölkerung war es nicht leicht, an Bargeld zu kommen und diese Gelegenheit wurde beim Schopfe gepackt.

Später fuhr ich mit einem Bus hinaus zur sechs hundert Jahre alten Sera Monastery. Die Exilvariante hatte ich vor ein paar Jahren in Indien besucht, jetzt wollte ich das Original sehen. Während zu Glanzzeiten fünftausend Mönche hier lebten und studierten, waren es inzwischen immerhin wieder dreihundert.

Gerade als ich durchs Tor ging, hielt ein chinesischer LKW mit offener Pritsche an und eine Menge Pilger kletterte herunter. Aus Amdo, dachte ich, ganz armes Volk. Die meisten trugen, wie ich, die Schaffellmütze.

Als mich eine Alte sah, lachte sie voller Freude und kam auf mich zu. Sie deutete auf die Mütze, nickte anerkennend mit dem Kopf und nahm mich bei der Hand. Die ganze Sippe folgte uns und wir erstiegen gemeinsam die Treppe zum Tempel. Im Innern machte ich einfach alles, was die anderen taten und gehörte für ein halbes Stündchen dazu.

Für den Kauf der Mütze erntete ich bei Dominic so etwas wie Anerkennung, aber vor ein paar Tagen hatte er davon gesprochen, dass er alleine weiter reisen wolle, was mich sehr erschreckte.

Gestern dann war die Rede von „unserem" nächsten Jahr, wo wir über die Andamanen auf die Philipienen könnten und danach nach Australien zu Matze.

Sprach ICH Organisatorisches an, meckerte er, ich würde immer am Boden kleben und ihn „herunter holen". Redete ich aber von Gefühlen und persönlichen Eindrücken, dann zitiert er den japanischen Lehrer: „The sun, the moon ...." was sollte ich überhaupt noch sagen?

Bei meinen Streifzügen durch die Stadt, fand ich mich immer wieder vor einem Geschäft, in welchem Thangkas, auf Stoff gemalte Mandalas, so eine Art Gebetsbilder, angeboten wurden.

Schließlich ging ich hinein und wurde von einem freundlichen Tibeter in westlicher Kleidung und ausgezeichneten Englischkenntnissen, begrüßt. Ein Maler saß gerade an der Kopie eines Avalokitheswara, dem viel gepriesenen

Bodhisattva des Mitgefühls.

Ich schaute mir die neuen und antiken Rollbilder genau an. Damals wusste ich noch nicht so genau, was diese Bilder im Einzelnen bedeuten, aber ich spürte deren Ausstrahlung, besonders bei einem sehr alten Exemplar.

Die in Erdfarben filigran aufgemalte Szenerie zeigte das Götterpantheon mit den Vertretern der vier Himmelsrichtungen in einem inneren Kreis. Die dunklen Farben, die insgesamt ein warmes Braun erzeugten, wurden durch feine Umrisslinien aus Blattgold unterbrochen. Das Bild hatte keine der üblichen Stoffeinrahmungen, strahlte aber dennoch Würde und Geheimnis aus.

Mit umgerechnet dreihundert Mark war es auch nicht billig, aber ich kaufte es trotzdem. Ich stellte mir eine spätere Wohnung vor mit diesem Bild darin, welches meinen Alltag erheben und Trost spenden würde in schlechten Zeiten.

Dominic hatte inzwischen in einer der Altstadtgassen einen japanische Rasta kennengelernt, Nuri. Dieser spielte mit ein paar Khampas auf der Straße Billard. Das, fand Dominic, wäre was „Echtes", gewesen und er gesellte sich zu ihnen.

Nuri wohnte in der Dormitory des Yak Hotels und hatte Dominic eingeladen, dort mit ihm Tee zu trinken. Natürlich hatten sie auch geraucht.

„Nuri ist ein Hippie, wenn du weißt, was ich meine," sagte er mit ironischem Unterton. Natürlich wusste ich, was er meinte. Aber wusste auch ER noch, wer die Rauchwaren nach Tibet gebracht hatte? Wahrscheinlich habe ich das nicht entgegnet, sondern nur gedacht.

„Du hast so ein harmloses Gesicht, sie werden dich nicht kontrollieren", hatte er mich vor ein paar Wochen an der Grenze beruhigt.

„Vielleicht ziehe ich auch ins Yak Hotel", erklärte er mir dann.

Wenn ich alleine los zog, war das eigentlich immer erbaulich und trotzdem sträubte sich alles in mir gegen eine Trennung.

„Du könntest dir ein Einzelzimmer HIER nehmen," war deswegen mein Alternativvorschlag, den er tatsächlich annahm.

Ben kam dazu und wir wechselten das Gesprächsthema.

Er schlug uns vor zusammen mit Kelly, ihm und vielleicht noch einer Person, einen Geländewagen mit Fahrer zu mieten, um damit zum Nam Tso, einem der drei heiligen Seen, zu fahren. Er hätte da einen Tibeter mit einem Jeep kennengelernt.

Danach aßen wir gemeinsam zu Abend. Kelly hatte Anadeele mitgebracht, eine allein reisende Pakistanierin mit englischem Pass. Sie war gleich von der Nam Tso Tour begeistert, nur Dominic zögerte noch.

„Das ist wieder so eine Touristenaktion und kostet bestimmt einiges", sagte er, in Deutsch, zu mir. Schließlich vereinbarten wir, dass Ben einen Preis und einen Termin aushandeln solle.

Zwei Tage später wollten wir morgens um sieben starten.

Ich stand bereits um sechs auf der Matte und schaute im Morgengrauen hinaus auf die Straße.

Ein offener Armeelastwagen fuhr langsam heran. Auf der Pritsche standen tibetischen Gefangene, denen man die Hände auf den Rücken gebunden hatte. Ein zweiter LKW folgte mit chinesischen Soldaten, die ihr Gewehr umgehängt hielten. Ich war sehr erschrocken und dachte an Hinrichtungen, die wohl zu so früher Stunde stattfinden würden. Als ich Dominic wecken wollte, traf ich Ben auf dem Gang. Er hatte die Lkws auch gesehen und heimlich fotografiert.

Die Fahrt nach Norden führte uns in fast menschenleere Gebiete. Wir saßen wie die Sardinen in der alten Kiste und hatten die Schatten des Morgens bald vergessen.

Der Salzsee mit einer Länge von siebzig Kilometern, lag auf einer Höhe von ca. 4200 Metern und man musste mit extremen Wetterwechseln rechnen. Zuvor überquerten wir einen Pass, in einer Höhe von weit über fünftausend Metern. Wie üblich, war auch diese Passhöhe mit vielen Gebetsfahnen geschmückt und eine Gruppe Khampas hängte gerade neue dazu.

Natürlich wollten wir aussteigen. Ich saß noch als letzte mit Anadeele auf der Rückbank und wollte eben das Fahrzeug verlassen, als ich neben mir ein Gewicht spürte. Anadeele war ohnmächtig geworden und zu mir rüber gekippt. Ihre Augen standen offen und waren so verdreht, dass nur noch das Weiße sichtbar war. Aus ihrem Mund trat Schaum. Ich schrie nach den anderen und Dominic erkannte gleich: „Sie hat die Höhenkrankheit, wir müssen sofort runter."

Der Fahrer war total entsetzt, hatte große Angst vor Konsequenzen, weil die Tour wohl nicht ganz legal war. Ben zog dann eine kleine Sauerstoffflasche aus seinem Rucksack, befestigte zwei Schläuche daran, die wir Anadeele in die Nasenlöcher steckten.

„I bought this in our Hotel", erklärte er.

Der Fahrer war inzwischen los gefahren. In einem Arm hielt ich nun das Mädchen und in der anderen die Sauerstoffflasche. Die Piste zum Nam Tso war in katastrophalem Zustand. Die Schlaglöcher wurden in viel zu großem Tempo genommen, aber ich tat, was ich konnte.

Dann sahen wir die strahlend blaue, ruhige Seeplatte bereits und Anadeele kam zu sich. Die ganze Aktion war ihr sehr peinlich, zumal sie sich, während der Ohnmacht, eingenässt hatte. Wir beruhigten sie und waren Gott froh, dass nun alles wieder in Ordnung zu sein schien. Später erfuhren wir, dass Anadeele erst vor einer Woche nach Lhasa geflogen und keineswegs an diese Höhen angepasst war. Das hatten wir alle unterschätzt.

Am See gab es ein paar steinerne Baracken, in welche sich die Australier mit Anadeele einmieteten. Dominic und ich hatten unsere Campingausrüstung dabei, die wir in dieser Nacht zum ersten Mal benutzen wollten.

Wir fanden eine erhabene Stelle, mit dem Blick auf die gegenüber liegende, schneebedeckte Bergkette und bauten das Zelt auf. Die Farben in dieser Höhe waren von solcher Klarheit und Intensität, dass uns das Herz aufging. Keine Menschenseele weit und breit, nur Gebetsfahnen im Wind.

„Komm, wir laufen am See entlang", schlug mein Gefährte vor. Wir kamen an eine Stelle, wo zwei mächtige Felsbrocken wie Mahnmale in den Himmel ragten. Weiter hinten begann eine Formation des selben hellbraunen Gesteins, das höhlenartige Ausschnitte freigab. Wir kletterten hinein und später ganz hinauf auf das Plateau. Dort legte Dominic den Arm um mich und lächelte mich an: „Wir haben es doch schon ganz schön weit geschafft, zusammen!"

Ich lächelte zurück und schwieg, während wir auf den tiefblauen Horizont blickten. Vor den Gebetsfahnen richtete er seinen Apparat ein und wir posierten für ein Foto mit dem Selbstauslöser. Nach der Suppe, die wir auf dem Gaskocher zubereitet hatten, wurde es empfindlich kalt und wir verkrochen uns ins Zelt.

Der andere Morgen erwartete uns mit Eis auf dem Zeltdach, aber wieder mit diesem unglaublichen tiefen Blau des nahen Himmels. Die Weite, Stille und Nähe des Unfassbaren, hatte unsere Gemüter in den Bann geschlagen. Wer wollte hier streiten, oder etwas anderes sein, als nur Teil, dieses tiefen Friedens. Wieder wanderten wir am See entlang. Von Westen kam Wind auf und Wolkenfetzen trieben über dem See.

„Lass es uns noch einmal versuchen mit dem Kailash. Jetzt, wo ich all das hier sehe, denke ich, wir probieren es noch einmal."

„Aller guter Dinge sind drei", antwortete ich.

Zurück in Lhasa erfuhren wir von Nuri, dass in wenigen Tagen voraussichtlich der letzte Bus mit Ausländern in Richtung nepalesischer Grenze fahren würde.

Es war bereits Anfang Oktober und würde empfindlich kalt werden, wenn wir tatsächlich zum Kailash kämen. Nuri wollte nach Indien und hatte bereits sein Ticket gekauft.

„Wir nehmen auch diesen Bus, fahren über Xigatse nach Lhatse und dort verzweigt sich die Straße. Nach Süden gelangt man nach Nepal und in Richtung Westen gibt es nur noch Pisten. Ab Lhatse müssen wir es per Anhalter probieren, denn es gibt keinerlei Lokal Transport. Die Verhältnisse sind so schwierig, dass nur LKWs oder Geländewagen mit Allrad durchkommen."

Ich war bereit und wieder kauften wir Suppen, Milchpulver, Nüsse, Trockenfrüchte, aber auch eine geräucherte Wurst und Tsampa, ein ganzes Säckchen voll.

Kailash

Am sechsten Oktober hatten wir Lhatse erreicht und übernachteten mit Nuri und zwei weiteren Japanern in einer Dormitory.

Chiro, ein Psychologiestudent aus Hiroschima und Ken, LKW Fahrer aus Osaka wollten, wie wir, zum heiligen Berg.

Im Hotel trafen wir auf eine Tour Group mit fünf Teilnehmern, die in einem Geländewagen chauffiert wurde. Ihre Ausrüstung, die Zelte, die Küche und das persönliche Gepäck, wurde ihnen in einem LKW hinterher gefahren.

Wir fragten einen der Gruppe, ob sie uns gegen Bezahlung im LKW mitnehmen würden, doch sie lehnten ab. Die Gruppe wäre ohnehin schon groß genug und sie hätten ja so viel Geld bezahlt. Wir müssten schon selber schauen, wie wir weiter kämen.

Das taten wir am nächsten Morgen, nachdem wir Nuri verabschiedet hatten, der auf dem Weg ins Warme und Unkompliziertere war.

Dominic und ich standen vorne an der Straße, Ken und Chiro, zwei sehr sympathische Jungs, die sich erst in Lhasa kennen gelernt hatten, dreißig Meter weiter hinten. Es war ein sonniger, kühler Herbstmorgen und die Wiese vor uns dampfte. Stadtauswärts standen ein paar ländliche, bescheidene Anwesen, eine Kuh graste und sonst war es ganz still.

Wenige Fahrzeuge schlugen unsere Richtung ein, keines hielt. Nach mindestens zwei Stunden näherte sich ein LKW, den wir als das Begleitfahrzeug der Tour Group erkannten.

Dennoch hielten wir den Daumen raus und tatsächlich, er bremste. Der Fahrer, ein Tibeter mittleren Alters, machte uns klar, dass er uns mitnehmen würde, aber die Gruppe dürfe das auf gar keinen Fall bemerken. Vor allen Stopps müssten wir aussteigen und er würde uns dann immer wieder einsammeln. Fünfhundert Yuan pro Person! Das war für ihn ein satter Zuverdienst, wahrscheinlich wesentlich mehr, als sein reguläres Einkommen, das er als Fahrer von der Travel Agency bekam. Inzwischen waren die Japaner zu uns gestoßen und wir kletterten zu viert auf die Pritsche des Wagens. Der

Fahrer schloss penibel die Plane über uns und wir konnten leider gar nichts mehr sehen.

Aber egal, wir waren unterwegs und glücklich, scherzten und lachten. Die Piste wurde allmählich extrem schlecht, vermutlich passierten wir eine Baustelle. Manchmal wurden wir so weit hoch geschleudert, dass uns das anfängliche Lachen bald verging, zudem wurde es empfindlich kalt.

Ich dachte an die Französin aus Kashgar mit den gebrochenen Rippen und versuchte meinen Rucksack so zu platzieren, dass ich nicht auf der harten Ladefläche landen würde.

Dominic hatte inzwischen ein anderes Problem, er musste austreten. Natürlich wartete er, irgendwann würden wir anhalten. Als er es dann aber nicht mehr aushalten konnte, klopfte er an die Rückwand der Führerkabine, doch es folgte keine Reaktion. Schließlich stand er unter solchem Druck, dass er seine Wasserflasche opferte.

Die Baustelle nahm kein Ende und ohne irgend etwas zu sehen, verging die Zeit nur schleppend. Längst sprachen auch die Japaner nicht mehr mit einander, die Fahrt wurde zur Qual.

Gerade dachte ich darüber nach, was passieren würde, wenn man uns bei einem Jackposten erwischen sollte, als das Fahrzeug anhielt. Wir horchten mit offenen Mündern und trauten uns noch nicht einmal zu flüstern, aber es geschah nichts. Nach einer Weile ging der Motor aus und wir hörten in einiger Entfernung Stimmen. Unser Fahrer stieg aus und schien sich vom Fahrzeug zu entfernen. War jetzt schon Abend? Würden wir hier übernachten und was war mit der Tour Group? Ich war sehr aufgeregt, als die Plane zurückgeschlagen wurde. Glücklicherweise war es nur der Fahrer. Er erklärte uns, dass es einen Erdrutsch gegeben hätte und wir hier warten müssten, bis Räumfahrzeuge kämen. Dies konnte keinen Falls vor morgen früh sein. Der Geländewagen mit der Tour Group wäre ein paar Fahrzeuge vor uns und die Leute wollten auf der anderen Seite des Flusses ihre Zelte aufschlagen. Deswegen müssten wir jetzt schleunigst verschwinden. Ein Stück weiter hinten gäbe es eine Blechhütte, in der wir gegen geringe Bezahlung übernachten könnten. Das war eine Perspektive und wir folgten seinem Rat.

Nach Westtibet gab es zwei Routen: die südliche, die wir anstrebten, war schwieriger zu befahren, aber wesentlich kürzer, als die fast doppelt so lange Nordroute. Wir befanden uns, wie wir allmählich erkannten, noch vor der Abzweigstelle der beiden Alternativen und der Fluss, auf den wir schauten, war der Brahmaputra, der am Kailash entsprang.

Die Wellblechhütte bot anstatt einem Bett, einen gemauerten Sockel, mit einer Lage Pappe und einer sehr dünnen Schicht Schaumstoff darauf. Aber ich war so froh, ein Dach über dem Kopf zu haben, denn am Abend begann es leicht zu schneien. Etliche undichte Dieselfässer standen in einer Ecke und verbreiteten einen giftigen Gestank. Immer wieder kamen Tibeter mit brennenden Zigaretten in den Raum, was mich wegen der Explosionsgefahr, in Angst und Schrecken versetzte. Am anderen Morgen war es bitter kalt. Ich hatte kaum geschlafen, weil ein Tibeter so geschnarcht hatte.

Ein paar LKW Fahrer hatten inzwischen am Erdrutsch zu schaufeln begonnen und eine Spur über den Berg geschaffen. Der erste Landcruiser passierte bereits die Unglücksstelle. Die Mitglieder der Tour Group hatten aber beschlossen, wie uns der Fahrer informierte, erst dann los zufahren, wenn auch LKWs problemlos hinüber kämen.

Für uns hieß das, einen weiteren Tag verlieren und eine weitere Nacht in der Hütte verbringen zu müssen.

Die Fahrer schaufelten den ganzen Vormittag weiter, um die Spur zu verbessern.

Plötzlich kamen die ersten LKWs von der anderen Seite, bis einer in den Fluss stürzte.

Wenig später brachte man den verletzten Fahrer und dessen jungen Begleiter zu uns in die Hütte und wir mussten einen Schlafplatz abtreten. Der Mann stöhnte, hatte starke Schmerzen im Rückenbereich, aber hier war keine Hilfe in Sicht.

Am Abend spielte Ken auf der Mundharmonika und wir unterhielten uns noch lange mit einem Tibeter, der nach den Verletzten schaute. Dieser Mann beklagte sich offen über die Chinesen, welche keinen Glauben hätten und vor nichts Respekt. Die Wälder Tibets würden sie gnadenlos abholzen und die Tiere abschießen, wie es ihnen gefiele. Er sprach sogar vom Dalai Lama und was für ein guter Mensch das wäre.

Am nächsten Morgen konnten wir weiter fahren. Der Geländewagen mit der Tour Group war bereits unterwegs und wir verkrochen uns wieder unter der Plane. Nach ein paar Stunden wurde unser Fahrzeug bei einem Jackpoint gestoppt. Wir hörten, wie unser Fahrer verhandelte, danach ging es weiter.

Kurze Zeit später hielt das Fahrzeug erneut. Der Fahrer öffnete die Plane und hinter ihm stand die Belgierin, eine von der Tour Group, die Tabletten aus ihrem Rucksack brauchte. Natürlich sah sie uns sofort und fing ein großes Spektakel an. Der Franzose, der uns die Absage erteilt hatte, kam angerannt und verlangte, dass wir sofort das Fahrzeug verlassen müssten. Er war so wütend, dass er erst nach längerem, guten Zureden damit einverstanden war, uns wenigstens bis Saga mit zunehmen.

Im dortigen Truck Stop nahmen wir ein Vierbettzimmer.

„Saga liegt auf der Südroute", erklärte uns Chiro, nachdem er seine Karte studiert hatte.

„Hier gibt es weniger Verkehr, weil die Piste so schlecht sein soll."

Chiro trug zur tibetischen Chuba einen landesüblichen Hut und konnte von hinten als Einheimischer durchgehen. Sein blasses Gesicht mit dem feinsinnigen Lächeln, verriet ihn dann aber doch als einen jungen, japanischen Intellektuellen.

Ken wirkte rustikaler und hatte mit seiner unkomplizierten, fröhlichen Art meine ganze Sympathie. Englisch war für ihn, trotz großer Bemühungen seinerseits, ein Buch mit sieben Siegeln.

„I hope, it will get better soon", war sein Satz, den er einstudiert hatte und bei jeder Gelegenheit wiederholte.

Trampen zu Viert, das hätte ich früher nie gemacht. Wer nimmt denn gleich vier Leute mit? Dennoch war ich so froh über unsere Kameraden, weil Dominic sich im Beisein Dritter stets zusammenriss und auch zu mir freundlich war. Wir verbrachten einen ungezwungenen Abend zusammen und gingen früh schlafen, weil wir rechtzeitig an der Straße stehen wollten, wenn die ersten LKWs losfuhren.

Es war dunkel und wir lagen noch in den Betten, als der erste Dieselmotor gestartet wurde. Den nächsten verpassten wir auch und als wir dann mit vollem Marschgepäck an der Straße standen, kam keiner mehr.

Wir standen gut drei Stunden in der Kälte, bevor um zehn Uhr die Sonne zu unserem Platz schien. Saga war ein kaputtes, verschlafenes Nest und überall lag Abfall herum. Es liefen hoffnungslos wirkende Menschen an uns vorbei und starrten uns an.

Eine alte Frau in Lumpen, die einen Plastiksack auf den Rücken gebunden hatte, stand lange staunend vor uns. Manche freute die Abwechslung, besonders, wenn Ken auf seiner Mundharmonika gekonnt „Spiel mir das Lied vom Tod", vortrug. Eine andere Frau brachte uns Bonbons und Dominic begann gegen Mittag, sich an der Straße zu rasieren. Das erregte auch Aufsehen, denn Tibeter haben gar keinen Bartwuchs.

Ein Einheimischer in einem grünen, breitkrempigen Hut, versuchte vergeblich mit uns ins Gespräch zu kommen. Dominic hatte Gefallen an seiner Kopfbedeckung gefunden und unterbreitete ihm ein Angebot. Er akzeptierte und von da an reiste mein Gefährte als Cowboy, was ja auch zu Kens Musik passte.

Nach vier Uhr waren wir völlig desillusioniert, hatten alle Hoffnung auf ein Weiterkommen verloren und beschlossen, bei Sonnenuntergang wieder genau dort einzuchecken, wo wir heute morgen ausgecheckt hatten. Dominic zweifelte wieder an unserem Karma und auch die Japaner konnten ihn nicht erheitern.

Ich breitete gerade meinen Schlafsack auf dem Bett aus, als Chiro strahlenden Blickes die Tür betrat. Er hatte noch einmal eine Tour durchs Dorf unternommen und in einer Schankwirtschaft einen Tibeter kennen gelernt, einen Regierungsbeamten, der morgen früh, alleine in einem Geländewagen, in amtlichen Angelegenheiten, nach Darchen fahren würde.

„We can go with him, he wants four hundret per Person."

Wir waren überglücklich. Der Fahrer hatte sein Quartier sogar direkt neben uns und konnte also nicht noch in letzter Minute entwischen. Der Preis war OK, aber dass sogar ein Regierungsbeamter illegale Ausländer mitnahm, das wunderte mich doch.

Der korrekt gekleidete Tibeter mittleren Alters, war ein fröhlicher Mann, der Geländewagen noch ziemlich neu, mit Heizung und Kasettendeck. Für dieses Wunder dankte ich der Vorsehung, oder wer auch immer dafür zuständig war.

Wir hatten in Lhasa eine Musikkassette aus der Amdoregion gekauft, die unserem Fahrer besonders gefiel. „Ashe", was, wie er uns erklärte, „Mädchen" hieß, war unser Hit, bei dem wir alle mitsangen.

Die hohen Frauenstimmen piepsten in unseren Ohren und wir fuhren ins weite Land hinein. Ohne jegliche Vegetation wirkte die Ebene wie eine Mondlandschaft, aber die Bergketten, die in der Ferne erschienen, leuchteten in solch unwirklichen Farben, in orange, lila und grün, dass ich hätte lachen können vor Freude.

Einmal verlor sich die Piste in einem Labyrinth von Wasserläufen und der Fahrer musste teilweise aufpassen, nicht stecken zu bleiben. Weniger tiefe Bäche waren bereits gefroren. Hier gab es keinerlei Besiedlung, es herrschte eine Weite und Leere, wie ich sie noch nie gesehen hatte.

Am späten Nachmittag begegneten wir einer Gruppe von Wildeseln mit ihren schwarzen Streifen auf dem Rücken und gelegentlich kreisten Adler am Himmel. Die Kette der in weiter Ferne liegenden Schneeberge, das musste der Himalaya sein, Nepal, Mustang und der Anapurna.

Wir fuhren bis zum Abend, wo wir in einem ungewöhnlich schönen und gepflegten Anwesen Quartier für die Nacht nahmen. Die Innenräume schmückten Wandmalereien mit religiösen Motiven, bunte Fenster erhellten die freundlichen Räume. Das Mobiliar bestand aus den traditionell mit Naturmotiven bemalten Tischen und Schränkchen und das Essen konnte nicht besser sein. Wir hatten eine Glückssträhne.

Am späten Nachmittag des nächsten Tages erhoben sich zur Linken bizarre Berge, nur einer war schneebedeckt, der Mout Kailash, der Kang Ripoche, das Ziel unserer Träume.

Mit seinen fast sieben tausend Metern war er keineswegs höher als seine Nachbarn, aber nur er hatte diese Eiskuppel, von der die Hindus glauben, Lord Shiva hätte hier seine Residenz, würde rauchen und bis in alle Ewigkeit die tollsten Sachen mit Parvati, seiner Gefährtin, machen. So erzählten das zumindest die Hippies in Goa.

Zu Ehren Shivas kamen immer wieder reiche indische Gruppen, welche die Umrundung des Berges, immerhin dreiundfünfzig Kilometer, teilweise auf dem Rücken von Yaks, bewältigten. Manchmal, erzählten uns Leute, wäre ein Sadhu dabei, um der „Parigrama", so nannten die Hindus die Umrundung, den gebührenden, spirituellen Rahmen zu verleihen. Der alte Pilgerpfad von Indien direkt über die Himalayakette, hatte aber inzwischen ausgedient, weil für die chinesischen Behörden diese Grenzregion militärisch brisantes Gebiet war.

Für Buddhisten bildet der Berg eine Art Zentrum des Universums, der irdische Berg Mehru und sie umrunden ihn, in der Hoffnung auf gutes Karma. Wer diese „Kora" genannte Wanderung 108 mal vollziehen würde, für den stelle sich die Erleuchtung augenblicklich ein.

Beide Religionsgruppen zusammen, dazu noch die Jain und die Bön, das waren doch immerhin mehr als eine Milliarde Menschen, die diesem Berg huldigten, sodass auch ich, als Ungläubige, den nötigen Respekt hatte. Selbst alle Bergsteiger dieser Welt hatten auf eine Besteigung verzichtet und begnügten sich mit der Umrundung im Uhrzeigersinn.

Nur die wenigen Anhänger der Bön, die Vorläufer des Buddhismus, gingen gegen den Uhrzeigersinn.

Aus der Eispyramide des Berges entspringen die vier wichtigsten Flüsse im südasiatischen Raum, der Brahmaputra im Osten, der Indus im Norden, der Sutlej im Westen und der Karnali, ein Zufluss des Ganges, im Süden.

Am Manasrower See, auf fast 4600 Metern, der ebenso ein Heiligtum für Buddhisten und Hindus darstellt, legten wir eine kurze Pause ein. Als einer der höchst gelegenen Süßwasserseen der Welt, lag er eingebettet zwischen dem Kailash im Norden und dem 7700 Meter hohen Gurla Mandhata, der bereits nahe des indischen Territorium lag.

Westlich des Manasrowar lag durch einen schmalen Landrücken getrennt, der fünfzehn Meter tiefer gelegene und etwas kleinere Rakhastal See. Diesem wurden eher düstere Attribute zugeordnet, dem Manasrowar, die des Lichts. Zur Zeit der Schneeschmelze kam es immer wieder zur Verbindung der beiden, was für die Gläubigen als Glück verheißend galt. Auch der Manasrower wurde auf 103 km umrundet. Von den ursprünglich acht Gompas existierten noch fünf. Unser Fahrer wollte vor Einbruch der Dunkelheit Darchen erreichen, was uns auch recht war.

Darchen bestand damals nur aus einer kleinen Ansiedlung von Steinhäusern im tibetischen Stil.

Der Weg zur Polizeistation war leicht zu finden. Dort wurden wir wie Helden empfangen und gleich mit Tee bewirtet.

Der freundliche tibetische Beamte kam sofort zur Sache: „You have to pay a fine. This is 300 Yuan. A permit for Ngari (West Tibet) is 50 Yuan."

Danach wurde es dann eher privat, woher wir kämen und ob wir schon eine Unterkunft für die Nacht hätten.

Es gab damals truckstopartige Kammern, die völlig überteuert an Tour Groups vermietet wurden. Das hatten wir bereits erkundet, schien uns aber höchstens eine Notlösung zu sein.

Deshalb stimmten wir gleich zu, als uns der Polizist einen Schuppen für nur fünfzehn Yuan anbot. Wir bekamen einen Schlüssel und schauten uns das bescheidene Nachtlager an. Wieder lag auf einem Steinsockel in Doppelbettgröße Pappe und auf einer dünnen Schaumstoffschicht diverse Decken, die wenig vertrauenerweckend wirkten.

Zu viert würden wir es halbwegs warm haben. Wir waren so glücklich, dass wir die Schlafsäcke ausbreiteten und nach vergnügtem Plaudern, bald einschliefen. Morgen war der große Tag: unsere Kora würde beginnen. Für Ken, Chiro und mich war es eine Kora. Dominic aber wollte die Umrundung Shiva widmen, also war es für ihn eine Parigrama.

Es war noch finster, als ich durch ein Spektakel an der Tür erwachte.

Ein relativ großer japanischer Rasta stand voll bepackt vor uns und grüßte mit: „Bom Shiva!"

Eine bildhübsche, dick vermummte Japanerprinzessin kam hinter ihm zu Vorschein und es gab eine so herzliche Begrüßung, als würden wir diese Leute schon ewig kennen.

Kochi und Yu waren soeben, von Ali her, angekommen. Der Fahrer eines roten Toyota hatte sie in diese Hütte geschickt.

Dominic und ich tauschten Blicke. Ob wir den nicht auch kannten?

Yu wirkte etwas erschöpft, aber Kochi nahm die Einladund Dominics, zum Rauchen für Shiva, begeistert an.

Eigentlich wollten wir gleich am Morgen zur ersten Etappe der Umrundung aufbrechen, aber nach der Begrüßungstüte kam ein gemeinsames Frühstück, das sich sehr in die Länge zog, weil die Gastwirtschaft die Tukpa, also tibetische Nudelsuppe, normalerweise erst später kochte.

Danach kam wieder eine Tüte mit Tee und schließlich ging es auf zwölf Uhr. Schon von vorne herein, so von Rasta zu Rasta war man verbrüdert. Ein „normales" Kennen Lernen, für gut oder schlecht befinden, für sympatisch oder unsympatisch, war nicht möglich. Wir waren von Null auf Hundert irgendwie „befreundet", ohne dass man etwas von einander wusste.

Die erste Etappe sollte zwar die kürzeste und einfachste sein, aber wir befanden uns auf viereinhalb tausend Metern Höhe und wir waren jetzt, Mitte Oktober, schon sehr spät dran.

Die ausländischen Gruppen waren bereits abgereist und mit uns umrundeten nur noch einheimische Pilger den heiligen Berg.

Kochi und Yu zogen sich in die Polizeihütte zurück, während Ken und Chiro durchaus noch aufbrechen wollten. Mit Bedenken meinerseits, marschierten wir gemeinsam los. Ken hatte an diesem Tag auf Fleisch verzichtet und Chiro drehte eine Gebetsmühle.

Unsere erste Station, der Flagpol, ein hoher Mast, der alljährlich im Frühling aufgerichtet wird, erreichten wir in strahlendem Sonnenschein.

Weiter oben erklommen wir das Plateau, das traditionell zur Leichenbestattung genutzt wurde. Weil Tibet zu kalt für Beerdigungen war, man schlicht kein Loch in den Boden graben konnte und weil es für eine Feuerbestattung kein Holz gab, hatte man sich, wie die Zoroaster für Luftbestattung entschieden. Die Leichen wurden zerstückelt und den Geiern zum Fraße gegeben. Wir hörten, die Chinesen hätten das inzwischen verboten, aber man konnte nie wissen.

Ich stieg mit einem mulmigen Gefühl zum Plateau hinauf, wo wir aber nichts besonderes vorfanden. Zu unserer Linken sahen wir den Rakashtal, dahinter die Himalayakette und zur Rechten lag, noch unsichtbar, die Südseite des Kailash.

Der breite Weg, an dem überall kleine Steinhäufchen lagen, führte allmählich bergan. Schneeweißer Quarz lag zwischen Steinen in ganz unterschiedlichen Farben und jeder bückte sich, um ein besonders schönes Exemplar mitzunehmen. Bald spürte ich aber das Gewicht auf meinen Schultern und mir war klar, dass ich meine Kräfte würde einteilen müssen.

Als wir das erste Flusstal erreichten und uns Richtung Westen wandten, tauchte der Berg auf, schneebedeckt, nicht zu groß, aber unnahbar und ewig, wie ein ferner Planet.

Chiro hatte das Drehen der Gebetsmühle bereits eingestellt, als wir aus der Ferne die erste Gompa entdeckten. Die Sonne stand bereits tief und zur Besichtigung des Klosters musste man eine Anhöhe erklimmen. Die Zeit war uns davon gelaufen und wenn wir am Abend noch das zweite Kloster erreichen wollten, müssten wir zügig weiter laufen, war meine Meinung.

Dominc wurde böse: „Jetzt sind wir hier und ich will alles sehen. Von diesem Kloster, hab ich gelesen, kann man die schönsten Bilder vom Berg machen und da geh ich jetzt auch hin!"

Schließlich ließen wir unser Gepäck unten bei der Brücke und stiegen hinauf.

Mein Gefährte hatte natürlich recht gehabt. Hier oben war es ganz wundervoll, das Kloster selber lag malerisch am Hang, noch schöner aber war der Blick auf den Kailash. Ich fühlte mich ihm nah, weil ich nicht mehr so zu ihm aufblicken musste. Die gute Laune war aber durch unseren Diskurs schon wieder dahin.

Unten nahmen wir wieder das Gepäck auf und weiter ging es links vom Fluss, (war das der Sutlej?) das steinige Tal hinauf. Dominic ging voraus. Er war zornig und ging entsprechend schnell. Ich folgte ihm in Sichtweite, doch von den beiden Japanern war bald nichts mehr zu sehen, sie schienen weit hinter uns zu gehen. Die Dämmerung setzte ein, starker Wind kam auf und als die letzten wärmenden Sonnenstrahlen hinter dem Berg verschwunden waren, wurde es bitter kalt. Der Weg bog mehr und mehr nach Norden und ich erwartete nur noch sehnlichst den Blick auf das zweite Kloster. Wenigstens aus der Ferne, dachte ich, aber es wollte und wollte nicht auftauchen.

Schließlich erreichte ich Dominic, der ziemlich entkräftet vor dem Fluss auf mich wartete. Der Pfad endete hier und ging auf der anderen Seite weiter. Dazwischen lag der teilweise vereiste Fluss, mit ein paar daraus herausragenden runden Steinen. Der Abstand der Steine war zu groß, um von einem zum anderen zu springen, zumindest für mich. Wir liefen hin und her, um einen geeigneten Übergang zu finden, aber es war vergeblich.

Mein Gefährte wurde böse und ich schlug vor, auf die Japaner zu warten, vielleicht hätten die eine Idee.

„Oder", wollte ich einlenken, „wir bauen das Zelt auf und suchen morgen eine gute Stelle."

Aber er hörte längst nicht mehr zu. Die Stimmung wurde immer schlimmer, der Berg zeigte uns seine dunkle, die Nordseite.

Als endlich die Japaner kamen, hatte ich das Zelt schon ausgepackt. Beim Aufschauen, sah ich Ken bereits auf der anderen Seite. Wie war er nur rüber gekommen? Chiro gelang es ebenfalls und Dominic bekam, (war es vor Zorn, oder Entkräftung?) so eine Art Atemnot.

Er japste nach Luft und zitterte am ganzen Leib. Während er mich beschimpfte, ich wäre so ein Feigling, eine einzige Handbremse usw, baute ich das Zelt auf, holte Wasser und begann eine unserer Suppen zu kochen.

Nach dem Essen krochen wir sofort in unsere Schlafsäcke, in denen wir überhaupt nicht warm wurden. In unserer Not lagen wir abwechseln aufeinander, aber nichts half. Wir fanden die ganze Nacht keinen Schlaf, froren wie die Schweine und der nächste Morgen war noch viel schlimmer.

Nach einer warmen Milch, als das Zelt zusammengepackt war, standen wir wieder vor dem Fluss. Über Nacht war die Eisschicht dicker geworden und die Stellen, die sich am Vortag noch halbwegs für die Überquerung angeboten hätten, waren jetzt unpassierbar.

Dominic glühte vor Zorn und ich dachte bereits ans Umkehren. Schließlich zog er einen Schuh aus und als ich dann nochmals irgendetwas zu bedenken gab, platzte ihm vollkommen der Kragen.

Er begann zu weinen und schrie mich an: „Du raubst mir alle Kraft! Diese Kora ist so wichtig für mich! Ich beende jetzt und hier unsere Beziehung! Du hast mir die Kora versaut, weil du sowieso der falsche Mensch für mich bist. Ich will endlich mit Menschen zusammen sein, die mit mir zu tun haben. Sobald wir wieder irgendwo sind, wo man mir nicht mehr vorwerfen kann, ich hätte dich im Stich gelassen, ist endgültig Schluss!"

Als ich dann noch „Hau ab, verschwinde!", hörte, dachte ich: Das ist das Ende.

Auch ich weinte und wollte beschwichtigen, aber es war aussichtslos. Die Situation war außer Kontrolle, ein vollkommener Alptraum. Alles war kaputt, am sensibelsten Punkt der Reise. Langsam lief ich zurück und versuchte mir die Folgen vorzustellen. Was war nur passiert, woher kam dieser schlimme Zorn? Nein, so sollte all das, was bei Shivamoon begann, nicht enden, nicht so!

Ich kehrte wieder um und siehe da, er kam mir entgegen! Er weinte, setzte sich hin und flüsterte fast: „Gib mir das Zelt, ich will nur das Zelt. Du nimmst mir alle Kraft, jetzt muss ich dir auch noch wegen dem Zelt nachlaufen."

Wieder versuchte ich einzulenken: „Ich geh mit dir, ich will doch gar nicht zurück!"

Wir weinten nun beide wieder und auch ich ließ mich vor Entkräftung auf den Boden fallen.

Wieder versuchte ich es von Neuem: „Wir laufen über diesen Berg ein Stück flussaufwärts, dort sieht man viele Steine."

Wir gingen los, aber ein Übergang war nicht zu finden.

„Ich ziehe jetzt Schuhe und Socken aus, so schlimm kann das nicht sein", lenkte ich erneut ein, doch gerade, als ich zu ihm aufsah, sprang er von Stein zu Stein auf die andere Seite.

Ich folgte ihm barfuß durchs Eiswasser, was im Grunde gar nicht schlimm war. Angst hatte ich jedoch davor, mit vollem Marschgepäck auszurutschen und bei der Kälte von unten bis oben nass zu werden. Die Wanderschuhe hatte ich mir an den Schnürsenkeln um den Hals gebunden und alles ging gut.

Auf der anderen Seite merkte ich, wie mir beim Abtrocknen Hitze in den Körper schoss. Dominic hatte mich tatsächlich im Fluss fotografiert, lief dann aber ungerührt voraus, ohne Wort und ohne Blick.

Irgendwann tauchte ganz unspektakulär das Kloster auf und meine Kräfte verließen mich.

Ich sank an einem Steinhaufen nieder und weinte aus ganzer Seele. Hier oben, auf fast fünf tausend Metern, war die Luft so dünn, dass nun auch ich zu japsen begann, wie Dominic am Abend vorher.

Ich atmete viel zu schnell und hatte das Gefühl, keine Luft mehr zu bekommen. Mein Freund sah mich dasitzen, so kurz vor dem Ziel und kam tatsächlich zurück, um nach mir zu schauen.

Er war besorgt und fragte: „Was ist mit dir?", nahm mich sogar in den Arm und redete mir gut zu. „Du willst mich doch verlassen", jammerte ich, worauf er dies zurück nahm und auf eine Pause beschränken wollte, wenn wir wieder in Lhasa wären.

Im zweiten Kloster, welches eigentlich nur aus drei unschönen Baracken bestand, nahmen wir gleich Quartier für die Nacht.

Ken und Chiro waren bereits zur nächsten Etappe aufgebrochen. Wir brauchten dringend einen Tag Pause.

Am Nachmittag wollte Dominic zur Nordseite des Kailash hinaufklettern, die leicht erreichbar schien, auch wenn sie überirdisch und unnahbar wirkte. Er wollte die Eiskappe berühren, wie der ungläubige Thomas die Wunden Jesu.

Je weiter er über große Felsbrocken nach oben kam, um so größer wurde der Berg und um so unerreichbarer schien das ewige Eis. Eine unüberwindliche gletscherartige Schicht lag oben zwischen unserer Welt und der Welt der Götter. Sie ließen sich nicht anfassen, auch wenn mein Gefährte ihnen schon sehr nah gekommen war.

Ich ruhte mich aus und dachte an den nächsten Tag, welcher der anstrengendste und schwierigste der Kora sein sollte. Wir müssten zum Pass der grünen Tara aufsteigen, dem Drölma La, auf 5700 Meter. Auf jeden Fall wollten wir am Abend das dritte Kloster erreichen und keine weitere Nacht im Zelt riskieren.

Noch vor Sonnenaufgang zogen wir am nächste Morgen los. Die Heringe vom Zelt hatten wir zurück gelassen, um Gewicht einzusparen. Mental hatte ich mich gut vorbereitet. Ich sagte zu mir selber: Es ist immer nur ein einziger Schritt. Diesen einen Schritt, den schaffst du.

Der voll bepackte Rucksack lag schwer auf meinen Schultern und die Luft wurde spürbar dünner. Ich atmete schwer, aber gut akklimatisiert, bekamen wir nicht die gefürchtete Höhenkrankheit, wie viele Ausländer, die eben mal kurz aus Nepal hier her kamen.

Mein Großvater fiel mir ein und die familiären Wanderungen meiner Kindheit. Ich war noch sehr klein, aber das Marschieren hatte mir immer gefallen. Beim Dornacker, einem ganz finsteren Tannengrund, wo die Bäume so dicht standen, dass kein Unterholz Licht zum Wachsen bekam, klopfte der Großvater stets mit dem Wanderstock an einen der Stämme und rief geheimnisvoll: „Heinzelmännle, Heinzelmännle" und mir wurde himmelangst.

„Sei still," flüsterte ich, „sonst kommen die".

Er aber lachte und freute sich. Die Heinzelmännle sind nie gekommen und auch ich würde es bis zum Drölma La schaffen.

Es dauerte lange, bis uns ein paar Sonnenstrahlen wärmten. Hinter uns tauchte ein alter Tibeter mit seinem etwa fünfjährigen Enkel auf.

Dünne, graue Zöpfe schauten unter einer Mütze hervor und er betrachtete uns freundlich, durch eine dicke Brille. Er trug einen Sack auf dem Rücken und schnaufte beim Anstieg genauso wie wir.

Der Junge war in einen dicken Schaffellmantel gepackt und lächelte stets erst dann unter seinem Pony vor, wenn er wieder von uns wegschaute.

Wir begrüßten einander, kauderwelschten ein wenig und ich verteilte Kekse.

Der Alte mit seinen gütigen Augen erklärte dem Enkel alle religiös wichtigen Stationen und die Verrichtungen, die das Karma des Gläubigen begünstigen würden.

An einem Felsvorsprung legten die Pilger symbolisch einen Gegenstand ihres bisherigen Lebens ab, meist Kleidungsstücke, um Kraft für Neues zu schöpfen.

Dominic war diese Stelle sehr wichtig, er legte zwar nichts Materielles ab, soweit ich das sehen konnte, aber er hat sich wohl eine Menge gedacht.

Ich hatte auch schon überlegt, was ich ablegen würde und dachte lange an meinen Geldbeutel, ein Requisit aus meinem alten Leben, das mein Freund schon lange verabscheute. Er war aus gutem Leder und hatte einmal relativ viel gekostet. Vor Ort habe ich mir das dann aber anders überlegt, schließlich hatte ich selber dafür gearbeitet, so wie ich überhaupt für alles selber gearbeitet hatte. Nur weil er spießig aussah, wollte ich mich nicht für ihn und auch nicht für mein Erspartes, schämen. Ich gebe ihn nicht her, dachte ich, stehe dazu und will nicht in Not geraten, eines Tages. Mit Geld kann man viel Schlimmes von sich abwenden, ohne ist man ausgeliefert, wem auch immer.

Wir schafften den Drölma La beide ziemlich gut und waren glücklich, zwischen den vielen Gebetsfahnen zu stehen.
Die bizarren Felsstrukturen auf der anderen Seite des Passes, boten ein völlig neues Bild. Ich wanderte voraus, als ein leichtes Stöhnen, Knacken und Quietschen vernehmbar wurde. Hier oben gab es nichts Lebendiges und mir wurde klar, das musste vom vereisten heiligen See, unterhalb von mir, kommen. Darin, hieß es, würden die Sadhus ein rituelles Bad nehmen.
Wir aber stiegen ab, hinunter in ein weites Flusstal und kochten auf einer frei getauten Wiese eine gute Nudelsuppe, mit Tsampa und Wurst darin.
Zwei Pilgerinnen in farbenfroher Tracht und aufwändigem, wertvollem Kopfputz überholten uns und fast hatten wir unseren Frieden wieder gefunden. Am frühen Abend erreichten wir das dritte Kloster und der letzte Tag unserer Kora, verlief ebenso wie dieser Tag, ohne Zwischenfälle.

In Darchen nahmen wir wieder Quartier in der Polizeibaracke.
Von Ken und Chiro gab es keine Spur und die anderen beiden, Yu und Kotchi, sahen wir ebenfalls nie wieder.

Neben der Kora, die jetzt hinter uns lag, gab es für Gläubige, die sich dieser großen Anstrengung bereits dreizehn mal ausgesetzt hatten, die Möglichkeit der inneren Kora, um die sich zahlreiche Legenden und Mythen rankten.
Zwar hatten wir uns die nötigen Verdienste noch nicht erworben und mussten außerdem an unseren Rückweg denken, aber das erste Kloster auf diesem Weg, wollten wir uns anschauen.
Wir wanderten ein steiniges Flusstal stetig bergan. Es könnte das Tal des Karnali gewesen sein, denn genau hinter uns erhob sich die schneebedeckte Himalayakette, von der wir den Gurla Mandhata zu erkennen glaubten.
Vor uns tauchten zuerst kleinere und größere Steinhäufchen auf, danach sahen wir die ersten Chörten, die in einer Reihe aufgebaut waren. In diesen quadratischen, nach oben spitz zulaufenden Türmen werden Reliquien oder die Asche verdienstreicher Mönche aufbewahrt.
Weiter oben erhob sich auf einem kegelförmigen Berg ein mächtiges, burgartiges Gebäude aus Natursteinen, bei welchem ich gleich an den heiligen Gral und König Artus denken musste.

Etwas tiefer lagen die Gebäude der Gyandrak Gompa, welche von einer Rundmauer umschlossen war. Die Tür stand offen und wir betraten den Innenhof.

Ein kleiner, älterer Mönch saß im Sand und breitete die Einzelteile eines geschlachteten Schafes sorgfältig vor sich aus. Er schaute kurz auf, war aber zu beschäftigt, um uns gebührend begrüßen zu können. Wir verneigten uns kurz mit einem „Taschidele" und gingen wieder nach draußen, um ihn in Ruhe arbeiten zu lassen.

Das Kloster war überwiegend in gelber Farbe gestrichen und strahlte vollkommenen Frieden aus. Außer diesem Alten und seinem Hund war niemand hier. Vor dem Tor befanden sich vier weitere Tschörten in verschiedenen Größen, Stallungen und eine mit Natursteinen umrandete Koppel.

Wir stiegen zur Gralsburg hinauf und schauten lange auf die Himalayakette, die in unerreichbarer, fast unwirklicher Ferne lag.

Nach einer Weile tauchte der kleine Mönch auf und zeigte auf einen großen kunstvoll gearbeiteten Schlüssel. Damit öffnete er den Tempel und hieß uns hinein zu gehen.

Die wenigen lukenartigen Fenster ließen nur wenig Licht in den feierlichen Raum. Nur der goldene Buddha vorne war von einer Art Oberlicht beleuchtet. Ein paar Butterlampen brannten davor und ein warmes, friedliches Gefühl breitete sich bei mir im ganzen Körper aus.

Der Augenblick der kurzen Begegnung unserer Blicke sagte mir, dass es Dominic ebenso erlebte.

Mitte Oktober ist es auf über viereinhalb tausend Metern bereits empfindlich kalt und wir mussten schauen, wie wir weiter kommen würden. Es gab noch immer Pilger, aber nur noch selten fuhr von hier aus ein Lkw los.

In einem großen, weißen Zelt, in dem ein Khampa eine Art Ladengeschäft betrieb, saßen stets etliche Männer beim Karten spielen und Tee trinken.

Ich kaufte mir dort eine wattierte, chinesische Armeehose, in der ich wie das Michelinmännchen aussah, und Kekse für die Nerven. Auf meine Anfrage nach einer Mitfahrgelegenheit nach Lhasa, erntete ich leider nur Kopfschütteln. Am Abend fragte ich, in der Hoffnung auf andere Gäste, erneut, wieder ohne Erfolg.

Dominic lag in der Baracke und klagte über Unwohlsein, vielleicht der Magen, meinte er, vielleicht die Psyche, dachte ich. Am nächsten Tag zog ich wieder los.

„Frag nicht nur nach Lhasa, Ali wäre genauso gut, Hauptsache wir kommen weg hier", riet er mir. Nachdem ich im Zelt wieder Kekse gekauft hatte, unternahm ich eine Runde in der ganzen Gegend und fragte alle möglichen Leute, vergebens.

Schließlich sah ich aus der Richtung, wo die Pilgerzelte standen, zwei voll beladene LKWs kommen. Sie versuchten gerade einen Bach zu überqueren und einer war stecken geblieben.

Ich lief hinunter und fragte auf tibetisch: „Kawa pena?" (Wohin fahren sie?)

„Tsaparang" war die Antwort und da ich nicht wusste, wo das war, lief ich hoch zur Baracke und rief außer Atem: „Da unten sind zwei LKWs, die fahren nach Tsaparang!"

Dominics Antwort lautete: „Los, zusammenpacken!"

Unterwegs erklärte er mir, dass diese Option uns zwar noch weiter weg von der Zivilisation bringen würde, aber die Stecknadel im Heuhaufen schlechthin wäre.

„Von Tsaparang oder Zagar, ist es nur noch ein Katzensprung nach Guge, dem versunkenen Königreich Guge, mit seiner Hauptstadt Tholing, einem absolut magischen Ort, den nur ganz Wenige gesehen haben."

Eine halbe Stunde später waren wir unterwegs, Dominic im ersten Truck, ich im anderen hinterher. Die Khampas, die aus Westsichuan stammten, hatten Ware aller Art in Lhasa eingekauft, um sie im dünn besiedelten Ngari, wo es an allem fehlte, günstig weiterverkaufen zu können. Pro Truck wurde ein Team von drei Mann benötigt und jeder von ihnen erledigte seine speziellen Aufgaben. Das Führerhaus bot gerade Platz für diese drei Personen und nur eine gute Bezahlung konnte die Männer davon überzeugen, etwas zusammenzurücken und uns mitzunehmen.

Der Chef und Fahrer meiner Truppe war ein dicker Khampa mittleren Alters. Er trug sein langes Haar traditionell im Zopf, der im roten Fransentuch endete und um den Kopf gewickelt war. Seinen Humor und seine Ruhe würde ich bald sehr zu schätzen wissen.

Mein zweiter Fahrer, Tuti, ein junger Bursche, träumte von einer Zukunft im freien Westen, was hier, Indien bedeutete. Er musste beim Laden und Entladen helfen und war so eine Art Mädchen für alles.

Das Kaufmännische oblag dem dritten Khampa. Der präsentierte die Waren, bestimmte die Preise und notierte alles säuberlich in ein Heft.

Die Aufteilung in Dominics Truppe war in etwa die selbe. In diesem schwierigen Terrain, war es sicherer, im Konvoi zu fahren und sich gegenseitig zu helfen. Sie hielten zusammen, wie Pech und Schwefel.

Schon nach kurzer Fahrt war mir klar, dass von dieser fröhlichen Truppe keine Gefahr ausging.

Der dicke Khampa steckte mir Bonbons zu und selbst als er mich in den Schenkel kniff, drohte ich ihm, nur zum Spaß, mit dem Zeigefinger.

Abends fuhren wir zu einem Pass hoch. Inzwischen saß der weniger erfahrene Tuti am Steuer und es wurde sehr kalt. Der Motor unseres LKWs hatte nur noch wenig Kompression, vielleicht lag es aber auch an der Kupplung, jedenfalls schaffte er die Steigung kaum noch.

Tuti gab Gas, ließ die Kupplung schnappen und der Truck fuhr ruckartig ein Stück vorwärts. Dies wiederholte sich ein paar mal, bis der Ruck wohl zu heftig war und irgendetwas krachte.

War es die Antriebswelle, eine Aufhängung oder sogar eine Achse? Jedenfalls führte es zum vorläufigen Ende der Fahrt.

Beide Trucks standen und es wurde in aller Ruhe verhandelt. Offenbar war Tuti ein Fehler unterlaufen, aber ich hörte keine Vorwürfe, kein böses Wort, noch nicht einmal die Stimmen hatten sich erhoben.

Es begann leicht zu schneien, aber nur ganz dünn, denn im Grunde war es schon viel zu kalt für Schnee.

Die Khampas hatten beschlossen, dass ein Teil der Gruppe mit uns hier bleiben sollte und die anderen fuhren in Dominics Truck zurück, zu einer Art Warenlager in Moinzer, um ein Ersatzteil zu holen.

Wir packten unsere Schlafsäcke aus und versuchten im Führerhaus ein wenig zu ruhen, aber es war einfach zu kalt und wir hatten kaum Platz. Dominic schimpfte so lange, bis er halbwegs bequem lag und schließlich einschlief. Ich saß mit angewinkelten Beinen hinter dem riesigen Lenkrad, konnte so nicht mal richtig in den Schlafsack kriechen und kämpfte mit den Tränen, vor Zorn und Verzweiflung.

Der Kaufmann meiner Gruppe kletterte aufs Dach der Führerkabine und holte zwei aufgerollte Matratzen herunter. Das waren große und schwere Rollen, in die man hinein schlüpfen konnte. Diese tibetische Variante des Schlafsacks, war unserer natürlich haushoch überlegen und trotzte den schlimmsten Witterungsverhältnissen, auch ohne jeglichen Unterstand.

Die Stunden wollten nicht vergehen.

Plötzlich tauchten so gegen vier Uhr morgens Scheinwerfer am Horizont auf. Der zweite Truck kam mit dem Ersatzteil zurück.

Tuti fragte mich nun, ob wir eine Taschenlampe hätten. Um Gewicht zu sparen, hatte ich mich bei der Ausrüstungsplanung für die kleinste MAG-lite entschieden und mit diesem lächerlichen Teil, legten sich die beiden Fahrer nun unter den Truck.

Tuti assistierte und ich traute meinen Ohren nicht, als ich gemütliches Pfeifen von unten vernahm. Dominics Fahrer reparierte und ließ sich nicht aus der Ruhe bringen.

Tuti entzündete nun eine Art Bunsenbrenner, wie ich ihn aus dem Physik-unterricht kannte und erwärmte schon mal einen halben Eimer voll Diesel, der durch die Kälte fest geworden war. Dann zog er seine Schuhe aus, natürlich die dünnen Stoffschuhe, die ich schon kannte und ich sah, dass er nicht mal Socken trug. Der junge Tibeter lachte und streckte zuerst den einen nackten Fuß in die Flamme, danach den anderen und zwar relativ lang!

Die Hände erwärmte er auf ähnliche Art.

Dominc schaute mich kopfschüttelnd an und staunte: „Was sind das für Menschen?"

Wir hatten unsere Sachen eingepackt und hüpften in der Nähe der Flamme herum, um nicht zu erfrieren.

Es lag eine zentimeterdicke Schicht Raureif auf dem Boden und der nahe gelegene Fluss war völlig eingefroren. So vergingen zwei weitere Stunden und gegen sechs, es war noch immer dunkel, fuhren wir weiter über die spiegel-glatte Hochebene.

Gegen acht Uhr dämmerte es, ich war ziemlich verängstigt und nahm die unbeschreiblich schöne Landschaft, beim Sonnenaufgang, kaum wahr.

Wenig später erreichten wir einen Schuppen, aus dessen Schornstein Rauch entwich. Dort wurden wir mit Buttertee und Tsampa bewirtet. Erst jetzt be-griff ich den Wert dieser Nahrungsmittel, die mir zum ersten mal richtig schmeckten.

Danach kamen wir relativ gut voran. Zu Mittag hielten wir an einem Fluss. Die Sonne hatte Kraft bekommen und Tuti brannte mit dem Flammenwerfer der Nacht, den Eimer aus, in welchem er das Öl verflüssigt hatte. Danach ging er zum Fluss, wusch nochmals kurz nach, um dann Fleisch darin zu kochen. Auch wir kochten eine Suppe und fanden reichlich Anerkennung für unseren Gaskocher. Trotz des leichten Dieselgeruchs, schmeckte das Fleisch, das Tuti von einem halben, abgehangenen Schaf abgeschnitten hatte, um Welten besser, als unser Anteil des Menüs.

Wieder fuhren wir bis in die Nacht hinein. Ein neuer Pass lag vor uns und die Straßenverhältnisse wurden immer schwieriger. Bereits am Nachmittag hatte ich tief unterhalb der Piste den einen oder anderen abgestürzten LKW gesehen, der wohl für immer dort liegen würde, mit oder ohne den jeweiligen Insassen?

An den Truck Stops sah ich wiederholt Suchplakate, die junge Japaner zeigten, welche hier irgendwo verschollen waren. Deren Eltern hatten Be-lohnungen ausgesetzt, aber anscheinend ohne Erfolg.

Der Mond war aufgegangen und beleuchtete, mit den kümmerlichen Scheinwerfern zusammen, die desolate Piste. Der Anstieg in engen Serpentinen, hatte zu einer Seite hin einen gähnenden Abgrund, dem wir oft gefährlich nahe kamen. Manchmal waren Teile der Böschung bereits in die Tiefe gestürzt und unser Gefährt schwankte bedenklich in diese Richtung.

Zuerst stöhnte ich nur, wenn wir zu kippen schien, als es dann aber schlimmer wurde, schrie ich auf und begann schließlich zu weinen, aus Todesangst.

Der dicke Khampa versuchte mich zu beruhigen: „Mei wenti," (das macht nichts) , meinte er und streckte mir zum Trost ein Bonbon hin. Die Abschnitte, in denen der Truck zu kippen drohte, kamen häufiger und wurden schlimmer, mein Gezeter auch.

Wenn ich mal eine Zigarette geraucht hatte, lachten die Khampas, weil Tibeterinnen das niemals tun würden. Jetzt aber wusste der Fahrer kein anderes Mittel mehr, mich zu beruhigen und reichte mir seine Zigarette. Ich nahm dankbar einen Zug und versprach im Geiste alles Mögliche, wenn nur dieser Krug an mir vorüber ginge.

Schon immer war Angst ein Thema, das mich beschäftigte. Meine Mutter war eine ängstliche Frau und hat das vielleicht auf mich übertragen. Aber es gibt so viele verschiedene Arten von Angst: da ist die Angst vor Einbrechern, Krankheiten oder dem Chef, die hatte ich kaum. Schlimmer war für mich stets die Angst, jemanden zu verärgern, oder zu enttäuschen. Wenn ich mir, was sehr selten vorkam, in Kindheitstagen etwas zu Schulden hatte kommen lassen, ging ich schon, bevor die Tat ruchbar wurde, zu meinen Eltern, um zu beichten. Mit „Nicht schelten und laut sprechen", leitete ich mein Schuldbekenntnis ein.

Die schlimmste Angst aber war die, dass meine „körperliche Unversehrtheit" leiden müsse. Ich wagte nie etwas im Sport und war überhaupt das glatte Gegenteil einer Draufgängerin. Tenzin Palmo sagte einmal: „Neunzig Prozent von allem, wovor wir uns fürchten, wird nie eintreffen."

Das versuche ich bis zum heutigen Tage zu berücksichtigen, aber es gelingt mir, wenn es ernst wird, nur selten.

Schließlich fuhren wir auf eine Stelle zu, wo die Abbruchstelle so groß war, dass Tuti, der inzwischen am Lenkrad saß, anhielt und der dicke Khampa ausstieg, um die Gefahrenlage einzuschätzen. Ich ging gleich hinterher und kurz darauf traf der zweite LKW mit Dominic ein. Sein Fahrer war ein großer, schlanker, gut aussehender Mann mit einem Goldzahnlachen und schien ein wahrer Fahrkünstler zu sein.

Nach kurzer Besprechung stieg er in unseren Truck und fuhr ihn allein über die Gefahrenstelle. Das Fahrzeug nahm eine solche Schräglage an, dass ich mit dem Schlimmsten rechnete, aber dieser besonnene Mann wusste genau, was er tat und erreichte die andere Seite. Er kam nun zu Fuß zurück, chauffierte seinen eigenen LKW auf sicheren Boden und es ging weiter.

Nach nur kurzer Zeit erreichten wir erneut eine schier unüberwindliche Stelle. Wieder stiegen alle aus und die Beratung dauerte diesmal ziemlich lang.

„Da kommt keiner durch!", meinte Dominic und ich stimmte ihm zu. Zufälligerweise sahen wir aber, hier mitten im Niemandsland, unterhalb der Piste, Lichter, die auf eine Ansiedlung schließen ließen. Auch wir waren bereits bemerkt worden und Leute mit Taschenlampen bewegten sich von unten her auf uns zu. Ihr Anführer erklärte den Khampas, dass sie den steilen Hang hinunter, zu seinem Gehöft, fahren könnten und auf der anderen Seite ginge es auch wieder hinauf. Dominics Fahrer lenkte nun seinen Truck wieder als erster in diesen Abgrund, Tuti folgte ihm und wir gingen den halben Kilometer zu Fuß.

Unten war für heute Endstation. Wir wurden in einen kellerartigen, aber gut beheizten, kleinen Raum geführt, in dem rundum Teppiche und Sitzpolster lagen. Der Hausherr bewirtete uns mit Buttertee und die Tibeter führten eine lebhafte Unterhaltung.

Immer wieder wurde Yakdung nachgelegt und die allmähliche Hitze tat unglaublich gut. Auf dem Ofen stand ein großer Kessel mit einem Deckel darauf und hinter mir erspähte ich eine Blechschüssel, in der eine Menge chapatiartiger Fladen lagen.

Vielleicht war ja nicht nur Wasser in dem Kessel? Oh ja, Fleisch war darin, Fleisch an Knochen, die wir bald, mit den Fladen dazu, abnagen durften. Alle waren glücklich! Wir hatten Essen, es war warm und wir würden hier schlafen, dachte ich.

Genau hier, am Ofen, schliefen wir dann natürlich doch nicht, sondern in einem großen, kalten Lagerraum nebenan. Tuti und die anderen hatten ihre Rollmatrazen vom Truck herunter geholt, Dominic und ich aber packten unsere, anscheinend so kälteresistenten, Schlafsäcke aus und breiteten sie auf dem nackten Betonboden aus, von dem uns nur eine dünne Decke trennte. Dominics Fahrer legte noch zwei fellgefütterte Mäntel über uns und wir schliefen erstaunlich gut.

Am anderen Morgen erwachten wir erst am späten Vormittag.

Die Leute vom Hof hatten schon vor Stunden mit ihrer Arbeit begonnen, versorgten die Tiere und kümmerten sich um die Verarbeitung der Milch.

Immer wieder kam jemand zu uns herein und ich hörte Gekicher. Hier in dieser gottverlassenen Gegend, wo die Bewohner nur die paar Leute kennen, die in der unmittelbaren Umgebung leben, waren wir, besonders Dominic und ich, eine Attraktion.

Ich stand auf und ging hinaus in die Morgensonne. Adler segelten am klaren Himmel, Schafe wurden aus ihrem Gatter hinaus ins freie Land geführt und zwei Pferde, mit buntem, kunstvollem Kopfschmuck, standen in ihren Koppeln.

Ich fragte eine junge Frau umständlich, wo ich denn austreten könne. Sie kicherte, holte zwei Freundinnen und gemeinsam bestiegen wir einen nahen Hügel. In der Hoffnung, die Damen würden sich nun diskret zurück ziehen, zögerte ich eine Weile. Es war aber vergebens, denn das Austreten schien hier durchaus ein Gruppenereignis zu sein und es blieb mir nichts anderes übrig, als alle einstudierten Schamgefühle hinter mir zu lassen.

Im Hof wurde ein Schaf geschlachtet und alle, auch die wenigen Nachbarn, waren gekommen, um zu sehen, was es hier Interessantes gab. Der Kaufmann meines Teams, hatte mit Tuti die Plane des Trucks zurück geschlagen und die Schätze darunter, wurden inspiziert. Es gab alles Mögliche, vom bunt bemalten Tisch, über Wolle, Stoffe, Bonbons, bis zum Butterstampfer und Hosen, auch Suppen, Geschirr und Plastikeimer. Ein wilder Verkauf mit Begutachten und Feilschen begann, was ich zwar hochinteressant fand, aber wir verloren dadurch eine Menge Zeit.

Wieder fuhren wir in die Nacht hinein und der Abstieg über sandige, instabile Serpentinen, war erneut ein Alptraum.

Erst um Mitternacht erreichten wir, nach drei Tagen und nur ca. 250 Kilometern Zagar oder Tsaparang, wie die Tibeter diesen Ort nannten.

Auf der gesamten Strecke war uns nur einmal ein Fahrzeug entgegen gekommen und viel später erfuhren wir, dass diese Piste offiziell längst still gelegt war.

Wir wurden noch von Tuti und dem dicken Khampa, zu einem opulenten Mahl, in einem der Zelte, eingeladen. Danach suchten wir eine Unterkunft, doch wir fanden nichts besseres, als eine Art Militärhotel, mit einem uniformierten Chinesen an der Rezeption.

Das Königreich Guge

Zur Blütezeit des Königreiches Guge, im Mittelalter, glänzte Tsaparang mit Tempeln, Verwaltungsgebäuden und Wohnhäusern der Menschen, die sich hier im Sutlejtal angesiedelt hatten. Im 17. und 18. Jahrhundert aber verfiel alles und es wird spekuliert, ob es zu trocken wurde, oder politische Änderungen, wie der Einfall von Muslimen, dieser Kultur den Todesstoß versetzt hatte. Wir konnten uns nur noch einen Tempel, sowie ein paar Ruinen anschauen, ansonsten wirkte der Ort unfreundlich und chaotisch.

Chinesisches Militär war präsent und Wanderarbeiter, die im Straßenbau beschäftigt waren, trieben sich herum. Die Tibeter lebten vom Handel in Zelten, wo man auch zu Essen bekam.

Nach Tholing, dem Sitz der einstigen Könige, waren es um die zwanzig Kilometer und wir beschlossen, diese Distanz, am nächsten Tag, zu Fuß in Angriff zu nehmen. Wir wollten uns unbemerkt alles anschauen, uns Zeit lassen und deckten uns dem entsprechend mit Nahrungsmitteln ein.

Das Sutlejtal lag etwa tausend Meter tiefer als die Kailashregion und war deshalb wesentlich wärmer. Gelblich sandige Faltengebirge säumten beidseitig das breite Flusstal. Die Landschaft hatte sich völlig verändert und glich eher den Bildern, die ich vom Grand Canyon in den USA im Kopf hatte, als Tibet, wie ich es bisher kannte.

Wir marschierten immer entlang der Piste, wo uns gelegentlich ein LKW überholte. Hier war es so trocken, dass wir sicherheitshalber eine Menge Trinkwasser mit uns führten. Der Fluss führte nur ganz wenig Wasser und lag viel zu weit von unserer Piste entfernt. Ob wir bei unserer Wanderung auf eine Quelle oder sonst ein Rinnsal stoßen würden, war ungewiss.

Die Sonne schien kraftvoll auf uns herab und ich zog zuerst meine Kirgisenkappe, dann auch die Jacke aus. Neben hab verfallenen Tschörten, sah ich immer wieder Höhlen an den Hängen liegen. Plötzlich erschien nach einer Wegbiegung in der Ferne ein hoher, kegelartiger Berg, der auf der Spitze bebaut zu sein schien.

„Thöling", rief Dominic, der schon weit voraus war, und wies auf den Berg. Die Piste schlängelte sich, aber wir näherten uns dem Ziel kaum.

„Lass uns querfeldein gehen, auf der Piste nimmt das kein Ende," schlug er nach einer Weile vor. Wir versuchten es, aber der Luftlinienweg führte in eine Schlucht hinab, dann wieder steil bergauf, wieder in eine Schlucht und so ging das weiter. Wir waren hier in einer faltenartigen Landschaftsstruktur und mussten wieder zurück zur Piste, die doch der kürzeste Weg war.

Die Sonne stand bereits recht tief, als wir die Farbstrukturen im Berg allmählich als Ruinen, Höhleneingänge, Stufenwege und Tempel unterscheiden konnten. Die Abendsonne beleuchtete den gelblichen Sandstein und wir näherten uns einem mächtigen Tor.

Kein Mensch war weit und breit zu sehen und der wie vergoldete, unzugängliche, etwa 200 Meter hohe Berg stand so unwirklich vor uns, als müsse er gleich wieder verschwinden, wenn man kurz die Augen schließen würde.

Mit dieser Schönheit hatten wir nicht gerechnet, aber ebenso hatten wir nicht gewusst, dass der ganze Berg von einer hohen Mauer umschlossen war. Das repräsentative, zweiflüglige Tor, mit einem Flagpol daneben, schütze vor allen Eindringlingen, auch vor uns.

Dominic war so beeindruckt, dass kein Ärger aufkam. Wir bauten unser Zelt in der Nähe des Tores auf und bereiteten erst einmal unser Abendessen zu.

Am nächsten Morgen standen wir bereits sehr früh wieder vor dem Tor.

„Lass uns an der Mauer entlang gehen, irgendwo werden wir ein Loch finden. Wir sind ja hier in Tibet," grinste mein Gefährte.

Und genau so war es. Zuerst mussten wir, über loses Gestein, in eine Höhe von etwa drei Meter, klettern, uns dort durch eine ziemlich kleine Lücke hindurch quetschen und drinnen waren wir.

Im unteren Bereich lagen, auf verschiedenen Ebenen, die verschlossenen Tempelanlagen. Wir hatten gehört, dass zur Zeit der Kulturrevolution sogar hier, im hintersten Westtibet, einiges zerstört worden wäre, aber dennoch könnte man im Weißen Tempel noch erstaunliche Fresken anschauen. Leider waren die Tempel verschlossen. Wir stiegen entlang ausgetretener Wege langsam höher. Die aufgerichteten Wohnhäuser- und Höhlen der Bewohner, Mönchen und Weltlicher, unterschieden sich kaum vom natürlichen Untergrund. Was war Berg, was ehemals eine Lehmmauer?

Auch jetzt, am helllichten Tag, wirkten die verlassenen Überreste von einstigem Leben ein bisschen unheimlich. Hier mussten sehr viele Menschen, bis vor etwa dreihundert Jahren, gelebt haben und jetzt nur noch diese Stille!

Wir waren hier nicht nur in einer anderen Welt, sondern auch in einer anderen Zeit, Eindringlinge auf jeden Fall. Durften wir das?

Stetig wanderten wir bergauf, bis wir vor einem höhlenartigen Eingang standen. Drinnen hatte man einst Treppen in den Berg geschlagen, die weiter steil nach oben führten. Es wurde dunkler und ich nahm die Taschenlampe zu Hilfe. Der Weg führte durch den Berg hinauf zum Gipfel. Konnte ich aber diesem uralten Tunnel vertrauen? Wirkte dieser Sandstein nicht ohnehin sehr fragil? Wenn er einstürzen würde, wer würde uns finden? Niemand wusste, dass wir hier waren.

Aber alles ging gut und nach ein paar Minuten standen wir ganz oben, vor dem Sommerpalast des Königs Jeshe Ö. Ein starker Wind ließ die Gebetsfahnen flatterten. Säulenartige Zylinder aus Blech, mit einem Dreizack gekrönt, drehten sich klappernd an den vier Ecken des flachen Daches. Der Blick ins weite Tal entschädigte für alle Mühen. Die Landschaft hatte etwas Liebliches, obwohl die Trockenheit kaum Vegetation zuließ. Gegenüber auf einem Wall entdeckten wir weitere Ruinen, einen großen Tschörten und wie ein Wunder, einen einzigen Baum. Der Sutlej führte hier kaum noch Wasser und außer ein paar weidenden Schafen oder Ziegen gab es keinerlei Anzeichen von Leben, alles war wie ausgestorben.

Wir verbrachten eine weitere ruhige Nacht und wollten nun die Umgebung erkunden.

Überall fanden wir Reste der alten Zivilisation, Tschörten und Ruinen. Weiter oben an Berghängen lagen zahlreiche Höhlen, die wir uns näher anschauten. Es handelte sich dabei um Grabstätten verdienter Lamas, was wir an den vielen Tsa-Tsas, die wir in jeder Höhle vorfanden, erkannten.

Als wir die erste Höhle betraten, dachten wir, in den Nischen und der offenen Grabkammer an der Rückwand der Höhle, lägen Berge von feigengroßen Steinen herum, aber bei genauer Betrachtung sahen wir, dass jeder vermeintliche Stein, in Wahrheit, ein aus Lehm gebrannter, reliefartiger Buddha war.

Dieser Höhle glichen auch die anderen und wir hatten es mit tausenden von mehr oder weniger gut erhaltenen Buddhas zu tun. Wie alt waren die Tsa-Tsas? Mindestens dreihundert Jahre alt, wahrscheinlich aber viel älter, vielleicht fünfhundert oder gar tausend?

Ich hielt einen kunstvoll gearbeiteten, stehenden, kleinen Buddha in der Hand, der mich an indische Statuen erinnerte und dachte an den Menschen, der einst dieses Häufchen Ton in eine Messingform gedrückt hatte. So nah hatte ich mich selten einer so weit zurückliegenden Zeit gefühlt, es hatte etwas unmittelbares, menschliches.

Zu Mittag kochten wir gerade eine Suppe vor dem Zelt, als sich zwei Personen vom Tal her, auf uns zu bewegten.

Der Ältere wirkte ziemlich zerlumpt und war, wie sich bald herausstellte, ein Pilger von weit her. Der andere Tibeter hielt einen großen Schlüsselbund in der Hand und erklärte uns, es wäre seine Aufgabe, Besucher hier herum zu führen. Tibetische Pilger könnten die Anlage kostenlos besichtigen, wir aber bräuchten eine Eintrittskarte, die wir in Tsaparang für 50 Dollar kaufen müssten.

Wir erklärten ihm, dass wir arm wären, zu Fuß unterwegs und nun in diesem Zelt schlafen würden. Das leuchtete ihm irgendwie ein, denn Ausländer kamen sonst mit dem Geländewagen und hatten kaum zwei Stunden Zeit für die Besichtigung. Er staunte über den Gaskocher und nahm eine Tasse Tee.

Als er dann mit dem Pilger zum Tor ging, drehte er sich um und winkte uns zu sich. Wir hatten natürlich nicht erwähnt, dass wir am Vortag schon im Inneren waren und dankten ihm nun für seine Freundlichkeit. Vor dem Weißen Tempel suchte er den nächsten Schlüssel und wir durften mit dem Pilger hinein.

Die Fresken aus dem fünfzehnten Jahrhundert waren ziemlich gut erhalten. Wieder wunderte ich mich über den Stil, der mich erneut an Indien erinnerte, schmale, feminine Figuren mit Taille und langen schlanken Fingern. Es handelte sich dabei um den Kashmir Stile, einzigartig auf tibetischem Boden, wie ich später nachlesen konnte.

Auch den Roten Tempel durften wir betreten. Hier war viel zerstört worden. Riesigen Buddhastatuen hatten die Rotgardisten die Nase oder andere Teile des Gesichts abgeschlagen, viele der Nischen waren leer.

Wir bedankten uns sehr bei unserem Führer und mussten aber versprechen, bald wieder zu verschwinden. Unsere eigenmächtige Anwesenheit war bei den Chinesen so nicht vorgesehen und man wüsste nie, wann die nächste Gruppe im Landcruiser vorfahren würde.

Wir hatten alles gesehen und marschierten anderntags zurück nach Tsaparang. Es war bereits Ende Oktober und von Lhasa trennten uns fast zwei tausend Kilometer. Wir waren ja noch nicht einmal in Ali! Erst dort könnten wir nach Lhasa fragen.

Schließlich fanden wir heraus, dass die Chinesen öfter Arbeitertransporte nach Ali organisieren würden und versuchten in einer Lagerhalle, in die man uns geschickt hatte, unser Glück.

Ein junger Fahrer, mit der schlechten Gesichtshaut eines Kettenrauchers, lehnte unser Anliegen gleich auf ruppige Art ab. Er wirkte so unsympathisch, dass ich fast froh darüber war.

Nun probierten wir es in den tibetischen Zelten, aber auch hier gab es keine Möglichkeit.

Am nächsten Tag standen wir erneut in der Lagerhalle und versuchten den üblen Kerl mit guter Bezahlung zu ködern. Er zeigte sich zunächst wieder ungehalten, konnte aber der Verlockung letztlich nicht widerstehen.

Bei der Abfahrt wollte er uns zu den Arbeitern auf die offene Pritsche laden, aber bei der Bezahlung bestand Dominic auf zwei Plätzen im Führerhaus.

Der Truck war in desolatem Zustand und ständig musste repariert werden. Ohne jegliches Gefühl für das Fahrzeug und ohne an die Verantwortung gegenüber seiner menschlichen Fracht zu denken, donnerte der Chinese über die holprige Piste. Später ging es über eine Steilwiese einen Abhang hinunter. Als ich nur noch den Himmel vor mir sah, stieß ich Schreie aus. Dominic schimpfte, aber das beeindruckte diesen Ignoranten keineswegs. Die anderen Mitreisenden schienen sehr eingeschüchtert und wagten nicht aufzumucken.

Wie bei Tuti, ging auch jetzt, als wir den nächsten Pass zu erklimmen versuchten, ständig der Motor aus. Die Fahrt zog sich sehr in die Länge und wir hatten viel zu wenig Wasser und Essen dabei.

Gegen Mitternacht tauchten dann plötzlich die Lichter von Ali in der Ferne auf, aber vielleicht fünf Kilometer vor dem Ziel, ging auch noch der Sprit aus.

Mein Gefährte tobte, kletterte auf die Pritsche zu den schlafenden Arbeitern und warf unsere Rucksäcke herunter. Wir liefen in Richtung der Lichter los, was in dem weichen Sand ziemlich beschwerlich war.

Mit der Zeit verloren wir die Fahrspur und meine schlimmste Befürchtung, unvermittelt vor einem Fluss zu stehen, traf prompt ein. Dominic war nun auf dem Höhepunkt seines Zorns, beschimpfte mich, weil ich natürlich wie ein Hase gewartet und überhaupt einfach keinen Mumm hätte. Ich wollte ihn jetzt auf keinen Fall verlieren, weil man ja auch noch mit streunenden Hunden vor der Stadt rechnen musste und folgte ihm durchs knöcheltiefe Wasser.

So gegen zwei Uhr morgens erreichten wir Ali und wurden tatsächlich noch im Hotel eingelassen. Dieses Etablissement hatte den Charme eines verkommenen Rohbaus, überall lag Müll und eine Toilette suchte ich vergebens. Das kannten wir zum Glück schon und wussten, irgendwo in der Straße musste es ein öffentliches Häuschen geben. Wir fanden es am nächsten Morgen und es war noch viel schlimmer, als ich erwartet hatte.

Unsere erste Mission war der Gang zur Polizeiwache und tatsächlich, da stand sie leibhaftig vor uns: Miss Deki, die Polizistin, von der uns die Japaner in Pakistan, vor wie vielen Wochen?, gefühlt: Jahren! erzählt hatten. Und tatsächlich, wir erhielten die Visa Extension!

Ali glich einer Bastion in der Wüste. Ein hässlicher Betonbau am anderen säumte die Hauptstraße. In einem Government Shop konnten wir alles Nötige kaufen. Es gab auch andere Läden, zwei, drei Restaurants, einen Friseur und eine öffentliche Badestube. Dort roch es nach Moder und Desinfektionsmittel, aber ich hatte mich schon so lange nicht mehr richtig gewaschen und meine Haare sahen geradezu haarsträubend aus, dass ich mir ein Billett kaufte.

Als mir das warme Wasser über den Rücken lief, kamen eine ganze Menge Lebensgeister zurück. Dominic lag trübsinnig in seinem Bett, als ich das schreckliche Hotelzimmer betrat.

„Gut siehst du aus," lächelte er kraftlos.

Wir hatten schon in Tholing davon gesprochen, dass das Haus auf dem Schoren, dem Platz von dem wir vor ein paar Monaten aufgebrochen waren, nicht eben der schlechteste wäre.

„Weißt du, wenn ich noch einmal Energie für diesen Platz aufbringe, dann nur, wenn es unser eigener ist", eröffnete er mir.

„Wir könnten dem Hasmüller ein Angebot unterbreiten", entgegnete ich. „Er verkauft es uns bestimmt und ein Teil des Geldes haben wir."

„Ich würde die Scheune umbauen und du könntest die bisherige Wohnung nehmen. Wenn jeder sein eigenes Reich hätte, dann könnten wir sicher zusammen leben", ereiferte er sich.

Beide waren wir so ausgelaugt, dass wir ins Träumen kamen. Von einem neuen Dach und einem Bad war die Rede und sogar ich war zu verbraucht, um jetzt schon wieder mitzurechnen. Nein, ich sah vor meinem geistigen Auge, wie schön das alles werden würde, sah den Garten, die Blumen ums Haus und wollte mir nicht vorstellen, mit welcher Art von Arbeit wir das umsetzen könnten.

Er sprach auch von einer Eisenbahn, einem Hund, einem Aquarium, einem Tempel und von vielem mehr. Ich überlegte, ob wir uns dann auch gelegentlich sehen würden?

„Du könntest im April zurückfliegen", hörte ich ihn weiter fantasieren, „mit dem Hasmüller sprechen und wenn er einen passablen Preis nennt, gleich alles unter Dach und Fach bringen. Ich komme dann auch zurück. Wenn das nicht gleich klappt, dann komme ich im September."

Darüber wunderte ich mich.

In dieser trostlosen Stadt galt es nun den Weitertransport nach Lhasa zu organisieren. Die besser befahrene Nordroute, lag nun mit ihren 1700 km vor uns. Wir mussten eine Mitfahrgelegenheit finden, denn hier in Ngari gab es nun mal gar kein öffentliches Verkehrsmittel.

Ich fragte überall, aber keiner schien in unsere Richtung aufbrechen zu wollen. Arme und reiche Chinesen lebten hier, arme und reiche Tibeter und dazwischen sah ich muslimische Uiguren, die mit ihren weißen, gestickten Kashgarkäppis auf den rasierten Schädeln ihr Shishkebap brieten.

Vom Stadtrand näherten sich weltfremde, langzöpfige Hirten in Schaffellmänteln und Fuchspelzmützen, die von irgendeiner schwindelnden Höhe ihre Schafherde nach Ali trieben. Die Uiguren standen bereits an der Brücke und schauten die Tiere abschätzig an.

Vor dem Government Shop hatten sich bereits die Frauen der Hirten eingefunden. Sie lachten mir in ihren farbenfrohen, fellgefütterten Filzumhängen zu. Auch wenn sie die typischen gewebten, bunten Schürzen der Tibeterinnen trugen, erinnerten sie eher an Indiofrauen aus Südamerika.

In meiner Not betrat ich den Friseursalon und fragte, ob hier jemand nach Lhasa fahren würde.

Eine aufgetakelte, junge Chinesin, die gerade geföhnt wurde, drehte sich kurz in meine Richtung und bejahte. In zwei Tagen würden sie fahren, nannte dann einen Preis und wollte am liebsten gleich eine Anzahlung.

Abends gingen Dominic und ich in das von ihr bestimmte Restaurant und lernten ihren zwielichtigen Freund kennen. Wieder hatten wir keine Wahl und übergaben der Frau die Anzahlung mit einem unguten Gefühl und traten den Rückweg ins Hotel an.

Unterwegs holte uns ein großer Tibeter mittleren Alters ein. Er hatte unser Gespräch mit den Chinesen mit angehört und meinte nun, das wären schlechte Menschen, die uns betrügen wollten. Wir glaubten ihm sofort, denn er machte einen seriösen, vertrauenerweckenden Eindruck. Wir erklärten ihm unsere Notlage, worauf er antwortete, auch er würde übermorgen in seinem Geländewagen nach Lhasa aufbrechen und hätte noch Platz, falls unsere Papiere in Ordnung wären. Das gefiel uns wesentlich besser. Zu dritt gingen wir zurück in das Restaurant und seltsamerweise rückten die Chinesen unser Geld gleich wieder heraus.

Bei der Verabschiedung im Hause des Fahrers, es war der erste November, legte uns seine Frau zu unserem Schutze, weiße Schals, Kathas genannt, um.

Wir waren insgesamt sechs Personen, der Fahrer und sein tibetischer Freund vorne und auf der Rückbank saßen neben Dominic und mir noch zwei Chinesen. Obwohl die ziemlich schmal waren, fühlten wir uns reichlich eingequetscht, waren aber sehr glücklich, dass es endlich wieder in die Zivilisation gehen sollte. Das Fahrzeug schien gepflegt, die Piste eine ebene weite Fläche und es ging gut voran.

Gegen Mittag tranken die Tibeter Bier aus braunen Glasflaschen, die sie nach Gebrauch kurzerhand aus dem Fenster warfen und beim Aufprall begeistert lachten.

In einer kleinen Ansiedlung aßen wir Tukpa, die gute Nudelsuppe. Neugierig lugten ein paar schmutzige Kinder zu uns herein und deuteten auf unsere Schüsseln. Ich zeigte dem Jungen, dass ich nur noch Brühe hätte. Da lächelte er mir zu und nickte zustimmend. Er zog eine Plastiktüte unter seinem Pullover hervor und streckte mir diese zu.

„Der will doch sicher nicht die Brühe", sagte ich zu Dominic.

„Doch", antwortete er und als ich diese in die Tüte geleert hatte, schien der Beschenkte überglücklich und rannte mit seinen Kollegen davon.

Ich war fassungslos! Natürlich hätte ich den Kindern eine ganze Suppe bestellen sollen, aber damals war ich einfach nicht geistesgegenwärtig genug.

Später tranken die Tibeter wieder Bier und lachten deutlich angeheitert, was mir gar nicht gefiel. Nach einem Fahrerwechsel schlief der Ältere ein wenig und es wurde allmählich dunkel. Der Mond beleuchtete die nahen Berge und Sterne blitzten.

Plötzlich bremste der Wagen scharf und als ich aufsah, sprang ein mächtiger Schneeleopard, von rechts kommend, in die Fahrbahn. Erschrocken wendete er seinen Kopf in unsere Richtung und für Bruchteile einer Sekunde, schaute ich diesem geheimnisvollen Wesen in die Augen. Allen entfuhr ein staunendes Oh!,

„Saa,"(tib. für Schneeleopard) entfuhr es unserem Fahrer.

Woouu!, das war eine Erscheinung, so ein elegantes, muskulöses Tier! Und so ein Glück! Wie selten gelingt einem Menschen diese Begegnung.

Wir fuhren die ganze Nacht und machten erst am nächsten Morgen wieder Pause für ein Frühstück. Während der gesamten Fahrt befanden wir uns auf über vier tausend Metern Höhe und es gab keinerlei Vegetation.

Nachdem wir längere Zeit an einem See entlang gefahren waren, erhob sich in der Ferne eine Art Fontäne. Heiße Quellen, verstanden wir nach etlichen umständlichen Erklärungsversuchen.

Die klare Luft hier oben auf dem Dach der Welt musste für die intensiven Farben sorgen, dachte ich. Waren das Mineralien und Metalle, die die Berge in so unwirklicher Patina erscheinen ließen? Gegen Abend steuerten wir einen Truck Stop an und ich war sehr erleichtert, mich in ein Bett legen zu dürfen.

Am dritten November, am frühen Abend, erreichten wir nach einem Monat Ngari, endlich Lhasa. Wir hatten 1780 Kilometer Piste in nur drei Tagen und einer Nacht zurückgelegt.

Im Restaurant des Banakshol Hotels bestellten wir nun Vegi Burger mit Pommes und Salat und danach ging jeder völlig erschöpft in sein Einzelzimmer.

Dominic wollte nicht mal mehr mit mir zusammen rauchen, das tat er lieber allein. Nach all dem, was wir zusammen erlebt hatten!

Alle unserer Bekannten waren inzwischen abgereist und wir konnten zunächst niemandem von unseren Heldentaten berichten.

Tashi, die Hotelangestellte, fragte mich allerdings, wo wir gewesen wären, als ich meine Hose in die hauseigene Wäscherei gab. So eine schmutzige Hose hätte sie noch nie bekommen. Stolz antwortete ich: „Kang Ripoche," worauf sie staunend die Augenbrauen nach oben zog.

Dominic hatte ihr vor unserer Abreise etwas Englischunterricht erteilt, aber es war eher aussichtslos mit ihr. Sie führte stets ein kleines Heftchen, einen Sprachkurs Chinesisch- Englisch für Anfänger, in ihrer Schürze mit sich. Eine glückliche Zukunft sah sie für sich nur im Tourismus, aber sie konnte sich kaum ein Wort dieser fremden Sprache merken und die Aussprache war ganz schlimm.

Mit meinem Chinesisch verhielt es sich vermutlich genau so. Wenn ich in einem Restaurant etwas zu sagen versuchte, wurde ich, wenn überhaupt, erst nach mehrmaligen Wiederholungen verstanden. Dann aber freuten sich alle, einerseits weil das sicher komisch klang, andererseits aber auch, weil sich nur wenige Touristen mit ihrer Sprache befassten.

Nach allem, was in den letzten Wochen vorgefallen war, genossen wir beide den Komfort, das Essen und besonders die wiedergewonnene Freiheit.

Jeder ging eigener Wege und abends erzählten wir uns dann doch, was man so erlebt hatte.

Ich unternahm wieder mehrere tägliche Runden auf dem Barkhor, das war immer unterhaltsam.

Mit dem Bus fuhr ich zum zehn Kilometer vor der Stadt gelegenen Kloster Drepung. Es war anfangs des 15. Jahrhunderts von Gelupka Mönchen erbaut worden und entwickelte sich zum einflussreichsten und größten aller Staatsklöster mit angeschlossener Universität. 1959 sollen über zehn tausend Mönche dort gelebt haben.

Die ausgedehnte Anlage wurde zur Zeit der Kulturrevolution kaum beschädigt und strahlte altehrwürdige Spiritualität aus. Etliche Pilger wanderten zum Tempel hinauf und die meisten der siebenhundert Mönche, die inzwischen wieder hier lebten, schienen recht jung. Die massiven, festungsartigen Bauten waren aufwändig restauriert worden, vermutlich um aller Welt zu zeigen, wie sehr China die tibetische Kultur respektiert.

Die Herbstsonne wärmte auch jetzt noch und ich beschloss, zum Hügel, direkt über dem Kloster, hinauf zu wandern. Ich konnte die mit Buddhas bemalten Monolithe schon von unten erkennen und wollte sie näher betrachten, außerdem die Aussicht aufs Kloster und ins Tal genießen und vielleicht eine Zigarette rauchen.

Ein Stück unterhalb der bemalten Steine, befand sich eine Art Verschlag aus Blechtafeln, alten Brettern und einer Armeeplane obendrauf. Über den großen Fels dahinter war weiße Farbe gekippt worden, die in Rinnsalen nach unten gelaufen war. Dies hatte ich schon öfter gesehen und schien eine religiöse Bedeutung zu haben.

Links neben dem Verschlag hatte jemand in bunten Farben das Mantra „Om Mani Padme Hum",in tibetischer Schrift, auf den Fels gemalt. Vor dem Eingang lagen zwei Töpfe, Schachteln, eine leere Pepsiflasche. Größere Steine waren, wie zum Sitzen, davor aufgeschichtet.

Als ich mich näherte, hörte ich Frauenstimmen und da kam auch gerade eine junge Nonne zum Eingang heraus. Sie lächelte mich an und wandte sich kurz nach hinten, vermutlich um mich anzukündigen.

Wenig später schlüpften zwei weitere Nonnen heraus. Wir begrüßten uns höflich und setzten uns auf die Steine. Die älteste ging nochmals ins Innere und kam mit einer der typischen, chinesischen Zwei Liter Thermoskannen heraus.

Man bot mir zu trinken an und es war noch nicht einmal Tee, sondern warmes Wasser. Zum Glück hatte ich Kekse mitgenommen, die wir nun gemeinsam essen konnten.

Mit Gesten fragte ich, ob sie hier wohnen, bzw. schlafen würden, worauf sie kicherten und nickten. Das war unfassbar! Was für eine Armut! Diese drei Frauen waren vermutlich völlig ihrem Schicksal überlassen. Die jungen Mönche hatten unten im Kloster alles: Schlafplätze, eine Küche und die Möglichkeit zu einer Ausbildung und diese Nonnen lebten hier oben wie die Hunde. Oft schon hatte ich davon gehört, dass in Tibet Nonnen keine Rechte hätten, aber was ich hier mit eigenen Augen sah, überstieg meine Vorstellung.

Dennoch lachten die Frauen und schienen zufrieden. Zum Abschied legte mir die ältere eine Katha um und wir posierten für ein Foto, auf dem die hübsche Pema den Arm um mich legte.

Für Shigatse, die zweitgrößte Stadt Tibets wollten wir uns etwas Zeit nehmen.

Zuerst besuchten wir das Tashilunpo Kloster, den Sitz des Panchen Lama, der in der spirituellen Hierarchie gleich nach dem Dalai Lama kommt. Die hohen Würdenträger wurden traditionell nicht willkürlich eingesetzt, sondern, anhand von Zeichen, oder dem Staatsorakel, bereits als Kinder gefunden. Die Inkarnation des letzten Panchen Lama wurde vor der Inthronisierung von den Chinesen gefangen genommen und lebt seither an einem verborgenen Ort in China. Um die Kontrolle zu behalten, setzten sie dann ein anderes Kind, an dessen Stelle, ein. Wir hatten auch gehört, dass viele der Mönche korrupt wären und Pilger, sowie Touristen, aushorchen wollten. Natürlich waren wir skeptisch, als wir die mittelalterlichen Gemäuer betraten.

Im Aufbau ähnelten sich alle Klöster, aber diese alte Klosteruniversität, die einmal bis zu sieben tausend Mönche beheimatet hatte, war eine der schönsten. Wie alle Klosteranlagen war auch Tashilunpo an einen Hang gebaut und wir mussten zuerst die unteren Gassen, mit weißgetünchten Gebäuden, in denen die Mönche untergebracht waren, durchqueren. Weiter oben schauten höhere Gebäude U-förmig auf einen gepflasterten Innenhof. Auf allen drei Stockwerken gab es Galerien, die von runden, verzierten Stützsäulen, getragen wurden. Andere Häuser schmückten Holzbalkone in bunten Farben und über den trapezförmigen Fenstern durfte ein in Rüschen gefasster Stoffabschluß nicht fehlen.

Die Tempel zuoberst waren vermutlich erst vor kurzem restauriert und fertiggestellt worden. Mit einer Kombination aus terrakottafarbig getünchten Wänden, darüber dunkelbraunen Elementen mit weißen Fensterabschlüssen und obendrauf die goldenen Dächer, war das nicht nur eine perfekte Farbgebung, sondern wirkte auf den Betrachter geradezu ehrfurchtgebietend. Die Stufung vom Irdischen ins Göttliche, besser könnte man das nicht darstellen!

Wir erreichten schließlich die Maitrea Halle, in welcher der 26 Meter hohe, vergoldete Buddha stand.

Er war in Brokatstoff gehüllt, aber die vielen Diamanten, Edelsteine und Korallen konnte ich doch erkennen.

Auch Tashilunpo wurde von den Pilgern großräumig im Uhrzeigersinn umrundet und ich schloss mich dem Zug, hinauf auf den Hügel, an. Oben lagen ein paar streunende Hunde in der Sonne und und die Gläubigen drehten die großen, in einer langen Reihen aufgestellten Gebetsmühlen, im vorbei gehen. Aus säulenartigen Öfen stieg Wacholderrauch zu Ehren der Buddhas in den klaren blauen Nachmittagshimmel.

Der Umrundungspfad führte an einem bemalten Fels vorbei, auf dem die Grüne und die Weiße Tara, sowie der bedrohliche Makkala, dargestellt waren. Ein Stück weiter stand ein alter Mann kurz vor der Vollendung eines Sakyamuni Buddha und ich konnte am Stil erkennen, dass dieser Künstler auch die anderen gemalt hatte.

Im Tenzin Hotel hätten wir es gut ausgehalten, wenn es, sobald die Sonne untergegangen war, nicht sofort so dermaßen kalt geworden wäre. Wir hatten nur die Möglichkeit unten in der Gaststube zu sitzen, oder uns im Zimmer unter mehreren Decken zu verkriechen.

Die Suche nach einer Mitfahrgelegenheit zur nepalesischen Grenze hatte begonnen und schien sich wieder in die Länge zu ziehen. Inzwischen war es Mitte November und öffentliche Busse verkehrten schon eine Weile nicht mehr.

Die Frau vom Hotel meinte, es würden immer wieder Geländewagen fahren und sie wolle sich umhören.

Ein junger Tibeter, der fürs Hotel arbeitete, leistete uns abends, wenn wir unseren Tee tranken, oft Gesellschaft und taute zunehmend auf.

„We live under the gun", sagte er eines Abends und dass er 25 Tage im Gefängnis gesessen wäre. Man hatte ein Foto von ihm gefunden, das während seines siebenjährigen Indienaufenthaltes entstanden war. Darauf saß er in einem Sessel und hinter ihm konnte man ein Dalai Lama Bild erkennen. Nun wurde er gefragt, warum er es aufgehängt hätte, ob er glauben würde, der Dalai Lama wäre der Führer Tibets. Nein, hatte er geantwortet, er hätte es aufgehängt, weil der Dalai Lama ein friedlicher Mensch wäre. Dann wurde er nach seiner Familie befragt, ob ihm die Mutter wichtiger wäre, oder der Bruder? Die Mutter, die er mit drei Jahren verloren hatte, arbeitete in einer Behörde und der Bruder galt als Querulant. Der junge Tibeter antwortete trotzdem, der Bruder wäre ihm näher, weil er ihn gefüttert hätte. Schließlich bot man ihm Geld an, wenn er regelmäßig berichten würde, was die Hotelgäste, vor allem auch die Ausländer, erzählen würden. Er lehnte dies ab und musste dann die 25 Tage im Gefängnis bleiben, was für ihn eine schlimme Erinnerung war.

Der schönste Platz des Hotels war die Dachterrasse am Nachmittag, wenn die Sonne noch immer etwas Wärme verbreitete. Oft ging ich hinauf, um zu schreiben, oder nur hinunter auf die Altstadt und das gegenüberliegende Kloster zu schauen.

Der Markt hier erinnerte mich sehr an unsere Rundgänge auf dem Barkhor. Die zahlreichen Pilger fanden hier, was sie ihren Liebsten daheim mitbringen konnten und Dominic und ich stöberten wieder bei den Antiquitäten herum. Mein Rucksack war durchaus schon schwer genug, aber bei zwei silbernen Butterlampen konnte ich nicht widerstehen. Die würde ich später vor das Thanka stellen und so hätte ich dann einen kleinen Hausaltar.

Dominic fand mehrere alte Messingformen, mit welchen einst Tsa Tsas, wie wir sie in Guge gesehen hatten, hergestellt wurden. Er entschied sich für drei davon und würde dann schon sehen, was genau er damit anfangen würde.

Am selben Abend klagte er über Halsschmerzen, später bekam er Fieber. Noch am Nachmittag hatte er verkündet, wir würden auf jeden Fall zusammen bleiben und jetzt war er schon wieder übellaunig und ich fühlte mich, als wäre ich das größte Unglück seines Lebens.

Als ich ihn einmal gefragt hatte, warum er eigentlich mit mir zusammen wäre, antwortete er, weil ich der einzige Mensch wäre, der ihn ertragen würde.

„Letztlich ist es nicht gut, allein zu sein," fügte er noch hinzu.

Ob ich mit solch einem Menschen ein Haus kaufen würde, war längst nicht mehr sicher. Es konnte nicht sein, dass einem der eigene Partner dauernd klein und meinungslos macht.

Mit Hilfe der Hotelchefin konnten wir eine Mitfahrgelegenheit im Landcruiser für jeweils 350 Yuan pro Person vereinbaren.

Bereits um sieben Uhr morgens standen wir, wie vereinbart, voll bepackt vor dem Hotel. Shigatse lag immer noch auf 3800 Metern und wir mussten uns ständig in Bewegung halten, weil es so früh am Morgen bitter kalt war. Es kam keiner, nicht um halb acht, nicht um acht.

Um halb neun gingen wir dann wieder entmutigt und übellaunig ins Bett. Ich hatte jetzt auch Fieber und der schneidende Wind auf der Dachterrasse trieb mich am Nachmittag gleich wieder ins Zimmer.

Wenn Dominic und ich uns begegneten, wussten wir nicht, was wir sagen sollten und dann kam prompt das Falsche heraus.

Er hätte Kraft von mir gebraucht und ich von ihm, aber wir waren beide so verbraucht, dass wir einander nicht helfen konnten. Es war höchste Zeit hier weg zu kommen.

Am späten Nachmittag fuhr der Landcruiser vor und der chinesische Fahrer erklärte der Hotel Managerin, dass sie noch nicht alle Papiere zusammen gehabt hätten, jetzt wäre alles OK und morgen würden wir starten.

Auch ich sah den Formalitäten beim Grenzübertritt mit Sorge entgegen, denn das Permit von Miss Deki, war nur die Berechtigung für Tibet. Grundsätzlich brauchte der Reisende aber ein gültiges Visum für China, (welches wir in Pakistan erhalten hatten) und das war bei uns, seit fast zwei Wochen abgelaufen.

Der Landcruiser war eigentlich bereits voll, als Dominic und ich uns noch dazu quetschten.

Außer dem Fahrer saßen noch vier weitere Chinesen im Wagen, drei Männer und eine Frau. Sicher handelte es sich bei den Reisenden um systemtreue Bürger, die vielleicht sogar dienstlich unterwegs waren.

Zunächst erreichten wir Lhatse, den Ort, wo wir mit Ken und Chiro unsere Tramptour nach Westtibet begonnen hatten. Das war erst vor ca. acht Wochen gewesen, kam mir aber vor, wie eine Ewigkeit.

Wir durchquerten Tingri, die Touristenbasis für Mount Everest Gruppen. Dort aßen wir zu Mittag und kamen dem höchsten Berg der Welt ziemlich nah. Der international bekannte Ort, war aber doch nur ein ärmliches Kaff, besonders jetzt, wo keine Berggruppen mehr anwesend waren.

Der für Tibeter heilige Berg wirkte unnahbar, riesig und wie nicht mehr zu dieser Welt gehörig. Ich konnte nicht begreifen, warum so viele Menschen da hinauf wollten.

Bei der Weiterfahrt verloren wir allmählich immer mehr an Höhe. Es ging abwärts, stetig abwärts. Ich saß in der Mitte hinten und konnte die Umgebung nicht immer gut sehen. Plötzlich gab es wieder Vegetation, zuerst Büsche, dann die ersten Bäume.

Allmählich fuhren wir durch Wald, was zwiespältige Gefühle in mir auslöste. Der Friendship Highway verlief entlang einer Schlucht und hatte, mit dunklem Nadelwald, etwas Heimatliches, aber auch Beengendes. Im tibetischen Hochland waren wir dem Himmel so viel näher gewesen. Zhangmu, die Grenzstadt auf chinesischer Seite, lag nur noch auf 2300 Meter.

Seit Shigatse waren wir 1500 Höhenmeter abwärts gefahren.

Zwischen Kathmandu und Darchen am Mt Kailash lag ein Höhenunterschied von 3500 Meter, kein Wunder, dass so viele Reisende, ohne Akklimatisierung, die Höhenkrankheit bekamen.

Als wir den Grenzposten erreichten, war es bereits dunkel. Der Schlagbaum war unten und die beiden Soldaten im Häuschen, schienen uns nicht bemerken zu wollen. Wir hielten unsere Papiere bereit und warteten geduldig, nichts geschah.

„Die wollen uns zeigen, wie mächtig sie sind. Mit mir nicht!", maulte Dominic, stieg aus und klopfte ans Fenster. Ein Soldat öffnete sichtlich verärgert, stieß ein paar Beschimpfungen aus und deutete an, dass wir zu warten hätten.

Meine Mitreisenden flüsterten verängstigt miteinander und mir war auch nicht wohl. Der Uniformierte wollte nun unsere Papiere sehen, sammelte sie ein und ging damit nach hinten. Das dauerte dann wieder so lange, dass Dominic der Geduldsfaden riss.

Er schrie: „Uo she idaly jen" (Ich bin Italiener!) und sein Gesicht näherte sich dem seines Gegners um wenige Zentimeter.

„I want to phone my embassy. I want to go out! Now!"

Auf derlei Ausbrüche war der Soldat offenbar nicht vorbereitet und verlor seinerseits, in einem Anfall von Zorn, sein Gesicht.

„Uo she zhong guo jen," (ich bin Chinese!) und dann kam noch Einiges, was ich nicht verstanden habe.

Inzwischen stand auch der zweite Soldat mit den Papieren am Fenster, die er verblüfft Dominic zurück gab. Mein Freund setzte sich wieder in den Geländewagen, aber der Schlagbaum blieb unten. Man wollte zeigen, wer hier der Herr im Hause sei.

„Dann mach ich die Latte halt selber hoch," schrie dann Dominic, stieg wieder aus und machte sich am Corpus Delicti zu schaffen.

Der zweite, etwas defensivere Beamte, stürmte nun heraus, öffnete und gab uns Zeichen, dass wir verschwinden sollten. Der Fahrer ließ sich das nicht zweimal sagen und startete, nachdem Dominic wieder eingestiegen war.

Plötzlich fingen alle Insassen zu lachen an, klatschten Beifall und waren so überwältigt von Dominics Mut, dass sie ihm begeistert die Hände schüttelten und uns in Kodari zum Essen einladen wollten. Das Aufbegehren gegen die Willkür der Obrigkeit wagte in China keiner und nun waren sie Zeugen solch einer Heldentat.

Im ganzen Tohuwabohu hatten die Grenzbeamten offenbar nicht mal bemerkt, dass unser Visa abgelaufen war, zum Glück! Wir überquerten die Freundschaftsbrücke und befanden uns wieder in der freien Welt.

Dominic war zwar der Held unserer kleinen Truppe, aber die Chinesen hatten ja keine Ahnung, wie viel Kraft so ein Auftritt meinen Gefährten kostete. Er war nach all dem müde und verbraucht. Wir verabschiedeten uns und nahmen in Kodari ein Zimmer für die Nacht.

Zurück im Westen

Der nächste Tag begann mit einem Fußmarsch. Kodari war nur eine Ansammlung mehrstöckiger, herunter gekommener Häuser, entlang einer verstopften Hauptstraße. Die LKWs fuhren in beide Richtungen und oft ging gar nichts mehr. Dann hupten alle so laut sie konnten und wir suchten das Weite. Unterhalb des Städtchens sollten wir einen Bus finden und schleppten unsere Habe, die großen und kleinen Rucksäcke, das Zelt und die Umhängetaschen ein paar Kilometer weit bergab.

Die Amdomütze hatte ich aufgesetzt, so musste ich sie nicht tragen.

Vor Kathmandu eröffnete sich uns eine Ebene und die Sonne schien warm auf den ländlichen Talkessel mit üppig bewachsenen Feldern, in deren Zentrum die Millionenmetropole lag.

Eine neue Welt erschloss sich hier, auf nur noch 1300 Metern Höhe. Die Stadt wuselte nur so vor Touristen in T-Shirts und wir, voll bepackt und mit Pelzmütze, fühlten uns wie Aliens.

Hier war der Westen, es gab alles: Pizza, Bücher, Boutiquen, Travel Agencys, Black Forrest Cherrie Cake! Am Kailash hatte es keine einzige Postkarte gegeben und hier: Kailash von allen Seiten und dazu Bücher und Bildbände zum Thema, in mehreren Sprachen.

Wir orientierten uns in Richtung Thamel, dem touristischen Zentrum, und fanden zum ersten Mal nicht auf Anhieb ein Zimmer.

Die Auswahl an interessanten Lokalen überforderte uns, doch als wir mitten im Gedränge der Gassen auf Ben und Kelly stießen, gingen wir natürlich mit den beiden in ihr Favourite Restaurant. Wir umarmten uns, und als kurze Zeit später noch Anadeele dazustieß, war die Nam Tso Truppe perfekt. Jeder erzählte durcheinander, was er inzwischen erlebt hatte und Kelly nahm liebevoll meine Hand.

Schon nach weniger als einer Stunde waren die hochfliegenden Gefühle verbraucht. Jeder spürte das, aber keiner konnte es sich erklären.

„We see us!", betonten wir beim Abschied, aber keiner wusste eigentlich wann, geschweige denn, wozu?

Am nächsten Tag streiften wir durch die belebten Gassen, wo das Angebot so riesig war, dass man gar nichts mehr wollte.

Wir passierten die legendäre Freakstreet und landeten schließlich am Durban Square, dem Platz vor dem Königspalast. Zahlreiche mehrstöckige Pagoden gruppierten sich um die Tempel und Palastgebäude. Aufwändige, dunkelbraune Schnitzereien zierten Fenstergruppen und Türrahmen. Auf den Treppen zur zentralen Pagode hatten sich Touristen niedergelassen und ein weißbärtiger Sadhu bot sich, gegen Bezahlung, als Fotomotiv an.

Überall in der Stadt fanden sich, mit leuchtend orangen Thagetesgirlanden geschmückte Schreine zu Ehren Shivas und anderer Götter des hinduistischen Pantheon. Die Mehrheit der Bevölkerung Nepals waren Hindus und Dominic spielte mit dem Gedanken, sich in einer der vielen Schnitzerwerkstätten einen Trishul, Shivas Dreizack fertigen zu lassen.

Seine Favorisierung für den Zerstörer und Erneuerer kam nicht von ungefähr. Für mich personifizierte er nicht nur dessen Qualitäten, sondern er glich den Darstellungen vom Dancing Shiva, mit wehenden Rastazöpfen, aufs Haar. In einer beliebten Darstellung lodert ein Feuerrad um die Figur und ein Fuß des Gottes steht auf einem menschlichen Wurm, der die Lüge symbolisiert. Die kompromisslose Zerstörung alter, überkommener Werte, zur Schaffung neuer, war durch und durch Dominics Credo. Auch ich hatte davon profitiert, kein anderer als er hätte mich aus der Erstarrung meines früheren Lebens befreit. Dafür war ich ihm dankbar.

Mein Leben hatte wieder Fahrt aufgenommen und wer glaubt, damit bis zur Rente warten zu können, der täuscht sich gewaltig. Denn wenn man über sechzig ist, sind einige Züge unwiderruflich abgefahren.

Vor der indischen Botschaft hatte sich schon am frühen Vormittag eine Schlange gebildet.

Alle diese Leute sahen so aus, als wollten sie das volle halbe Jahr, für welches Indien ein Visum gewährte, in alter Hippiemanier, mit Relaxen in der Sonne, verbringen.

Außer Fatima. Zuerst dachte ich, sie wäre ein Mann, mit elegantem Sakko, kastanienbraune Locken im Pferdeschwanz, gepflegt und vermutlich homosexuell. Als sie dann aber ihre Haare öffnete, bekam sie auf einen Schlag ganz viel Weiblichkeit und ich besserte meine Einschätzung ins Transsexuelle nach. Sie stand hinter mir und zog durch ein paar rhetorische Zaubertricks die volle Aufmerksamkeit auf sich.

Erst später erfuhr ich, dass sie wirklich eine Frau und 58 Jahre alt war. Sie hatte Power, aber auch Charme, war exzentrisch, egomanisch und wollte weder teilen, noch einen Zentimeter ihres Einflusses und ihrer Willkür hergeben.

Obwohl sie sich in ihrem Ansinnen keineswegs von den anderen Wartenden unterschied, stellte sie sich mit deftigen Sprüchen dauernd in Szene. Ihren Begleiter, ein wesentlich jüngerer Kanadier namens Jey, dominierte sie, offensichtlich um auch ihn keinesfalls zu teilen. Sie bediente sich bei Menschen, wie es ihr gerade gefiel und gruppierte ihre Umgebung je nach Gusto.

Dominic war von ihrer Unnormalität durchaus beeindruckt, aber auch sehr angestrengt. Wir hatten zwei, drei Stunden in der Schlange gestanden, unsere Pässe abgegeben und sollten in einer Woche wieder kommen.

In der darauffolgenden Nacht bekam ich heftige Magen- und Darmkrämpfe. Ich stöhnte und jammerte in einem fort. Wenn er deswegen in der nächste Nacht wieder nicht schlafen könne, schimpfte Dominic, würde er sich ein Einzelzimmer nehmen.

In Kathmandu war man auf derlei Leiden von Ausländern spezialisiert. Überall gab es Apotheken mit Laboren unten im Keller. Ich brachte eine Stuhlprobe zu einem dieser Häuser, konnte am nächsten Tag erfahren, dass es sich um Amöbenruhr handeln würde und bekam gleich das Rezept für die Antibiotika, die es im ersten Stock zu erwerben gab.

Das beschäftigte mich einige Tage, an denen ich von meinem Gefährten wenig sah.

Eines Abends betrat er strahlend das Zimmer und sagte: „Komm, zieh dich an, wir gehen mit Ben und Kelly ins Kino."

Der Film „Caravan" war eine französische Produktion, die in einem tibetischen Dorf spielte, mit authentischen Darstellern an Originalplätzen und war erst kürzlich hier uraufgeführt worden. Noch vor wenigen Wochen waren die Bilder dieses Filmes unsere Realität gewesen: die Khampas, die Yaks, die Landschaft! Dann die vielen wohlbekannten Details, wie Schmuck, Kleidung, Tsampaschalen oder Haartracht! Für mich war es eine Mixtur aus Wirklichkeit und Fiktion, die mich verwirrte. Viele Tibeter waren anwesend, denen es ähnlich ergangen sein musste, denn sie stöhnten bei Gefahr, schrien auf oder klatschten bei erfreulichen Szenen.

Ich war tief bewegt, doch nachdem wir das Kino verlassen hatten und auf der Straße standen, fühlte ich mich wie daheim in irgend einer Stadt.

Einen sehr schönen Tag verbrachten wir im nahe gelegenen Patan. Der dortige Durban Square gefiel mir ausgesprochen gut, war nicht so überfüllt und wieder bewunderte ich die kunstvollen Schnitzereien an den mittelalterlichen Gebäuden.

Bekannt war Patan vor allem für seine Werkstätten, in denen fast alle vergoldeten Bronzestatuen gefertigt wurden, die zwischen Tibet und Indien verkauft wurden. In den Schaukästen fanden sich Sakyamuni Buddhas, Maitreas, Taras, aber auch wenige Shivas, in allen Größen und Preisklassen. Ich hatte mich längst dazu entschieden, einen Buddha zu kaufen, aber er sollte zu mir sprechen, mir gefallen. Viele der kleineren Buddhas hatten mit Blattgold bemalte Gesichter, die puppenhaft wirkten und für mich nicht in Frage kamen.

In einer Gasse entdeckte ich schließlich einen goldenen Medizinbuddha, der mich berührte. Mit einer Größe von ca. 25 Zentimetern und durchgängig vergoldet, kostete er stattliche 300 Dollar, was mir dann doch zu viel war. Wir wanderten runter zum Bagmati Fluss, wo es ein bisschen ländlich zu ging und schauten uns eine Holzwerkstatt an.

Dort konnte man filigran geschnitzte Fenster in allen Größen kaufen und Dominic verhandelte wegen seines Trishuls. Der Meister wollte dieses Projekt in Angriff nehmen, sobald mein Gefährte ihm eine Skizze bringen würde.

Zurück beim Durban Square, als wir gerade den Bus nehmen wollten, lief uns Fatima über den Weg. Sie lud uns auf ein Shilom in das Haus ihrer dänischen Freundin ein, wo sie derzeit mit zwei weiteren Franzosen und ihrem geliebten Jey wohnte.

Es war ein nagelneues, reich mit Schnitzereien verziertes, mehrstöckiges Haus, gleich hinter den Tempeln. Eine Marmortreppe führte hinauf auf die großzügige Dachterrasse, die auf der einen Seite den Blick auf die Schneeberge gewährte und gegenüber lagen die Tempel vom Durban Square.

Die Ausstattung der Küche und des Badezimmers schienen mir äußerst exklusiv und modern für diesen Teil des Globus.

Jey machte sich in der Küche mit der Zubereitung des Tees zu schaffen und Fatima bereitete die Mischung für das Shilom in einer Mixingbowl aus Kokosnussschale zu. Während sie die Tonröhre füllte, erzählte sie von der Herkunft dieses wundersamen Tscharras, den wir gleich rauchen sollten. Sie wickelte das Safi, ein kleines Tüchlein, um das obere Ende des Rauchgerätes und dann gab einer der Franzosen Fatima, mit dem rituellen Spruch: „Bom Bolinath" Feuer zum Anrauchen.

Das Shilom ging reihum. Ich fand die Atmosphäre ziemlich relaxt, obwohl ich mich in derlei Situationen oft wie bei einer Prüfung fühlte.

Dominic beobachtete mich stets sehr genau und hatte hinterher auch meistens etwas an meinen Äußerungen auszusetzen, so auch diesmal. Wir erzählten von unserem Kinobesuch, Fatima war interessiert und wir verabredeten uns für den nächsten Abend. Kino, Essen, Tanzen, so etwas in der Art.

Auf dem Weg zur indischen Botschaft am nächsten Morgen, liefen uns Carlo und Francesca, die beiden Anthropologen, die wir in Litang getroffen hatten, über den Weg. War das im Juni, oder Anfang Juli? Wir fühlten uns mit den beiden verbunden, denn die waren eingetaucht in die tibetische Kultur, andere kannten sie nur aus Beschreibungen. Wir suchten ein passendes Lokal für ein gemeinsames Frühstück und erzählten uns, was inzwischen passiert war. Die beiden Italiener wollten in ein paar Tagen zurück nach Mailand fliegen, um ihr Studium fortzusetzen, in einem anderen Leben.

Der Kinoabend nahm ein abruptes Ende, als Fatima nach der Vorstellung auf ein Taxi zusteuerte, dem Fahrer „Patan" als Ziel nannte und kurzerhand mit Jey verschwand.

Da standen wir wie die begossenen Pudel, wie unverdient ausgeschlossen, aus einem Kreis. Erst bei einem südindischen Essen fanden wir unsere Fassung wieder und Dominic fand Fatima dann doch nicht mehr so toll.

Unser Visum wurde ohne Probleme erteilt und ein weiteres Treffen mit Francesca und Carlo zeigte mir, dass es auch freundlichere, ja liebevolle Umgangsformen unter Menschen gab. Die beiden waren zwar Intellektuelle, aber doch auch Italiener. Bei Deutschen Akademikern hatte ich oft das Gefühl, ihre Natürlichkeit, oder die Herzenswärme, wäre ihnen durch das Studium abhanden gekommen, bei Südeuropäern ging mir das nie so. Vielleicht war das ein Vorurteil, womöglich sogar unterdrückter Neid?

Bevor wir ausreisen würden, fuhr ich noch einmal alleine nach Patan und steuerte direkt den Laden mit dem goldenen Buddha an, der mir nicht mehr aus dem Kopf ging.

Ich wollte ihn einfach noch einmal sehen und als das geschehen war, hab ich ihn direkt gekauft. Wieder dachte ich, dass Zeiten kommen würden, in denen ich eine innere Zuflucht brauchen würde und da wollte ich nicht an deren äußeren Hülle sparen. Für den Transport per Luftpost zahlte ich noch was drauf und weil meine Freundin Anne das Paket direkt in Stuttgart beim Zoll abholen würde, war das gar nicht so viel.

Dominic eröffnete mir am selben Abend, dass wir noch gemeinsam nach Varanassi fahren würden und dann könnte jeder auch mal seiner eigenen Wege gehen.

Das schockierte mich, obwohl ich insgeheim wusste, dass es so wohl das Beste wäre. Wir hatten uns kaum noch etwas zu sagen und die Nerven lagen immer sehr schnell blank. Er sprach auch schon lange nicht mehr vom Hauskauf, was mich eher erleichterte.

„Ich möchte mal wieder alleine Leute kennen lernen, denn das sind andere, wie wenn du dabei bist. Deutsch will ich auch nicht mehr sprechen und draußen schlafen, das will ich. Mit dir kann ich bis ins hinterste Tibet reisen und ich fühle mich wie auf dem Schoren in der Küche", erklärte er mir. Damit hatte ich rechnen müssen und dennoch trafen mich seine Worte, wie ein Urteilsspruch. Der Gedanke an Abschied, ans alleine reisen tat unendlich weh, denn all die Leute, die unterwegs waren, interessierten mich doch im Grunde gar nicht.

Danach schlug meine Stimmung in Trotz um und ich dachte: Er wird schon sehen, wie es ihm ohne mich ergeht und wenn es dann nicht so läuft, wie er sich das wünscht, bin wenigstens nicht ich schuld daran. Von dem Menschen, mit dem ich mein Leben teile, will ich ein Bekenntnis: zu mir oder gegen mich, aber dieser erbärmliche Zwischenzustand, so a` la „ist schon ganz OK, aber in Wirklichkeit will ich was ganz anderes," davon habe ich jetzt genug.

Nachdem wir eine Weile geschwiegen hatten, versuchte ich einzulenken: „Und wenn wir noch eine Weile hier in Nepal aufs Land fahren, vielleicht nach Pokhara oder so? Wir haben hier doch noch gar nicht viel gesehen."

„Du nicht, ich aber schon", entgegnete er. „Das ist doch alles touristisches Kasperletheater hier. Ich will aber wieder was Echtes! Du kannst ja nach Pokhara fahren."

Indien

Zwei Tage später saßen wir zuerst im Bus und später dann in einem völlig überfüllten Zug nach Varanasi.

Wir standen die halbe Nacht vor der Toilette, weil wir keinen anderen Platz fanden.

Vom Bahnhof nahmen wir uns eine Rikscha zu den Ghats und gegen fünf Uhr, in der Morgendämmerung, saßen wir, mit all unserem Gepäck, am Dashashwamedh Ghat und rauchten zu Ehren Shivas eine Tüte.

Die Sonne ging auf, das andere Gangesufer, mit den Booten im Frühdunst, wurde sichtbar und die ersten Gläubigen nahmen bereits ihr rituelles Bad.

Die Nebelschwaden verschwanden allmählich in orange braunem Licht und Frieden senkte sich in mein Herz. Benares, oder Varanassi, war für mich stets wie eine Essenz von all dem Geheimnisvollen und Spirituellen, das mich bei Indien angezogen hatte. Nun saß ich hier, am heiligen Fluss und es war eine Weile ganz still, in meinem Kopf und in meinem Herzen.

Sadhus, Frauen in Saris und Priester, die die weiße Schnur der oberen Kaste quer über die nackte Brust trugen, belebten allmählich die Szenerie.

Dominic schlug mir nun vor, mich im nahe gelegenen Vishnu Guesthouse einzuquartieren, während er den Tipp, den wir in Kathmandu erhalten hatten, in Anspruch nehmen wollte.

Da kippte meine Stimmung schlagartig und mir standen Tränen in den Augen.

„Wir sehen uns", lenkte er ein und weg war er.

Das Vishnu Guesthouse gefiel mir schon von Weitem überhaupt nicht, weshalb ich einem sympathischen jungen Mann folgte, der mich in ein anderes lotste.

Übermüdet und enttäuscht ließ ich mich aufs Bett fallen. Vor meinem Fenster sah ich Zweige irgendeines Baumes und dahinter wieder eine Wand, zudem war es vergittert. Eine Weile starrte ich noch vor mich hin, bis ich endlich einschlief.

Am späten Nachmittag hörte ich Vogelgezwitscher, machte mich ein wenig zurecht und schlenderte wieder hinunter zu den Ghats.

Breite Treppen führten zum Fluss, viele Menschen waren unterwegs, Einheimische, aber auch Ausländer jeglicher Couleur.

Um die Gegend besser kennen zu lernen, lief ich am Fluss entlang, wo sich eine treppenartige Uferbefestigung an die andere reihte. Dahinter erhoben sich auf hohen Befestigungsmauern, Häuser und Paläste mit Türmchen und

Erker, was mich, auf Grund der morbiden Ausstrahlung und der Nähe zum Wasser, an Venedig erinnerte.

Einige der Ghats wirkten prunkvoll, andere eher ländlich, wenn Wasserbüffel ihr Bad nahmen. Einen Ort der Leichenverbrennung passierte ich schnell und ohne genau hinzusehen, das könnte mich erschrecken am ersten Tag, dafür war später noch genug Zeit.

Zurück am Dashashvamedh Ghat bestellte ich mir am Chai Shop einen Milchtee und setzte mich zu den vielen Besuchern auf die Treppe. Ein paar Sadhus, oder Babas, hockten bei einem Kroaten mittleren Alters und Zap.

Letzterer lächelte mir zu und bot mir seinen Joint an. Ich wechselte hinüber zu ihm und zog erst einmal kräftig, danach fühlte ich mich besser. Der etwa 50jährige Althippie stammte ursprünglich aus Hawaii und war nach dem Vietnamkrieg in Asien hängen geblieben. Der große, magere Mann mit einem gewinnenden Lächeln, hatte seine Studien betrieben und ein Buch darüber verfasst. Nein, gedruckt wäre es noch nicht, aber es ginge um Homöopathie und viele praktische Ratschläge fürs tägliche Leben. Beispielsweise hätte er eine Methode entwickelt, wie Leute mit grauen Haaren wieder zu ihrer alten Farbe kämen.

Er hätte allerhand erlebt, „but now, I am out of the danger zone."

Seinen Tscharras würde er selber machen und wäre außerdem „looking for a new relationship". Das war für mich das Stichwort, ein wenig von mir zu erzählen und ganz beiläufig zu erwähnen, dass mein Freund auch hier wäre, wir aber derzeit eine Krise hätten.

Das schreckte ihn keineswegs ab und er lud mich, die Tage, zu einem Tee in seinem Appartement ein.

Schon von Weitem hatte ich Dominic erkannt, der sich uns näherte. Ich war ein bisschen stolz, dass ich schon jemanden kennen gelernt hatte und Zap erzählte nun meinem Gefährten allerhand Sonderbares.

„Ein bisschen durchgeknallt ist der ja schon", meinte er später, „aber why not?"

Wir gingen gemeinsam Essen und als es dunkel war, reihten wir uns in die Menge der Schaulustigen ein, um die Feuerpudga zu sehen.

Mehrere Gehilfen der Priester schwenkten Feuerkännchen zu rhythmischen Klängen und Gesang. Blumen wurden geopfert und kleine Körbchen mit Kerzen und anderen Gaben, dem Fluss übergeben.

Am nächsten Morgen erwachte ich durch emsiges Klopfen und Hämmern und ich realisierte, dass ich in einer Baustelle gelandet war.

Am Vortag hatte ich nichts davon mitbekommen, jetzt musste ich aber schnell die Flucht ergreifen. Auf dem Weg zum Frühstück sah ich Dominic auf der Terrasse des Helena Guesthouse sitzen.

Ich ignorierte meine Bedenken und stieg zu ihm hinauf. Er freute sich, bot mir Tee an und wir rauchten zusammen. Tief unter uns im Ganges tauchte immer wieder der grau glänzende Leib eines Flussdelfins auf, Affen turnten um uns herum und grüne Papageien flogen in den Banjontree neben dem Garten. Streifenhörnchen kletterten das alte Gemäuer hinauf und am Himmel kreiste ein Seeadler auf der Suche nach einem Opfer.

So viel Getümmel und Menschenmassen auf unserer Seite des Ganges unterwegs waren, so einsam lag das sandige Ufer jenseits. Nur ein paar magere Kühe suchten dort das spärliche Gestrüpp ab. Dominic sprach von UNSERER Weiterfahrt und ich freute mich unbändig.

Es war nun bereits Mitte Dezember und bis Goa würden wir es nicht mehr schaffen. Zu der Zeit wären die guten Unterkünfte alle schon belegt und ob wir Millenium überhaupt in Goa verbringen wollten? Vielleicht eher nicht. Aber wo dann? In Omkareshwar? Vielleicht in Gokarna? Wir wogen ab und kamen zu keinem Schluss, hatten aber einen sehr schönen Tag.

Die Rückkehr in mein Zimmer deprimierte mich so, dass ich gleich aktiv wurde und vom Shiva ins Sita Guesthouse übersiedelte. Hier hatte ich einen kleinen Balkon mit Blick auf den Fluss und der gutmütige, dicke Inder an der Rezeption, schien sich spontan fast in mich verliebt zu haben.

Nun hatte ich schon zwei Verehrer: Zap und den Hotelmanager.

Gegen Abend nahm ich Zaps Einladung zum Tee in Angriff.

Sein Appartement war wirklich ganz zauberhaft, besonders ein runder, überdachter Erker, eine Art Pavillon, von wo wir auf den Fluss sahen, versetzte mich in eine andere Zeit.

Ich erzählte viel und war ungezwungen, wie selten. Aber das war mir nur gelungen, weil es mir nichts bedeutete.

An diesem Abend rauchte ich noch eine Tüte auf meinem eigenen kleinen Balkon, bevor ich mich in meinem frisch gewaschenen Schlafsack auf ein blütenweißes Leintuch legte, um noch etwas zu lesen.

Leider konnte ich auch diese Nacht nicht schlafen, denn auf meinem Balkon schienen sich die Affen der ganzen Gegend zu treffen. Das gab ein Gekreische, manchmal Gewinsel, dann rüttelten sie am Geländer, ich konnte nichts tun.

Am anderen Morgen fanden sich Exkremente auf dem Boden des Balkons und die Pisse lief unter dem Türschlitz ins Zimmer. Der Manager, dem ich meinen Kummer schilderte, war untröstlich und versicherte mir, alles würde bis zum Mittag in Ordnung kommen.

Eigentlich wollten wir an diesem Tag zum Bahnhof fahren, um uns zu informieren, wie die Weiterfahrt aussehen könnte, doch als ich Dominic abholen wollte, lag er mit Bauchweh, Durchfall und Gliederschmerzen im Bett.

„Kaum eine Woche in Indien und schon krank!", klagte er.

„Kein Wunder," entgegnete ich, bei all dem Dreck hier. Überall riecht es nach Urin und Scheiße. Und überall IST ja auch Urin und Scheiße: von Kühen, Affen, Menschen und den Vögeln."

Der Gang durch die engen Gassen hinter den Ghats war der reinste Hindernislauf zwischen all den Exkrementen. In den Restaurants waren die Teller noch nass vom Spülen im lokalen Wasser, wenn das Essen drauf kam und man wusste nie, wann das zu viele Keime für uns Westler waren.

Für Dominic stellte sich eine existenzielle Frage. Konnte er hier überhaupt leben? Er war sehr deprimiert und wollte alleine sein.

Diesmal wanderte ich hinunter bis zum Asighat, wo einige Italiener wohnten.

Unterwegs sah ich bei den Wasserbüffeln eine junge, hübsche Frau, die einen schalenförmigen Korb, voll mit Büffelkot, auf dem erhabenen Haupt balancierte. Ihr Zopf lag zierlich auf der Saribluse, Armreife klimperten um die schmalen Handgelenke und Fußkettchen schmückten ihre Fesseln. In ihrem blassroten Sari glich sie einer Prinzessin und erledigte doch nur ihre schwere Arbeit.

Wie grobschlächtig wirken wir dagegen!

Am nächsten Ghat verbrannten sie gerade einen Toten. Aus Pietät, aber auch weil ich nicht wollte, dass Bilder in mir einziehen würden, die ich nicht mehr los bekäme, trat ich nicht zu nah an das Geschehen. Ein Menschenfuß schaute aus dem Scheiterhaufen, mehr wollte ich nicht sehen.

Auf dem Rückweg schaute ich wieder bei Zap vorbei und er erzählte mir, dass er bald in den Süden fahren würde und einem der Babas, einem junger Kerl, den ich kennen gelernt hatte und der mir wenig vertrauenerweckend schien, die Zugfahrkarte bezahlen wolle.

Zuerst wunderte ich mich, doch dann dachte ich: ja, der Zap ist halt auch ein einsamer Hund und will nicht immer alleine sein.

Auch ich erzählte wieder allerhand Heldentaten und abends in meinem Zimmer dachte ich: Zap hab ich nicht wirklich die Wahrheit gesagt, so wie ich bei Dominic nicht wirklich authentisch und ich selber bin. Früher in der Firma war ich es nicht, nirgends, nirgendwo bin ich es! Ich weiß nicht, wann ich jemals, ich selber gewesen wäre. Meine Stärke war immer zu spüren, was die anderen hören wollten. In der Schule war das ein Vorteil, denn selbst bei den Klassenarbeiten hatte ich meine guten Noten, weil ich wusste, welche Antworten den Lehrern gefiel. Ich war immer nur eine Resonanz und das, dachte ich, ist genau der Punkt, der Dominic abschreckt.

Der nächste Morgen hatte wieder mit Affenpisse begonnen. Die halbe Nacht tobten und winselten diese schamlosen Bestien, mal wie im Dschungel, dann wieder wie auf dem Bauernhof und jetzt hatte ich genug!

Ich packte, zahlte bei dem total enttäuschten Manager meine Rechnung und siedelte um ins Helena, zu Dominic.

Er war keineswegs ungehalten deswegen, im Gegenteil, es interessierte ihn kaum.

Er hatte inzwischen einen Landsmann namens Mateo kennen gelernt und erfreute sich wieder bester Gesundheit.

Mateo war kürzlich aus Südamerika gekommen und trug noch Jeans und Cowboystiefel. Er konnte kaum Englisch und ich verstand nicht, worüber sie redeten. Der Italiener, der von der Insel Elba stammte, sprach von Booten und vom Meer, von Shiloms und Pilzen. Sein nächstes Ziel waren die Andamanen und Dominic hing ihm an seinen Lippen.

Ein paar gute Tage hatten wir gehabt und nun träumte mein Gefährte wieder in der Einzahl. Ich saß da, steckte den Kopf in den Sand und wusste: irgendeine Uhr läuft ab.

Auf dem Weg zum Essen, trafen wir auf Nuri, den japanischen Rasta aus Lhasa.

Er reiste jetzt mit seiner Freundin Nuriko, einer sehr hübschen jungen Japanerin, mit noch kurzen Dreads.

Dominic freute sich riesig und ich war zum Glück auch mit von der Partie. Ich wurde aber das Gefühl nicht los, dass ich nur deswegen dazugehörte, weil das ein Teil seiner Außendarstellung gegenüber Nuri war.

Als die beiden abgereist waren, saß er wieder alleine bei Mateo.

„Ich würde am liebsten mit Mateo auf die Andamanen fahren", eröffnete er mir eines Morgens. „Was? Es sind zehn Tage bis Weihnachten, bald ist Silvester, ein neues Jahrtausend beginnt und du willst mich JETZT alleine lassen?", rief ich und weinte bittere Tränen.

Er sah meine Verzweiflung und in diesem Augenblick tat ich ihm leid.

„Ich habe das noch nicht entschieden", entgegnete er dann.

An diesem Abend lag ich früh in meinem Bett und sah eine Ameisenstraße, die quer durch mein Zimmer lief. Ich dachte: Nächstes Frühjahr fahre ich heim und verschließe meine Seele, wie eine Biene die Wabe, in der sie ihre Jungen abgelegt hat. Dann muss ich noch einmal neu zu leben lernen. Vielleicht sollte Dominic jetzt mit Mateo weiterziehen. Ich sollte loslassen, aber ich hatte nicht die Kraft dazu.

Schon bei der zweitägigen Fahrt nach Omkareshwar über Bopal und Indore ließ Dominic mich spüren, dass er all die Unannehmlichkeiten, die einem bei so einer Reise in Indien ständig begleiten, mir zu verdanken hatte.

Der kleine Pilgerort lag am Narmadafluss, welcher anscheinend noch heiliger war, als der Ganges. Viele Tempel säumten seine Ufer und der Ort Omkareshwar, der damals noch nicht einmal im Lonely Planet erwähnt wurde, war als Zentrum bereits so heilig, dass man hier keine Fleischgerichte bekam, noch nicht einmal ein Ei.

Wir erreichten den Bus Stop vor der Stadt am späten Nachmittag und als ich meinen Rucksack schulterte, sagte Dominic: „Such dir irgendwo ein Zimmer, ich trinke jetzt nen Chai und such mir auch eines. Wir sehen uns dann schon."

Ich trabte los und traf am Ortseingang den ersten Ausländer, einen Franzosen Mitte dreißig und fragte ihn, wo ich hier ein Zimmer bekommen könnte. Er schaute mich eine Weile an, deutete dann nach hinten, auf ein langgezogenes Gebäude, das wie ein altes Krankenhaus aussah und sagte: „There is the Dharamsala."

Ich betrat den überdachten Vorplatz und sah diverse gerahmte Portraits von ehrwürdigen, bärtigen Indern an den Wänden. Eine Dharamsala war eine Art Pilgerheim, war billig und ich bezog ein bescheidenes Zimmer. Bei den Metalltüren dachte ich an ein Gefängnis, besonders bei den Geräuschen beim Auf- und Zuschließen, nur dass man das hier selber machte. Das vergitterte Fenster und die Metallpritsche vervollständigten das Bild. Ich stellte meinen Rucksack ab und musste endlich etwas essen.

Das Zentrum des Dorfes bestand aus einem quadratischen, freien Platz, um den sich einige Buden, Chai Shops und Restaurants gruppierten. Auf der rechten Seite befand sich ein Chai Shop, in welchem ein paar Ausländer saßen und gegenüber saßen andere beim Essen.

Zu denen gesellte ich mich und bestellte Mixed Vegetables und Chapatis dazu. Vom Reis hatte ich schon wieder genug, zumal er oft alt war und komische Nebengeschmäcker auf mangelnde Hygiene schließen ließen.

Ich betrachtete die Ausländer hier genauer und stellte fest, die meisten waren, wie ich, schon etwas älter und brave Bürger, wie ich in Varanassi gesehen hatte, gab es hier gar keine. Nach einer Weile traf Dominic ein und setzte sich zu mir. Auch er hatte sich ERSTMAL, wie er versicherte, in der Dharamsala eingemietet.

Nachdem auch er gespeist hatte, setzten wir uns rüber in den Chai Shop zu den anderen Ausländern, bestellten Lassi und kamen gleich ins Gespräch.

Die Leute und die Atmosphäre schienen Dominic zu gefallen und ich war erleichtert. Vom Hauptplatz führte ein unbefestigter Weg hinunter zum Fluss.

Wir passierten einen Tempel, auf dessen Vorplatz ein paar Sadhus saßen und betrachteten das Treiben an den Ufern. Es erinnerte mich mit den vielen Schreinen und Tempeln an Varanassi, nur waren die Leute nicht in Massen hier. Ein paar Boote, mit bunten Stoffdächern gegen die Sonne, lagen am Ufer. Eine Fußgängerbrücke führte hoch über dem mächtigen Fluss ans andere Ufer, das ebenso von Tempeln und mehrstöckigen Häusern bebaut war. Auf dem Rückweg steuerte Dominic wieder den Chai Shop an und ich legte mich recht zufrieden in mein Zimmer.

Die Leute begrüßten sich hier mit „Hare Om", so einer Art „Grüß Gott" auf Hindi, was ich zu Beginn und am Ende meines Aufenthaltes hier, leicht übertrieben fand.

Als ich mich aber am nächsten Morgen zum Frühstück im Chai Shop einfand, hörte ich mich selber diesen Spruch sagen.

Dominic war schon wieder im Gespräch mit zwei Italienern, mit denen er zum Tempelvorplatz aufbrechen wollte. Der ältere der beiden, Tano, lud mich ein, sie zu begleiten.

Tano schien schon Mitte fünfzig, trug ein besticktes Käppchen und einen sehr schmalen, schwarzen Oberlippenbart. „You look very poetic", lobte ich ihn, „like in a moovie of Cockteau."

Er kannte diesen Künstler und fühlte sich geschmeichelt. Ich hatte das ehrlich gemeint und wusste nun auch, dass er Bildung genossen hatte.

Auf dem angesteuerten Platz saßen, wie am Vortag, ein paar Sadhus, zu denen wir uns gesellten. Migele, der andere Italiener, ein stämmiger, langhaariger mit Pferdeschwanz, zog ein Stück Haschisch aus seinem Brustbeutel und reichte es einem der Babas, der damit eine Mischung kreierte.

Da erschien auf der Terrasse oberhalb, hinter einem Metallgeländer, eine biblische Gestalt mit blondem langem Haar und wallendem Bart, breitete wie Moses (an welchem Berg war das noch?) die Arme auseinander, lächelte und begrüßte uns, sowie den neuen Tag, mit einem donnernden „Hare Om". Er sah, dass sich Neulinge unter den Anwesenden befanden und erklärte uns, an welch schönem und hoch spirituellen Ort wir uns befänden und dass wir dem unbedingt Rechnung tragen sollten. Beispielsweise das Haare waschen mit Schampoo im heiligen Fluss, wäre eine schändliche Freveltat, usw, usw.

Tano lächelte mir zu und erklärte: „Das ist der Sambia Baba. Er lebt hier mit seiner Frau Ganga und fünf Kindern. Anscheinend wuchs er in Afrika auf, daher der Name." Vermutlich fühlte er sich wie der hiesige Statthalter, schien aber nicht von allen ernst genommen zu werden.

Das Shilom machte bereits die Runde und ich tat mein Bestes. Danach wurde ein weiteres Shilom präpariert und dann noch eines. Am letzten zog ich gar nicht mehr richtig, vorsichtshalber, denn ich hatte eigentlich schon nach dem ersten genug.

Zwei der Sadhus standen auf und entfernten sich. Die Italiener begannen zu plaudern und einer der verbliebenen Sadhus schnappte sich eine lokale Zeitung, die rum lag.

Gerade als ich mich auf Tanos Erzählung in italienisch konzentrierte, um vielleicht doch etwas zu verstehen, hörte ich eine Stimme mit österreichischem Akzent: „Die Steffi Graf hört jetzt auch auf mit dem Tennis."

Ich drehte mich um und sah, dass diese Äußerung von dem Baba mit der Zeitung kam. Verblüfft schaute ich ihn mit offenem Mund an und er ergänzte: „Steht hier in der Zeitung."

Es war eine Zeitung, die in der Hindischrift gedruckt war, die kein Mensch lesen konnte.

Der Sadhu, braun und mager, wie die anderen, mit leichtem Ansatz zum Buckel, war Narmada Shankar aus Hirscheg in der Steiermark, wie er uns später erzählte. Vor acht Jahren war er nach Indien gekommen und gleich hier gelandet. Andere Teile des Landes, wie beispielsweise Goa, hatte er nie gesehen. Er besaß hier nichts, trug einen einfachen, farblosen Lungi, keine Ketten, kein Schmuck, noch nicht einmal Rastas. Er war fern der Eitelkeit, kannte die Anfechtungen der Menschen und ließ mich an seinen Gedanken teil haben.

Ein Guru ist ein Mensch, der eine so starke Ausstrahlung hat, dass man auf natürliche Weise große Achtung ihm gegenüber empfindet. Man spürt, dass dieser Mensch ehrlich ist und bescheiden. Er verletzt nicht, weder in Wort, noch Tat, aus Respekt vor allen Wesen. Auf Fragen hat er klare, logische Antworten, die einleuchten und auf die man selber nicht gekommen wäre.
Er übt Ahimsa aus, nicht weil er es so gehört und gelernt hat, sondern aus tiefstem innersten Bedürfnis heraus, weil er nicht anders kann. Man fasst so viel Vertrauen zu diesem Menschen, dass man in seinen eigenen persönlichen Fragen gerne eine Antwort von ihm hören würde. Man traut ihm mehr zu, als sich selbst.

Narmada Shankar, der Johannes der Täufer von der Narmada, war auf dem besten Wege dazu, ein solcher Weiser zu werden. Man hatte ihm hier die Organisation eines Shiva Tempels, auf der anderen Flussseite, übergeben.

Morgens um vier begann sein Tagwerk mit dem Reinigungsritual im Fluss, danach wischte er den Boden des Tempels nass auf, barfuß, auch bei fünf Grad.

Alle zwei Monate, erzählte er, gäbe es eine neue Jahreszeit hier und nach dem Monsun wären seine Füße völlig aufgeweicht.

Später musste er dann die Pilger mit Tee, Essen, Rauchen, Rede und Zuwendung versorgen.

„Das alles beansprucht mich sehr", gestand er, „aber es ist, als hätte man mir ein Kind in die Hände gelegt und nun kommt die Mutter nicht wieder."

Zwei Tage vor Weihnachten, bei Vollmond, fand ein Fest im Hanumantempel, weiter unten am Fluss, statt, zu dem uns Narmada Shankar einlud.

Bereits am späten Vormittag hatten sich gut hundert Sadhus in der Halle auf dem Boden nieder gelassen. Mit einem weiteren Paar, das wir nicht kannten, waren wir die einzigen Ausländer. Wir setzten uns ganz nach hinten und beim Anblick dieser vielen ungewöhnlichen Menschen, gingen mir die Augen über!

Alle Sorten waren vertreten: Junge, Alte, schmucklose, einfache Männer aus dem Volk, aber auch märchenhaft schöne Gestalten wie aus der Mythologie und eine Frau mit langem verfilzten Haar, saß dabei. Ein großer, dicker Sadhu, jung und von sehr dunkler Hautfarbe, hatte hüftlanges Haar und trug eine schwere graue Decke um seinen Leib gegürtet. Das Haar band er dann wie eine schwere Krone um den Hinterkopf, während der schwarze Bart über die fast weibische Brust wallte.

Ein anderer, mit leicht verschlagenem Blick, lief geschmeidig lächelnd umher, verteilte Essen und half den reibungslosen Ablauf der Zeremonien zu regeln.

Einem Älteren reichten die Haare bis zu den Fesseln.

Sehr ursprünglich und voller Kraft wirkte ein junger, fast negroider Mann mit gelber Gesichtsbemalung. Er sprach und bewegte sich so kraftvoll und sicher, als wäre die Welt erst gestern erschaffen worden.

In diesem, für Europäer fast unerreichbaren Zustand, befand sich auch der Guru von Narmada Shankar. Sein Körper wirkte drahtig und geschmeidig, die Bewegungen waren lässig und unbewußt. Er rauchte das Shilom wie kein anderer. Der Österreicher saß neben ihm und zog am Tonkolben, aber es kam nichts. Der Guru übernahm und das Teil dampfte wie verrückt.

Narmada Shankar lächelte und ich sah Leid und Verzeihung in seinen Augen. Er hatte einen sehr weiten Weg von der Steiermark hier her. Sein Guru lebte in der Selbstverständlichkeit eines Menschen vor dem Sündenfall, er lächelte nicht, er lachte und war vergnügt.

Die Italiener hatten mit einem weiteren Landsmann und einem ruhigen Franzosen aus der Normandie, ein ganzes Haus mit Terrasse, am Dorfrand, gemietet.

Dort sollte eine Party stattfinden und zwar mit Goa Sound. Schon von Weitem hörten wir die Bässe. Wie in Ekstase trommelte Migele auf einem Stuhl herum und Eugene, der Franzose, der mir die Dharamsala gezeigt hatte, legte auf. Er hatte mehrere Jahre in Sao Paulo gelebt und reiste nun mit einem ganzen Koffer voll Musik herum.

Neben ihm stand ein bleicher, magerer Rasta, der etwas von einem keltischen Druiden hatte, mit seinem rotblonden Haar.

Außerdem bemerkte ich einige Gesichter, die ich noch nie im Chai Shop gesehen hatte. Es schien hier also noch ein Leben jenseits des großen Platzes zu geben, vielleicht auf der anderen Flussseite? Natürlich wurde wieder viel geraucht und die beiden Franzosen strahlten zunehmend etwas Dreckiges, Böses aus, für mich waren sie zwei Teufel.

Der Keltenrasta, den sie Omkapuri nannten, war ein frecher Springteufel. Wie Pan neckte er seine Umgebung und tat und ließ, was ihm gerade gefiel. Er rauchte wie ein Schlot, hustete dabei aus dem letzten Loch und lachte sich selber aus, wenn er dann seine Medizin nahm.

Er war mal hier, mal dort, nie am selben Ort. Er schaute dich an und sah dich nicht.

Der andere Teufel, Eugene, wäre eigentlich ein ganz normaler Mensch gewesen, aber die Drogen hatten ihn völlig verwirrt, die Musik trug ihn davon und wenn alles vorbei war, erwachte er ganz leer und das machte ihn böse.

Auch mir gefiel an diesem Abend der Ritt auf dem Besenstiel, diese Rhythmen, die einen über buntes Land hinweg trugen, den Fahrtwind in den Haaren. Ein Auf- und Ab, wie in der Kutsche vom Taugenichts, als er in das Land fuhr, wo die Zitronen blühn.

Den Teufeln gefiel mein Tanz. Sie aßen eine Packung Kekse und schmissen mir einen Anteil, samt Verpackung, vor die Füße.

In der Morgendämmerung, als alle nur noch rumhockten, ertönte plötzlich vom nahen Tempel, über einen scheppernden Lautsprecher, die Morgenpudja.

Zuerst hörte ich nur einen einfachen Gesang, danach aber steigerte sich das Ganze in ein unglaubliches, akustisches Inferno.

Migele rief in schlechtem Englisch: „Das haben wir jeden Morgen. Ich werde noch wahnsinnig!"

„Du könntest dich ruhig auch mal darum kümmern, dass wir was zu Rauchen haben. Außerdem steh ich mehr auf Ganscha, als immer nur diesen Tscharras", eröffnete Dominic mir anderntags im Chai Shop.

Als ich ihn hierauf staunend ansah, meinte er, ich müsse nur mal einen Sadhu fragen, die würden gerne Geschäfte machen.

Es war mir ohnehin nach einem Spaziergang zu Mute und ich schlug den Weg ein, der aus dem Dorf heraus führte. Hier wurde es ländlich und man sah immer wieder einfache Hütten oder Unterstände, in denen Sadhus hausten, aber auch Ausländer, die eine besondere Erfahrung suchten, wie der Schweizer Theo aus Andermatt, der sich hier, wie er mir im Chai Shop berichtet hatte, mit den Affen herum quälte. Nichts könne er liegen lassen. Selbst Äste, die er zur Beschwerung der Dachplane aufgelegt hatte, verschwanden.

„Sieh beim Weisen nie auf seine Erfolge, sondern ermesse das Maß seiner Leiden. Mitleid wird den Neid verjagen.", hatte er rezitiert, oder war das von ihm?

Jedenfalls saß er vor seiner Hütte und ich setzte mich zu ihm.

„Viele Weisheiten sind so einfach, sprach er, „und doch haben wir sie vergessen. Weißt du, dass man Jesus Christus hier für einen großen Yogi hält? Er hätte mit vierzehn Jahren sein Elternhaus verlassen, wäre über Land nach Indien gewandert und dort zum Sadhu geworden. Mit dreißig, wenn die biblische Geschichte wieder einsetzt, wäre er als großer Yogi zurück gekommen, mit der Fähigkeit, Wunder zu vollbringen. Bei der Kreuzigung wäre er auch nicht wirklich gestorben, sondern hätte sich wieder in die Berge des Himalaya zurück gezogen. In Srinigar gäbe es das Grab des großen Yogi Jesus Christus."

Weiter Richtung Fluss saßen zwei Sadhus, vielleicht vierzig oder fünfzig Jahre alt, vor einer Laubhütte und lachten mir zu. Ich durfte mich zu ihnen setzen und sie fragten mich nach meinem Namen. Ich nannte ihn, worauf der jüngere, der ganz schön verwildert aussah, den Kopf schüttelte und seine Frage konkretisierte: „Hindu Name?"

Ich hätte keinen, gab ich zur Antwort. Der Ältere, mit langem grauem Bart, konnte offensichtlich kein englisch und die beiden beratschlagten.

Nach einer Weile richtete der Wilde wieder das Wort an mich: „Your Hindu Name is Rada."

„Rada?" wiederholte ich.

„Yes, she was a gardener and fell in love with Krishna. But she was not his wife."

Das mit der Gärtnerin, dachte ich, ist nicht abwegig.

Danach fragte ich sie nach Ganscha, was ja irgendwie passte. Wieder sprachen sie mit einander und zeigten mir eine Thola, also ein Stück Tscharras, in der Größe einer Schulkreide.

„No", entgegnete ich, „Ganscha."

Gut, das würde etwas dauern, ich solle in zwei oder drei Tagen wieder kommen.

An diesem Abend wäre ich stolz gewesen, Dominic von meinen Verhandlungen zu erzählen, doch ich traf ihn nicht im Chai Shop an.

Jeder der drei Tische hatte beidseitig Sitzbänke und man trank den Chai immer in Gesellschaft. Heute saß mir ein junger Mann, Ende zwanzig gegenüber, den ich vorher noch nicht gesehen hatte. Er war kräftig gebaut und seine Bubenfrisur mit Seitenscheitel, wuchs gerade heraus. Weil er etwas unsicher wirkte, begann ich eine Unterhaltung mit ihm.

Er war Österreicher und vor zwei Monaten mit Freundin und Kind nach Indien gekommen. Inzwischen hätten sie sich getrennt und die Freundin wäre mit anderen Leuten unterwegs. Er schien unglücklich, fast verzweifelt.

Inzwischen stand Omkapuri am Eingang, was mich etwas ablenkte. Als ich in seine Richtung schaute, schienen sich unsere Blicke zu begegnen, doch seine wässrig blauen Augen schauten durch mich hindurch, in eine Leere hinter mir.

Als ich gerade aufbrechen wollte, kam Dominic in bester Stimmung. Er hatte wieder neue Italiener kennen gelernt, ziemlich jung, aber super Leute. Die hätten auf der anderen Flussseite drei Kammern auf der Dachterrasse eines alten Hauses gemietet und würden selber kochen, wären nicht auf den Fraß hier angewiesen.

„Wir wollten doch Narmada Shankar in seinem Tempel besuchen. Lass uns morgen früh ein Boot mieten, rüber fahren und am Nachmittag könnten wir bei Angelo und seinen Leuten vorbei schauen", schlug er vor.

Unserer Bootsfahrt schlossen sich noch Theo, der Schweizer, und ein gewisser Kurt, den eigentlich keiner leiden konnte, an. Vielleicht erregte letzterer nur deswegen allgemeines Missfallen, weil er den Tscharras in einer Sprite Dose rauchte?

Jedenfalls ruderten die beiden kräftig den Fluss hinauf und an den Ufern zogen malerische Bilder an uns vorbei. Als wir beim Shiva Tempel eintrafen, saß Narmada Shankar müde mit einem Sadhu unter einem Baum. Der Baba war fast nackt, hatte aber einen Walkman umhängen und schien Musik zu hören. Ich hatte nicht den Eindruck, dass Narmada Shankar sich besonders über unseren Besuch freute, aber er erzählte trotzdem geduldig von seinem Leben hier.

„Der Narmada Fluss ist von der Quelle bis zur Mündung 1700 Kilometer lang. Die Pilger umrunden ihn und brauchen dafür in der Regel drei Jahre. Es gibt brave Familienväter, die ständig ihre Pflicht erfüllt haben und in einem gewissen Alter erwacht in ihnen das Bedürfnis nach tiefer Spiritualität. Manche verlassen ihre Familien bei Nacht und Nebel, ohne ein Wort. Das Gelände am Fluss ist stellenweise schwierig, der Weg beschwerlich.

Ata, pata, rata, sagt man hier: Mehl, Steine, Dornen. Bei Tempeln können sie Station machen und bekommen zu essen. Einer davon ist dieser hier. Am Tag verbacken wir etwa zehn kg Mehl für Chapatis. Ein paar Frauen helfen mir. Finanziert wird das alles über Spenden von reichen Leuten. Einige Sadhus hier sind die persönlichen Gurus von sehr einflussreichen Indern. Das siehst du beispielsweise an der Geschichte von Omkapuri. Der war vor ein paar Jahren mit einer erheblichen Menge Tscharras aufgegriffen worden. Bei der Gerichtsverhandlung sprach sein Guru aus Omkareshwar für ihn und es gelang ihm, die mehrjährige Gefängnisstrafe in einen Hausarrest in seinem Ashram umzuwandeln. Der Pass wurde einbehalten und den Bundesstaat darf er nicht verlassen."

Das fand ich sehr erstaunlich und so etwas war wohl nur in Indien möglich.

„Ich muss mich ums Kerosin kümmern und um die Elektrik", fuhr er dann fort.

An Weihnachten habe er zwei Stromschläge bekommen und dann wäre auch noch der Sambiababa gekommen, mit seinen verlausten Kindern.

Und dann, dachte ich, muss er sich noch um die Sadhus, die Inder und Touris, wie uns, kümmern, die ihm nur die Zeit stehlen. Sein Dasein war mit vielen Leiden verbunden, das konnte ich sehen. Was passiert mit den Menschen, wenn sie in Indien sind? Sie vergessen alles, Weihnachten, die Familie und einen Plan für den Tag. Man lässt sich treiben und fürchtet den Tag, an dem man wieder in den Westen muss.

Wir brachen bald auf und brachten das Boot zurück.

Angelos Haus lag nahe der Brücke, die ich schon einmal überquert hatte. Links und rechts entlang des Geländers, saßen Bettler, die mit einem freundlichen „Hare Om" zum Geben animierten.

Ein älterer Inder hatte mir einmal erklärt: „Man gibt, aber nur wenig" und daran habe ich mich meistens gehalten.

Um zur Dachterrasse zu gelangen, mussten wir in dem altehrwürdigen Haus einen dunklen Flur, mit etlichen Treppenabsätzen, durchqueren. Oben befand sich eine große Plattform, die auf zwei Seiten, mit aus Holz gezimmerte Kammern, abschloss. Auf den anderen Seiten schütze nur ein kniehohes Mäuerchen vor dem fast zehn Meter tiefen Abgrund. Der Blick auf den Fluss und das gegenüberliegende Ufer, mit Tempeln und Ashrams, gefiel mir ausgezeichnet.

Die ganze Italienertruppe konnte wieder kein Englisch, waren aber tüchtige Shilomraucher. Angelo hatte sehr lange Rastas, war ein hübscher Kerl und ich wurde den Eindruck nicht los, dass Dominics Begeisterung mit diesem Äußeren zu tun hatte. Mir waren diese Leute zu jung und dazu das Sprachproblem!

„Die reisen übermorgen ab und alle Räume hier werden frei", eröffnete mir Dominic. „Sollen wir zwei davon mieten?"

„Ja, kann ich mir gut vorstellen", antwortete ich und freute mich unbändig.

Die Hausbesitzer sprachen nur Hindi und wir bekamen sie kaum zu Gesicht. Tano hatte uns am Tag vor dem Umzug Sinto, einen Franzosen aus dem Süden vorgestellt, der war mit von der Partie. Als er am Feuer saß, sah ich Generationen von Sinti am Feuer sitzen. Er hatte Augen wie ein Krieger, war aber ein sanftmütiger Mensch, der die Aussagen anderer, meist mit „Yes, sure", kommentierte.

Er hatte noch vor wenigen Wochen, irgendwo in Südfrankreich auf dem Land, Marihuana angebaut, einen Tipp bekommen, dass eine Hausdurchsuchung bevor stünde und dann kurzerhand die Flucht ergriffen. Mit allen Ersparnissen im Gepäck, nahm er den Zug über die Grenze nach Italien und von Mailand aus flog er direkt nach Delhi.

Später erzählte er uns von seinem Sohn, der bei der Mutter, in ganz anderen Verhältnissen, aufgewachsen wäre und jetzt Richter sei. Er hätte keinen Kontakt und wolle ihm auf keinen Fall dienstlich begegnen, yes sure!

Sinto sah aus wie ein richtiger Hippie von früher, ich mochte ihn sehr. Wir mieteten uns zusammen ein Boot und fuhren ein ganzes Stück den Fluss hinauf. Dort wuschen wir unsere Kleider, uns selber und die Haare, MIT Schampoo.

Total erfrischt, ja wie neu geboren, kauften Dominic und ich einen Kerosinkocher und ich wollte, (oder sollte?) abends kochen. Gemüsereis, das konnte nicht so schwer sein. Als ich etwas zögerlich den Reis in den Topf leerte, hatte Dominic schon wieder keine Geduld mehr, stieß absichtlich meinen Arm an und eine unkontrolliert große Menge kippte ins Wasser.

Nun war der Topf zu voll und das Essen war missraten, dazu noch viel zu viel. Wegwerfen kam nicht in Frage, schon gar nicht in diesem Land.

Also nahm ich den unten angebrannten Topf, sowie einen Löffel und gab jedem der Bettler auf der Brücke, einen Schöpfer. Die bedankten sich und danach aßen wir wieder im Restaurant.

Dort und im Chai Shop gegenüber, traf man alle von früh bis spät, außer dem Sambia Baba und seiner Ganga, die ich überhaupt noch nie gesehen hatte.

Ein bisschen erinnerte mich das ziellose, aber wichtige Hin- und Her an ein Jugendhaus, nur dass alle alt waren, was die Sache komplizierter und trauriger machte. Es gab Hierarchien und jeder versuchte, sich bestmöglich, optisch und in Bezug auf die persönliche Lebensphilosophie darzustellen.

Die eigene Biographie schien mir, weil nicht überprüfbar, auch oft ein bisschen geschönt. Jeder fand Omkareshwar „a beautiful place" und doch hatte ich den Eindruck, dass es manche fast nicht mehr aushielten.

Am Tag vor Silvester kamen Dominic und Sinto zu mir ins Zimmer und boten mir ein Näschen H. an.
Alleine das Wort hat, mit Recht, eine so diabolische Wirkung, dass ich es gar nicht benutzen mag. Dementsprechend sah ich die beiden an.
„Du brauchst keine Angst zu haben, wir machen das einmal, da passiert gar nichts", beruhigte mich Dominic.
Ich dachte, OK, jetzt bin ich schon so weit gegangen, darauf kommt es jetzt auch nicht mehr an. (Viel später, als ich mit schwererziehbaren Jugendlichen arbeitete, von denen einige Suchtprobleme hatten, konnte ich von dieser Erfahrung sogar profitieren.)
Peter mit seiner japanische Freundin Sakya und Kurt, der aus der Dose rauchte, waren auch mit von der Partie.
Wir hatten einen sehr entspannten, völlig sorglosen Tag. Obwohl ich mich zweimal übergeben musste, beeinträchtigte das mein Wohlgefühl überhaupt nicht.
Dominic sagte liebevoll zu mir: „Ich bin froh, dass du da bist."
Warum, erklärte er nicht, aber ich denke, es hatte etwas mit Wärme und Geborgenheit zu tun. Mir ging es mit ihm, trotz des oft ruppigen Tones, genauso.
Den armen Tano, der mich am Nachmittag am Sangam erwartete, hatte ich vergessen und versetzt, was sonst gar nicht meine Art war.

Am nächsten Morgen, es war der Tag von Millenium, nahmen wir noch eine Nase. Sinto und Dominic kauften einen Plastikeimer voll Lassi, welches wir für den Abend, als Dessert, beisteuern wollten.
Es gab eine Party bei den Italienern und ein voraussichtlich eher braves Fest bei Rupa, einer Engländerin, die hier großes Ansehen genoss, weil sie indische Mädchen unterrichtete.
Zu meinem großen Erstaunen hatten sich Dominic und Sinto für Rupa entschieden.
Später sollte ich noch Früchte kaufen, was mir in meinem Zustand nicht leicht fiel. Am Hauptplatz erstand ich Bananen, zu einem viel zu hohen Preis. Den Betrug konnte ich sehr wohl erkennen, war aber einfach nicht in der Lage, mich zu wehren. Hinter mir wartete eine indische Pilgerfamilie. Als der Vater den Preis hörte, mischte er sich erbost ein.
Wie könne man eine Ausländerin dermaßen übervorteilen, was für einen Eindruck würde sie von Indien mit nach Hause nehmen!

Eingeschüchtert gab mir der Händler einen Teil des Geldes zurück und ich bedankte mich bei dem aufmerksamen Mann. Wir unterhielten uns noch eine Weile und ich wurde wieder völlig klar.

Vor dem Rückweg trank ich noch einen Chai und hörte die Botschaft des Tages, die in aller Munde war. Der etwas verirrte, unglückliche Österreicher mit dem Seitenscheitel, von dem keiner wusste, wie er hieß, war in Indore am Flughafen mit 500 Gramm erwischt worden. Jetzt saß er dort im Gefängnis und würde sicher zu einer Haftstrafe von mehreren Jahren verurteilt werden.

Vor ein paar Tagen begegnete ich ihm, als er nach Einbruch der Dunkelheit, mit einem Stirnband um den Kopf gebunden, über die Brücke wandelte.

Er sah damit nicht unbedingt wild aus, aber irgendwie wild entschlossen. Langsam näherte er sich mir, mit ausgestreckten Armen, in der Mitte der Straße.

Wahrscheinlich grüßte ich mit „Hare Om". Er antwortete nicht und lächelte mich nur wissend an.

Seine Augen sagten mir: „Ihr alle wollt nichts mit mir zu tun haben, aber ich bin auch da. Ich habe das gleiche Recht, wie ihr. Und du, du weißt doch genau, warum es mir so beschissen geht!"

Da wusste ich, dass etwas passieren würde. Am anderen Tag, er trug noch immer das Stirnband, (es war das Stirnband eines Kamikaze), stand er in der Mitte der Brücke, hatte ein großes Tuch auf dem Boden ausgebreitet und machte, wie er selber sagte, eine Performance.

Auf dem Tuch war ein, in vier verschiedene, farbige Sektoren geteilter Kreis, aufgemalt. In der Mitte befanden sich zwei Streichholzschachteln, die wie der Minuten- und Stundenzeiger einer Uhr angeordnet waren. In den Sektoren lagen allerhand Gegenstände eines Travellers: Uhr, Löffel, Tuch, Taschenlampe und andere Kleinigkeiten.

Der Schweizer Theo fragte ihn: „Machst du Flohmarkt?"

„So was ähnliches", antwortete er darauf leise.

Er stellte sich öffentlich aus, wenn das kein Zeichen war! Zweimal blieb ich bei ihm stehen und wollte die Aktion irgendwie „normalisieren", damit sie nicht wie eine Mauer zwischen ihm und uns anderen stehen sollte, doch er blieb spröde und wortlos. Er konnte nicht anders.

Dann spürte ich den Drang, wieder in mein eigenes Leben zurückkehren zu wollen und ging zum nächsten Lassi. Danach sah ich ihn nicht wieder.

Die Party bei Rupa, bei der man „sogar" Inder eingeladen hatte, war natürlich nicht das Richtige, weil: viel zu brav!

„Ja, das Karottendessert macht Lakshmi ganz wunderbar!“, lobte Rupa und ein Mädchen mit Zöpfen schaute beschämt zu Boden.

Nach Mitternacht, bei den Italienern, lief eine komische brasilianische Musik und alle saßen nur noch völlig stoned herum.
Wir gingen dann heim, jeder für sich in sein Zimmer.
Das neue Jahrtausend hatte begonnen, am falschen Ort, mit den falschen Leuten, nicht mal die Musik passte! Unsere Zeit schien nun wirklich abgelaufen.
Von Goa aus würde ich Marco einen Brief schreiben, dass ich im Frühjahr zurückkäme.

Goa 1.0

Die Reise von Omkareshwar nach Goa sollte zunächst unsere letzte gemeinsame Aktion sein und verlief ganz OK.
In Indore nahmen wir noch einmal ein gemeinsames Zimmer, wie früher in China. An der Rezeption trafen wir auf einen Inder, der mich anschaute und rief: „I saw this woman smoking shilom in Omkareshwar!“
Das war mir sehr unangenehm, weil ich nicht wusste, was es zu bedeuten hätte. Am Bahnhof in Margao, Goa, trennten wir uns mit einem Kuss.
„Wir treffen uns in zwei Wochen auf dem Flohmarkt in Anjuna“, waren seine letzten Worte.

Ich nahm einen Bus nach Mapuca und stieg dort nach Anjuna um.
Es war Mittwoch, der Tag des Flohmarktes. Ich suchte mir eine Unterkunft für eine Nacht, bevor es weiter nach Arambol gehen würde.
Zuerst genoss ich die Leichtigkeit, das bunte Treiben und hoffte insgeheim, irgendjemand zu treffen, von Lhasa, Kathmandu oder Varanassi. Viele kannten sich, nur mir waren alle fremd.
Die Sonne ging bald unter und ich schlenderte rüber zur Shore Bar, wo man sich zum Sunset traf.
Von dort ertönte bereits Ambient Sound und als der letzte Streifen von rotem Glanz im Arabischen Meer versunken war, steigerten sich allmählich die Bässe.
Kleine Gruppen plauderten und rauchten, andere tanzten bereits.
Ich saß irgendwo dazwischen, wie so mancher, der gerade angekommen war, oder keinen Anschluss fand. Ungern wollte ich durch mein Alleinsein

auffallen und war froh, als es endlich dunkel wurde. Die Party hatte begonnen und immer mehr Leute versammelten sich, lauter fremde Gesichter.

Im Gedränge an der Bar ein Getränk zu bekommen, schien fast aussichtslos. Am Rande der Tanzenden ergatterte ich einen guten Sitzplatz, von wo aus ich das wilde Treiben überschauen konnte. Junge, bunte Menschen aus aller Welt, Japaner mit langen Dreadlocks, Israeli, Australier und viele Europäer, schöne und zerlumpte. Alles wirkte sehr frei.

Die Lautstärke war hier an der Schmerzgrenze, als ich warmen Atem an meinem Ohr spürte. „Hello my friend", hörte ich ganz nah an meinem Ohr und dann nannte er sogar meinen Namen!

Ruckartig wandte ich mich um und schaute in ein indisches Teenagergesicht. „You remember me? You want a drink?"

Ich schaute in seine glänzenden Augen und erkannte den Jungen von damals, der mich an meinem ersten Tag in Indien, in seinen Shop gelockt hatte. Dass er sich noch an meinen, für Inder so komplizierten Namen noch erinnerte, konnte ich kaum fassen.

Ich war verblüfft und freute mich unbändig. Er erzählte mir, dass er jetzt mit seiner Schwester einen großen Shop hätte und sich mittwochs, mit kellnern, was dazu verdienen würde.

Gut sah er aus. Er hatte es zu was gebracht.

Am nächsten Morgen kaufte ich für mein neues Zimmer ein großes Tuch bei ihm. Ich habe nie erfahren, warum er sich gerade an mich und meinen Namen erinnert hatte, aber vielleicht war ich damals einer seiner ersten Kunden? Eine unterschiedliche Wahrnehmung zweier Personen von ein und derselben Sache war es bestimmt.

Danach nahm ich den Bus nach Arambol. Dort kannte ich mich aus und würde Dominic nicht zufällig über den Weg laufen.

Ich folgte einem Mann mittleren Alters, der am Bus Stop stand und mir ein Zimmer anbot. Es war relativ groß und hell, mit zwei Fenstern, einer Dusche, Waschbecken und einem gekachelten Klo, was will der Mensch mehr!

Gleich am ersten Abend lernte ich einen Engländer in meinem Alter kennen, der in Birmingham in einer buddhistischen Community lebte.

Lokabanthu war sehr höflich, gebildet und schob mir sogar, wie ein perfekter Gentleman, den Stuhl nach hinten, damit ich Platz nehmen könne. Noch vor kurzem hatte ich eine „Einführung in die Buddhistische Lehre" gelesen, die ich, Second Hand, in Kathmandu erstanden hatte und nun saß ich persönlich dem Sekretär des Autors gegenüber.

Als wir diesen Sachverhalt entdeckten, glaubten wir fast an eine Vorsehung. Ich erzählte ihm vom Kailash, wo er auch gerne einmal hin wollte und staunte nicht schlecht, als er sogar schon vom Königreich Guge gehört hatte. Vor Jahren hatte er, wie ich, den „Weg der weißen Wolken", von Lama Govinda gelesen und hörte sich meinen Bericht begeistert an.

Im Gegenzug erläuterte er mir wichtige Inhalte der Lehre.

Die „bounderies" wären nur scheinbar, in Wahrheit wäre alles „connected".

„Alles ist vernetzt und wandelbar. Man erzeugt ständig Schmerz und Freude bei anderen Wesen, Menschen, Tieren, überhaupt, bei allem, was lebt. Man ist ständig Opfer und Täter gleichzeitig," ereiferte er sich.

Als ich ihm aber am nächsten Abend erzählte, dass ich noch nicht lange alleine reisen würde, schien ihm das gar nicht zu gefallen. Es passte auch nicht zu seiner Art, dass er sich am Ende seltsam schnell verdrückte.

Dann lernte ich eine Französin Mitte fünfzig kennen, eine schwierige Frau, mit sehr langen Haaren, die wie eine gestürzte Königin durch die Welt lief. Sie hatte ein Buch geschrieben über Esoterik, Psychologie, aber auch Parapsychologie, das bisher nur in den USA erschienen wäre. Auch Christine sprach davon, dass alles vernetzt wäre.

Ich war nicht ganz gesund, hatte keinen Appetit und schon beim Gedanken an Rauchen, wurde mir leicht übel. Gegen Abend setzte ich mich an den Strand, dort, wo mich vor ein paar Jahren Sam angesprochen hatte. Die Sonne stand glühend, als gelb oranger Lampion, am Horizont, hinter den brausenden, schaumigen Wellen. Das Meer glitzerte wässrig, zartblau und emsige Krabben schaufelten und gruben unbeteiligt im Sand.

Ein Liebespaar umarmte sich im hüfthohen Wasser und ich dachte, die sind bestimmt noch nicht lange ein Paar. Dominic und ich kennen uns nun schon mehrere Jahre und sind uns doch immer fremd geblieben. Unsere Wünsche stehen jeweils in einem anderen Buch. Er könnte jetzt den Strand entlang laufen und sich neben mich setzen, es gäbe nichts zu sagen. Wir haben es nicht geschafft, eine gemeinsame Sprache zu finden. Keine in Worten, keine in Taten.

Der Lampion war inzwischen zu einer roten Sichel geschrumpft und schließlich hinter der grauen Horizontlinie versunken.

Jetzt wollte ich nur noch in mein Zimmer, keine Gespräche mehr und kein Essen, einfach nur Stille. Mein ganzes Leben war ein einziges Schauen und Beobachten, ein Mitfühlen und Nachvollziehen gewesen, dachte ich und das hatte wenig Tröstliches.

In der Nacht träumte ich, dass ein großer schwarzer Hund, vielleicht war es auch ein Wolf, sehr aufgeregt auf dem Waldweg über meinem Elternhaus, hin- und herlief. Seine Vorderpfoten waren in einer schwarzen Plastikfolie verheddert. Weil ihn das fast wahnsinnig machte, lief er zeitweise sogar aufrecht auf den Hinterläufen, war aber unfähig, die Folie abzustreifen.

Dominic und ich beobachteten ihn und sahen sein Leid. Ich schaute nur, denn das Tier schien gefährlich, ja in der Situation geradezu in Rage zu sein. Mein Gefährte aber griff schnell nach der Folie und der Wolf war befreit.

Aufgeregt erwachte ich und mein Herz pochte heftig.

Ich überlegte: „War Dominic selber der Wolf? Konnte er sich nur aus eigener Kraft befreien?"

Vor meinem Fenster hörte ich Sebastian, meinen etwas naiven und geschwätzigen Vermieter, mit der Gießkanne hantieren. Er war Katholik und reichlich stolz darauf, was ihn aber nicht daran hinderte, mich oft ungeniert, von oben bis unten, ausgedehnt zu betrachten.

Das nervte, aber wenn mir Maria, seine Frau, eine süße, frische Papaya vom Baum schüttelte, war ich wieder sehr froh, hier zu sein.

Ja, ich hatte damals ein erschreckend schönes Leben, konnte ausschlafen und dann rüber in den Garten des Dutch Cafè zum Frühstück gehen, wo mich bereits einige kannten. Mal bestellte ich Müsli mit Fruchtsalat, oder gebratene Eier mit Vollkornbrot und Butter. Es gab alles, was das Herz begehrt, dazu gehörte auch Zeitung lesen oder Gespräche mit anderen Gästen. Nach zwei bis drei Stunden kehrte ich dann zurück ins Zimmer und richtete mir den kleinen Rucksack für die Vergnügungen des Tages.

Oft ging ich zum Süßwassersee, oder in den Dschungel, mit Lektüre und Tagebuch. Manchmal machte ich Station auf halbem Weg zum Banyan Tree und rieb mich am Bach mit Heilerde ein, ließ diese eine Stunde trocknen und wusch sie danach in einer der wannenartigen Stufen des Baches wieder ab. Das erzeugte eine zarte Haut und man fühlte sich hinterher sehr erfrischt.

Abends konnte ich mir dann überlegen, in welchem Restaurant ich was essen wollte. In einem Lokal mit Meerblick gab es köstlichen Thuna mit Pommes und Salat, weiter hinten im Dorf konnte ich den Fisch im Tandoriofen bekommen und gelegentlich hatte ich auch Lust auf einen Gemüsepfannkuchen, es war das reinste Schlaraffenland.

Ich genoss das abendliche Alleine sein im Zimmer, bei Kerzenlicht.

Bilder der vergangenen Monate zogen an mir vorbei. Später gesellten sich Erinnerungen der letzten Jahre dazu und irgendwann war ich in meiner frühen Kindheit angekommen.

Als ein braves Mädchen wollte ich den Eltern keine Sorgen bereiten. Sie mussten ohnehin mit so einigen Problemen fertig werden, als ich mich, als drittes Kind, angekündigt hatte. An einem Ostersonntag Morgen fuhr unsere Mutter zu meiner Geburt ins örtliche Krankenhaus. Der Posaunenchor spielte vom Dach des Kirchturms, das war kein schlechtes Omen. Ich entwickelte mich zu einem gutmütigen und zufriedenen Kind, das man auch alleine im Laufstall vor dem Haus lassen konnte. Wenn Leute vorbei liefen, winkte ich und lachte.

Vielleicht hatte ich sehr früh begriffen, dass man mich nur lieben würde, wenn ich mich unauffällig und pflegeleicht benehmen würde. Später hatte ich immer Spielkameraden und Freundinnen. Unsere Nachbarin lud mich gerne ein, weil ihre Töchter keinen Streit hatten, wenn ich dabei war. Im Gegenzug gab es diverse kulinarische Köstlichkeiten, die bei uns nicht täglich zur Verfügung standen.

Erst in der Pubertät entwickelte ich mich zum Scheusal und habe derartige Verhaltensweisen, meiner lieben Mutter gegenüber, nie ganz abgelegt. Das verdiente sie nicht und führte bei mir immer wieder zu einem schlechtem Gewissen.

Alle paar Wochen schrieb ich meinen Eltern einen ausführlichen Brief, der oft ein bisschen geschönt war, damit die Sorgen, die sie sich machten, nicht zu groß würden.

Vor der Rückkehr in den Schwarzwald graute mir und ich dachte darüber nach, dass ich noch einmal weg müsste. Ich war doch hier, in dieser Welt, noch gar nicht fertig!

In dieser Stimmung erreichte mich ein Mail meiner Freundin Pia.

Sie war, auf meine Bitte hin, zu Marco auf den Schoren gefahren, um meine Wanderschuhe zu suchen. Ich hatte sie beauftragt, diese nach China, zu der sympathischen Wirtin unserer Unterkunft in Xiwu, zu schicken. Das tat sie gewissenhaft und als Nebeneffekt, hatte sie sich in Marco verliebt. Dieser erwiderte ihr Gefühle eine Weile. Nach einer schönen gemeinsamen Zeit, als das Pulver seinerseits verschossen war, litt sie unter dem Verlust.

Außerdem hatte sie noch eine ganze Menge Urlaubstage übrig und schlug mir nun vor, mich in Indien zu besuchen. Das brachte mich etwas aus der Fassung.

Ich hatte keine Ahnung, wie es bei mir weiter gehen würde, fühlte mich innerlich keineswegs gefestigt und sollte nun Termine planen. All dies schrieb ich ihr wahrheitsgemäß, aber sie blieb hartnäckig, brauchte, wie sie mir versicherte, unbedingt einen Tapetenwechsel.

Abends machte ich mir Gedanken über das Unterwegssein an sich: Reisen war doch ideal für Leute, die Probleme mit sich und anderen hatten. Immer wieder konnte man sich auf ganz unterschiedliche Art und Weise darstellen, ja geradezu die Persönlichkeit wechseln. Man war das, in was man sich gerade hinein redete und viele glaubten einem.

Doch je länger eine Rolle gespielt wird, um so dringlicher wird die Beweis-führung! Wie lange kann man auf einem Bein stehen? Wann fällt man um? Dachte ich jetzt anders über mich, als früher? War ich eine andere? „Alles fließt" sagt Heraklit. Alles außer ich, der Fixstern der Zuverlässigkeit? Wenn alles fließt, dann fließe auch ich! Yes, sure!

Wenn man in der Fremde, fremd ist, so hat das seine Richtigkeit. Ist man aber daheim ein Fremder, weil man sich fremd fühlt, unter den Menschen und Um-ständen dort, dann läuft etwas falsch. Das Reiseleben basiert doch letztlich auf zwei Voraussetzungen: Erstens, ich gehe gerne weg. Und zweitens, ich bin nicht gerne dort, wo ich daheim sein sollte. Für viele, die ich kennen gelernt hatte, traf das zu. War ich selber eine von diesen, oder hatte ich Wurzeln, die irgendwann ihr Recht verlangen würden?

Es gibt Situationen, in denen man glaubt, man müsse noch einmal von vorne anfangen, aber man fängt nie von vorne an, man macht nur immer weiter. Man kann neue Wege gehen und ungeahnte Richtungen einschlagen, aber alles bleibt doch Ursache und Wirkung. Das Vorhandene paart sich mit dem Kreativen, Neuen, der Gegenwart. Keiner kann zurück, es gibt immer nur ein weiter. Die Vergangenheit wirkt, aber sie wird schwächer mit der Zeit. Das ist das Vergessen!

Alle Menschen auf dieser Welt seien miteinander verbunden, so sagte Lo-kabandhu, die Französin Christine und so steht es in den Büchern. Sie sind voneinander abhängig und beeinflussen sich gegenseitig, wie ein Wassertropfen den anderen oder ein Sandkorn in der Wüste, die Lage des Nächsten bestimmt.

Lerne ich jetzt einen Japaner am Banyan Tree kennen, so konditioniert er mich auf irgend eine Weise. Seine Mutter aber hat IHN geprägt und der Ein-fluss dieser Frau, wird bis zu mir dringen. Schreibe ich aber in genau dieser Verfassung einen Brief an meine Freundin Pia, werden meine Worte auch bei ihr Emotionen auslösen. Die Japanische Mutter und Pia, meine Freundin in Deutschland, wissen nichts von einander und haben doch mit einander zu tun.

Aber es ist wie mit den Wellen, sie sind nicht unendlich, sie klingen aus. Wer glaubt, er könne sich heraushalten, unterliegt einer Illusion.

Mein nächster Ausflug an den Banyan Tree im Dschungel, war der reinste Flop.

Ein paar junge Engländer tranken dort Dosenbier und redeten albernes Zeug, sodass ich zügig den Rückweg antrat.

Unten am Meer wollte ich noch ein Bad nehmen und da sah ich ihn am Süßwassersee sitzen: Omkapuri, der Teufel, aus dem ein armer Teufel geworden war, seitdem ich seine Geschichte kannte.

Auch er erkannte mich. Sein Blick ruhte wärmend in mir und ich setzte mich zu ihm.

Ich erzählte ihm, was ich am Shiva Place im Dschungel gesehen hatte und er sagte ganz leise: „This is the end."

Dann war er wieder hier und dort. Er hatte keine Ruhe und seine Augen richteten sich suchend in die Ferne, als würde er etwas erwarten. Es fiel ihm schwer, still zu sitzen und ich überlegte, ob das mit dem halben Jahr Gefängnis, in Indore, zu tun hätte.

Freunde, meinte er, würden auf ihn warten. Er malte dann noch ein OM Zeichen in mein Buch und wir hielten uns einen Augenblick bei den Händen. Das war tief und echt, wieder traf mich die Wärme seines Blickes, wie eine Flut, die mich ersäuft.

Danach brach er auf in Richtung Dorf.

Der Tag unserer Wiederbegegnung auf dem Flohmarkt in Anjuna rückte näher und ich wurde unruhig.

Am Vortag wurde es so schlimm, dass ich Salztränen ins Salzwasser weinte und beim Sunset zu viel rauchte. Auf dem Heimweg drohte mein Gleichgewichtssinn zu versagen. Die leichte Steigung zum Dorf hinauf, schien mir so steil zu sein, dass ich fürchtete, hinten über zu kippen.

Von Arambol aus fuhr ein Fischerboot morgens nach Anjuna und abends zurück. Die einfachen Holzboote, mit Außenbordmotoren, fassten gut fünfzehn Personen und ich war eine davon.

Als wir anlegten, hörte ich schon den Sound und bunte Tücher mit OM Zeichen, flatterten im Wind. Das Areal war riesig, überall bunte Leute und bunte Waren. Schon morgens gab es ein Gedränge. Die Hippies verkauften teilweise selbst Kreiertes und Inder, aus allen Teilen des Landes, boten Kleidung an, die sie niemals selber tragen würden.

Dazwischen konnte man alle möglichen Köstlichkeiten zum Essen bekommen, wobei eine rundliche Griechin mit ihrem Gyrosstand, offenbar das beste Geschäft machte. Schmuck konnte man in allen Varianten finden, sowohl teuren Silber- und Goldschmuck mit Halbedelsteinen, als auch preiswerte Ringe und Ohrgehänge aus Kokosnuss, die mir sehr gut gefielen.

Ein Italiener verkaufte selbst gefertigte, teure Shiloms und einige Israeli hatten sich auf Lederwaren spezialisiert, die überwiegend in Handarbeit hergestellt wurden.

Die bunten flattrigen Röcke, die zwei Südländerinnen mit passenden Oberteilen anboten, fand ich sehr ansprechend. Ich hatte sowieso nichts Vernünftiges mehr zum Anziehen und hielt gerade einen langen schwarzbunten Rock vor dem Spiegel an meine Hüften, als unerwartet Omkapuri neben mir stand. Die Situation war mir ein bisschen peinlich und ich fragte spontan: „Nice or not nice. You have to tell me the trooth!"

„Nice", gab er zur Antwort. Später saßen wir zusammen an einem Chaishop und ich erzählte ihm vom Mount Kailash.

Eine Weile würde ich noch in Arambol bleiben, danach vielleicht nach Gokarna fahren und es klang fast so, als würde er auch kommen. Zum Abschied drückte er mir wieder ganz innig beide Hände.

Am frühen Nachmittag lief ich wieder durchs Getümmel und hinaus auf eine sonnige Straße mit weiteren Ständen links und rechts.

Da sah ich IHN schon von aller Weite, ganz in gelb, im Khampahemd mit Scherpe. Groß wirkte er, nicht jung, nicht alt und irgendwie verändert, fast fremd.

Er bemerkte mich etwas später. Beide liefen wir dann los, fielen einander in die Arme und wirbelten vor allen so richtig rum.

Er hielt sich jetzt in Palolem auf und war gleich an die richtigen Italiener geraten. Besonders Jimmy, ein Rasta aus Gorgonzola, bei Mailand, war ihm wichtig. Er würde kompromisslos seine Meinung sagen, so wie er selber das früher auch getan hätte. Nur mit Freunden hätte dieser Jimmy, der auch ein Yogavirtuose wäre, wohl mehr Glück.

Dominic hatte bei Colomb unser Zelt, auf einem Sunsethügel, aufgebaut und abends gäbe es bei den Italienern Musik. Wir sollten weiterhin in Verbindung bleiben, aber doch auf Abstand.

Er lächelte: „Eine heimliche Affaire!"

Ich eröffnete ihm, dass ich, voraussichtlich Anfang Mai, mit Pia, nach Deutschland zurück fliegen wolle. Es gäbe einiges zu regeln und mein Vater hätte den 80. Geburtstag, aber im Sommer würde ich wieder kommen.

Das freute ihn. „OK, wir treffen uns in Leh!"

Dann nahm er einen Zettel aus der Tasche und zeichnete mir auf, wie ich ihn in Palolem finden würde.

„Kommst du zu Fullmoon?"

Ich sagte zu und musste mich nun beeilen, um das letzte Boot nicht zu verpassen.

Am Abend saß ich wieder in aller Ruhe in Arambol am Strand und schaute den Wellen im Mondlicht zu. Unser Wiedersehen war kein High gewesen, sonder eher verhalten. Vielleicht war es sogar eine Abgrenzung und doch war ich bester Stimmung. Dominic hieß nun Domenico.

Am nächsten Morgen erwachte ich sehr früh, noch vor Sonnenaufgang. Ich überschaute mein derzeitiges Leben und dachte darüber nach, wie blumig, bunt und angenehm es doch geworden war. Die Befreiung schien voran zu schreiten.

Ich wollte nicht mehr zurück in ein Leben mit Zwängen und Ängsten. Angst könnte man vor dem Meer, vor Kälte oder Hunger haben, nicht aber vor einem Chef, oder davor, dass man bei der Arbeit Fehler macht. Meine Hauptangst war früher oft die, dass bemerkt würde, wie wenig mich die Arbeit und alles, was damit zusammen hing, überhaupt interessierte.

Der Schmuck aus Kokosnussschale fiel mir ein und ich überlegte, ob auch ich auf diese Art Geld verdienen könnte. Inzwischen war ich richtig wach und mir kam der Gedanke, dass ich sogar vor Sonnenaufgang aufstehen könnte und tat es.

Zum ersten Mal seit Jahrzehnten, stand ich freiwillig um diese Zeit auf. Wie oft hatte ich, vor allem im Winter, in der Dunkelheit mein Tagwerk begonnen. Dann kam das Scheiben kratzen und Auto fahren unter Anspannung. All das war jetzt vorbei.

Ich lief durchs verschlafene Dorf und stieg hinauf zum kleinen Shivatempel. Hare Om! Bom Bolinath! Die Sonne tauchte glühend rot hinter einem Hügel auf. Ich war unterwegs, wollte mich öffnen und das Leben, an diesem reich gedeckten Tisch, zu lieben beginnen.

Wenn der Tag so früh und intensiv anfängt, ist die Energie bald verbraucht.

Morgen würde ich nach Palolem fahren, worauf ich mich einerseits freute, gleichzeitig aber erinnerte ich mich daran, dass Dominic bei unserem Treffen eher unentspannt wirkte.

Ich geriet ins Grübeln, relaxt reflektieren hätte eigentlich genügt. Den richtigen Zeitpunkt, diese Gedanken abzustellen, verpasste ich dann. Grübeln kommt von Grube. Grube graben und selbst hinein fallen! Oh, my good, it´s senen thirty! This is the end.

Von mir aus könnte ich auch morgen früh ans Ufer gespült werden, wie der Fischer vor zwei Jahren, von dem Sebastian erzählt hatte, oder wie eine Kokosnuss. Das Meer spuckt wieder aus, was es nicht brauchen kann, was nicht zu ihm gehört.

Nach der mehrstündigen Busfahrt von Arambol über Mapusa und Panjim nach Palolem, nahm ich dort erst einmal ein Bad im Meer.

Chai Shops und Hütten, die an Ausländer vermietet waren, lagen hinter dem Sandstrand, es gefiel mir gleich gut. Noch nass und in einen Lungi gewickelt, setzte ich meinen Weg am Strand entlang fort. Über einen Hügel, auf dem zwei Baumhäuser aus Bambus errichtet waren, gelangte ich zur nächsten Beach, Colomb, wo ich mich zum Chai Shop „Magic View" durchfragte.

Dort befand sich ein runder Pavillon, in dem ein paar Leute saßen, einer davon war Dominic.

Er stand auf, als er mich sah und wir umarmten uns.

Der Blick zum Meer war von hier aus wirklich magisch, dazu lief eine melodische, verträumte Musik. Dominics neue Freunde betrachteten mich neugierig und ich setzte mich an den runden Tisch.

„You can´t eat here", begann David, ein älterer, etwas heruntergekommener Brite, die Unterhaltung, „But the place is beautiful."

Ihm gegenüber saß Emanuela, eine schlanke, großgewachsene Italienerin. Mit ihren blonden Haaren und den blauen Augen sah sie aus wie ein Botticelliengel.

Ihr Freund, Fabricio, neben ihr, war nicht minder beeindruckend. Er trug die langen braunen Haare zu einem Zopf gebunden und seine männliche Brust zierte eine Maoritätowierung. Seine kräftige Erscheinung und der tief liegende Haaransatz waren so eine Mischung aus Lino Ventura und Zeus und er gefiel mir ebenso gut, wie Emanuela.

Mein Freund saß natürlich neben Jimmy, der leider kein Englisch konnte. Er hatte braune Dreadlocks und trug ein als Stirnband gewickeltes Tuch um den Kopf. Mit seinem drahtigen Körperbau wirkte er fast wie ein Baba und hatte ein gewinnendes Lächeln, trotz der schlechten Zähne.

Ich wurde sehr freundlich empfangen und Emanuela sprach sogar ein bisschen Deutsch, das sie in der Schule gelernt hatte.

Sie und ihr Freund lebten den Sommer über in der Nähe von Levanto, Ligurien und verdienten sich dort im Tourismus ihren Lebensunterhalt, der auch noch für einen Winter in Indien reichen musste. Emanuela arbeitete in Hotels und Fabricio, der ein virtuoser Gitarrist war, spielte abends in Restaurants.

Später zeigte mir Dominic den Hügel, wo unser Zelt stand. Der ebene, mit Kiefernnadeln bedeckte Platz, war umrundet von Bäumen und Gebüsch, trotzdem aber sonnig. Vom Eingang und der Hängematte aus, eröffnete sich die Aussicht aufs Meer. Ein Stück weiter oben stand eine unbewohnte Hütte und etwas tiefer hatte sich ein Schweizer mit seiner thailändischen Frau und einem Kind eingemietet. Rundum herrschte Stille, ein idealer Ort, um zu sich zu kommen.

Für den Abend waren wir bei den Italienern zum Essen eingeladen.

Sie wohnten einfach, aber an einem sehr schönen Platz, von wo aus wir den Sonnenuntergang sehen konnten.

Inzwischen war auch Fabricios Bruder eingetroffen und nach der Pasta wurde musiziert. Fabricio hielt seine Gitarre, wie ein Vater sein Kind, das ihm völlig ausgeliefert ist. Noch nie hatte ich jemand so Gitarre spielen sehen. Sein Repertoire reichte von Flamenco über Paco de Lucia, eigenen Improvisationen, bis zu Liedern aus der Heimat und sein Bruder begleitete ihn. Jimmy trommelte dazu auf einer Tabla herum.

Emanuela lachte mir zu, denn sie wusste, wie beeindruckt ich war. David hatte eine Flasche Whisky mitgebracht, der vor allem er selber und Fabri kräftig zusprachen und zusammen mit den vielen Shiloms, die die Runde machten, geriet die ganze Truppe zunehmend in einen ekstatischen Rausch. Dominic verhielt sich äußerst defensiv, so kannte ich ihn gar nicht. Unwillkürlich musste ich daran denken, wie er früher Bundestagsdebatten angeschaut hatte und hinterher mächtig schimpfte. Der Mond stand leuchtend am Himmel und glitzerte auf den Wellen.

Der nächste Morgen begann leicht verkatert und wir beschlossen, uns ein Fahrrad zu mieten und in Palolem zu frühstücken.

Die Luftbewegung beim Fahren empfand ich als sehr befreiend. Im sonnigen Morgen fühlte ich mich hübsch und frei.

Erst als wir in der German Bakery gegessen hatten, kam wieder diese Leere zwischen uns. Dominic meinte nun, ich wäre wieder völlig unbeteiligt dabei gesessen, gestern Abend, es hätte sich nichts verändert.

Später, in der Alphabar, wo viele österreichische Junkies verkehrten, fielen wir keineswegs auf, weil die auch alle schweigend beieinander saßen, rauchten und ab und zu eine Bestellung aufgaben. Diese Leute saßen hier den ganzen Tag im Schatten und gingen nicht mal baden. Das fand ich schon krass.

Gegen Abend wollte Dominic zurück zu den Italienern und ich zog es vor, in der Hängematte beim unserem Zelt, vor mich hin zu träumen. Die Nacht war so still und zauberhaft, dass ich bald all meine Lieder zu singen begann.

Als er später kam, nahmen wir uns in die Arme, aber am nächsten Morgen fuhr ich zurück nach Arambol.

Bereits wenige Tage später trafen wir uns wieder in Anjuna, auf dem Flohmarkt.

Jimmy wollte demnächst zurück fliegen nach Italien, um an dem Häuschen weiter zu bauen, das er günstig gekauft hatte und kam mit zum Markt, um für Freunde und seine Familie noch kleine Geschenke zu kaufen.

Ich traf die beiden am Stand des Italieners mit den teuren Shiloms. Dort saßen sie wohl schon eine ganze Weile und Dominic war froh, sich mit mir die Füße vertreten zu können.

„Emanuela und Fabri werden heute auch noch kommen, sie wollen einen Scooter mieten."

„Da freue ich mich, die mag ich gerne", antwortete ich.

„Fabricio ist ein super Typ, ganz klar, aber glaub mir, er ist eine tickende Zeitbombe. Als Säufer kann er sehr heftig werden," fuhr er im Weiterlaufen fort.

Wir aßen eine Kleinigkeit und standen plötzlich vor einem Stand, der mich sehr ansprach.

Schmuck aus Muscheln, Versteinerungen und Shivaaugen lagen auf einem schwarzen Tuch. Dahinter saß ein Mann in meinem Alter, mit blonden Rastas und einem Musketierbart. Er trug kurze Hosen, eine leuchtend orange Warnweste und war am ganzen Körper tätowiert. Elefanten schmückten die Beine und ein ganzes Universum aus Planeten mit Kratern, bedeckte seine Brust. Er schaute uns aus glänzenden, fröhlichen, aber auch wilden Augen an und eine Kette mit besonderen Exemplaren, hing schwer um seinen Hals. Die Einheit von diesem Strandläufer und seiner Ware begeisterten mich, das war aus einem Guss.

Kleine silberne Ohrringe mit Shivaaugen, weiße, halbschalige Deckel einer Meeresschnecke mit einem spiralförmigen Muster darin, gefielen mir besonders. Ich würde gleich fünf oder zehn Paar kaufen! Zu Dominic sagte ich das leise und fügte hinzu, dass ich auch gerne bei den RICHTIGEN Leuten kaufen wolle.

Genau das wiederholte Dominic direkt an den Tätowierten gewandt. Es war mir etwas peinlich, aber Hannes lachte und freute sich. Er sprach mit süddeutschem Akzent und kam, wie er uns später erzählte, aus der Gegend von Ulm.

Dieser Mann schaute einen direkt an, redete ungezwungen und nicht banal. Er wirkte, als wäre er ganz bei sich. Er sprach frei und erzählte, aber es war keine Konversation.

Am Abend fuhren wir mit den Italienern nach Chapora und es wurde für mich eine anstrengende Nacht, weil ich kaum etwas verstand.

Wieder gab es Pasta und Musik und als es bereits hell wurde, schliefen wir noch drei, vier Stunden auf dem Fußboden.

Die Motorradfahrt am späten Vormittag, bei einem bunt tätowierten Blonden hintendrauf, war dann der reinste Alptraum, denn dieser Wahnsinnige raste in Höchstgeschwindigkeit die schmalen und kurvenreichen Sträßchen entlang.

Später gingen Dominic und ich zu Fuß nach Vagator, wo es bis zehn Uhr, in der Ninebar, Musik gab, aber wir kamen nicht mehr in Schwung.

Vor dem Eingang standen Taxis und ich sprach ein Machtwort: „Wir nehmen uns jetzt so ein Taxi und fahren nach Arambol."

Mein Gefährte hatte nichts dagegen. Nachdem Dominic so ein sündhaft teures Shilom gekauft hatte, kam es darauf auch nicht mehr an.

Am nächsten Morgen zeigte er mir das Wunderding und meinte: „Das verstehst du nicht!"

Ja, er hatte recht, das verstand ich wirklich nicht, denn Dominic hatte bereits eines.

„Warum rauchst du überhaupt?", fragte er dann.

Darüber hatte ich auch schon nachgedacht. Natürlich war ich eine Mitläuferin, eine, die auch dabei sein wollte. Aber darüber hinaus gab es auch andere Gründe. Ich wollte ein bisschen von der Rationalität verlieren, die über so viele Jahre meinen Geist dominiert hatte. Ich wollte ein bisschen freier, spontaner und relaxter werden und dabei half das Rauchen.

Am nächsten Abend trafen wir Emanuela, Fabricio und dessen Bruder im Fellini. Die beiden Gitarristen spielten wieder so exzellent, dass das ganze Lokal begeistert war. Der italienische Besitzer, spendierte Bier und Drinks, soviel die Musiker wollten und Fabri war irgendwann total besoffen. Emanuela war das sehr unangenehm. Sie versuchte ihn zu bremsen, doch ohne Erfolg. Dominic eröffnete mir nun, dass er demnächst Jimmys Zimmer übernehmen würde, seine Boxen hätte er ihm bereits abgekauft.

„Wenn du Lust hast, kannst du ja ins Zelt ziehen."

Der Zeltplatz hatte mir so gefallen, (schien übrigens keinem zu gehören, mindestens keinem, der Geld dafür wollte) dass ich gleich zusagte.

Das letzte Wochenende vor meinem Umzug verbrachte ich noch einmal alleine hier in Arambol.

Sonntags mied ich den Strand, weil zahlreiche Inder anreisten und man dort keine Ruhe mehr hatte. Vereinzelt kamen Familien, die Picknick und großes Spektakel auf dem Programm hatten. Wirklich schlimm aber waren Gruppen von jungen Männern. Die reisten mit einer Kiste Cola und mehreren Flaschen Whisky an. Schon nach kürzester Zeit waren sie betrunken und benahmen sich wie die Kinder. Von der Anmache, ausländischer Frauen gegenüber, will ich gar nicht reden!

Die Zeit, die nun auf mich zu kam, würde sicher nicht ganz leicht werden, aber es war bereits Anfang Februar und wir hätten vorläufig nur noch zwei

Monate zusammen, die ich nutzen wollte. Am Nachmittag suchte ich aber noch Laura Coconut aus Argentinien und ihren schwäbischen Ehemann auf, um ein Geschäft abzuwickeln.

Beni hatte sich am Dorfrand eine kleine Werkstatt eingerichtet und fertigte hier die hübschen Ringe und Ohrgehänge, die ich auf dem Flohmarkt gesehen hatte. Er zeigte mir seine große Drehmaschine und das Basismaterial, kleine Ölkokosnüsse, die es hier in Goa noch nicht einmal gab.

Laura erledigte mit mir das Geschäftliche. Ich kaufte einen Querschnitt ihres Angebotes für 400 DM in bar und übersiedelte nun mit einem kleinen Shop, in einer Edelstahldose, zu Dominic nach Palolem.

Der neue Platz war genau das Richtige für mich. Wenn ich im Zelt lag, konnte ich hinunter schauen auf die Felsen und dahinter sah ich noch einen himmelblauen Streifen Meer.

Es war inzwischen ziemlich heiß geworden, aber hier oben ging immer ein leichter Wind. Am Himmel schwebte ein Greifvogel mit Beute in den Klauen, spielte mit der Thermik und ich dachte: Wie frei er ist!

Manchmal vergaß ich ganz, dass ich in Indien war, wurde aber immer wider daran erinnert. Einmal kroch eine braune Schlange, bestimmt einen halben Meter lang, über den Weg und dann vernahm ich das Weinen mehrerer Frauen, das aus einer der Hütten drang. Später kamen viele Leute. Männer saßen ungewöhnlich still und hilflos vor dem Eingang.

Einer der ihren war gestorben. Ab und zu lief dann ein Tourist an der Hütte vorbei, der mit seiner bunt- fröhlichen Kleidung nicht mehr ins Programm passte. Bei all dem Scheinleben, das wir führten, hatte der Tod doch etwas Bestechendes. Unser alltäglicher Müßiggang wurde offenbar.

Aber nein, man konnte ja über den kleinen Hügel rüber nach Palolem in die Alphabar wechseln. Dort gab es Erdbeeren mit Sahne zu Vanilleeis oder Pudding, danach dann ein Shilom.

Wer dachte da noch an das alte Leben, das in irgend einer Fischerhütte ausgehaucht wurde. Dieser alte Mann hatte Zeiten gekannt, wo noch kein Westler am Strand zu sehen war, Zeiten, in denen der beste Fischer, den größten Wohlstand noch mit Stolz schuf, bevor den intelligenten Söhnen klar wurde, dass der Tourist, der fetteste Fisch im Netz war.

Gut, die Jungen verkommen zu Bedienern, aber sie haben kein so schweres Leben mehr.

Einen Tag später fand Emanuela, beim Austreten, die Reste eines Scheiterhaufens und ein paar verkohlte Knochen. Man hatte den Leichnam in einer stillen Ecke, wo kaum Touristen durchkamen, verbrannt.

Dominic führte, seit Jimmy abgereist war, dessen Lebensgewohnheiten weiter. Er schmückte täglich den kleinen Shivaschrein in seinem Zimmer mit frischen Blumen und aß, mittags um eins, ein Thali mit der Familie, bei der er wohnte. Er wollte nicht mehr öffentlich geküsst werden, da ihn seine Vermieter für einen Baba halten könnten. Die Treffen im Chai Shop „Magic View" am Nachmittag fanden weiterhin, mit immer der selben schönen Musik, statt.

David war nach Delhi gereist, weil er dort geschäftlich zu tun hatte und Emanuela erschien eines Tages mit einem blauen Auge, das ihr Fabricio im Suff, verpasst hatte. Dieser saß, wie begossen, neben ihr und jammerte auf Italienisch, er wäre ein schlechter Mensch, ein Säufer und er hätte Emanuela gar nicht verdient. Sein Bruder und Emanuela versicherten ihm dann aber, nein, er wäre kein schlechter Mensch und sie würden ihn lieben.

Oft fuhren wir am Mittag mit den Rädern nach Palolem, denn in der Alphabar traf man alle möglichen Leute.

Einmal lernten wir einen sympathischen Österreicher, Anfang dreißig, kennen, der ziemlich klar im Kopf war und auch äußerlich eher gepflegt wirkte. Norbert hatte aber auch andere Zeiten erlebt.

In Hampi, erzählte er, hätte er sich einem Sadhu angeschlossen, bei dem er eine Weile lebte.

„Der hat mir Übungen beigebracht, Yoga, Atmung usw., wollte aber im Gegenzug, dass ich für ihn Einkäufe erledige, morgens ganz früh aufstehe und ihm überhaupt gehorchen solle. Eine Weile habe ich das getan, aber mit der Zeit war mir das alles zu viel, ich wollte wieder nach Goa und meine Ruhe haben. Als ich ihm das eröffnete, ließ er sich nichts anmerken und meinte, das wäre meine Entscheidung. Zum Abschied schenkte er mir ein Glas Honig, das er aus den Bergen hätte. Ich bedankte mich und fuhr hier her nach Palolem. Die erste Zeit verlief ganz OK, aber ich fühlte mich zunehmend seltsamer. Immer musste ich schwitzen und hatte ständig das Bedürfnis, mich zu waschen. Meine Haut wurde empfindlicher und Stoff darauf zu fühlen, immer unerträglicher. Ich distanzierte mich auch von anderen, weil ich das Gefühl hatte, sie würden über mich reden. Als ich eines morgens, in der Unterhose, in der Alphabar erschien, meinten die Leute, es sei etwas nicht mehr in Ordnung mit mir. Ich nahm eine Zeitung in Hindischrift zur Hand und wusste, da steht etwas von mir drin. Dann kaufte ich Unmengen von Schampoo, womit ich alles Mögliche reinigte. Als ich meinen Disc Player einschamponieren wollte, stoppte mich ein Freund. Er sagte, ich wäre völlig verrückt geworden.

Kurz hatte ich einen klaren Moment, in dem ich auf den Tisch starrte und nachdachte. Da stand das offene Honigglas, einige Tropfen waren an dessen Rand herunter, auf den Tisch gelaufen. Eine Ameisenstraße lief quer über die

Tischfläche und ging großräumig um den Honig herum. Auch sonst hatte sich kein Insekt dem Glas genähert, das war komisch. Ich wies meinen Freund auf diese Beobachtung hin und er konnte sich das auch nicht erklären. Jeden Tag hatte ich aus diesem Glas gegessen, aber jetzt war mir das unheimlich geworden.

Schon nach drei Tagen ohne diesen Honig, fühlte ich mich viel besser und besuchte wieder die Alphabar. Dort erzählte ich von meinen Erlebnissen und einer der Althippies, der normalerweise gar nichts sagte, meinte plötzlich: „Datura, dir hat jemand Datura verabreicht. Von wem hast du den Honig bekommen?"

Ich berichtete und der Mann lachte: „Dein Guru wollte dir eine Lehre erteilen, so etwas gibt es hier." Datura, oder auch Engelstrompete, das ist ein teuflisches Zeug, davon muss man die Finger lassen."

Es war mir klar, dass Dominic seine neue Rolle nicht lange durchhalten würde. Das Regelmäßige hatte ihm noch nie gefallen, aber er hatte sich Jimmys Programm selber auferlegt und kam da nicht mehr so leicht wieder heraus.

„Ich denke, es wäre jetzt eine gute Zeit für die Andamanen. Das ist eine lange Anreise und bis ich tatsächlich dort bin, ist die Season fast vorbei", eröffnete er mir eines Abends.

„Das würde mir auch gefallen", erwiderte ich.

„Ja, aber du bekommst doch Besuch von deiner Freundin!"

Genau das hatte ich befürchtet. Jetzt sollte ich nicht mit gehen, weil Pia meine Andeutungen nicht verstanden hatte?

„Ich könnte trotzdem mit und Pia wird hier die erste Zeit auch alleine klar kommen", wehrte ich mich.

„Was bist du für eine Freundin! Ich wäre da, wenn mich einer besuchen wollte."

Als wir am nächsten Mittag zur Alphabar kamen, saß schon wieder eine gemischte Shilomrunde um den großen Tisch und mittendrin saß Hannes, der Meeresschmuckverkäufer vom Flohmarkt. Er erkannte uns wieder und wir hatten eine gute Unterhaltung, den ganzen Nachmittag.

Hannes lehnte irgendwann ein weiteres Shilom ab, weil er ja noch zurück nach Vagator fahren würde.

„Einmal", begann er seine Erzählung, „war ich auch hier in der Alphabar und man wollte mir gerade ein Shilom zum Anrauchen geben, als ich, ganz schön weit draußen im Meer, beobachtete, dass da einer untertauchte, kurz wieder nach oben kam, wieder abtauchte und dann geschah nichts mehr. Ich wartete einige Zeit, aber der Typ tauchte nicht mehr auf. „Da säuft einer ab!

Ich muss mal nach dem schauen!" Ich schwimme also raus und gerade als ich ihn erreiche, taucht der wieder auf. Alles OK?, frage ich, als er mich verdutzt anschaut. „Oh yes, this is under water yoga." Dann schwimm ich zurück, während die anderen mit dem Shilom Rauchen auf mich gewartet hatten. Ich war etwas außer Atem, als mir das Teil gereicht wurde und beginne es anzurauchen. Mir wird schwindlig und ich kippe gerade so zur Seite. Ja, das kann passieren."

Wir lachten und danach erzählte einer der Österreicher, dass ein gewisser Pogi oder Podi in Gokarna seinen Fünfzigsten feiern wolle. Es gäbe da hinter Sunshine Beach nochmal einen Strand, den man aber nur vom Boot aus erreichen könnte. Drei Tage wolle er dort feiern und es könnte kommen, wer will.

An besagtem Tag waren wir uns noch immer nicht im Klaren, ob wir nach Gokarna fahren sollten. Kurz bevor der letzte Zug abfuhr, meinte Dominic: „Warum eigentlich nicht".

In aller Eile richteten wir ein paar Sachen und die Schlafsäcke. Zu Zweit setzten wir uns bei Lakhsmi vom Chai Shop hinten auf den Scooter, und ließen uns, gegen Bezahlung, zum Bahnhof fahren.

Von Gokarna aus gab es inzwischen eine befahrbare Piste bis zur Om Beach, mit Rikschaverkehr. Dort am Strand lagen bereits ein paar Fischerboote, in welche buntes Volk einstieg. Wir dabei. Kaum einer kannte den anderen und von Pogi und dessen Geburtstag, wussten die Wenigsten.

Bei Sonnenuntergang erreichten wir den Strand, wo die Party bereits in vollem Gange war.

Pogi war ein hochgeschossener Kerl und leidenschaftlicher DJ. Er legte die meiste Zeit selber auf und hatte die Tänzer genau im Visier. Mehrere Zwei Literflaschen, die mit Wasser und MDMA gefüllt waren, verteilte er portionsweise. Auch ich trank ein Schnapsgläschen voll und gewöhnte mich schnell ans Tanzen im weichen Untergrund. Dazwischen rauchte Pogi große Joints, die ihm seine thailändische Frau baute und wenn ihm ein Tänzer besonders gefiel, stieg er vom DJ Pult herunter und ließ diese oder diesen mal kräftig ziehen. Das gefiel mir, denn ich hatte auch schon DJs erlebt, die nur ihren eigenen Film abspulten und denen die Tänzer egal waren. Pogi passte auch das Tempo an die Energie der Tänzer an und wenn er spürte, sie ermüden, fuhr er das Tempo runter und legte breaks ein.

Später erfuhr ich, Pogi hätte vor ein paar Jahren in Wien eine Bank ausgeraubt und man würde ihn über Interpol suchen. Auch bei Aktenzeichen XY war sein Bild gezeigt worden. Außerdem würde Pogi anscheinend mit einem völlig fremden Pass reisen, dessen ehemaliger Besitzer, Ähnlichkeit mit ihm hätte.

Wenn er mit jemandem sprach, weilte sein Blick nur kurz auf seinem Gegenüber und schon schweifte er in eine unbestimmte Ferne. Das gab ihm etwas Abwesendes, Vogelartiges. Suchte er seine Häscher und Verfolger? Wollte er sie entdecken, bevor sie ihn sahen? Und wo hatte ich diesen Blick schon einmal gesehen? Omkapuri! Ja, der hatte auch diese Ruhelosigkeit, dem ein Verweilen oder sich Verlieren im Hier und Jetzt, stets durch die Angst vor dem, was kommen wird, geraubt wurde.

Bald lachten sich die Leute an und kleine rauchende Gruppen bildeten sich um das Dancefloor. Anfangs hatte ich gelegentlich nach meiner Tasche und den Schuhen geschaut, aber hier war man unter sich, keiner würde dem anderen etwas weg nehmen.

Als ich mich in den Sand fallen ließ, um kurz auszuruhen, setzte sich ein blonder Typ neben mich und fragte, ob er mir einen Chai bringen dürfe. „Ja, gern", antwortete ich überrascht.

Als er zurückkehrte, nahm er wieder neben mir platz und meinte: „Du bist eine super Tänzerin! Ich bin übrigens Stoffel."

Gerade wollte ich mich vorstellen, als Dominic sich auf der anderen Seite neben mich setzte und den Arm um mich legte.

„Das ist Stoffel", stellte ich meine Bekanntschaft vor.

„Soll ich dir einen Chai bringen?", fragte Stoffel nun auch meinen Freund.

Auch Dominic wunderte sich über diese ungewohnte Freundlichkeit.

„OK" und Stoffel kam bald mit dem nächsten Becher. Er käme aus Bremen, wäre Landschaftsgärtner und würde den Winter immer in Goa verbringen. Zurück beim Tanzen lächelte Dominic mich an und rief mir ins Ohr: „Ich mag dich! Du gehörst voll zu meinem Leben. Und du bist ein ganz toller Mensch."

War das nun die leicht gedopte Partylaune oder womöglich seine wahre, innere Stimme, die da zu mir sprach? Ich wusste es nicht und es war mir auch egal, denn diese Nacht war wundervoll und ich wollte sie auskosten, so lange es ging.

Es musste wohl schon sehr spät gewesen sein, als ich ein paar Kekse aus meiner Tasche holen wollte. Ich suchte eine Weile nach unseren Sachen, bis mir klar wurde: Da, wo sie vorher gelegen hatten, war jetzt Wasser! Die Flut war gekommen und alles war weggeschwemmt worden: die Schlafsäcke, die Taschen und die Schuhe! Ich war fassungslos und gerade dabei, das zu realisieren, als Stoffel wieder vor mir stand und rief: „Suchst du deine Sachen? Die hab ich dort weiter oben platziert, die wären sonst weggeschwommen."

Ich umarmte ihn und als Dominic dazu kam, umarmten wir uns zu dritt.

Stoffels Fürsorge hielt die ganzen drei Tage, die wir hier verbrachten, an. Er organisierte morgens ein Frühstück und zeigte uns den Weg über das Hochplateau zu einer Art Löwengrube, in der die Leute den heißen Nachmittag verbrachten.

Pogi hatte in dem etwa sieben Meter tiefen, ziemlich großen Loch, in welchem früher anscheinend Vorräte aufbewahrt wurden, sein Equipment aufgebaut und die Party ging weiter. Es war Nachmittag und die Leute konnten sich nun sehen. Wir saßen rundum und in der Mitte wurde schon wieder getanzt.

Dominic rief mir ins Ohr: „Dort drüben, uns gegenüber, sitzt ein Typ, den kenne ich aus Tübingen." Auch er hatte Dominic erkannt und freute sich riesig.

Abends zog die ganze Gesellschaft wieder um, an den Strand. Die Menschen hier schienen unglaublich frei zu sein. Wir redeten, rauchten, tanzten und aßen zusammen. Wir schliefen nebeneinander, badeten gemeinsam im Meer, manche liehen sich Geld und Tücher aus. Wir teilten das Essen, Trinken, Rauchen und sogar die Schattenplätze.

Nachts erschien mir der Sternenhimmel wie eine Schneekugel, man bräuchte sie nur umzudrehen und es würde schneien. Dominic meinte, er würde sich sehr freuen, wenn ich mit ihm, zu den Andamanen, ginge.

Die vielen bunten, fantasievoll gekleideten Menschen von überall her, dazu der Strand und die Musik, alles erschien mir magisch, fast wie nicht mehr von dieser Welt, zumindest wie in einem Märchen.

Da gab es die Raupe, in ihrem langen, türkisfarbenen Rollkleid, das sie, je nach dem, mal boden- mal knielang trug. Auch ihre Bewegungen waren raupenartig, wenn sie ihre Feuerräder um sich drehte. Fast dick war sie und doch wunderschön.

Auch die Finnin mit ihren seidig weißen Haaren gefiel mir. Ihren großen kugeligen Busen trug sie in zwei Kokosnussschalen.

Dann gab es noch Abi, eine kleine Engländerin, deren Stimme so heißer war, dass sie kaum noch reden konnte. Sie trug eine Pelzmütze und mit dem Nasenring und den gelben Brillengläsern, schien sie gerade Trainspotting entsprungen zu sein und war doch eine so Liebe.

Alles hatte uns so überwältigt, dass wir am Morgen des dritten Tages eines der Boote bestiegen und zurück nach Palolem fuhren.

Noch an diesem Tage brannte es oben auf dem Plateau und die Party nahm ein chaotisches Ende, hatte uns Stoffel später erzählt.

Aber auch im Chai Shop „Magic View" saßen unsere Freunde in gedrückter Stimmung.

David war ganz verzweifelt aus Delhi zurückgekehrt. Er hatte für sein letztes Geld, Tscharras im Parvati Valley gekauft und einer harmlos aussehenden Inderin, die schon mehrfach Kurierfahrten unternommen hatte, anvertraut. Für David, als Ausländer, war die Busfahrt aus dem Tal heraus, zu riskant gewesen, weil es viele Kontrollen gab. Zum verabredeten Treffpunkt in Delhi, war die Frau nicht erschienen. David hatte drei Tage vergeblich gewartet. War sie erwischt worden, oder hatte man ihn betrogen, er wusste es nicht.

Nun war er fast mittellos und hatte keine Ahnung, wie es weiter gehen würde. Alle fühlten mit ihm, doch jeder war für sich selbst verantwortlich, keiner gewährte ihm Kredit.

Andamanen

Von den Andamanen hatte ich vor meiner Reise noch nie gehört. Mit den Nikobaren, die weiter südlich liegen, handelt es sich um über 500 Inseln, von denen nur knapp 40 bewohnt sind. Politisch gehören sie zu Indien, geographisch sind sie aber ein Ausläufer von Sumatra, was auch näher liegt. Den tropischen Archipelen geht auch heute noch der Ruf von unentdeckten Paradiesen voraus und ich wollte so etwas unbedingt auch einmal sehen. Zum Glück gab es in Port Blair, der Hauptstadt, auf South Andaman nur einen Inlandsflughafen, die meisten Reisenden kamen aber von Kalkutta oder Chennai per Schiff. Aus Naturschutzgründen durften Touristen nur 30 Tag verweilen.

Ende Februar erreichten wir mit dem Zug Chennai, wo wir uns im Broadlands, einem traditionellen Hotel, das früher einmal einen Harem beheimatet hatte, einmieteten. Das ehrwürdige Gebäude, in welchem fast alles hellblau gestrichen war, hatte einen charmanten, kühlen Innenhof mit blühenden Kübelpflanzen. Die geräumigen, hellen Zimmer lagen im zweiten und dritten Stock. Von den balkonartigen Gängen, konnte man gut sehen, wer gerade unten saß. Die Dachterrasse gewährte einen Rundblick auf die Altstadt und den weiten Platz vor der Moschee nebenan.

Drei alte Männer wechselten sich am Empfang ab und legten großen Wert auf das ordnungsgemäße Eintragen der Personalien, in einen dicken Wälzer, der mich an alte Tapetenbücher erinnerte.

Im „Maharadscha" nebenan, bekam man schnell, aber lieblos, ein gutes, indisches Essen.

Wir hatten bereits einen geschwätzigen Australier kennen gelernt und Dominic ging zielstrebig an diesem vorbei, um sich zu einem großgewachsenen, rotblonden Hanseaten, weiter hinten im Raum, zu setzen.

Mit Jens kamen wir schnell ins Gespräch, denn er hatte uns bei Pogis Party gesehen und wollte auch zu den Andamanen. Er war ein schlaksiger Kerl mit kurzem Haar und gutem Benehmen. Man hätte ihn problemlos jeder Schwiegermutter vorstellen können, aber wir merkten bald, dass er dennoch bereits einiges erlebt hatte.

Für Jens waren die Andamanen so etwas, wie seine Abschiedsvorstellung, nach zwölf Jahren, die er in Indien verbracht hatte.

Als er Anfang zwanzig, gleich nach dem Abitur, mit seinem Freund nach Goa gekommen war, hatte es beiden so gut gefallen, dass sie bleiben wollten. Um seinen Lebensunterhalt bestreiten zu können, probierte Jens hier alles Mögliche aus.

„Bis vor zwei Wochen war ich noch Hotel Manager in einem noblen Etablissement bei Baga. Etwas außerhalb von Anjuna habe ich ein sehr schönes Haus mit Garten gemietet, das ich im Laufe der Jahre selbst renoviert habe. Nun, wo alles schön ist, will mein Landlord mehr Geld. Wenn ich Gäste habe, die übernachten, will er extra abkassieren. Immer wenn du glaubst, etwas geschafft zu haben, werden die Inder neidisch und stellen unverschämte Forderungen.

Jetzt habe ich genug und gehe zurück nach Hamburg. Noch bin ich jung genug für einen Neuanfang, hier jedenfalls, habe ich alles versucht."

Das klang nach großen Enttäuschungen und Dominic wollte mehr wissen.

„Meine beste Geschäftsidee hatte ich vor ca. fünf Jahren. Ich eröffnete in Baga eine Eisdiele. Von Hamburg ließ ich mir, per Seefracht, eine professionelle Eismaschine kommen. Ich mietete einen Shop, den ich mit bescheidenen Mitteln umbaute und setzte meinen damaligen Vermieter an die Kasse, damit auch er von meinem Laden profitieren könnte. Es lief super und wir verdienten gut. Zuerst merkte ich dann, dass Geld in der Kasse fehlt, aber ich dachte, es wäre unklug, ihn damit zu konfrontieren und so ignorierte ich das eine Weile. Nach wenigen Wochen kündigte er überraschend meinen Mietvertrag und eröffnete mir, dass er die Eisdiele nun selbst betreiben wolle.

Da war ich natürlich sauer und konterte, „Aber nicht mit meiner Eismaschine!" Der war so dreist und drohte mir, mich anzuzeigen. Er hätte gesehen, dass ich Drogen verkaufen würde. Das stimmte natürlich nicht, aber wie könnte ich das beweisen, wenn es hart auf hart ginge? Schließlich fuhr ich zur deutschen Botschaft in Panjim und berichtete dort, was mir widerfahren war. Der Botschafter fuhr tatsächlich mit mir nach Baga und verhalf mir zu meinem Recht. Ich konnte die Eismaschine behalten, hatte aber keine Erwerbsquelle mehr. Genau so geht das hier, egal was du machst und jetzt habe ich genug."

„Was wirst du denn in Hamburg machen?", fragte ich teilnahmsvoll.

„Ich habe natürlich keinerlei Ausbildung, Studium oder so was in der Art, aber ich kenne mich ganz gut mit Computern aus. Ein Freund hat gemeint, in der Branche zähle in erster Linie die Kompetenz."

„Hier, in Indien, machst du was mit Computern?", wunderte sich Dominic.

„Ja, ich habe sogar einen Laptop dabei."

Damals war das noch ziemlich neu und es gab, außer Geschäftsleuten und DJs, nur wenige, die so ein teures Gerät hatten. Dominic war begeistert. Am Abend lagen wir dann in Jens Zimmer und sahen uns „Matrix", den Kultfilm, der damaligen Zeit, in Englischer Sprache, an.

Für das Schauen zu dritt war der Bildschirm dann doch etwas klein und ich verstand die Dialoge sowieso kaum. Aufgefallen war mir nur, dass es keinerlei Außenaufnahmen gab, keine Landschaft, überhaupt keine Natur.

Am nächsten Morgen suchten wir zu dritt die Shipping Companie auf. Ein Ticket für die Bunk Klass, die billigste Kategorie, zu bekommen, war aussichtslos und sogar für die Sechserkabine brauchten wir den ganzen Tag.

Ein Passfoto wurde benötigt und alle möglichen Stempel. Vom vielen Schlange stehen, taten mir am Abend die Füße weh.

Nebenbei lernten wir ein israelisches Paar kennen, das mit uns die Kabine teilen sollte.

Ich hatte es noch geschafft, meinen Rückflug nach Deutschland, in der selben Maschine zu buchen, in der auch Pia zurück fliegen wollte und konnte ihr noch ein Mail, mit den wichtigsten Infos, für ein Treffen in Goa, voraussichtlich in fünf Wochen, senden.

Am Abend des 26. Februar lief das riesige Schiff aus. Wir verließen Chennai und 1200 Kilometer auf hoher See, lagen vor uns.

Die Inder unten im Schiff, mussten kaum etwas bezahlen, weil die Regierung die Besiedlung der Inseln subventionierte. Unten in der Bunk Klass mussten sehr viele Menschen untergekommen sein, dann gab es Raum für Autos und Trucks, weiter oben Sechserkabinen, wie wir sie hatten und dann natürlich noch die erste Klasse.

Wir konnten dreimal am Tag im Speisesaal essen, aber bei der Qualität, nahmen wir das nicht immer in Anspruch. Drei Nächte und zwei Tage waren wir unterwegs und hatten eine gute Zeit zusammen. Der Israeli hatte einen Minidisc Player dabei, was damals der neusten Technik entsprach, dazu kleine Boxen, sodass der Sound kaum aus ging. Eines morgens kam Land in Sicht und eine neue Welt lag vor uns.

Port Blair hatte etwas von der Karibik. Auf den grünen Hügeln reihten sich himmelblau gestrichene Holzhüten mit geschnitzten Veranden und Blechdächern aneinander und im Zentrum gruppierten sich drei Hauptstraßen um einen Kreisverkehr. Dazwischen ragten riesige Bäume auf und üppige Bougonvilla schmückten die Vorgärten.

Entlang der Straßen gab es alles zu kaufen, was der Mensch braucht, dazu Restaurants und Chai Shops.

Die Israeli empfahlen uns eine Lodge etwas außerhalb, zwischen Bäumen und blühenden Tropengewächsen, wo es ruhiger war, als im quirligen Zentrum.

Das Holzhaus selbst wirkte eher finster, auch nicht sauber, aber hier trafen sich die Traveller und man bekam die besten Tipps.

Zwei Franzosen kamen gerade von Smith Island zurück und schwärmten von dieser unbewohnten Insel, ganz oben im Norden. Man könne sich von Fischern rüber bringen lassen und am Strand kampieren.

„Natürlich braucht man genug Verpflegung und Ausrüstung", meinte der Ältere.

Während die Israeli sich mit Freunden auf Hawelock treffen wollten, schien uns die Aussicht auf eine Woche Robinson, fürs erste, die beste Option. Natürlich war Jens mit von der Partie, denn seit dem Broadlands, machten wir überhaupt alles zu dritt.

Am nächsten Morgen fuhren wir zunächst mit einem Boot nach Ross Island.

Hier hatten einst die Englischen Kolonialherren residiert. Ihre ehemals prunkvollen Anwesen, waren längst zerfallen und der Urwald hatte sich sein Terrain zurückerobert. Unzählige langarmige Wurzeln schlangen sich um die Ruinen, ein Fotomotiv malerischer, als das nächste. Viele Dächer waren eingestürzt, auf den noch vorhandenen, wuchsen ganze Bäume, deren Wurzeln seitlich nach unten wucherten, um sich im rotbraunen Boden zu verankern. Dazwischen standen niedere Fächerpalmen, von undurchdringlichem Dickicht umgeben.

Im feuchtheißen Klima kursierten damals Malaria, Cholera und Schlimmeres. Keiner wollte freiwillig hier sein. Die Kolonialherren brachten die Anhänger der indischen Unabhängigkeitsbewegung auf die entlegenen Andamanen, wo sie im berüchtigten Cellular Jail inhaftiert wurden. Auf Ross Island aber fühlten sich die Engländer vermutlich sicher, weil sie ganz unter sich waren.

Für unser Camp fanden wir alles Nötige in den Geschäftsstraßen von Port Blair.Wir brauchten Hängematten, Seile, Kochtöpfe, Blechgeschirr, Besteck,

Kanister, dies und das. Jens bestand auf Hasenstallgitter, wofür auch immer. Dominic hatte bereits nach kurzer Zeit wieder die Geduld verloren, ließ Jens und mich einfach stehen und lief davon. Ich kannte das bereits, aber Jens schaute verblüfft hinter meinem Gefährten her.

„Was war das denn?", wollte er wissen.

„Nichts Dramatisches, er beruhigt sich wieder," grinste ich.

Unsere Busfahrt führte in Richtung Norden. Wir hatten von den Ureinwohnern auf Middle Andaman gehört und waren sehr neugierig. Ihr Stammesgebiet war für Inder und Ausländer gesperrt, aber um nach Noth Andaman zu gelangen, musste die Schutzzone durchquert werden.

An einer Art Ceckpoint sammelten sich mehrere PKWs, die auf den täglich verkehrenden Bus warteten. Etliche Uniformierte mit Gewehren organisierten den Konvoi, der geschlossen durch das Jarawa Gebiet fahren sollte.

In unseren Bus stiegen drei bewaffnete Soldaten ein und die PKWs folgten in kurzen Abständen. Wir fuhren längere Zeit auf einer Piste, die beidseitig von dichtem Dschungel begrenzt war.

Schließlich erreichten wir eine wenig vertrauenerweckende Brücke, vor der alle aussteigen mussten.

An ein paar Ständen wurden Süßigkeiten angeboten, auch bunte Ketten aus Kunststoff und diverse Souvenirs. Ein Chai Shop durfte nicht fehlen.

Gerade, als ich einen Milchtee bestellen wollte, bemerkte ich direkt neben mir einen Jarawa. Er war nicht größer als Ein Meter fünfzig, hatte ganz dunkle Haut, krauses, dichtes Haar und war fast nackt. Über seiner Schulter hing ein Bogen samt dem dazugehörigen Köcher, mit Pfeilen darin. Ich drehte mich zu ihm und er kam einen Schritt näher. Seine Augen waren sehr dunkel, der Blick daraus extrem fremd. Wir betrachteten uns gegenseitig, wie ein Tier im Zoo das andere. Er fixierte mich und schien sich für meine Haare zu interessieren. Ohne die geringsten Bedenken nahm er eine Strähne in die kleine Hand.

So eine arglose Distanzlosigkeit hatte etwas Beunruhigendes und sowohl Dominic, als auch einer der Soldaten, näherten sich uns langsam. Die Uniformierten schienen unruhig. Einerseits mussten sie darauf achten, dass man den Eingeborenen nicht zu nah kam, man durfte sie auch nicht fotografieren und andererseits waren diese kleinen Kerle wohl völlig unberechenbar.

Ein zweiter Jarawa bediente sich gerade am Stand mit den bunten Ketten und musste ebenfalls zurück gedrängt werden.

Inzwischen war der leere Bus über die baufällige Brücke gefahren und wir durften auf der anderen Seite wieder einsteigen.

Während der Weiterfahrt war mir der Jarawa nicht mehr aus dem Kopf gegangen. Das war eine Begegnung, wie sie noch nie zuvor erlebt hatte.

Wie ein Blick direkt in die Steinzeit, war das!

Jens meinte: „Es gibt noch andere Tribals hier. Die Sentilesen akzeptieren auf ihrer Insel gar keine Fremden. Versuche von Reportern, ihre Insel zu betreten, haben in der Vergangenheit damit geendet, dass sie mit Speeren und Pfeilen beschossen wurden und ihr Manöver fast mit dem Leben bezahlt hätten."

Gegen Abend erreichten wir Diglipur und quartierten uns in einer Unterkunft ein, die mal wieder unterste Schublade war.

Beim Abendessen lernten wir Sylvi, eine Holländerin kennen, die auch nach Smith Island unterwegs war.

„Bevor man sich rüber bringen lässt, braucht man noch ein Permit vom hiesigen Forrest Department. Das werde ich morgen abholen", erklärte sie uns.

„OK, wir können ja zusammen gehen", antwortete Jens.

Silvy schien sehr unabhängig, auch fand ich sie nicht besonders sympathisch. Aber Jens wollte vermutlich nicht ständig nur mit einem Paar zusammen sein und bot ihr die Weiterreise in unserer Gesellschaft an.

Die Holländerin, Anfang dreißig, hatte braunes, halblanges Haar und trug eine rustikale, graue Outdoorhose mit vielen Taschen, dazu eine ärmellose Jeansjacke, nicht eben das Outfit eines Indienhippies und schleppte einen riesigen Rucksack mit sich herum.

Mit dem Permit marschierten wir zu viert am Nachmittag hinunter zur Aereal Bay.

Kurz davor befand sich der gleichnamige Markt, wo wir die Lebensmittel für eine Woche kauften: Obst, Reis, Kartoffeln, Gemüse, Kaffee, Kekse, alles was wir wollten.

Voll bepackt erreichten wir den Anleger und fanden schnell einen Fischer, der uns zu unserer Insel bringen würde.

Die Sonne schien uns während der fast zwei stündigen Fahrt gnadenlos auf die Köpfe und mir wurde etwas schummrig zu mute. Die Fahrt dauerte länger als gedacht und ich war froh, als der bewaldete Flecken Land am Horizont erschien. Etwas weiter rechts lag eine weiterer Wald und dazwischen konnte ich nur einen schmalen weißen Streifen ausmachen, in dessen Nähe eine Art Pavillon stand.

Von diesem näherte sich ein Mann in einer knielangen Hose, als wir an Land gingen.

„Hello, I am John from the forrest departement. Be careful with the fire."

Er war offensichtlich kein Inder und taumelte leicht. War er etwa betrunken? Besonders Sylvi und mich musterte er eingehend, drehte sich dann aber um

und verschwand wieder in Richtung seines überdachten Beobachtungspostens.
Ich blieb erst einmal beim Gepäck sitzen, während die anderen nach einem
geeigneten Platz Ausschau hielten. Meine nackten Füße gruben sich in den
warmen, weißen Sand, der nicht nur makellos sauber schien, sondern darüber
hinaus auch sehr fein war.

Der weiße Streifen, den ich vom Boot aus gesehen hatte, war eine gebogene
Sandbank, die Smith Island mit seiner kleineren Nachbarinsel verband. Im
Augenblick herrschte Ebbe und man konnte trockenen Fußes hinüber laufen.
Die Wellen schlugen von beiden Seiten auf die vielleicht zwanzig Meter breite
Sandbank, was seltsam aussah.

Wie ich später noch oft sehen sollte, schlugen die gegenläufigen Wellen bei
Flut aneinander und weiße Gischt spritze hoch auf. Die Sandbank verschwand
dann völlig und die beiden Inseln wurden wieder getrennt.

Keine Menschenseele war zu sehen und das Türkis des Wassers schien mir
fast überirdisch. So musste es in der Karibik aussehen, in Indien gab es das
nicht. Gleich hinter dem Strand begann der Dschungel mit riesigen Bäumen,
dessen Boden mit herabgefallenen Blättern bedeckt war. Hinter Johns Hütte
konnte ich ein Riff erkennen, vor dem die Färbung des Wassers ins Azurblaue
ging.

Der Küstenstreifen der Nachbarinsel war an einer Seite völlig von dichten
Mangroven bewachsen, was ein bisschen unheimlich wirkte, weil man nicht
wissen konnte, welches Getier sich darin verstecken würde, womöglich Kro-
kodile.

Inzwischen waren die anderen zurückgekehrt und hatten ein Camp gefunden.
Voll bepackt ging es ein gutes Stück den Strand entlang.

Wir passierten drei, vier andere Camps, aus denen uns lächelnde Leute zu-
winkten und ich hatte das Gefühl, wir waren willkommen.

Unser Lager war etwas klein für vier Personen, aber Silvy steuerte gleich eine
Art Nische weiter hinten an und Jens fand vorne am Strand einen geeigneten
Baum für seine Hängematte.

Dominic und ich bauten das Zelt auf und ich war froh, die Nächte flach auf
dem Boden verbringen zu können.

Das Wichtigste war natürlich die Kochstelle, die wohl noch von unseren
Vorgängern übrig war.

Jens testete gerade seine Hängematte, schaute wie durch eine ovale Öffnung
im Blätterdickicht auf den Strand und rief fasziniert: „Living on a postcard!"

Silvy machte sich gleich auf zu einem Erkundungsgang und wir anderen nahmen ein Bad im lauwarmen, kristallklaren Wasser. Ein Stück weiter
draußen schwamm ein umgekippter Baum, auf dem sich gut sonnen ließ.

Vom Camp neben uns näherte sich ein braungebranntes Mädchen mit kurzem, blonden Haar, das mich gleich in Deutsch begrüßte.

Das wäre hier das absolute Paradies. Sie und ihr Freund waren schon vor zwei Wochen angekommen und es gäbe keinen Grund, freiwillig wieder zu gehen. Das Unterwasserleben wäre einfach sensationell! Heute hätte sie eine Schildkröte gesehen und dann die Korallen, alle Farben und so viele bunte Fische!

Dominic und ich hatten natürlich auch eine Schnorchelmaske gekauft, aber noch wusste ich nicht, wie ich sie benutzen sollte. Das sei kein Problem, ich würde es schnell lernen.

Jens hatte inzwischen bereits Äste gesammelt und versuchte ein Feuer zu entfachen. Natürlich gab es genügend trockenes Laub, aber es war so salzig, dass es sich kaum entzünden ließ und mit etwas Kerzenwachs nachgeholfen werden musste. Ich begann mit Gemüse putzen und bald gab es unser erstes warmes Essen.

Wir lachten und fühlten uns wie Robinson, doch plötzlich dämmerte es und schon kam die Nacht. Es war noch früh, aber hier, in den Tropen, wurde es so schnell dunkel, dass ich fast nichts fürs Schlafen gerichtet hatte.

Wir saßen noch eine Weile am Feuer, doch dann fing es um uns zu krabbeln an. Unzählige Einsiedlerkrebse hatte ich schon am Nachmittag am Strand gesehen und viele hatten sich gerade die allerschönsten Muscheln als Behausung ausgesucht. Jetzt kamen immer mehr. Zu späterer Stunde war dann der ganze Boden mit noch weit größeren Krebsen bedeckt und man wusste kaum noch, wo man hintreten könnte.

Nun war ich richtig froh, dass wir das Zelt hatten. Jens packte unsere wichtigsten Kochutensilien in die entsprechenden Plastiktaschen und hing diese mit Seilen in die Bäume.

Lange lag ich noch wach und lauschte dem Geraschel um uns herum. Auch exotische Vogelstimmen konnte ich vernehmen, zum Glück aber schienen hier keine größeren Tiere zu patrouillieren.

Als ich am nächsten Morgen relativ spät aus dem Zelt krabbelte, waren die anderen schon wieder mit Kochen beschäftigt. Es gab Kaffee, Cornflakes mit Milchpulver und Früchte dazu.

Dominic und Jens sprachen bereits vom Schnorcheln und ich wollte zuerst den Pfad erkunden, der zur Süßwasserquelle im Wald führen sollte. Mit dem 5 Liter Kanister unter dem Arm, ging ich ein Stück hinter dem Strand entlang.

Bei einem Camp, hatte mir Jens erklärt, würde der Weg dann in den Wald abbiegen. Der Pfad war schon von Vielen begangen worden und nicht zu übersehen.

Hinter mächtigen Urwaldbäumen hörte ich Stimmen, die einen vertrauten Klang zu haben schienen. Ich bog um die Ecke und tatsächlich, da stand Andi, ein Österreicher aus der Alphabar vor mir. Auch er erkannte mich und wir begrüßten uns wie alte Freunde. Er stellte mich seinem Gefährten, dem Schweizer Peter, einem untersetzten und etwas ungepflegt wirkenden Typen Anfang Vierzig vor und ich erfuhr von den beiden, welchen Kuriositäten man hier begegnen könne.

Zuerst erzählte mir Peter, dass er eigentlich nur ein elender Säufer wäre und dass in seinem Leben nichts geklappt hätte, Arbeit, Frauen, einfach alles wäre schief gegangen, gerade so wie seine Versuche, mit der Sauferei aufzuhören. Dann hätte es eine amtliche Untersuchung gegeben und danach einen Brief von der Invalidenkasse mit dem Inhalt, dass er jetzt monatlich Rente bekäme. „Tausend achthundert Stuz, kannst du dir das vorstellen?", rief er begeistert.

„Jetzt bin ich ein freier Mensch, reise in der Welt herum und kann machen, was ich will! Trinken tu ich hier in Asien eigentlich gar nicht mehr, rauchen schon."

Inzwischen hatte Andi ein Shilom gerichtet und wir ehrten Lord Shiva: „Bom Bolinath!"

Andi, ein kleiner Schmächtiger, war hauptberuflich Koch und hatte schon in ganz verschiedenen Ländern gearbeitet. Er führte in seinem Rucksack eine gute Bratpfanne mit sich und ein kleines Säckchen mit Kräutern der Provence.

„Die Fischer fahren täglich einmal am Ufer entlang, schauen, ob einer abreisen oder zum Einkaufen will und bieten außerdem Fische an. Die halten sie hoch und du musst nur winken, dann kommen sie an Land und du kriegst für ganz wenig Geld die besten, frischen Fische."

„Andi kann die zubereiten, wie im feinsten Restaurant", ergänzte der Schweizer. „Das duftet dann so himmlisch, dass es so Manchen anzieht, den das gar nichts angeht."

Dabei schaute er streng zu seinem Kameraden, der mich anlachte: „Hast du schon den Baba Hanuman gesehen?"

Ich verneinte und Andi erklärte: „Das ist so ein verrückter, alter Typ aus Deutschland. Der ist spindeldürr und läuft hier im Lendenschurz herum, ist ein Anhänger dieser Rainbow Leute, du weißt schon, sie leben wie die Vögel auf dem Felde, sie säen nicht und ernten doch."

„Ein Schnorrer ist das", unterbrach ihn Peter. „Der hat kein Geld und immer wenn Andi kocht oder ein Shilom stopft, schleicht der Typ ums Camp. Anfangs haben wir ihn eingeladen, aber dann war uns das zu dumm. Einmal kam er gerade wieder, als Fisch gebraten wurde und meinte, er wolle nur kurz Pause machen, bevor er in den Dschungel ginge, um Wasser zu holen. Er setzte sich zu uns und als Andi mit der Pfanne kam sagte ich zu ihm: So, die Pause ist um!"

„Da wurde der so zornig", fuhr Andi fort, „und schrie: „Ich kann sitzen wo ich will, dieser Platz gehört niemandem und machte sich beleidigt von dannen. Ein junger Kerl ist mit ihm unterwegs, auch ein Deutscher, Marcel, der ist noch planloser und fragt dauernd den Baba Hanuman, was er tun soll. Er hat eine böse Infektion am Fuß, ein richtiges Loch ist das schon und dieser Idiot von Hanuman sagt, er soll drüber pissen!"

Nun klang das zwar alles für mich ein bisschen strange, aber berauscht wie ich war, musste ich doch hauptsächlich lachen.

Schließlich setzte ich meinen Weg fort und erreichte nach ein paar Minuten eine kleine, schattig kühle Anhöhe. Über den Felsen oberhalb, lief ein schmaler Wasserstrahl in ein natürliches Becken, das von dunkelgrünem Moos bewachsen war. Dichte Schlingpflanzen wucherten an Baumriesen empor und ich hielt meine gewölbten Handflächen unter das Rinnsal, um vom kühlen Nass zu kosten. Das war feinstes, kühles Trinkwassers und schmeckte wie die Quelle des Lebens überhaupt. Vögel zwitscherten im Dickicht und ich fühlte mich wie im Paradies.

Später lief ich zum Strand, wo Dominic nach seinen ersten Schnorchelgängen zur Erholung im feinen Sand lag.

„Willst du es auch einmal versuchen?", fragte er mich.

Als ich ihn skeptisch ansah, meinte er genervt: „Du musst nur das untere Teil in den Mund stecken und darfst nicht durch die Nase atmen."

Ich probierte es, atmete natürlich doch durch die Nase und schluckte das eklige Salzwasser.

Jens kam gerade aus den Fluten, erklärte mir noch einmal alles in Ruhe und dann hatte es funktioniert.

Unter Wasser öffnete ich meine Augen und war in einer anderen Welt, musste nur ein kleines Stück hinaus schwimmen und eine mit bunten Korallen bewachsene Riffkante führte hinunter in die Tiefe, in der ein buntes Leben vor mir erschien.

Es gab Schwärme von kleinen blau schillernden Fischchen, dann größere bunt gestreifte, die mich dicklippig anstarrten, noch größere Napoleonfische und schließlich eine schwarz weiß gestreifte Wasserschlange, von der ich wusste, wie giftig sie war. Ich hatte keine Angst, zog mich aber trotzdem langsam zurück und befand mich in einer solchen Euphorie, wie ich sie lange nicht erlebt hatte.

Schnorcheln, das war mein Ding, das würde ich gleich noch einmal probieren und überhaupt würde ich das jeden Tag machen. Auch Jens und Dominic waren begeistert und jeder erzählte von den Wunderdingen, die er entdeckt hatte.

„Sylvie habe ich heute noch gar nicht gesehen.", sagte ich nach einer Weile zu Jens.

„Mag sie uns nicht? Oder fällt dir das nicht auf, dass sie sich ein wenig distanziert."

„Geht dich das was an?", pflaumte mich Dominic daraufhin mit einem bösen Seitenblick an.

„Lass mal", meinte dann Jens beschwichtigend. „Silvy hat mir gestern Abend am Strand erzählt, dass sie gerade aus Brasilien käme und dort in Rio fünf Jahre im Knast saß. Sie war naiv gewesen und hatte als Drogenkurier etwas Geld verdienen wollen. Zuerst lief alles super, aber dann hätte sie noch einmal zu einem Beamten zurückgeschaut. Ihre Blicke wären einander begegnet und er hätte alles in ihren Augen gelesen. Nachdem er sie zu sich gerufen hatte, durchsuchte er ihr Gepäck und fand das versteckte Koks.

Die Zellen im Frauengefängnis waren völlig überfüllt, die Hygiene katastrophal und Viele wären krank geworden. Die meisten waren Drogenkuriere, wie sie selbst, und von überall her. Es gab aber auch Insassinnen, die wegen Gewaltdelikten saßen und sogar Mörderinnen hatte sie kennen gelernt. Nachdem sie ihre Strafe abgesessen hatte, wäre sie am liebsten gleich nach Hause in die Niederlande geflogen, aber sie wusste nicht genau, ob es in ihrer Heimat noch einmal eine Strafverfolgung gäbe, wenn sie direkt aus Brasilien einreisen würde. So war ihre Indienreise nicht nur eine Zeit, um sich wieder zu finden, sondern auch, um Spuren zu verwischen."

Plötzlich stand ein braungebrannter halbnackter Kerl vor uns, dem ein Humpelnder in Bermudas und Hemd folgte: Baba Hanuman und Marcel!

Wir begrüßten uns und Dominic richtete ein Shilom. Der Ältere erzählte, dass sie bald abreisen würden, denn es gäbe auf dieser Insel nicht nur eitel Sonnenschein, sondern auch ganz asoziale Gestalten. In Australien wollten sie zum nächsten Vollmond an einem großes Rainbow Treffen teilnehmen.

„Mein Kollege hat sich beim Schnorcheln die Haut aufgekratzt und die Keime, die es hier in den Tropen gibt, können schnell zu Entzündungen führen. Habt ihr eine Salbe oder so etwas für ihn?" Ich hatte keine und dachte eher an Antibiotika, die ich Marcel anbot.

„Das ist ein Teufelszeug", fuhr mich Baba Hanuman an und Marcel schüttelte nur schüchtern den Kopf.

Die Tage flogen dahin. Es gab hier nicht den geringsten Konsum und vielleicht gerade deswegen kam nie Langeweile auf. Wir waren ständig beschäftigt: Holz sammeln, Wasser holen, kochen, schnorcheln und Muscheln sammeln!

Es gab Shivaaugen in verschiedenen Größen. Noch vor kurzem hatte ich zehn Paar Ohrringe mit diesen Schneckendeckeln bei Hannes auf dem Flohmarkt in Anjuna gekauft und hier lagen unzählige in den schönsten Farbabstufungen am Strand.

Ich dachte jetzt öfter an Hannes und konnte seine Passion für Meeresbewohner aller Art sehr gut nachvollziehen. Er suchte seine Schmuckstücke auf Sumatra, aber vielleicht sah es dort so ähnlich aus wie hier. Wir fanden Tiger und Money Cowries, Trochus, Murex, sogar eine große Nautilus und unzählige, deren Namen keiner kannte.

Alle sammelten Muscheln, weil es hier noch so viele wirklich schöne Exemplare gab. Erkennen konnte man das daran, dass viele mit verkratzten Gesichtern herum liefen. Man ging am Strand entlang, die Augen auf den Boden gerichtet und plötzlich hatte man wieder schmerzlichst einen Ast im Gesicht.

Sylvie wollte besonders hübsche, kleine Muscheln in dekorative Gläser füllen und diese am Königinnentag in Amsterdam verkaufen. Leider aber waren die Schönsten von Einsiedlerkrebsen bewohnt. Das war ärgerlich. Sylvie warf ihre Sammelstücke kurzerhand in heißes Wasser und die Krebse verließen ganz schnell ihr zu Hause, meist starben sie dabei. Das fanden wir nicht OK und Jens hatte schließlich den Mut, es ihr zu sagen. Sie lachte, meinte, es gäbe ja genug von den Krebsen und hörte aber doch damit auf, ihr Unwesen zu treiben. Ich überlegte, ob sie jegliche Empathie im Gefängnis verloren hatte und sah sie mit noch mehr Distanz.

Die erste Woche näherte sich zusammen mit unseren Vorräten ihrem Ende zu. Sollten wir dieses Paradies nun verlassen und eine andere Insel besuchen, vielleicht nach Haveloock, wo wir wieder in Hütten wohnen würden und andere für uns kochen sollten? Nein, das kam nicht in Frage, also musste es eine Einkaufsfahrt nach Aireal Bay geben.

Dominic benahm sich mir gegenüber wieder sehr gereizt. Ich hatte weiter unten am Strand flache Schiefertafeln gefunden, die ich auf die Kochstelle legen konnte, um darauf Chapatis zu backen. Überhaupt entwickelte ich einige hausfrauliche Qualitäten und Dominic war das wohl peinlich, zumal er meinte, ich hätte ganz schön zugenommen, seit wir hier wären.

„Kein Wunder, wenn du dauernd am Kochen bist", meckerte er.

Als Jens mich wiederholt in Schutz nahm, meinte mein Gefährte eines Morgens, er bräuchte mal eine Weile seine Ruhe, würde sich ein eigenes Camp suchen und weg war er. Ich war wieder einmal sehr traurig und Jens meinte: „Die Süddeutschen, die nehmen doch immer alles so persönlich."

Baba Hanuman und Marcel standen bepackt am Strand und es gab ein riesen Spektakel.

„Eat me, eat me", schrie Baba Hanuman einen Fischer an, mit dem er nicht handelseinig wurde, was den Preis für die Überfahrt betraf.

Marcel trug das weiße Paar Socken, das ich ihm, zur besseren Hygiene über dem Verband, von Aireal Bay mitgebracht hatte. Er winkte noch einmal, als die beiden dann doch das Boot bestiegen hatten.

Die folgenden Tage verbrachte ich sehr in mich gekehrt. Dominic sah ich nur noch zum Austauschen der Schnorchelmaske und Jens hatte sich mit der blonden Nachbarin und deren Partner Christian angefreundet. Ich wanderte viel auf unserer Insel herum und kam so weit, wie nie zuvor. Gerade als ich umkehren wollte, sah ich ein verstecktes Camp, in dem zwei junge Frauen, offensichtlich ein Paar, miteinander lachten. Ich schaute kurz hinüber, als eine der beiden mich bemerkte. Ein Schrei ertönte und ich sah abermals hinüber.

„Niki", rief ich und erkannte die Engländerin, mit der wir bei den Kirgisen am Karakul ein paar Tage in der Jurte verbrachten. Sie hatte mich auch erkannt und fragte: „Kirgis OK?" und ich antwortete: „Kirgis OK!" Die Welt war ein Dorf und ich wärmte mich ein wenig an der Freundlichkeit der beiden Frauen.

Bei der Rückkehr ins Camp war es schon fast dunkel und erstaunlicherweise waren alle möglichen Leute versammelt: Jens, Sylvi, die blonde Nachbarin mit ihrem Christian, der wie ein Surfer aussah, dann der Schweizer Peter, der schon wieder seine Rente bekommen hatte, Andi und: jäh! Dominic war auch dabei.

Ein fast zwei Meter langer Haufen Glut lag in der Küchenecke ausgebreitet. Jens und Andi umwickelten einen riesigen Barakuda mit dem Hasenstallgitter und legten diesen in die Glut.

„Nein, du musst den nicht salzen", meinte Andi, „Nach zehn Minuten drehen wir ihn um und fertig!"

Dominic nahm mich zur Begrüßung in den Arm und sagte: „Du kommst gerade richtig, wir essen gleich."

Ich erzählte von meiner Begegnung mit Niki und den anderen berichtete ich von den Kirgisen, von den Jurten, den zotteligen Kamelen und mein Gefährte lächelte mir zu. Es schien ihm zu gefallen, dass wir schon so viel zusammen erlebt hatten und mir gefiel es auch. In dieser Nacht lag ich nicht alleine im Zelt.

Für Jens war unsere Zeit auf den Andamanen nicht nur ein Abschied von Indien, sondern auch von einem sehr intensiven Lebensabschnitt.

„Deswegen", meinte er anderntags, „will ich nochmal was Besonderes erleben und zwar nackt mit einem Tropfen Acid in der Birne, einmal um eine Insel laufen. Smith ist dazu natürlich zu groß und die Nachbarinsel auch. Aber ich habe mit einem Fischer gesprochen. Es gibt eine kleine Insel, ca. 3 Stunden von hier, Coconut Island, eine Insel,wie auf einem Witz, allerdings auch ohne Trinkwasser. Dort will ich hin, geht ihr mit?"

Sylvie hatte keine Lust, aber Dominic und ich, na klar! Jens vereinbarte einen Preis und ich kümmerte mich ums Picknick: Chapatis, gekochte Eier, Bananen und einen Kanister Wasser. Natürlich kam der Inder am vereinbarten Morgen nicht und wir verschoben die Aktion auf den nächsten Tag. Die Begeisterung hatte da bereits gelitten und die ewige Bootsfahrt in der Bruthitze, dazu der Lärm von dem defekten Auspuff, kurz- als wir ankamen, war die Laune im Keller.

Trotzdem verteilte Jens seine Tropfen, die nach Minze schmeckten, zog sich nackt aus und lief los. Dominic und ich schnorchelten und allmählich wirkte der Trip. Die Farben unter Wasser hatten eine unbeschreibliche Intensität.

Im Gesicht meines Freundes sah ich goldene Sternchen, was mich mächtig zum Staunen und Lachen brachte. Später dann lief ich am Strand entlang.

Die Sonne glitzerte auf meiner Haut und ich lief so leicht, als hätte ich Flügel! Ich drehte mich, lachte und sah grüne Papageien im Dschungel aufsteigen.

So leicht, so frei konnte das Leben sein! Ich dachte an nichts, als an diesen Augenblick, den ich gerade erlebte und ich wusste nicht wie lange er dauerte. Die Zeit hatte keine Bedeutung! Irgendwann sah ich Jens auf der anderen Seite der Insel wieder auftauchen.

„Jetzt bin ich einmal rum!", lachte er. „Wie geil ist das denn?"

Vier Wochen konnten wir nur auf den Andamanen bleiben.

Es waren insgesamt über 500 Inseln und wir haben es einfach nicht geschafft, Smith Island den Rücken zu kehren. Bis zum letzten Tag blieben wir hier und genossen es, einmal ganz ohne Zivilisation zu leben. Was für ein Glück!

Dominic und ich schleppten viele Muscheln und Shivaaugen mit uns herum, auch große Samen und Samenschalen von Urwaldbäumen, als wir die Insel verlassen mussten.

Wir hatten noch unzählige Schnorchelgänge unternommen und einmal kaufte ich zwei Fische, lieh mir von Andi die Pfanne, ein Löffelchen Kräuter der Provence gab es noch obendrauf und unser Festmahl war sehr gelungen.

Von Aireal Bay aus nahmen wir dieses Mal das Nachtschiff nach Port Blair.

Der Himmel hatte sich am Nachmittag verdüstert, tintenblaue Gewitterwolken wurden durch ein giftiges Gelb am Himmel abgelöst. Als wir an den von Mangroven bewachsenen Inseln entlang fuhren, wurde die Stimmung immer bedrohlicher, weil inzwischen auch starker Wind aufgekommen war.

Später in der Nacht blitzte es und ein Sturm brach los. Aber wir fuhren schnell dahin und ließen das Gewitter hinter uns.

Als wir am Morgen Port Blair erreichten, schien bereits wieder die Sonne. Wir quartierten uns wieder in dem alten Holzhaus ein und hatten keine Zeit zu verlieren, um ein Ticket für die Rückfahrt nach Chennai zu organisieren.

Diesmal gelang es uns, Tickets für die billige Bunk Class zu bekommen, was ich im Nachhinein bereue. Mit mehreren hundert einfachen Indern, drei Tage unter Deck zu verbringen, das würde ich nicht weiter empfehlen.

Am Tag vor unserer Einschiffung nach Chennai trafen einige Leute, die wir kannten, völlig abgerissen, von Smith Island kommend, im Hotel ein.

Kurz nachdem wir die Insel verlassen hatten, war ein schlimmer Taifun über unsere Insel gefegt. Die Camps am Strand wurden völlig überflutet und die Leute rannten um ihr Leben, um auf höher gelegene Teile der Insel zu gelangen. Die meisten verloren einen Teil ihrer Habe. Schlafsäcke und andere Gepäckstücke waren davon gespült worden und vom Küchenequipment war niemandem etwas geblieben.

Das erschütterte mich, aber ich dankte auch der Vorsehung, dass ich das nicht hatte miterleben müssen.

In der folgenden Nacht konnte ich kaum geschlafen, denn ich wusste, nun begann der lange und weite Weg zurück nach Deutschland und die Trennung von Dominic kam unaufhaltsam auf mich zu. In Goa würde Pia auf mich warten und war gekommen, um einen schönen Urlaub zu erleben. Warum hatte ich ihr nicht abgesagt? Bereits sechs Wochen vor dem eigentlichen Rückflug, würde ich wieder in alte Fahrwasser gezogen werden und meine Freiheit wäre wieder dahin. Meine alte Welt, vor der ich geflohen war, würde mich in Pias Gestalt schon in Goa erwarten. Alles würde nun ablaufen, wie ein Uhrwerk. Mein großes Reisejahr mit Dominic näherte sich seinem Ende. Der Count Down läuft, dachte ich, und Tränen liefen mir übers Gesicht.

Der weite Weg zurück

In dieser Verfassung bestieg ich anderntags das Schiff.

Was ich dort antraf, war tatsächlich so schlimm, wie ich es erwartet hatte. Die Betten im Schiffsbauch zogen sich, in langen Reihen und jeweils drei Etagen, über die gesamte Fläche des Ozeanriesen. Neugierige Blicke und Geschrei von allen Seiten! Besonders die Stimmen der Frauen klangen schrill und unangenehm in den Ohren.

Ich war sicher ungerecht, wenn ich damals dachte, dass diese Leute weder Bildung, noch Manieren hätten, sondern, dass mich hier der schlimmste Pöbel umgab.

Die Inder waren nicht exotisch genug, um mich zum Staunen zu bringen und nicht archaisch genug, um von ihnen etwas lernen zu können. Nein, ich hatte es hier mit Leuten zu tun, die mich wahnsinnig machten und dann auch noch dieser dumme Stolz!

Alles, was ich in diesem Land gekauft hatte, war nach kurzer Zeit unbrauchbar. Es gab keinerlei Qualität. Neubauten verfielen bereits nach ein paar Jahren und für den Kauf einer Fahrkarte brauchte man ganze Tage.

Da steht man über Stunden in einer rücksichtslosen Menschenmasse, spürt plötzlich eine Berührung am Hintern und wenn man sich hasserfüllt umdreht, schaut man in ein dummes Männergesicht, das sofort weiß, worum es geht und weiter nach hinten verweist, wo einer gerade in der Masse verschwindet.

Natürlich gab es auch die moderne Mittelschicht, junge gepflegte Männer, in Jeans und Turnschuhen und der passenden Amerikahörigkeit, mit ihrer Halbbildung und dem schlechten Englisch.

Anstatt den Menschenrechten, gibt es das Kastenwesen, das den Privilegierten einen Stolz ermöglicht auf etwas, für das sie ihr ganzes Leben noch keinen Finger gerührt haben.

Ich hatte wirklich keine Geduld mehr, aber zurück nach Deutschland wollte ich auch nicht.

Der Kapitän gab über Lautsprecher bekannt, dass wir uns einem Zyklon näherten, dass die See rau werden könnte und dass es Brechtüten gäbe. Man solle nicht auf den Boden kotzen, na prima!

Mein Nebenmann, Gott sei dank ein Mann, hatte einen schlimmen Husten, womöglich Tuberkulose, was vermutlich ansteckend war.

Am unteren Ende meiner Reihe saßen ein paar junge Frauen, die einen Bollywood Song anstimmten und dann mit Geschrei abbrachen, weil sie wohl falsch gesungen hatten.

Bevor wir uns dem Zyklon näherten, wollte ich noch eine Kleinigkeit essen. Das würde den Magen stabilisieren und wenn sich die ersten übergeben würden, wäre es ohnehin vorbei mit dem Appetit. Gerade als ich einen Bissen in den Mund schob, sah ich zwei Reihen weiter den Jungen, den sie vorher, samt seiner Familie, im Krankenwagen angeliefert hatten. Er war völlig abgemagert, alterslos und hatte nur noch schütteres Haar. Beim Gehen war er gestützt worden. So, dachte ich, müsste Leukämie aussehen. Man hatte ihn für die Reise in neue Kleider gesteckt und das Haar stramm gescheitelt. Doch da waren diese großen, schwarzen Augen in tiefen Höhlen, die mich staunend anstarrten, mit der Tiefe des Universums und der Glut des Fiebers.

Ein kreischendes Baby war natürlich auch da, die Freude einer indischen Familie und der einzige Zweck, ja die Erfüllung, der weiblichen Existenz.

Keiner in diesem Land verschwendete auch nur einen einzigen Gedanken daran, dass die Überbevölkerung eines der größten Probleme auf dieser Erde ist.

Der Zyklon blieb uns erspart, dennoch hatten all diese Menschen binnen weniger Stunden das moderne, saubere Schiff in eine Müllhalde verwandelt und die sanitären Anlagen in stinkende Kloaken.

Auf der zweiten Etage hinten hatten wir Traveller inzwischen unsere Hängematten installiert. Hier konnten wir atmen und uns die Zeit vertreiben. Gerade als wir zusammen ein Shilom rauchten, erschienen, an diesem ungestörten Ort, auch ein paar Muslime, um ihr Gebet zu verrichten.

Mit ihren knielangen Hemden und den karierten Lungis darunter, watschelten sie, Bauch voraus, breitbeinig und bärtig daher und taten so wichtig, als hätte jeder von ihnen einen Beratervertrag mit Allah persönlich.

Das weiße Käppi, ob gestickt oder gehäkelt, durfte nicht fehlen und dann ging es los. Der Anführer zückte den Kompass, um die Ausrichtung nach Mekka zu bestimmen und die anderen legten ihre Lappen, oder Plastiksäcke, in nämlicher Weise aus. Der Vorbeter begann seinen Singsang, während die anderen immer mal wieder abgelenkt zu uns herüber schauten.

Zuerst war mir das Zusammentreffen mit diesen Leuten eher unangenehm, sogar peinlich, aber weder wir, noch die anderen, gaben das ruhige Plätzchen auf. Wir blieben sowieso bei den Hängematten und die Muslime kamen bald jede zweite Stunde.

Nach dem Gebet glotzten sie uns jedes mal schamlos an und mit der Zeit machte mich das so wütend, dass ich dachte: schaut uns nur an, wir rauchen Shilom, tragen die Kleider, die uns gefallen und haben ein freies Leben, das wir uns nicht nehmen lassen, ob Männlein, oder Weiblein!

Auch diese Fahrt ging vorüber und zur Verabschiedung von Sylvi hatte Jens die Idee, in eines der noblen Hotels von Chennai zu gehen, um dort am anscheinend berühmten Frühstücksbufett teilzunehmen. Wir hatten in unserer Zeit auf Smith Island so wenig Geld gebraucht, dass zwanzig Mark pro Nase drin waren.

Wie so oft, wenn man denkt, bei so einer Gelegenheit, da muss ich reinhauen, hatte ich kaum Hunger. Aufzufallen oder gar leicht zu provozieren, unter all den wohlhabenden Leuten, war nie ein Bedürfnis von mir gewesen und so konnte ich auch diesem Unterfangen wenig Erfreuliches abgewinnen.

Warum hatte ich mich, gegen alle meine Instinkte, auf Pias Besuch eingelassen? Nachdem ich meine Mails gecheckt hatte, wusste ich, sie war da und wartete in Arambol auf mein Eintreffen. Jens hatte Dominic in sein Haus nach Anjuna eingeladen. Dort würde er ein paar interessante Freunde von ihm kennen lernen, Leute aus der Musikszene und überhaupt, diejenigen, die jedes Jahr kommen und hier etwas zu sagen haben.

„Ich würde dich und deine Freundin auch einladen, aber du weißt ja, dass mein Landlord mehr Geld will, wenn ich Gäste beherberge und die daraus resultierenden Streitereien will ich mir, so kurz vor meinem Rückflug nach Deutschland, ersparen", entschuldigte sich Jens.

Dominic meinte, wir sollten in ein paar Tagen auch nach Anjuna kommen und uns irgendwo einmieten.

Wieder verlief alles so vorhersehbar. Mein Wiedersehen mit Pia und unsere gemeinsamen Aktivitäten standen unter keinem guten Stern.

Ich war ständig übellaunig, hatte ein schlechtes Gewissen deswegen und fühlte mich groteskerweise in Dominics Rolle hinein katapultiert.

In Anjuna fanden wir nur schwer eine Unterkunft und mein Gefährte war so mit neuen Bekannten beschäftigt, dass er kaum noch Zeit hatte. Wenn wir uns trafen, hatte ich das Gefühl, er würde sich unseretwegen schämen und wir wären somit nur eine Last.

Das konnte ich nicht aushalten und da unser Rückflug ohnehin von Delhi aus ging, schlug ich Pia vor, zeitig abzureisen.

Zunächst wollten wir uns Poona anschauen. Wir hatten so viel gehört und schließlich lag es auf der Strecke. Zuerst fand Dominic unsere Pläne super, doch als wir das Zugticket gekauft hatten, begriff er erst, dass nun unser Abschied nahte.

„Wieso hast du jetzt schon das Ticket gemacht?", fragte er mich verärgert.

Poona, bzw der Ashram von Osho, erinnerte mich an Kalifornien. Alles war modern und sauber, viele Pflanzen, gepflegte Anlagen, Glasfronten an den Gebäuden, in einem Wort, nicht indisch. Vielleicht hätten wir uns zu einem der zahlreichen Kurse angemeldet, aber dafür extra die roten Gewänder kaufen, schien uns absurd.

Überhaupt wollte ich noch nie irgendeine Uniformen tragen und so beschränkten wir uns auf eine zweistündige Führung, die ein sehr sympathischer und kompetenter, älterer Amerikaner mit Bart hielt.

Die Hitze in Delhi, unserer nächste Station, war so unerträglich, dass wir uns für die Weiterfahrt nach Rishikesh, in den Bergen, entschieden.

Dominic mailte mir inzwischen, dass er mich vermissen würde, auch in den Norden käme und unbedingt noch einmal mit mir reden wolle.

Auch in Rishikesh fand ich keinerlei Ruhe. Völlig teilnahmslos wanderte ich mit Pia am heiligen Ganges entlang und war blind gegenüber der zauberhaften Umgebung.

„Du hast dich verändert", meinte Pia, „Richtig hart bist du geworden."

Ja, ihr gegenüber war ich hart geworden, weil ich in keine Verbindung mit ihr treten konnte und mich unsere gemeinsame Zeit nur anstrengte. Innerlich aber war ich so aufgeweicht, meine verwundete Seele brauchte dringend Trost, aber nicht von ihr.

Da erreichte mich Dominics Mail: „Können wir uns in Almora treffen? Das ist ein abgelegener Ort, wo wir unsere Ruhe haben."

Natürlich wollte ich das, meine Stimmung hellte sich kurzzeitig auf und Pia meinte, sie würde sich dort in einer anderen Unterkunft einmieten, damit mein Freund und ich nicht gestört wären.

Schon am nächsten Morgen brachen wir auf, aber bereits während der langen Busfahrt ins Gebirge wurde mir klar, dass dieses Treffen nichts Neues bringen würde.

Mein Gefährte sah abgemagert und deprimiert aus, als wir uns wieder sahen. Wir nahmen ein gemeinsames Zimmer, wie früher, in besseren Zeiten, aber es kam keine Freude auf. Ich beteuerte, dass ich in sechs oder acht Wochen wieder käme, aber Dominic war misstrauisch, zumal es beim aktuellen Stand unserer Beziehung, im Grunde keinerlei Basis für einen Fortbestand derselben gab. Von Tag zu Tag verschlechterte sich die Stimmung, wir rauchten wie die Schlote und unternahmen fast nichts.

Anfangs achteten wir noch in ein Behältnis, doch im Laufe der Tage warf Dominic seinen Zigarettenstummel nur noch in eine Ecke unseres Zimmers.

Das ist das Ende, dachte ich. Oh my god, it´s seven thirty!

Dominic wollte den Sommer in Thailand verbringen und von Kalkutta nach Bangkok fliegen, das wäre das billigste. Dort würde unser Wiedersehen stattfinden, „Wenn es überhaupt eines gibt," lächelte er traurig.

An die Zeit in Deutschland kann ich mich nur bruchstückhaft erinnern. Ich war emotional völlig orientierungslos und konnte weder an Altes anknüpfen, noch zu einem neuen Verhältnis, meinem Umfeld gegenüber, finden.

Meistens erzählte ich von den Highlights der Reise, vom Kailash und Tibet, von China und den Andamanen. Ich redete mich selber in eine gewisse Euphorie hinein, wenn ich mich erinnerte, und nur Michael, der von Anfang an dabei gewesen war und Dominic gut kannte, erfuhr, wie es wirklich war.

Auf dem Schoren konnte ich mich auch nicht entfalten, denn hier regierte inzwischen Marco, mein Nachmieter. Ich hielt mich oft im hinteren Zimmer auf, wie damals, als es hier so schlecht in unserer Beziehung lief, weil ich auch mit Marco nichts anfangen konnte.

Es gab aber auch Tage, an denen ich mich sehr unabhängig und frei fühlte. Alle unterschätzten den Einfluss des gelebten Lebens eines ganzen und so extremen Jahres, wie es hinter mir lag. Ich war definitiv nicht mehr die selbe, wie vorher. Vermutlich hatte ich an Eitelkeit verloren, aber auch an Zugehörigkeit, zu wem auch immer.

Vielleicht gehören Dominic und ich doch zusammen, überlegte ich, zumindest ganz aus der Ferne, quasi per E-mail. Oder es ist so, dass weder er, noch ich irgendwo dazugehörten und somit doch irgendwie eine Schicksalsgemeinschaft waren.

Manchmal dachte ich, mein Selbstwertgefühl wäre mir völlig abhanden gekommen, aber dann war ich auch wieder überheblich und trotzig den Daheimgebliebenen gegenüber.

Tatsache war, ich erledigte meine Angelegenheiten mit der Krankenkasse, einen neuen Pass brauchte ich und ein Zahnarztbesuch konnte auch nicht schaden.

Meiner Mutter konnte ich nichts vor machen. Sie sah, dass es mir nicht gut ging, spürte aber auch, dass sie keinerlei Einfluss hatte und den Dingen ihren Lauf lassen musste.

Dominic sandte mir zunächst wenige, eher verhaltene Mails, doch nach wenigen Tagen in Bangkok, änderte sich alles.

Er hatte sich dort einen Laptop samt der dazugehörigen Musiksoftware gekauft und nun wollte er richtig loslegen. Er schrieb in den glühendsten Farben und ich sollte unbedingt kommen. Im Winter gingen wir wieder nach Goa, wo er nun Leute kennen gelernt hätte, die auch Musik machen würden und wir könnten uns gemeinsam ein super Haus mieten. Wir wären dann auch keine Touristen mehr, was er sowieso nie hätte sein wollen. Er hätte immer nur sein Leben ändern wollen und genau das, würden wir jetzt tun.

Natürlich wusste ich bereits, dass er mich am meisten mochte, wenn ich weit genug entfernt von ihm war und erwartete keine Wunder, aber ich hatte nun mal keine Ahnung, was ich mit dem Rest meines Lebens noch anfangen sollte.

Wieder in Asien zu sein, schien mir jedenfalls verlockender, als all das, was mich gerade umgab. Je mehr sich aber der Tag meines Abflugs näherte, um so größer wurde die Angst, vor dem, was mich erwarten würde.

DRITTE FAHRT
Bangkok

Wenige Tage vor meiner Abreise kam wieder ein verzweifeltes Mail von Dominic. Die Musiksoftware, billige Raubkopien, wären so kompliziert, dass er ohne erklärende Begleitbücher nichts damit anfangen könne. Er hätte sich nun dazu entschlossen, alles Wichtige per Mail im Musikgeschäft, beim Schoren um die Ecke, für teures Geld zu bestellen. Ich müsse nur hinfahren und alles abholen.

Beim Eichecken wog mein Rucksack über 30kg.

Als Dominic mich Mitte Juni am Flughafen von Bangkok abholte, regnete es in Strömen.

„So ist das jeden Tag, jetzt in der Regenzeit, aber es dauert nie lange", beruhigte er mich.

Die feuchte Hitze, das war sehr ungewohnt, aber auch nicht schlecht.

Mein Gefährte wirkte unruhig und hatte weiter an Gewicht verloren.

„Ich habe irgendwas mit dem Magen und lasse nochmals den Stuhl untersuchen. Wenn nichts dabei raus kommt, kann ich auch einen Termin in einem modernen Krankenhaus machen. Hier in Thailand klappt alles viel besser, als in Indien. Das Essen ist besser und vor allem die Hygiene. Weißt du warum in Thailand alles im Service so gut klappt? Weil das hier die Frauen machen. Und in Indien machen es die Männer, so ist das. In der Kaosan Road kannst du rund um die Uhr essen und einkaufen. Klar ist das ein Touristen Kasperle, aber für eine Weile finde ich das schon cool."

So redete er in einem fort und ich überlegte, ob er vergessen hatte, dass ich doch seine Freundin war?

Am Nächsten Morgen eröffnete er mir, dass er nun damit beginnen würde, die Bücher, die ich ihm mitgebracht hatte, durch zu arbeiten.

„Deswegen wäre es besser, du nimmst dir ein eigenes Zimmer. Ich muss mich sehr konzentrieren, das alles ist nicht gerade einfach."

Ich war enttäuscht, aber er hatte ja recht. Wir gingen noch zusammen frühstücken und er erzählte mir, dass Nuri, der Japaner mit den Rastas, den wir in Lhasa kennen gelernt und in Varanasi wieder getroffen hatten, nun mit seiner Freundin auch hier in Bangkok wäre.

Sie hatten eine schlimme Zeit hinter sich und warteten auf den Rückflug nach Japan, wo sie von ihren Familien erwartet werden würden. Nach Varanasi waren sie in Pakistan gewesen, wo sie einen Drogendeal durchziehen wollten, um mit dem Geld ihre Reisezeit zu verlängern. Das war gründlich schief gegangen und beide landeten im Gefängnis. Nur durch die Zahlung von je zwanzigtausend Dollar von ihren Familien, konnten sie, nach etwa drei Monaten, wieder ausreisen. Nun aber stellten die Familien Forderungen, denen sie unbedingt Folge leisten mussten.

Nuri war ein einfacher, lieber Mensch, der für einen Japaner zu viel Seele hatte und zu wenig Ehrgeiz.

Er war, wie viele Reisende, ein Verlorener, der sich ein Leben ausgesucht hatte, in dem er immer wieder von neuem verlieren würde: Freunde, Plätze, die nie zur Heimat werden und Gewohnheiten, die es nächste Woche schon nicht mehr gibt.
Das war ein anstrengendes Leben. Deswegen rauchen alle zu viel und keiner weiß, wo es ihn morgen hin treibt. Alle lassen sich bedienen und sind in Wahrheit arm.

Meistens war ich den ganzen Tag alleine unterwegs. Zu Fuß wanderte ich durch diesen Moloch von einer Stadt, die modern, anonym und fast europäisch wirkte. Die kleinen, schmalen Menschen beachteten mich kaum.
Fast zufällig landete ich einmal am Königspalast, den ich besichtigte. Alles, auch die Sakralbauten, schienen wie aus Zuckerwatte und ich vermisste das Erdige, tibetischer Tempel.
Bei einer Garküche zeigte ich auf eine rötliche Sauce, in der Fleischstücke gegart wurden und erst nach dem Verzehr dieser Köstlichkeit, hatte ich begriffen, dass der Verkäufer auf mein fragendes Gesicht mit „Frog" geantwortet hatte.
Das alles wollte ich nach der Rückkehr ins Hotel berichten, aber er war gerade so vertieft, als ich eintrat, dass ich mich gleich wieder verabschiedete.
„Ich komme später vorbei", rief er mir hinterher.
Es hatte wieder zu regnen begonnen und war bereits dunkel, als ich mir auf dem überdachten Balkon eine Zigarette anzündete. Die tropfenden Bäume und die Pastellfarben meines Zimmers wirkten so besänftigend, wie das hingehauchte „Sawadee Kha" der Hotelmädchen. Die Zeit verging schleppend und er kam nicht.

Nach einer Woche hatte sich nichts verändert. Dominic war mal verzweifelt, mal euphorisch, was seine Fortschritte in Sachen Musik betraf und ich existierte nur am Rande seines Bewusstseins. Wenn wir zusammen etwas essen gingen, spürte er meine Leere hier und die Langeweile.
Oft flüchtete ich mich nachts noch einmal hinaus auf die Kaosan Road, auf der Suche nach ein bisschen Glück, ein bisschen Sinn für diesen einen Tag.

Es war keine Frau meines Alters unterwegs und ich sollte auch schlafen gehen, aber ich fand keine Ruhe, konnte nicht glauben, dass keine der Freuden, die es hier doch gab, für mich bestimmt war. Da blieb nur ein Banana pancake und der wollte nicht recht schmecken. Danach noch eine Mangomilch, doch die war auch zu süß.

Dann noch eine Zigarette, die aber light, weil ich schon so viele geraucht hatte. Wo waren meine Träume, meine Liebe, die Befreiung?

Nach mehr als einer weiteren Woche in Bangkok hatte ich gewisse Gewohnheiten entwickelt.

In einer ruhigen Seitenstraße ging ich täglich zum selben Frühstückscafé. Dort bediente mich ein Transsexueller aus Laos. Er trug Jeans und ein Shirt dazu und war in keiner Weise aufgetakelt, noch nicht einmal geschminkt. Hätte er nicht eine eher tiefe Stimme gehabt, wäre er in seiner freundlichen, weichen Art ganz feminin rüber gekommen.

So aber war ich manchmal etwas unsicher und verwirrt, weil ich bisher noch keinem Menschen seiner Art begegnet war.

Hier in Bangkok gab es viele Transsexuelle, Homosexuelle und natürlich Freizügigkeiten jeglicher Art. Wahrscheinlich ermöglichte das der tolerante Buddhismus.

Inzwischen hatte die Fußball Europameisterschaft begonnen und täglich wurden auf den Großwandbildschirmen in den Kaosan Restaurants die Spiele live übertragen. Während sie in Europa zur besten Fernsehzeit, also abends vor neun, liefen, war es hier mitten in der Nacht. Trotzdem waren die Lokale stets voll besetzt. Gerade die Engländer ließen sich keine der Übertragungen entgehen.

Auch Dominic schlich nachts um zwei aus dem Hotel. Einmal sah ich ihn von hinten. Er war ganz in das Spiel vertieft. Immer wieder tauchte eine sich aufbäumende Schallwelle im Geräuschdurcheinander anschwellend auf, eine Torchance, ganz knapp, aber sie ebbte wieder ab, doch kein Tor.

Dann hörte ich wieder das übliche Stimmengewirr, Thai, Englisch, kaum Deutsch. Das war gut so, deutsch würde zu sehr ablenken.

Die Thaimädchen, die alleine durch die Nacht liefen, wirkten traurig, aber die anderen, die im Arm irgendeines Niemands aus Europa daher kamen, schienen auch nicht froh.

Traurig wirkten die Thaifreaks, die den Spuren der Europäer gefolgt waren, ihrer Freiheit vertraut hatten, sich die Haare wachsen ließen und westliche Musik hörten. Dabei verloren sie alles, die Eingebundenheit in ihre Familien und ihre Kultur, aber sie fanden nur wenig. Abends saßen sie an der Straße und verkauften Sachen, die bei uns bereits überholt waren. Sehnsüchte waren geweckt worden und nicht erfüllt. Was sollte aus all dem werden? Alle, die jetzt jung waren, würden einmal alt werden und sie hatten nichts angespart, weder materiell, noch ideell.

Inzwischen war es vier Uhr morgens. Er hatte noch einmal kurz bei mir reingeschaut, mich umarmt und mir eine kalte Icetea Dose auf die Haut gedrückt. Danach tranken wir sie zusammen aus. Auch er wollte nicht ewig in Bangkok bleiben, aber mit dem ganzen Equipment für die Musik, war ans Reisen, womöglich nach Indonesien, gar nicht zu denken. Eine Art Umzug in den ruhigeren Norden schien ihm weniger abwegig und ich versprach, mich nach Bussen in Richtung Chiang Mai oder Pai zu erkundigen.

Gleich am nächsten Morgen schrieb ich mir am Busbahnhof die passenden Verbindungen in mein Heft.

Voller Elan nahm ich dann den Stadtbus zu einem Stoffmarkt, der mir empfohlen worden war. Hier gab es mehrere Gassen, die Textilien für Bekleidung und Wohnen, in ganz unterschiedlicher Qualität, offerierten.

Für mich waren vor allem traditionelle Webarbeiten interessant. Besonders alte, edle Seidensarongs in würdigen Farben und ernsten Mustern, oft teure Einzelstücke, gefielen mir. Aber auch alltagstaugliche Wickeltücher aus stabiler Baumwolle, in kräftigen Farben, stachen ins Auge.

Ich erstand einen dunkelrot gemusterten Baumwollstoff, aus dem ich mir eine Hose nähen lassen wollte. Eine Nebenstraße beherbergte eine Schneiderei neben der anderen.

Ich betrat einen kleinen Laden und erklärte der Chefin genau, was ich wollte. Oben sollte die Hose, wie eine Jeans, gut sitzen und nach unten, wo der Stoff einen schönen Abschluss hatte, sollte sich das Beinkleid weiten, aber nicht zu viel. Sie lächelte und nickte eifrig. In zwei Tagen solle ich wieder kommen.

Unterwegs kaufte ich noch ein hübsches Oberteil und kam schließlich freudestrahlend in Dominics Zimmer an. Er beglückwünschte mich für meine Aktionen und ging mit mir Essen.

Anschließend wollte er noch kurz in ein Internetcafé, um sich noch bei irgendeiner Firma zu registrieren, was aber nicht funktionierte. Auch das Herunterladen der drei Treiber der Wamibox auf Floppy, war aussichtslos, weil dafür zu wenig Speicherplatz vorhanden war und ein Split in zwei Floppies, klappte natürlich auch nicht.

Auf meine Frage, ob wir nun eigentlich in den Norden fahren sollten, meinte er, das wäre gerade nun mal gar nicht sein Problem.

Am nächsten Mittag weckte ich ihn kurz nach zwei Uhr. Er hatte Ringe unter den Augen und rückte erst allmählich damit heraus, an welchem Punkt er in der vergangenen Nacht angekommen war. Ganz viel auf der Festplatte war einfach nur noch schwarz und es gab keine Möglichkeit diese „verbrutzelten" Dateien wieder los zu werden. Er war noch völlig übermüdet und legte seinen mageren Arm um mich, der sich anfühlte, wie ein Stück Holz.

„Es hat mir den Boden unter den Füßen weggezogen", sagte er leise.

„Ich hab Angst gekriegt vor diesem Gerät. Später dann hab ich gelacht und dachte: Ich bin ein freier Mensch und kann diesen Laptop auch zum Fenster rausschmeißen, wenn ich will."

„Ja, klar", unterstützte ich ihn und sah diese Möglichkeit plötzlich als Ausweg vor mir.

„Ich zeig es dir", lächelte er, stand auf und startete das Programm.

Aber siehe da, bereits bei über 60% gab es keine schwarzen Blocks, 80% immer noch keine und schließlich 100%, der Fehler war weg. Er atmete auf und wir frühstückten zusammen.

Tagsüber hatte ich mir angewöhnt, in den kleinen Park eines nahe gelegenen, unbedeutenden Klosters zu sitzen und und zu lesen.

World´s End von TC Boyl fesselte mich sehr.

Nachdem Dominic wieder zornig war, weil er mit der Wami Box nicht weiter kam, verließ ich ihn am Abend schnell wieder. Ich verbrachte auch die Nacht mit lesen und rauchen, bis der Morgen graute.

Es hatte auch mir gegraut, denn da war etwas nicht ganz richtig, wenn man den Tag erwachen sieht und erschreckt die Vorhänge zuzieht.

Ich trat im Hemd noch einmal kurz auf meinen kleinen Balkon hinaus und sah, wie ein hübsches Thaimädchen, völlig betrunken, nach Hause schwankte. Sie blieb kurz stehen und kramte ungeschickt in ihrer Handtasche nach einer Puderdose. Im Weiterlaufen puderte sie nun unentwegt ihre Nase und Wangen, als fürchte sie, ihre Schönheit hätte in dieser Nacht einen Makel bekommen. Dann leuchtete noch die Glut einer Zigarette auf und verlor sich hinter einem Häuserblock.

Am nächsten Morgen fing gleich alles gut an. Es war erst elf als ich erwachte und Dominic stand lachend neben mir. Ich schaute ihn verblüfft an, weil ich die Tür doch von innen verschlossen hatte. Er war über den Balkon eingestiegen und holte mich zum Frühstück ab.

„Heute fahren wir hinaus zum Tokio Center," verkündete er.

Wir nahmen den Bus und erreichten am Nachmittag den hypermodernen Teil der Stadt, mit Hochhäusern, Schwebebahn, dazwischen Mc Donalds,

Firmensitze und Geschäftshäuser. Die Unkultur des Kapitalismus in reinster Form und die Menschen dazwischen sahen aus wie die Gebäude: sauber, grau, respekteinflößend und langweilig.

Drinnen im Tokio Center, diesem Konsumpalast der Superlative, pulsierte das Leben. Hier wurden Bedürfnisse geweckt und befriedigt. Dominic fand das abgespaced und ich genoss die Gemeinsamkeit.

In der Hifi Abteilung stießen wir auf dieses kleine, silbrige Kästchen, einen Mini Disc Player und er hat ihn gekauft, für so viel Geld.

„Da kannst du auf einer Minidisc 8 CDs speichern bei fast keinem Gewicht und du hast so viel Sound, einfach ideal fürs Reisen", hatte er mir versichert.

Unter Kunstlicht aßen wir frittiertes Hähnchenfleisch mit Pommes und Salat, während uns gegenüber eine Art Abenteuerfilm in einer Urwaldkulisse lief.

Die Schneiderin war nicht mehr ganz jung, aber gepflegt und modisch gekleidet.

Als ich in der Ankleidekabine meine Hose probierte, erzählte sie mir, dass sie jeden Morgen meditieren würde und der Buddhismus doch das Wichtigste sei.

Ich betrachtete mich im Spiegel und war sehr zufrieden. Auch mein Freund lobte das neue Outfit und fragte, ob ich nicht mit ihm zu Compaq, seiner Laptop Firma ginge.

„Die müssen mir die Wami Box installieren. Das ist meine letzte Hoffnung."

Dort gab es viele dienstbare Geister in einem postmodernen Monumentalbau, auch Kaffee und gekühltes Wasser, aber die Weißhemden kamen bei Dominics Ansinnen ins Schwitzen und blieben, nach einigem ergebnislosen Rumprobieren, doch ratlos. Mein Gefährte hatte Mühe seinen Zorn zu unterdrücken, doch für asiatische Verhältnisse, ging er in seinem Ton doch eine Nuance zu weit und der berühmte Gesichtsverlust der beiden Experten, war unausweichlich.

Es folgten trübe Tage und es wurde zunehmend heißer.

Ich näherte mich dem letzten Kapitel von Worlds End und bald würden mich diese hoffnungslosen Gestalten für immer verlassen. Jeremy, Walter, Mordi und John Crane.

Es war mir plötzlich klar, dass es sinnlos ist, ein Buch zu lesen, reiner Zeitvertreib, womöglich Zeitverschwendung. Eine andere Stimme widersprach natürlich und wies auf Gedankenanregung und wertvolle Impulse hin, aber betrogen fühlte ich mich am Ende doch. Ich hatte so lange mitgefühlt und mitgelitten und dann verließen mich all die Helden.

Da hörte ich Dominics Stimme über mir. Er beugte sich übers steinerne Geländer seines Balkons und lächelte matt. In der Nacht hatte er noch Teile seiner Software installiert und musste feststellen, dass er ohne ein zusätzliches Keyboard kaum kreativ arbeiten könnte. Was denn noch?

Später ging er wieder in sein Zimmer zurück und setzte sich erneut vor den PC.

Ich war traurig und fühlte mit ihm, weil er alles gab: sein Geld, sein Selbstwertgefühl, seine Identität und das Schicksal kam ihm keinen Zentimeter entgegen. Im Moment schwamm ihm alles davon. Er ruderte, strengte sich an und wehrte sich, aber die Strömung war verdammt stark.

Kurz vor eins in der Nacht betrat ich wieder den Balkon. Ich war nüchtern, einsam und sinnentleert. Unten grölten ein paar besoffene Engländer, vielleicht auch Australier. Nachdem ich vorher einen Eistee und einen Vanilledonath bei Dominic abgeliefert hatte, gab es, anstatt einem Kuss, eine Abfuhr, weil ihm die gecrackte Software von Pro 5 wieder einen Fehler ins System gepflanzt hatte. Natürlich konnte ich ihm nicht helfen, so wie immer.

Er hatte nichts von mir und ich nichts von ihm. Wir waren eine einzige Fehlkonstruktion. Wer uns auf unserer Reise näher kennen gelernt hatte, merkte das. Ich überlegte, was diese Leute wohl über uns gedacht hatten? Wahrscheinlich nicht viel. Inzwischen waren wir sicher nur noch ein bunter, vielleicht schon namenloser Farbtupfer auf dem Universum ihrer bilderreichen Vergangenheit.

Jens wusste viel, aber auch Sinto, Fabricio schon viel weniger, Nuri vielleicht gar nichts. Wir hatten einen schönen Schein und innen war Leere. Wir sind unconnected, dachte ich. Es fehlen uns die richtigen, zueinander passenden Treiber.

Inzwischen war es zwei Uhr vorbei und ich noch kein bisschen müde. Der Ventilator lief permanent, aber dieses Dauergeräusch nahm ich kaum noch wahr. Es verband sich mit der Rund- um- die- Uhr- Musik von der Hotelhalle und den kaputten Auspuffanlagen der Rikschas und Mopeds.

Mir wurde klar, dass es nicht so weiter gehen konnte. Ich wollte definitiv weg hier, mit oder ohne ihn. Das würde ich Dominic morgen sagen.

Seltsame Dinge gingen vor. Zuerst dachte ich sogar an Heimkehr, zurück auf den Schoren, mein Gefährte und ich, zwei müde Krieger. Plötzlich aber war mir klar, dass ich dieses Leben, hier in Asien, nicht mehr hergeben wollte. Zum Unterkriechen war noch Zeit genug!

Die Strände von Thailand hatte ich noch gar nicht gesehen und dort wollte ich hin: Jetzt! Dominic verstand das.

„Wir bleiben in E-Mail Kontakt." Er hatte gerade ein High an seiner Kiste und kaum Zeit für eine Verabschiedung. Bei der Travel Agency entschied ich mich für Ko Tao.

Wie einfach hier das Reisen war! Ich wurde mit ein paar anderen Leuten zusammen in einem Minibus abgeholt, der uns zu einem großen Überlandbus brachte. Dieser fuhr die ganze Nacht durch, in Richtung Süden.

Kurz vor Mitternacht hielten wir für eine kurze Pause an einer Raststätte. Ein Thai meines Alters kam zu meinem Tisch und meinte: „You come with me!"

Ich war nicht nur überrascht, sondern überlegte etwas verängstigt, ob ich etwas falsch gemacht hatte. Ich wusste nicht, was. Oder war das eine Art Falle? Jedenfalls wollte ich ihm nicht folgen. Er beteuerte aber, dass ich mich freuen würde und jetzt mitkommen solle.

OK, ich könnte jederzeit umkehren, dachte ich. Er führte mich in ein Hinterstübchen und zog eine riesige Bong unter dem Tisch hervor und nahm gleich einen tüchtigen Zug. Dann erklärte er mir, dass so eine Nachtfahrt im Bus sehr unbequem wäre und wenn ich jetzt mit ihm rauchen würde, dann könne ich bestens schlafen.

Ja, warum nicht. Der Mann sah nicht gefährlich aus und lachte, als ich das Rauchgerät entgegen nahm. Ich musste auch nichts bezahlen und es ging mir danach wirklich besser.

Warum hatte er gerade mich angesprochen? Sah ich tatsächlich so aus, wie eine, die an der Bong zieht?

Egal, ich fühlte mich souverän, hatte es nicht nötig, mich gegenüber irgend jemand zu rechtfertigen und reiste mit leichtem Gepäck. Ich trug ein weißes kurzes Shirt mit dem OM Zeichen darauf und meine rot gemusterte Hose dazu. Außerdem hatte ich ein freies Leben, Geld, einen interessanten Freund und reiste durch die Welt. Was will der Mensch mehr!

Ko Tao

Auf Ko Tao gab es nichts anderes als Touristen. Aber, so what? Erstens war ich selber einer und zweitens suchte ich hier schließlich genau das, was alle anderen auch suchten.

Meine Hütte war die letzte am Strand. Sie war sauber, ein bisschen nüchtern, fast deutsch und von der Veranda aus sah ich das Meer. Mehrmals am Tag ging ich Schwimmen und spazierte gerne den Strand entlang. Bei meinen Einkäufen bemerkte ich, dass es immer noch Obstsorten gab, die ich nicht kannte. Täglich probierte ich nun eine Neue aus und ließ mir im Laden gleich erklären, was davon und wie man selbiges essen würde.

Abends lag ich in meiner Hängematte, schaute in die Sterne und es fehlte mir nichts. Einmal stieg ich nachts, ein Lied auf den Lippen, die Stufen der Veranda hinunter und lief zum Strand. Der bewölkte Himmel hatte sich kreisförmig um den zunehmenden Mond aufgetan und erstmals spürte ich in vollem Bewusstsein das Meer. Es war Flut und die Wellen reichten über die Waden, die Knie. Ich breitete die Arme aus und aus einem Lied wurde das nächste.

Morgens schlief ich oft lange und wachte im Frieden mit mir und der Welt auf. Eine Weile sah ich mich in meiner Hütte um, die Stille und Geborgenheit ausstrahlte, bis ich allmählich das Meeresrauschen und den Wind wahr nahm.

Heute zogen schwere Wolken über den Himmel und ich entschied mich für eine Inselerkundung. Als ich ein Stück hinter der Green Mango Bar in einen Feldweg abgebogen war, sah ich eine über einen Meter lange Schlange, die sich langsam einen Baum hoch wand. Erst einen Augenblick später bemerkte ich, dass sich gleichzeitig eine halb so lange, dafür aber um so fettere, hellgrüne Echse am selben Baum herunter arbeitete. Beide bewegten sich langsam auf einander zu. Plötzlich kam es zu einem blitzschnellen Schlagabtausch und die Schlange fiel ins hohe Gras. Die Echse kletterte weiter nach unten. Wieder kam es zum Kampf, aber meine Sicht war nun verdeckt und mich schauderte ein bisschen beim weiter laufen.

An den Stränden lagen junge lesende Paare und in den Bars dahinter wurde schon am Nachmittag Bier getrunken.

Auf dem Heimweg fand ich eine Kokosnuss, aus der ein lineallanger Spross wuchs. Das war der Anfang einer neuen Kokospalme und meine Passion fürs Gärtnern erwachte. Ich nahm die Nuss unter den Arm und trug sie stolz nach Hause. Dort wusch ich unter dem Wasserhahn den Sand aus den Blättern und stellte sie auf den Tisch meiner Veranda. Die Frau, die hier die Anlage sauber hielt und ein Kopftuch trug, das nur das Gesicht frei gab, lachte, als sie mich mit der Nuss sah. Ich war glücklich, etwas Lebendiges bei mir zu haben. Es hätte auch eine Ente oder Gans, wie bei „Hans im Glück" sein können.

Ja, echtes Fühlen, in einem echten Leben, das fehlte mir. Stolz und Freude an etwas Realem, das weder mit Betrachten, noch mit Gedanken und auch nichts mit Papier zu tun hatte.

Jeder Tag hier war wie ein Geschenk.

Einmal mietete ich ein kümmerliches Mountainbike und fuhr damit auf die andere Seite der Insel. Die Schotterpiste stieg an und ich musste schieben, als ich eine große, grauschwarze Echse aus dem Wald nahen sah. Sie wirkte wie ausgetrocknet, hatte eine zackige Haut und ihre Bewegungen waren ruckartig. Eine ganz andere Art, wie die Schlangenkämpferin vor ein paar Tagen, aber gefährlich sahen für eine Schwarzwälderin wie mich, beide aus.

Die Hing Wong Bay, die ich etwas später erreichte, bestand überwiegend aus Steinen verschiedener Größe und das Wasser war so klar, dass ich Fische und Korallen in der Tiefe erkennen konnte. Im Restaurant des Diving Resorts bestellte ich einen Lemmon Juice. Wenn die Einheimischen schon ihre Ungestörtheit verloren hatten, sollten sie doch wenigstens etwas an uns verdienen.

Die junge Frau brachte das Getränk und fragte mich gleich, ob ich rauchen würde und wenn ja, ob ich auch etwas Marihuana bei ihr kaufen wolle. Ich bejahte beides, denn ich hatte mir angewöhnt, Gelegenheiten aller Art, als Einladungen des Lebens zu betrachten.

Noch am Abend zuvor hatte ich im Buddhistenbuch gelesen, dass die Absage an Drogen zu den fünf Vorsätzen gehöre und nun investierte ich 500 Bath dafür. So war das Leben!

Mol zeigte mir ihre Hütte, die voll Indianerfotos und Kasetten mit entsprechenden Gesängen war und erzählte, dass sie ihren Freund vermissen würde, der gerade im Norden seinem Vater in den Reisfeldern helfen müsse.

Auf meine Frage nach Schlangen hier auf der Insel meinte sie, es gäbe nur zwei Arten: Boas, die blind wären und nur nachts unterwegs und dann noch eine zweite, giftige Art mit grüner Färbung. Das war vermutlich die, die ich gesehen hatte.

Manchmal, erzählte Mol, würde sie mit ihrem Freund durch den Dschungel zu einem anderen Beach wandern, um dort für ein paar Tage zu kampieren. Ernähren würden sie sich dann, so gut es ging, aus der Natur. Die kniehohen, jungen Bambussprösslinge, die man überall finden würde, müssten geschält, gekocht und mit Gewürzen zu einem Curry verarbeitet werden. Mit Reis und Zitronengras wäre das ein feines Essen.

Die Abende verbrachte ich nun rauchend in der Hängematte und kam dabei vom Hundertsten zum Tausendsten.

Warum konnte ich mir nur so wenig Namen und Wörter in einer neuen Sprache merken? Ließ mein Verstand schon nach, wie bei meiner Großmutter, oder war es einfach mangelndes Interesse? Schon immer hatte mir jeglicher Ehrgeiz gefehlt, besonders im Sport. Ehrgeiz schien mir so durchschaubar wie Stolz. Da ging es ums Ego und seine Platzierung in irgendeiner Hierarchie.

Stand ich tatsächlich über so etwas oder war ich für Vieles einfach zu ängstlich oder zu faul? Natürlich brauchte ich weder mir, noch anderen etwas zu beweisen, aber vielleicht bringt einen so manche Anstrengung halt doch weiter, dachte ich. Ist es denn nicht auch arrogant, die Leistungen anderer zu schmälern, indem man ihnen niedere Beweggründe unterstellt?

Ich schaute aufs Meer hinaus und las wieder ein paar Sätze in Anchee Mins Roman.

„Eine Schlange sollte nie versuchen am Himmel Geschmack zu finden, sonst mag sie niemals mehr zur Hölle zurück zu kehren, in die sie gehört.", las ich und verbrachte den halben Abend damit, diese Kostprobe chinesischer Weisheit zu verdauen.

Viele ungeordnete Gedanken und Erinnerungen stiegen in mir auf.

Eine Frau aus dem Bekanntenkreis, die in einem Heim für Schwererziehbare gearbeitet hatte, kommentierte einmal das Scheitern eines zunächst aussichtsreichen Mädchens, mit den Worten: „Aus einer Stinkeblume wird niemals eine Rose!" Das war ein KO -satz für alle Erzieher, aber auch für gläubige Buddhisten, die an einen Wandel durch Übung glauben.

Ja, alles war kompliziert. Konnte ich tatsächlich eine Minute lang glauben, das Strickmuster der Welt wäre zwei links, zwei rechts?

Zum nahenden Vollmond, hatte ich gehört, solle ein Party Boot rüber nach Ko Pangan fahren. Die dortigen Partys waren viel gelobt worden und ich meldete mich bei der Anlegestelle an.

Nach mehr als drei Stunden auf rauer See, erreichten wir die Insel. Aber das, was ich dort vorfand, hatte wenig mit den Events zu tun, die ich kannte. War das eine Art Kirmes oder Fasching und dann das Publikum, die Musik? Das Grauen! Nun war ich aber hier, auf Gedeih und Verderb, bis morgen früh um zehn, wenn das Boot wieder zurück fahren würde.

Ich hatte mir inzwischen angewöhnt, aus allem das Beste zu machen und konzentrierte mich deshalb aufs Kulinarische. Crepe Caramel gab es, Hühnchensandwich und Schokoladenkuchen, dazwischen Pineapple Juice und Eiskaffee.

So gegen vier, als mich ein Kurt mit seinem Geschwätz von meiner ruhigen Bank aufgescheucht hatte, lief ich in meiner Not ganz nach hinten zum letzten Dancefloor, fand dort genau meinen Sound und fing an zu tanzen. Alle besoffenen Briten lagen längst schlafend irgendwo im Sand und die Thai taten dasselbe in ihren Bungalows, oder einfach zu Hause.

Die Dance People aber, aus Europa und Asien, aus Amerika und Australien, aus Israel und Japan, die waren da und der Sound war nicht zu hart und nicht zu housig, manchmal mit Euphorien dazwischen, aber sonst durchgängig und fließend, das Richtige, um in Trance zu geraten. Trance halt, Psychedelic Trance.

Schon nach geraumer Zeit versetzte mich das Tanzen in einen Zustand vollkommenen Glücks. Ich hätte lachen können und musste andere anlächeln, Nette halt, oder solche, die ich als gleichgesinnt wahrnahm. Mein Tanz war wie immer: ästhetisch, harmonisch koordiniert, die Bewegungen fließend, die Haltung gerade.

Langsam dämmerte der Morgen, zartes Licht erschien am Horizont, irgendwo drüben, hinter dem Meer. Mit meinem Tanz begrüßte ich die ersten Sonnenstrahlen dieses neuen Tages. Ich spürte die Spiritualität des Augenblicks und ein inneres Strahlen erfüllte meinen Körper, meine Seele, meinen Geist. Die anderen Tänzer sahen, was in mir vorging und teilten mein Glück. Sie schauten und bemerkten, dass dieser Tanz und das Strahlen kein Ende nehmen wollte. Rhythmus ersetzt Kraft, sagen die Anthroposophen. Ich war ganz in dieser Schwingung, die mir gerade so viel Kraft zuführte, wie mir die kontinuierliche Bewegung abverlangte.

Da kam ein junges Mädchen auf mich zu und fragte mich nach meinem Namen und meinem Alter. Ich antwortete kurz, um eine Unterbrechung zu vermeiden, aber sie ließ nicht locker. Ich wäre die hübscheste Tänzerin und ein Jahr älter als ihre Mutter. Dann fragte sie nach Kindern und ich wollte unbedingt weiter tanzen, nicht aufwachen, nicht aus dem Rhythmus kommen.

Deshalb rief ich ihr lachend zu: No children, no husband, no house, no car, no job, nothing!"

Vielleicht war das ein bisschen überheblich, aber gelogen war es auch nicht. Sie schaute mich begeistert an, nahm meine Hand und küsste sie.

Ein junger Thai saß mit Freunden im Sand und zeigte mir mit dem Daumen nach oben, wie er meinen Tanz fand und andere fotografierten mich, ich wurde sogar gefilmt. Ich beherrschte die Szene. So musste das sein, wenn man ein Star wäre, dachte ich und war richtig glücklich.

Ich war es, vielleicht nur für zwei Stunden, aber es war wunderschön.

Auf der Heimfahrt ermüdete ich dann doch, fühlte mich sogar ziemlich verbraucht. Während die Wellen unser Schifflein heftig schaukelten und das Wasser schäumend zur Seite spritzte, dachte ich: zwei Stunden war ich eine Königin.

Da konnte ich „Ja" sagen zu den langweiligen Engländern und den Thai, die uns be-und entluden wie Bananenkisten und „Ja" zum gesamten Leben, zu dem, welches vor mir lag und dem vergangenen.

Tags darauf fand ich im Internetcafe zwei Mails von Dominic vor, das erste fordernd und das darauf folgende, bereits ziemlich böse.

Warum würde ich nicht zurück kommen? Er könne Bangkok und die Touris dort, nicht mehr länger aushalten.

Auf einen Schlag hatte mir sein Zorn hier alles weggewischt. Der Tag war verdorben, plötzlich erschien mir das Meer zweidimensional wie auf einer Postkarte. Ich fühlte mich wie in der „Trueman Show", hätte gerne am Rand die Leinwand durchtrennt, um zu entkommen.

Am nächsten Morgen saß ich wieder im Bus und freute mich, trotz allem, auf das Wiedersehen.

Warum nur?, fragte ich mich. Weil er ein realer Mensch ist, der ein reales Leben mit sich herum schleppt. Weil wir in Verbindung zu einander stehen und weil er mich und meine Vergangenheit kennt.

Würde es ein gemeinsames Leben nach dieser Reise geben?, fragte ich mich weiter. Immer träumte ich davon, dass es später friedvoll und schön werden könnte, aber es könnte mir auch die Hölle bevor stehen.

Er würde mir später sicher vorwerfen, ich hätte ihm seine Träume zuerst gestohlen und dann zerstört.

Der Norden

Im Norden von Thailand, wo die Pflanzenwelt in ihrer Üppigkeit fast aus den Nähten platzt, wo es in Strömen regnet und kurz darauf die pralle, stechende Sonne wieder scheint, strotze die Natur vor unbändiger Vitalität. Flüsse mäanderten zwischen Reisfeldern, in den Dörfern herrschte bescheidener Wohlstand und die Hügel bedeckte undurchdringlicher Urwald. Die Erde dampfte, die Grünpflanzen durchfloss gleißendes Licht und die Lebensenergie des Wassers. Die Artenvielfalt war enorm, die Blüten in leuchtenden Farben erschienen mir so riesig, wie bei Alice im Wunderland, die Blätter der Urwaldbäume groß, wie Fußabtreter.

Von der Veranda meiner Bambushütte waren es nur ein paar Meter bis zum Fluss, über welchem nachts Leuchtkäferchen schwebten. Wie kleine fliegende Sterne tauchten sie im Nichts auf und erloschen nach kurzer Zeit. Ein ganzes Orchester mir unbekannter Tierarten mischte sich abends zu einem vielstimmigen Chor. Da gab es viele Streicher, vermutlich Grillen und Zikaden, ein paar Flöten aus dem Vogelreich und ein Presslufthämmerchen, das sich mit dem Fröschequaken und dem raschen Fließen des Flusses mischte. Dazwischen vernahm ich eine Oboe, vermutlich ein Gekko, vielleicht aber auch ein Nachtvogel, sicher aber kein Insekt.

Während unserer ersten Tage in Pai hatten wir uns in zwei neben einander liegenden Bambushütten mit Veranda eingemietet. Ich platzierte meine Hängematte für die frühen Abende und kaufte auf dem beschaulichen Wochenmarkt eine Durian.

Die Finger puhlen, nachdem man die Konsistenz und Beschaffenheit der Frucht erkundet hat, das feuchte, kühle Fleisch aus den lamellenartigen Schalen im Innern der gepanzerten, melonengroßen Durian. In den länglichen, gelben Herzen ruht ein dunkler, glatter Kern, den man samt der Flüssigkeit entfernt. Nun hält man alles Essbare in der Hand und kann kräftig zubeißen, denn das Fruchtfleisch ist süß und saftig, ein bisschen aber wie Gummibärchen.

Dominic versuchte seine Arbeit am Laptop fort zusetzen, aber es rieselte Unmengen Staub von der Strohdecke und er fürchtete um das teure Gerät. Deswegen übersiedelte er schon bald in ein Steinhaus im Dorf.

Eines der Mädchen aus unserem Resort wollte mich trösten, weil sie glaubte, mein Liebster hätte mich verlassen. Sie erzählte mir von einer bekannten thailändischen Sängerin, namens Lady Diamond. Die wäre auch nicht mehr so jung, hätte aber eine gute Figur, wie ich und sähe überhaupt besser aus, als viele Junge. Wie Lady Diamond könnte auch ich jeden jungen Mann bekommen, wenn ich nur wollte.

Das fand ich rührend und ich begann die Mädchen hier in den Golden Huts mehr als Menschen zu betrachten. Sie saßen den ganzen Tag zusammen und plauderten vergnügt miteinander. Thida, mit dem mitleidigen Herzen, häkelte Taschen nebenher. Sie hatte eine ziemlich dunkle Hautfarbe und war hochschwanger von ihrem Schweizer Chef Lorenzo, den ich hier noch nie gesehen hatte. Liiert war Lorenzo aber eigentlich mit der hübschen und intelligenten Geschäftsführerin der Golden Huts, wie uns Stefan, ein ansässiger Deutscher, versicherte.

„Die ist richtig reich, meinte er und schlafen tun sie sogar zu dritt in einem Zimmer."

Ab und zu bestellt jemand einen Tee, eine Cola oder auch mal ein Sandwich. Einer kommt an, ein anderer zahlt die Rechnung und sonst passiert nichts. Sie sitzen da, plaudern und sind wach, aufmerksam, lebendig. Sie leben, so wie auch die jungen Reisenden hier lebend sind. Sie nehmen die Realität hier ernst. Die anderen aber, die älteren Ausländer, haben einfach eine andere Brille aufgesetzt, oder vielleicht eine Brille abgesetzt, ich weiß es nicht. Die einen machen, oder machen zumindest mit, die anderen, wie ich, schauen zu.

Es gab hier viele Zuschauer, die glaubten, wenn sie so tun, als wären sie sogar Macher, würde sich die Freude, quasi per Verdienst, als Lohn einstellen, doch dem war nicht so. Die nicht wirklich Lebenden, wie wir, wurden nur traurig dabei und müde.

Alles war wunderschön hier in Pai, da gab es keine Widerrede. Die Landschaft, die tropische Vegetation, die Blüten, Echsen, Schmetterlinge, alles perfekt. Die Thai lächelten einen an und sogar das Essen schmeckte ausgezeichnet.

Warum hielt man es hier trotzdem fast nicht aus? Abends beim Essen hatten wir Stefan, den glücklosen Mittfünfziger aus Magdeburg, kennen gelernt. Er trank jeden Abend zu viel, nannte sich selbst einen Säufer und kannte hier jeden.

Während seiner Jugend hatte er von fernen Ländern geträumt und kam nach einem Fluchtversuch für drei Jahre in Haft. Nach der Wende versuchte er an seine alten Träume anzuknüpfen, doch die Welt, die sich in seinem Herzen spiegelte, hatte Federn gelassen und an Glanz verloren. Auch die Beziehung zu einem Thaimädchen war eine Enttäuschung für ihn.

„Herr, verschone mich vor Sturm und Wind und Frauen, die aus Thailand sind.", sagte er wiederholt sein Sprüchlein, vor den Neuen im Dorfe, auf und schickte ein stockendes und gepresstes Lachen hinterher, das an Gerd Fröbe erinnerte, wenn er einen Psychopathen mimte. Er lachte viel und schien doch nicht froh, hatte viele Länder bereist, nur frei war er nicht geworden.

Das hatte er nicht mehr geschafft, so wie Viele, die einmal irgendwo aufbrachen und nie angekommen sind.

In Rambos Restaurant lernten wir Andree, einen ehemaligen Fremdenlegionär kennen. Der war angekommen, genau hier in Pai.

Er wohnte etwas außerhalb, züchtete Kaninchen und hatte eine große Kiste aus Korbgeflecht für Transporte hinten auf seinem Moped installiert.

Er lud uns und ein paar Andere für den nächsten Abend zum Bingo Spielen in Rambos Laden ein und wir sagten leichtfertig zu. Natürlich hatten wir dann doch keine Lust und Andree ließ sich, nachdem gar keiner gekommen war, nicht mehr blicken.

So etwas hatte es früher bei seinen Kameraden nicht gegeben. Da hatte man Lust zum Spielen und ein Wort war sowieso ein Wort. Hier aber, unter diesen verweichlichten Touristen und Edelhippies, da galt ein Wort nichts mehr. Es gab nur noch den offensichtlichsten Müßiggang.

Es hatte leicht zu regnen begonnen. Man konnte es in der Hütte kaum hören, weil die Grillen es übertönten. Ich war aus der Hängematte vertrieben worden und lag jetzt schon wieder auf dem Bett. Das könnte ein einsamer Abend werden, einer ohne Ansprache und Austausch, ein ganz beliebiger. Mein Blick wanderte hinüber zur Wand, die aus kunstvoll geflochtenem Schilf bestand. Die Bänder waren ganz unterschiedlich breit und doch fügte sich lückenlos eins ins andere.

Noch nie zuvor hatte ich hinter so dünnen Wänden gelebt. Verwobene Pflanzenteile trennen einen nicht ganz ab von dem, was nachts zirpt und raschelt. Die Bananenblätter, die im Wind rauschen, der Hibiskus und die Kühle der Nacht, waren ganz nah.

Käfer und Würmer folgen dem Gesetz des Kosmos, mahlen die toten Pflanzenteile zu Brei, schließen den Kreislauf vom Entstehen und Vergehen, um anderes Leben hervorzubringen.

Soviel sagte mir die Wand, die lebt und alle Schwingungen durchlässt. Eine Betonwand schweigt, noch keine hat je zu mir gesprochen.

In einen Spalt steckte ich einen Fächer aus rotbraunen Federn mit schwarzen Streifen. Am Mittag, als ich die andere Seite des Flusses erkundete, wo es so viele Schmetterlinge gab und rote Libellen über den Reisfeldern schwebten, lag ein toter Vogel am Straßenrand. Er war überfahren worden und hatte ganz erstarrte Augen, als wäre er nie lebendig gewesen.

An einem Flügel hielt ich ihn hoch und am anderen löste ich die prächtigen Federn heraus. Ich musste nicht reißen, es ging ganz leicht und ich nahm nur ein paar. Den Kadaver warf ich die überwucherte Böschung hinunter. Die Natur räumt alles auf.

Ich nahm mir einen Teil und ein anderes Tier wird den Rest verwerten.

Seltsam, dachte ich, zu den thailändischen Buddhisten hatte ich bisher keinen Draht bekommen und da erzählte mir heute ein Franzose, den ich kennen gelernt hatte, dass sich vor noch nicht all zu langer Zeit hier ein Verbrechen zugetragen habe. Zwei Mönche hätten eine Touristin zuerst beraubt und dann auf schlimme Weise misshandelt. Oft, meinte er, tauchen kriminelle Elemente in Klöstern unter, so wie in Frankreich bei der Legion.

Das hatte mich sehr erschreckt, zumal ich mir das bei dem ein oder anderen, den ich gesehen hatte, sehr gut vorstellen konnte.

Der Regen wurde stärker, das tausendfache Trommeln auf dem Schilfdach übertönte nun alle Geräusche der Nacht und ich konnte mir den dichten Regen in geraden Linien genau vorstellen.

Der schönste Augenblick des Tages war, wenn alles bereits hinter mir lag und ich in der Dunkelheit ins Dorf lief, um meinen Freund im Duang Guesthouse zum Essen abzuholen. Bevor ich loszog, rauchte ich eine kleine Tüte, was mich etwas beruhigte.

Dominic saß dann, wie immer, in Unterhosen auf dem weiß bezogenen Bett und schaute in sein Laptop. Er war konzentriert, aber entspannt und ließ sich nicht stören.

Ich streifte meine Sandalen ab, nahm mir eines seiner weißen Kissen und legte mich langgestreckt auf die andere Seite des Bettes.

Dann erzählt er mir, an was er gerade arbeitet, reicht mir den Kopfhörer und ich lausche einem Loop, einer Tabla, Drums oder sonst einer Tonfolge. Danach muss er einer bestimmten Frage nachgehen und ich versinke in eigenen Gedanken.

Das Zimmer ist ein richtiges Zimmer, mit echten Wänden und richtigen Möbeln, die Atmosphäre ist etwas konservativ, aber irgendwie so, wie WIR Zimmer kennen. Daraus, denke ich, resultiert die beruhigende Atmosphäre, in welcher man sich geschützt fühlt.

Wir sind uns nah und nicht unter Stress, wie im Restaurant, wo wir uns gegenüber sitzen und so oft zu unguten Grundsatzgesprächen neigen, wie: Wo reisen wir als nächstes hin? Oder noch schlimmer: passen wir überhaupt zusammen?

Aber jetzt sind wir hier, Dominic ist ganz vertieft und redet manchmal so vor sich hin, als wären seine Worte an mich gerichtet. Manchmal antwortete ich.

Es dauerte bestimmt eine Stunde bis der Hunger kommt und wir aufbrechen.

Wenn mein Gefährte sich abends von mir verabschiedete, um sein Zimmer aufzusuchen, drehte er sich nie nach mir um. Er ging, groß, schlank und aufrecht, aber ein bisschen mit hängenden Flügeln. Manchmal lief ich ihm nach, weil es mir weh tat, ihn mit so leeren Händen gehen zu sehen.

Ich sagte dann, ich müsse im Dorf noch Zigaretten kaufen oder so. Mit dieser Ausrede konnte ich den Abschied etwas hinauszögern, um ihm noch

246

etwas Nettes oder Bedeutendes mit auf den Weg zu geben, aber es fiel mir dann doch nichts Rechtes ein.

Trotzdem waren wir zusammen, Auge um Auge, Zahn um Zahn, von Angesicht zu Angesicht. Schon lange ging es nicht mehr um Liebe, sondern um etwas viel Ernsteres, darum, dass wir beide dasselbe verlassen hatten, nämlich Alles. Und dann: dass wir nicht noch das Letzte hergeben durften, nämlich den Anderen.

So kehrte auch ich mit leeren Händen heim in meine Hütte und baute mir erst einmal eine kleine Tüte, die ich in der Hängematte rauchte.

Die Frösche quakten vom Fluss her und wieder blinkten die Leuchtkäferchen, um einen Partner anzulocken. Wenn das bei Menschen nur auch so einfach wäre! Auch wir senden Signale aus, Lächeln, Worte und dann das ganze Styling!

Für meine Hose aus Bangkok hörte ich immer wieder Komplimente. Sie betonte die Figur, war bunt und unkonventionell. Ja, dachte ich, das mit der Hose war eine sehr gute Idee gewesen. In Goa auf dem großen Hippiemarkt gab es das nicht.

Allmählich war ich etwas berauscht und sah mich, vor meinem geistigen Auge, mit einem eigenen Stand, in Mitten der Reisenden aus aller Welt. Man bewunderte mich und meine Hosen und jeder wollte eine haben.

War das nicht überhaupt eine ganz brillante Geschäftsidee?

In diesem Augenblick riss das Seil, mit welchem ich die Hängematte installiert hatte und ich krachte unsanft auf den Bretterboden.

Autsch! Das tat richtig weh und ich war schlagartig zurück im Hier und Jetzt. Nachdem ich feststellte, dass noch alles heil an mir war, fragte ich mich, was wohl die Botschaft hinter diesem Sturz sein könne.

„Aufwachen, nicht träumen!", Das war es! Wenn du eine Idee hast, dann kannst du auch versuchen, diese umzusetzen. Mir fiel der kleine Junge ein, den ich an meinem allerersten Tag in Indien kennen gelernt hatte.

„This is my Shop", hatte er ganz stolz gesagt und er hatte daran geglaubt. Er war ein Kind, zudem arm und ich hatte doch so viel mehr Potentiale. Also, beschloss ich, morgen fange ich an, mit etwas ganz Neuem.

Wenn man vor Entscheidungen steht, schicken einem irgendwelche Mächte Zeichen, davon war ich überzeugt.

Am anderen Morgen war das mein erster Gedanke. Ich sehe diese Zeichen, habe sie immer gesehen, aber, fiel mir ein, oft war die Frage: Wie soll ich die Zeichen deuten?

Als ich gestern aus der Hängematte fiel, hieß das: Achtung, das ist eine Schnapsidee, oder hieß es: Aufstehen, los jetzt, fang gleich damit an!

Wenn der Strom gerade dann ausfällt, wenn ich abends zu Dominic will, heißt das: bleib lieber daheim, es wehrt sich was, oder bedeutet es: Überwinde dich, sei nicht feige, lass dich nicht abschrecken!

Schließlich kam ich zum Schluss: man muss etwas tun, muss kämpfen! Die Chinesen sagen: Man muss dem Glück auf halbem Weg entgegen gehen.

Das Rumsitzen musste ein Ende haben und ich begann damit, ein Fahrrad zu mieten.

Auf dem Markt erstand ich einen sehr schönen Sarong und gleich hinter den Buden fand sich ein Schneider. Ich hatte meine Hose als Muster eingepackt und auch ohne jegliche Sprachkenntnisse verstand der Chef gleich, was ich wollte.

Nun hieß es zwei Tage warten und ich überlegte, ob ich Dominic überhaupt etwas erzählen sollte. Mein kleines, fragiles Pflänzchen konnte doch leicht zertreten werden und ich entschied mich vorläufig fürs Schweigen.

Am Nachmittag fuhr ich dann zu den nahen heißen Quellen und kam in bester Stimmung zu unserem verabredeten Abendessen im Restaurant von Sally und ihrem thailändischen Mann.

Auf dem Weg hatte ich mir meine Erzählung von dem Bächlein im Urwald und den dampfenden Becken schon zurecht gelegt, denn keinesfalls wollte ich etwas von meinen Plänen preisgeben. Natürlich kommt immer alles anders, als man das erwartet und ich staunte nicht schlecht, Dominic in bester Laune, am Tisch mit zwei jungen Männer sitzen zu sehen.

„Das sind Paul und David", stellte er sie mir kurz vor und küsste mich.

„Die beiden haben hier in der Nähe ein Haus gemietet, ganz aus Teakholz und das Entscheidende", dabei hob er vergnügt den rechten Zeigefinger, „mit einem Internetanschluss."

David hatte den zu irgendwelchen Onlinegeschäften gebraucht, doch in ein paar Tagen wollten beide nach Australien abreisen.

„Was meinst du, sollen wir das Haus übernehmen?", lächelte er mich an. „Du glaubst nicht, wie wichtig Internet für mich wäre. Ich könnte endlich zu Problemen recherchieren und Plattformen für Fragen nutzen. Ich wäre ganz einfach nicht mehr allein."

„Ja", antwortete ich kurz entschlossen, „das machen wir."

Die Aussicht wieder mit ihm zusammen zu wohnen beflügelte mich sofort und dann war ich als angehende Geschäftsfrau schließlich auch fehl am Platze bei den Touristen in den Golden Huts.

Am nächsten Morgen fuhren wir nach einem gemeinsamen Frühstück mit Paul, entlang des Flusses, durch die Felder, hinaus nach Viangnua. Dominic hatte sich auch ein Rad besorgt und als wir eine bunt bemalte Pagode passierten, dankte ich still den Göttern für diese Wende, bat aber gleichzeitig, um gutes Gelingen für alles Weitere.

An einer Brücke stoppten wir, denn ein langes Bambusfloß wurde gerade den Fluss hinunter befördert.

Ein schmiedeeisernes Tor führte in den Hof eines in die Jahre gekommenen, stillosen Neubaus. Zwei Neembäume säumten den überdachten Eingang. Das Erdgeschoss wirkte finster, besonders die fast kahle Küche, deren Betonwände nicht einmal verputzt waren. Das Kämmerchen mit dem Internetanschluss, das Office, in dem David an seinem Laptop arbeitete, war eine Art Keller und hatte knapp unter der Decke ein schmales Fenster.

„Schade, dass das Modem gerade hier ist", kommentierte David unser enttäuschtes Schweigen, „Aber kommt mal hoch in den ersten Stock, da werdet ihr staunen."

Gleich als ich den großen Raum betreten hatte, empfand ich so etwas wie Ruhe und Geborgenheit. Der Boden, die getäfelten Wände und die Decke aus poliertem Holz wirkten dunkel, wie der Rest des Hauses, strahlten aber Wärme aus und rochen angenehm. Drei große Alufenster zeigten auf den Hof, der an den Hühnerstall des Nachbarn grenzte. Zwei Matratzen lagen auf dem Parkett und ein riesiger, niederer Chouchtisch mit geschwungenen Beinen, bildeten die einzige Möblierung. Alles, auch der noble, schwere Tisch, bestand aus massivem Teakholz und ich fühlte mich hier wie im Innern eines Baumes.

Während wir auf die Vermieterin warteten, ließ sich Dominic unten den Computeranschluss erklären. Ich setzte mich inzwischen auf den Tisch und ließ die Stimmung des Raumes auf mich wirken. Für nicht mal zwei Monate, die wir noch in Thailand verbringen wollten, würde es sich nicht lohnen, eine richtige Möblierung anzuschaffen. Aber zwei Sitzmatten und ein bisschen Deko könnten den Raum aufwerten und so etwas wie ein Heim für uns schaffen. Der Tisch wirkte zwar in erster Linie repräsentativ, aber er war riesig und man könnte daran etwas arbeiten, was auch immer. Von unten hörte ich nun eine laute, dominante Frauenstimme. Die Vermieterin war angekommen und stieg bereits mit den anderen die Treppe herauf. Die rundliche Mittvierzigerin trug ein helles Kostüm und verkündete nicht ohne Stolz, sie wäre Lehrerin, ihr Mann Polizist.

Das Wichtigste war natürlich die Miete, die man im Voraus zahlen müsse. Wir erklärten uns einverstanden und als das Geld in ihrer Handtasche verschwunden war, fragte sie noch was wir denn hier überhaupt tun würden. Dominic erklärte ihr etwas von seiner Arbeit mit Musik am Laptop und sie

kommentierte: „Ah, Computer! And you?", grinste sie mich an, „Sleeping!"
und ihr darauf folgendes, schrilles Lachen erübrigte eine Antwort.

Am Tag vor unserem Umzug konnte ich die erste Hose abholen und präsentierte sie Dominic nach dem Abendessen.

„Ja, sieht gut aus", kommentierte er eher desinteressiert. Als ich ihm dann aber eröffnete, dass diese Hose nicht für mich wäre, sondern das erste Teil meines Shops für den Anjuna Flohmarkt, schaute er mich doch mit großen Augen an.

Seine Zweifel am Kundeninteresse, an den Finanzen und allem Möglichen konnte ich einigermaßen ausräumen, schließlich war er der Letzte, der einem Anderen seine Ideen madig machen wollte. Lange genug hatte er mich gerade wegen meiner massiven Ideenlosigkeit angeschwärzt und klein gemacht, sodass er sich nun zurückhalten musste.

Abschließend grinste er mich an und meinte: „Dir kauft ja sowieso jeder alles ab, jeden Rock und jedes Leben."

Die Hürde seiner strengen Beurteilung war genommen. Viele Gedanken schwirrten mir nun im Kopf herum und ich konnte lange nicht einschlafen. Es war die letzte Nacht in meiner Hütte und nach dem Umzug wollte ich gleich zu Sally fahren. Ihr Mann musste mir in thailändischer Sprache ein paar Anweisungen für den Schneider auf einen Zettel schreiben. Drei Größen brauchte ich: Small, das war meine Hose, dann Medium und natürlich Large. Stoffe musste ich besorgen, am besten lauter verschiedene, vielleicht sogar welche aus Burma.

Und dann brauchte ich auch Oberteile und andere Sachen. Die Täschchen der Hilltribes, der Lahu und Lisu, die bunt gekleidete Frauen am Straßenrand verkauften, würden gut zu meinem Shop passen, auch Kissenbezüge und Schals.

Den Anjunamarkt hatte ich mir im letzten Jahr genau angeschaut. Ich kannte das Angebot und auch die, für asiatische Verhältnisse, hohen Preise. Bei den Hosen würde ich mehr als das Doppelte meines Einsatzes verlangen können.

Zur Beruhigung baute ich mir wieder eine kleine Tüte und meine Gedanken wanderten zurück in die Kindheit. Damals saß ich während der großen Ferien tagelang mit meiner Freundin an einem Campingtisch unter dem Balkon der Nachbarn. Jede hatte eine Ausschneidepuppe aus festem Karton vor sich liegen und wir entwarfen ein Kleidungsstück nach dem anderen für diese Puppen. Manchmal kopierten wir aus Katalogen. Das Schönste war das Malen und Ausschneiden. Im Winter saßen wir drinnen und taten dasselbe. Die Mutter von Gerda brachte uns Orangenschnitze oder Häppchen mit Aufschnitt und

Gürkchen, die es bei uns daheim nur zu besonderen Anlässen gab. Uns verband die Liebe zu den schönen Kleidern und Gerda, die ich später aus den Augen verlor, hatte nach einer Ausbildung zur Schneiderin tatsächlich Modedesign oder etwas in der Art studiert.

Daran wollte ich anknüpfen! Meinen eigenen Stil würde ich kreieren und zwar völlig unabhängig von der aktuellen Mode. So eine Art Hippie-Ethnomode, aber nicht schlapprig, sondern sexy. Bunt, exzentrisch, orientalisch angehaucht, fantasievoll, einfach hübsch!

Natürlich würde ich meine Sachen selber tragen und jeder würde sehen, wie gut das aussieht. Zunächst sollten das die Hosen aus den Thaisarongs sein, dazu Sariblusen, gefilzte Röcke im Stil der kirgisischen Schirdaks, Jacken aus pelzgefütterten Tibeterstoffen, Amdomützen und Meerjungfrauhosen zum Tanzen.

Ja, ereiferte ich mich, ich will die Mode zu SEINER Musik machen!

Die Hippiemode war folkloristisch angehaucht, aber zu zottelig, der Technostyle ist sexy, aber zu kalt. Meine Klamotten sollten den Sex des Technos haben und die Seele, das Bunte der Hippies, so wie der Psytrance den Zauber Asiens mit Computersound verbindet.

Wenn Dominic und ich pendeln könnten zwischen Asien und Festivals in Europa, jeder auf seine Arbeit konzentriert und doch frei und doch zusammen! Das wäre ein Traum, eine Erfüllung!

Aber es wird auch ein Traum bleiben, dachte ich. In Wahrheit sind wir am Ende, am Ende unserer Reise und am Ende mit uns. Wir wissen es beide und wollen es nicht wahr haben, so einfach ist das!

Mit den ersten Einkäufen für meinen Shop begann ich zunächst unser Bauminneres in Wiangnua zu dekorieren. Außerdem schaffte ich Buntstifte, Papier und bunten Karton an.

Wenn sich mein Gefährte unten im Office aufhielt, gehörte der Teakholzraum mir allein. Ich konnte meine Entwürfe anfertigen, aber ich bastelte auch Karten und Wandbilder aus gepressten Farnen, Blättern, Blüten und Federn. Endlich wieder etwas tun, das gefiel mir.

Domincs Erwartungen bezüglich den Kontakten und Hilfen aus dem Internet wurden nicht erfüllt und seine Mine im Office unten verfinsterte sich zusehends.

Dazu kamen die Wiederholungen in unserem Alltag, die er schon immer gehasst hatte. In der leeren Küche konnte man nicht kochen und wir waren gezwungen, weiterhin nach Pai zu radeln, um in alter Manier bei Sally, Rambo oder sonst irgendwo zu essen.

Mein Werkeln kommentierte er oft so bissig, dass ich immer wieder die Freude daran verlor. Dann fuhr ich mit dem Rad hinaus zu den Reisfeldern. Die Berge, die das Pai Tal umrahmten, waren blaugrüne Hügel, dem Schwarzwald, trotz der verschiedenen Baumarten, nicht unähnlich.

Der Reis wiegte sich zart im Wind und hatte das euphorische Grün, das man bei uns nur im Frühling findet. Wie eine ganze Schulklasse junger Mädchen standen die Pflanzen im Wasser.

Ich aber fühlte mich schwach in meiner Depression, die mir alle Farben nahm.

Ein anderes mal wollte ich Thida in den Golden Huts besuchen, aber ihre Kollegin erklärte mir, sie hätte jetzt ihr Baby bekommen und würde wieder bei ihren Eltern wohnen.

Ich ließ mir den Weg beschreiben und radelte bis über die Dorfgrenze hinaus, ein Stück in den Wald hinein. Dort fand ich ein paar sehr einfache Hütten, viele Kinder und ein paar Erwachsene, die mich neugierig betrachteten.

Thida saß drinnen auf einer Matte und stillte gerade den Winzling, als ich eintrat. Sie trug ein großes, kariertes Hemd und eine Strickmütze auf dem Kopf.

Mein Besuch, eine Ausländerin in ihrem Dorf, war eine Ehre und zeichnete sie vor ihrer Familie aus. Sie lächelte mir zu und nahm dankbar ein paar hundert Bath entgegen, mein Gastgeschenk.

Wir plauderten noch eine Weile und dann war es gut, dass jeder wieder in seine eigenen Welt zurückkehren durfte.

Abends saß wieder einmal Stefan an unserem Tisch, als ich von meinem Besuch am Nachmittag erzählte.

„Die wird es jetzt schwer haben", meinte er. „Hoffentlich kann sie zu den Golden Huts zurück. Von dem Kindsvater, diesem Lorenzo, ist nicht viel zu erwarten. Das ist doch überhaupt ein Spinner. Der hatte mal einen Hund, an dem er total abgefahren ist. Nebenan wohnte damals ein Kanadier, auch so ein Spinner. Der mochte Hunde überhaupt nicht. Jedenfalls hat dieser Kanadier dem Hund von Lorenzo einen Fußtritt verpasst, der rannte auf die Straße und direkt in ein Auto, war gleich tot. Lorenzo tobte und fragte mich am Abend nach dem Namen des Kanadiers.

„Wozu brauchst du jetzt seinen Namen?", frag ich.

„Wozu? Weil ich ihn verhexen werde und dazu brauche ich seinen Namen," antwortet der."

Stefan meinte dann, es wäre zwar nichts weiter passiert, aber der Schweizer würde schon Kräuter mischen und alles Mögliche machen, ein Spinner halt.

Ich hatte Lorenzos Bücher in den Golden Huts gesehen, allerhand esoterische Literatur, auch Carlos Castanedas Don Juan, wo es nicht nur um Peyote, sondern auch um Datura, die Engelstrompete, ging und davon gab es hier in Pai jede Menge.

Stefan wusste auch von echten Hexen zu berichten, die mit ihrem Menstruationsblut Männer willenlos machen könnten, er würde eine im Nachbarort kennen.

Die Überlegungen was und wie viel ich für meinen Shop einkaufen sollte, beschäftigten mich inzwischen Tag und Nacht. Immer wieder hatte ich neue Ideen, von denen ich Dominic abends beim Essen erzählte. Die bunten Miniröcke hatte mein Schneider sehr gut hin bekommen.

„Mit neuen Stoffen, im balinesischen Stil könnte ich nochmal zwei nähen lassen," eröffnete ich ihm, als die Teller leer waren.

„Wenn du die alle selber tragen willst?", war seine Antwort, die zum Ausdruck brachte, dass er nur wenig Vertrauen in meine Pläne hatte.

„Ich glaube nicht, dass man solche Sachen bei einem Menschen kauft, der das selber nicht ausstrahlt", fügte er noch hinzu.

Das machte mich traurig, aber am nächsten Abend kam es richtig zum Eklat. Er war die ganze Zeit schweigsam über seinem Teller gesessen und ich wollte irgendwie eine Verbindung herstellen.

„Du hast doch die Buddhaformen gekauft. Wir könnten einige Figuren aus Ton oder Gips herstellen, sie, vielleicht in Dreier- oder Fünfergruppen auf Teakholz anordnen und zum Verkauf anbieten."

Da funkelte er mich böse an und schrie: „Meine Kreativität werde ich nicht auch noch mit dir teilen. Irgendwann ist gar nichts mehr von mir übrig. Ich bin in Shigatse bereits auf diese Idee gekommen und zwar in einer Sekunde, als ich die Formen sah. Das ist bei mir so und nicht wie bei jemandem wie dir, dem in zwanzig Jahren keine einzige gekommen ist."

Von diesem Tiefschlag konnte ich mich auch am nächsten Morgen kaum erholen. Als ich durch die überlaute Stereoanlage des Sohnes der Nachbarn früh aus dem Schlaf gerissen wurde, nahm ich leise meine Sachen und zog mich unten an. Ich fühlte mich wie eine Küchenschabe, die sich am besten in einen Winkel verkriecht, um nicht Opfer des großen Besens zu werden.

Heute, dachte ich, will ich ihn nicht sehen, es geht mir einfach zu schlecht. Auch hat er mir Umgangsformen aufgezwungen, die nicht die meinen sind. Es gibt keinen Gruß, keinen Kuss, keine Gute Nacht.

Beim Frühstück in Rambos Bar beschloss ich, zum Wasserfall hinauf zu fahren. Fabien, der Franzose, hatte mir den Weg genau beschrieben.

Der Tag war so oder so kaputt, da kam es nicht darauf an, ob es nach Regen aussah und auch nicht darauf, was denn dran war, an den ganzen Polizeigeschichten.

Ich dachte, Leute, bei denen sowieso dauernd Katastrophen passieren, stecken eine weitere doch besser weg, als andere, bei denen nur die Sonne scheint.

Jedenfalls war mir heute alles egal und ich fuhr mit dem Rad langsam den Berg hinauf, in Richtung des Wasserfalls. Meine tatsächliche Absicht war aber keine touristische. Ich wollte zu den Lahu- und Lisuansiedlungen, wo den Ausländern anscheinend Drogen aller Art angeboten würden, schließlich war das „Goldene Dreieck" hier nicht weit.

Der Weg führte mich durch üppige Felder stetig bergan. Längst hatte ich das Rad geschoben und Schweißperlen standen mir auf der Stirn. Der Himmel verfinsterte sich, färbte sich dunkelblau auf der anderen Talseite und das Grün nahm irreale Intensität an.

Hin und wieder überholte mich ein Moped. Polizei war das nicht, obwohl der Franzose mich gewarnt hatte.

„Die tauchen plötzlich auf, durchwühlen deine Taschen und du musst richtig viel Geld bezahlen, um einer Verhaftung zu entgehen. Es gab schon Fälle, bei denen ganz harmlosen Leuten was untergeschoben wurde."

Plötzlich hörte ich hinter einer Reihe von hochgewachsenem Mais eine leise Männerstimme, die etwas flüsterte, das wie „Marihuana" klang. Ich wiederholte das Wort als Frage und bekam positive Antwort.

Er trat, vorsichtig um sich schauend, in den Weg und kramte in seiner Umhängetasche. Seine ärmliche Kleidung und die schlechten Englischkenntnisse wollten nicht recht zu den professionell eingeschweißten Plastiktütchen passen, die er mir sogleich vor die Nase hielt.

„Two Hundred", meinte er unsicher.

Was ich begutachtete, erinnerte eher an Kräutertee, keine schönen Blüten waren das, sondern eher eine Art Blattverschnitt. Aber so sah das Gras hier nun einmal aus und zwei hundert waren OK.

Er steckte das Geld und ich die Beutelchen ein und danach schien er sichtlich erleichtert.

„No problem police", winkte er ab, doch dann verfinsterte sich sein Gesicht und er deutete in Richtung Wald und Wasserfall, wo es anscheinend böse und neidische Lisu gäbe.

Daraus schloss ich, dass ich es bei ihm mit einem Lahu zu tun hatte. Dies bestätigte sich, als wir zu seiner Frau gelangten, die unter einem Baum auf uns wartete. Sie trug die traditionelle bunte Tracht und hielt ein Kind im Arm. Neben ihr lag eine große Papaya, die der Mann in mundgerechte Stücke schnitt und wir verspeisten die Frucht zusammen, wie alte Bekannte. Danach spürte ich, dass ich gehen sollte.

Hinter einem Gebüsch steckte ich mir die Beutelchen vorsichtshalber in die Unterwäsche und setzte meinen Weg zum Wasserfall fort.

Zwischen den Bäumen eines lichten Waldes sah ich ein paar bescheidene Hütten auf sehr hohen Stelzen. Einfache Leitern führten hinauf zum jeweiligen Eingang, der nur mit einem Tuch verhängt war.

Auf dem harten rötlichen Lehmboden tummelten sich ein paar Schweine und zwei schmutzige Kinder spielten im Müll, der wahllos umher lag.

Als sie mich sahen, riefen sie etwas zu einer Hütte hinauf und erst nach geraumer Zeit öffnete sich der Vorhang. Eine magere Frau unschätzbaren Alters, schaute mit wirrem Haar teilnahmslos zu mir herüber. Sie schien nicht bei sich zu sein, genauso wenig, wie der Alte, den ich danach in einer Hängematte dösen sah.

Klar, kam mir plötzlich in den Sinn, die sind alle auf Droge, Opium, Heroin, oder was auch immer. Das war unheimlich und gleichzeitig sehr traurig. Von solchen Dörfern hatte ich gehört, schlimmer aber war es, eines zu sehen.

Genug jetzt, dachte ich, kehrte um und lief so schnell wie möglich den Weg hinunter, wollte zurück ins beschauliche Pai, in eine Welt, die mir inzwischen vertraut und doch irgendwie intakt war.

Dominic fand sowohl meine Initiative zur Beschaffung von Rauchwaren lobenswert, als auch die Tatsache, dass ich beim Abendessen etwas zu erzählen hatte. Wir kauften danach noch eine Ananas und Mangos, welche ich dekorativ auf einem Teller anordnete.

Heute freute ich mich aufs Schlafen gehen, aber als es dann still wurde und dunkel und mein Geliebter sich abwandte, schmiegte sich nicht einmal der Schlaf an mich. Nur eine stumpfe Hitze senkte sich langsam auf meine Brust und nahm mir den Atem.

Nachdem ich lange wach gelegen hatte, schlief ich am anderen Tag bis in den Vormittag hinein. Dominic war bereits unten im Office, als ich die Augen öffnete. Mein Blick wanderte durch den warmen, braunen Raum und verweilte kurz auf den Stoffen mit den lebhaften Farben, die sich angesammelt hatten.

Schließlich betrachtete ich meine Hand, meine kleine Hand mit den eher kurzen Fingern, die Hand einer Dreiunfvierzigjährigen. Einige Falten konnte ich sehen!

Diese Hand hatte schon viel getan: geschrieben, geputzt, gestreichelt, U-Stahl gefeilt, Taschen getragen oder Schirme, Löffel gehalten, in der Erde gewühlt, nie aber wirklich schwere Arbeit und nie hat sie geschlagen. Dann wanderte mein Blick hinunter zu den Füßen, die ihr Leben lang in warmen Socken und weichen

Schuhen gesteckt hatten. Sie hatten die meiste Zeit verschlafen und waren jung geblieben.

Ich hatte die Hände einer Mutter und die Füße einer Tochter. Nicht eine Falte war an den Füßen zu sehen.

Bei den Lisu und Lahu hier, auch bei den Indern, war das ganz anders. Ihre Füße waren nackt. Sie laufen über Felder und die Sonne brennt gnadenlos auf sie herab.

Wenige Tage später kam es wieder zum Eklat und ich kann mich nicht einmal mehr an dessen Ursache erinnern. Ich weiß nur noch, dass er mich einen Musterschüler nannte, so einen, vor dem man sich fürchten müsse. Solche wie ich, würden sich beim Tragen eines Balkens immer in die Mitte stellen und weder der Vordermann, noch der ganz hinten, könne beurteilen, ob ich, also der Mittelmann, überhaupt Krafteinsatz leisten würde.

Als er mich dann auch noch beschuldigte, ich würde laut und grob reden, war mir das zu viel. Ich nahm meine Umhängetasche, setzte mich aufs Rad und fuhr los, einfach gerade aus. So schnell wie möglich wollte ich weg, weg von ihm und seinem so ungerechten Zorn.

Die Welt draußen zwischen den Feldern war so friedlich und still. Auch ich wurde allmählich wieder Teil dieser Harmonie, hörte Grillen und Vögel, sonst war Sommer.

Der starke Regen der vergangenen Tage hatte die Erde in einen Schwamm verwandelt, aus dem kleine und große Wurzeln tranken. Wenn man das hören würde, dachte ich, das wäre ein Gluckern und Saugen! Aber alles war unsichtbar und geräuschlos. Die Pflanzen standen dich an dicht, die Blätter neigten sich dem Licht zu und die Sonne schien in ihrer ganzen Herrlichkeit.

Das war der Sommer, dachte ich und spürte das Vibrieren der Luft, so wie ich es zwischen den Ährenfeldern daheim gespürt hatte. Dort kommt und geht der Sommer, hier bleibt er, das war der Unterschied.

Fast konnte man dem Reis beim Wachsen zusehen. Noch vor zwei Wochen hatte ich Frauen gesehen, die die zarten hellgrünen Halme in die überflutete Erde steckten, jedes Pflänzchen einzeln. Sie trugen Strohhüte, sowohl gegen den Regen, als auch die Sonne und verrichteten den ganzen Tag, in gebückter Haltung, die Jahrhunderte alte Arbeit.

Bereits nach einer Woche war das Feld dichter geworden und der Teppich aus lauter schlanken Halmen färbte sich in euphorisches Hellgrün. Es ist ein Farbton, der einen sofort anregt und glücklich macht. Wenn der Wind die Halme kämmt, wiegt sich das Grün in weichen Wellen. Inzwischen stand die Saat bereits ganz dicht, von unten kamen schon dunklere Töne dazu und an den Spitzen sah ich hie und da Gelbtöne, erste Spuren des Austrocknens.

Ich war an diesem Tag weiter gekommen als jemals zuvor und erreichte schließlich einen Tempel. Auf der Mauerumrandung saß alle paar Meter eine Wächterfigur aus bemaltem Beton. Die schönen, sanftmütigen Jünglinge knieten wie Engel auf einem Sockel und hielten die Hände gefaltet. Es waren Wächter ohne Waffen, die etwas fernhielten, dem man nicht mit Gewehren Einhalt gebieten könnte. Auf den rot bemalten Lippen spielte ein Lächeln, die Gewänder waren wie mit kleinen Flügeln geschmückt und wiesen, wie die spitze Kopfbedeckung, nach oben.
Zart und spitz nach oben gewandt, war auch die komplette Architektur der Tempelanlage. Leuchtende Farben und Goldverzierungen suggerierten Reinheit und Leichtigkeit.

So hatte ich das noch nie wahr genommen! Ich ließ das Rad draußen stehen, wollte im Hof rasten und einen Schluck Wasser trinken.
Eine alte Frau hackte gerade das Unkraut aus dem harten Boden und lächelte mir zu. Nun fand ich das Ausreisen von Gras noch nie besonders sinnvoll, zumal alle Pflanzen Teil der Schöpfung und damit zu respektieren sind, aber ihre hingebungsvolle Arbeit war eine Symbolhandlung zur Ehre Buddhas.
Plötzlich hatte ich den Impuls ihr helfen zu wollen. Ohne weitere Überlegungen stand ich auf und beteiligte mich an der Säuberungsaktion. Als wir alles in einem Korb gesammelt und gemeinsam weggebracht hatten, nickte mir die Alte zu und ging ihres Weges. Ich war wieder ganz in meiner Mitte angekommen und überdachte nun mit Abstand meine Lage.
Abstand, dachte ich, genau das brauche ich jetzt. Für meinen Shop hatte ich genug nähen lassen, aber Oberteile und Kleinkram, daran fehlte es noch. In Pai kannte ich bereits das ganze Angebot und es war nicht das zu finden, was mir noch vorschwebte.
Am Abend im Restaurant eröffnete ich dann Dominic, dass ich für ein paar Tage nach Chiang Mai fahren wolle, um meinen Shop zu vervollständigen. Er sagte nicht viel dazu, war aber sichtlich erleichtert.

Für mich ist zwar nicht eine Stadt wie die andere, aber viele ähneln sich doch und Chiang Mai gehörte zur zweiten Rubrik.
Es war laut, gab viel Verkehr und eine Menge ärmlicher Straßen, die seinen Bewohnern wenig Licht schenkten, nicht im wörtlichen Sinne und noch weniger auf spiritueller Ebene.
Ich fand aber durchaus das, was ich suchte. Oberteile aus Baumwolle oder Viscose gab es in wundervollen Farben und ich erhielt immer Mengenrabatt.

Beim touristischen Night Bazar musste ich tiefer in die Tasche greifen, wie bei den lokalen Märkten, aber mein Sortiment sollte wie aus einem Guss sein, da mussten Zugeständnisse gemacht werden.

Für den Transport und den Umzug nach Goa, hatte ich mich für eine dieser karierten, äußerst stabilen Plastiktaschen entschieden. Die gab es in allen Größen und ich kannte sie bereits von Indien her.

Abends schlenderte ich durch die Straßen und wunderte mich über die vielen Bars mit hübschen Mädchen und alten Kerlen. Ich hatte mir dieses Szenario eher in Phuket oder überhaupt am Meer vorgestellt, aber hier war das genau das selbe.

Es ist sicher keine Schande alt zu sein und sich noch einmal, auch in eine Jüngere, zu verlieben, aber die Männer, die ich hier sah, wirkten mehrheitlich so unangenehm mit ihren Bierkrügen, ja manche so abstoßend, dass ich meinen Blick abwenden musste.

Viele der einheimischen Mädchen waren noch sehr jung und ganz zauberhaft, andere, ältere aber hatten schon deutlich an Glanz verloren, manche waren betrunken. Nicht ein Mal während meines Aufenthalts hier, besuchte ich selber ein Lokal, sondern verschwand nach dem abendlichen Rundgang stets in mein trostloses Zimmer.

Die Tage nach meiner Rückkehr nach Viangnua waren voll Harmonie und Glück. Dominic meinte sogar, ich hätte ihm gefehlt. Es war inzwischen Mitte Oktober und wir sprachen seit langem das erste mal wieder über unsere Zukunft.

„Wir fahren nächste Woche nach Bangkok, wo wir einen Flug nach Delhi buchen, was meinst du?" fragte er.

Darauf hatte ich gewartet. Mein Shop war perfekt und ich wollte zu Beginn der Season in Goa eintreffen, damit ich einen guten, oder überhaupt einen Platzt bekommen würde. Aus allen Teilen Indiens wollten Händler an diesem berühmten und lukrativen Markt teilnehmen. Und dann all die Hippies und Traveller, für die ein Marktstand die einzig legale Methode hier war, um an Geld zu kommen.

Dominic hatte nun, ich weiß nicht wie lange, versucht, ein Programm, ein virtuelles Studio auf seinem Rechner zu installieren. Ständig stürzte es ab und nur mit viel Rauchen konnte er seine Fassung behalten.

Draußen heulten die streunenden Hunde in die grillenzirpende Tropennacht, als ich wieder einmal ein Stoßgebet ins Universum sprach: „Da bin ich wieder: die Frau, die in Tibet darum bettelte, dass der Lastwagen nicht abstürzt, die in Pakistan auf der Höllenfahrt, das Hunzatal hinunter, noch einmal um Schonung bat, die alles verspricht, wenn Dominic und mir noch einmal, nur dieses einzige Mal, geholfen wird."

Meine Not war tatsächlich immer sehr groß, ja existenziell gewesen, wenn ich das Universum um etwas bat. Da sah die Installation von Q Base, als Inhalt einer Bitte an die höchsten Instanzen schon ganz schön schäbig aus.

Aber es wurde verstanden, dass die Not einer Seele, die sich über drei Monate bemühte, anstrengte und alle Kraft gab, groß genug war.

Oft hatte er sich fragen müssen: Hab ich all mein Streben, meine Zeit und mein Geld für eine Seifenblase verschwendet? Bin ich vom Traveller zum Nichts konvertiert?

Der Kauf eines zweiten Laptops anderen Fabrikats kam sogar zur Sprache und erschien mir, wie das Opfern der Vorderpfote eines Fuchses, der in der Falle saß.

Da geschah das Wunder! Eine Stimme, seine liebste Bubenstimme, rief vom Office her: „Ich habs, jetzt hab ich es! Er lachte, war fassungslos und ich lief gleich hinunter. Er hatte Q Base installiert, nichts mehr stürzte ab, alles lief ganz logisch von statten.

Er umarmte mich und da fiel die ganze Last der letzten Wochen von mir ab. All die Beschuldigungen, die mich um zwanzig Jahre altern ließen, fielen von mir ab, oder brachen vielmehr aus mir heraus. Sturzbäche von Tränen flossen in sein verfilztes, ein bisschen nach Tier riechendes Haar. Wir lagen uns in den Armen, dankbar, aber auch sehr entkräftet.

Die letzten Tage in unserem Haus verbrachte Dominic dann im Bett. Wie bestellt, war eine Erkältung gekommen, oder war es eine Magenverstimmung? Jedenfalls ging die Frage sehr mit ihm um, ob eine ganze Saison in Goa verbringen zu wollen, wirklich die richtige Entscheidung wäre.

Den Zwischenstopp in Bangkok fand ich eher mühsam. Wir besuchten den Sunday Market, was für mich, als angehende Marktfrau, einerseits Studienzwecken diente, andererseits zog ich in Erwägung, dass ich dort noch auf ganz besondere Raritäten stoßen könnte.

Mein Gefährte war bester Laune und rief einer Rastafrau ein freundliches „Hello"zu, so unter Rastabrüdern- und Schwestern. Die Angesprochene schien dies aber nicht zu kapieren und schaute pikiert weg. Das brachte ihn dermaßen gegen alle Rastas auf, dass er meinte, er könne sich ja gleich die Haare schneiden lassen.

Er wollte doch nur nett sein und wurde nicht verstanden. Doch um nett zu sein, dachte ich, muss man den anderen spüren und nicht nur den eigenen Impuls dazu. Wie sollte ich das erklären? Mein Wissen, wurde mir bewusst, hatte oft keine Sprache mehr und so schweigt es, als wäre es ein Nichtwissen.

Dann schlenderten wir wieder zu jeder Tag- und Nachtzeit über die Kaosan Road und ein Tag im Tokio Center musste anscheinend auch noch sein. Mit 3D Brillen schauten wir eine Weile einen Science Fiktion Film an und danach wollte Dominic noch die Neuheiten auf dem Musikmarkt begutachten.

Von Sony gab es jetzt noch kompaktere Mini Disc Player, einer in äußerst stylischem Pink.

„Warum kaufst du dir den nicht? Du hast doch Geld", forderte er mich auf.

Meine Argumente dagegen und alle Ausreden, die mir einfielen, ließ er nicht gelten.

„Man kommt doch nie weiter, wenn man sich gegen alles Neue sperrt", bohrte er.

Schließlich rang ich mich durch und kaufte dieses Spielzeug für ca. 600DM.

Abends im Hotel holte er seinen, inzwischen etwas veralteten, Sharp heraus und zuerst wurde der Klang verglichen. Meiner schien tatsächlich mehr Volumen zu haben, zudem sah er besser aus, hatte eine LCD Anzeige und flache Batterien.

Ich selbst dachte an das viele Geld und hatte Angst vor der Technik, die ich vielleicht genauso wenig verstehen konnte, wie die englischen Betriebsanleitung.

Dominic aber war richtig enttäuscht: „Ich hab immer Pech, kaufe das Falsche, dabei ist der Sound für mich doch viel wichtiger, als für dich."

„Also", versuchte ich einzulenken, „dann lass uns halt tauschen."

„Da fühle ich mich aber auch mies, lass mal," antwortete er.

Darauf hin spürte ich eine gewisse Erleichterung, denn inzwischen gefiel mir das Kästchen doch ausgesprochen gut. Meine eigene Habgier fühlte sich wie Bauchweh an und ich hatte ein schlechtes Gewissen, weil auch ich nicht frei von solchen Gefühlen war.

An diesem Abend lachten wir noch über uns, weil wir geraucht hatten, doch am nächsten Tag war sie da, die Depression, in voller Lebensgröße.

Dominic war in übelster Verfassung und ich ganz erstarrt, wie immer in schlimmen Situationen. Ich begab mich wieder, wie vor ein paar Monaten, in den Garten des nahen kleinen Tempels und studierte die Betriebsanleitung und es war tatsächlich nicht schwer.

Dennoch kam keine Freude auf. Es war etwas kaputt gegangen und es fiel mir inzwischen nicht mehr schwer, mich innerlich von dem verflixten Player zu verabschieden.

Die Übergabe bzw. der Tausch der Geräte am nächsten Morgen, gestaltete sich für mich völlig emotionslos. Doch so wenig ich Schmerz empfand, so wenig hatte Dominic Freude daran, ganz zu schweigen von Dank. Plötzlich fand er sogar eine Menge Fehler am Sony, vielleicht wäre ich ja nun doch im Vorteil. Er würde halt immer falsch kaufen, falsch handeln.

Divalli

Beim Anflug auf Delhi erinnerte ich mich an den traurigen Abschied vor einem halben Jahr. Seither war viel passiert, aber im Grunde waren wir noch immer am selben Punkt, wie damals. Wir wussten nicht, ob wir zusammen bleiben konnten, obwohl wir es doch beide gerne gewollt hätten.

Als wir unser Gepäck vom Karussell im Flughafen nahmen, stellte ich plötzlich fest, dass es mehrere karierte Taschen dort gab, die so groß waren, wie meine. Eine Art Sekte, alle in weißen Gewändern, war mit uns geflogen und einige dieser Leute, hatten die selbe Tasche, wie ich.

Da fiel mir ein, dass ich auf meiner einen Shivaaufkleber angebracht hatte und tatsächlich wollte sich gerade ein Weißgewandeter, mit meinem ganzen Shop über der Schulter, vom Acker machen. „Stop!", rief ich verzweifelt, „This is my bag!" und ich wies auf den Aufkleber.

„Oh, sorry", lächelte der Mann zurück.

Das war gerade noch einmal gut gegangen.

Wir hatten so viel Gepäck und leisteten uns eine Motorriksha, die uns nach Paharganj, in das Viertel bringen sollte, wo alle durchreisenden Traveller abstiegen. Hier gab es günstige Unterkünfte, Läden, Restaurants und Chaishops.

Wir waren wieder in Indien und freuten uns über alles: den Geruch, der eigentlich ein Gestank war, den Lärm und das Gehupe, besonders aber über die Menschen, in ihren exotischen Gewändern, den Saris, den roten Punkten auf der Stirn und letztlich darüber, dass wir die verwestlichte Zivilisation von Thailand hinter uns gelassen hatten. Die Menschen schienen in gehobener Stimmung zu sein und entzündeten in der ganzen Stadt Lichter an den unzähligen, mit Blumen geschmückten, hinduistischen Tempeln und Schreinen.

Es dämmerte bereits, als wir beim Shiva Guesthouse eintrafen. Der Rezeptionist, ein galanter Alter, klärte uns schließlich auf: „Today we have Divalli Festival."

Woouu! Da hatten wir Glück! Es war der dritte November. Das Lichterfest war fast so etwas wie Weihnachten bei uns und schien ein gutes Zeichen zu sein. Auf der Suche nach einem geeigneten Restaurant, sahen wir die vielen Ausländer.

„Siehst du, was das hier für Leute sind?", fragte mich Dominic und antwortete gleich selber: „Lauter bunte Leute, Hippies und solche, die was Spirituelles suchen, nicht dieser Mob, wie in Thailand. Die Leute machen auch nicht nur zwei Wochen Urlaub, sondern nehmen sich Zeit, für was auch immer."

Mir gefiel dieses Publikum natürlich auch besser und beim ersten Dal mit Reis, lernten wir gleich einen sympathischen Schweden, meines Alters, kennen. Er hatte langes, blondes Haar, trug Bart, eine Gebetskette um den Hals und eine bunte Sadhutasche hing über seiner Schulter.

Auf dem Dachgarten seines Guesthouses könne man das Feuerwerk heute Nacht sehr gut verfolgen, erzählte er uns. Wir sollten ihn doch nachher dort aufsuchen.

Er lachte und meinte, dass es zu Divalli jedes Jahr an die Hundert Feuerwehreinsätze gäbe, vielleicht würden wir auch das sehen.

Wir ruhten noch eine Weile und stiegen dann das schmale Treppenhaus von Oles Unterkunft hinauf. Oben herrschte bereits ein munteres Treiben und unser neuer Bekannter winkte uns heran. Er hatte tatsächlich einen sehr schönen Platz reserviert und wir bestellten Getränke. Man redete über Indien, früher und heute, was sich verändert hatte und was sich in Indien doch wohl nie ändern würde und war sich darüber einig, dass das auch gut so wäre.

„Seit vielen Jahren lebe ich in Indien und befasse mich mit dem Hinduismus, der bei uns im Westen noch immer völlig verkannt wird", begann Ole einen langen Monolog.

„Die Essenz meiner Studien habe ich in einem Buch zusammengefasst", kam er nach einiger Zeit schließlich zum Punkt.

„Der Hinduismus und seine Botschaft an den Menschen des Westens", oder so ähnlich, hieß das Werk.

Ich schaute immer wieder in den Nachthimmel hinauf. Sterne sahen wir bei dem Smog natürlich keine, aber das Feuerwerk war auch schön.

Zu fortgeschrittener Stunde erwähnte Ole dann, dass er in zwei Tagen, eine größere Summe Geldes, aus seiner Heimat geschickt bekommen würde. Dummerweise bräuchte er aber morgen schon, umgerechnet etwa 50 DM, weil er sein Büchlein abholen müsse, das er drucken lassen hatte. Der Chef von der Druckerei, ein übler Kapitalist und verrückter Gewaltmensch, sei bereits verärgert, weil er ihn schon zweimal vertröstet hätte. Beim letzten Gespräch hätte er gar damit gedroht, sein Buch zu verbrennen und so einem Typen sei alles zuzutrauen. Es wäre ganz super, wenn wir ihm bei der Überbrückung seiner kleinen Verlegenheit helfen könnten.

„Hier", meinte er, „ist meine Karte" und er überreichte mir eine Art Visitenkarte mit seinem Namen, einem OM-Zeichen und einer unbestimmten Ortsangabe, hier in Indien, darauf.

Wir würden uns ja sowieso morgen Abend im Restaurant, oder besser noch, hier oben auf dem Dach seines Guesthouses, wieder treffen.

„Na ja", meinte Dominic zu mir gewandt „Vielleicht sollte man nicht immer so misstrauisch sein." Wir gaben ihm das Geld und sahen ihn nie wieder.

Zum Glück konnten wir bereits zwei Tage später eine Reservierung für den Zug nach Margao, Goa bekommen.

Die Reise im Hardsleeper Abteil dauerte mehr als dreißig Stunden und die gelblichen, savannenartigen Ebenen von Indiens Norden, zogen an mir vorüber. Die Dörfer schienen aus der Zeit gefallen, Hirten hüteten magere Herden und an den Haltestellen stiegen Hausfrauen zu, die Gebackenes, Erd-nüsse oder Bananen offerierten. Am frühen Morgen sah ich armes Volk, ihre Notdurft am Bahndamm verrichten, und es wurde mir wieder bewusst, wie rückständig dieses Land doch war.

Kurz vor unserem Ziel eröffnete mir Dominic, dass er in Goa alleine woh-nen wolle.

Nach einer viel zu langen Schrecksekunde, antwortete ich zwar: „Gut, wie du willst.", konnte aber einen bitteren Unterton nicht unterdrücken.

„Goa ist meine letzte Chance", erklärte er mir ganz ruhig.

„Wenn ich auch hier kein Glück finde, kann ich wieder heim. Ich will jetzt ganz bei mir sein und keine Beeinflussung haben, verstehst du das?"

Ja, das verstand ich und ich verstand auch, dass unsere Gemeinsamkeit und das Wort Glück, schon längst zweierlei Paar Stiefel waren. Ein paar Tränen fielen dann doch und er tröstete mich: „Keine Angst, wir sehen uns. Ich werde mir in Anjuna was suchen, da laufen wir uns über den Weg."

Goa 2.0

Für mich war schon vorher klar gewesen, dass ich mich in Anjuna einmieten würde. Hier war der Flohmarkt und nun wollte ich meine Kräfte darauf konzentrieren.

Zunächst nahm ich ein Zimmer in einer Pension, nahe der Bushaltestelle. Hier konnte ich in Ruhe nachdenken und alle notwendigen Schritte in die Wege leiten. Ich brauchte einen fahrbaren Untersatz, eine Behausung für das nächste halbe Jahr und einen Platz auf dem Flohmarkt.

Den Motorroller, der hier Scooter genannt wurde, bekam ich beim Chef des Oxford Shops, dem örtlichen Supermarkt. Ruben wollte sich auch nach einem Häuschen für mich umsehen. Er kannte jeden hier und schlug mir bereits am nächsten Tag vor, bei seiner Cousine und deren Mann vorzusprechen.

Aufgeregt stieg ich auf den Roller und fuhr zunächst in Richtung German Bakery. Am Kleiderladen eines Nepali musste ich links, auf einen freien Platz unter Bäumen, abbiegen. Genau dort stand ein garagengroßes, nüchternes Betonhäuschen mit Veranda, das war gerade frei. Gegenüber, hinter bewachsenen Mauern, wohnte Maria, die mir die Hütte zeigte und gleich die Miete, für zunächst einen Monat, abkassierte. Weiter hinten lagen noch zwei Villen im portugiesischen Stil und ansonsten schien es hier ruhig und sicher zu sein. Mitten im Raum stand das Bett mit einem Eisengestell, des Weiteren gab es einen kleinen Tisch, einen Stuhl und gegenüber der Eingangstür lag, abgeteilt, die Dusche mit Klo. Beide seitlichen Fenster waren vergittert. Ein bisschen trostlos, das alles, aber zweckmäßig und der Flohmarkt war höchstens einen Kilometer weit entfernt.

Letztes Jahr hatte ich Manuela aus Berlin kennen gelernt. Jens, mit dem wir die Andamanen besucht hatten, war wohl etwas verliebt in sie gewesen und hätte sie gern beim Inseltrip dabei gehabt. Die Beiden verstanden sich prima, aber da gab es noch einen Holländer und in den war nun wieder Manuela verliebt.

Sie hatte Berliner Schnauze, das Herz auf dem rechten Fleck und zudem einen Schmuckstand auf dem Flohmarkt.

An meinem ersten Mittwoch hier, brach ich also früh auf und suchte nach Manuelas Stand. Es war schon am Vormittag ein enormes Gedränge und mir wurde ziemlich mulmig bei dem Gedanken, mich hier mittendrin vorzustellen.

Schließlich fand ich sie und staunte nicht schlecht, denn sie war ganz offensichtlich schwanger. Wir drückten uns herzlich und sie behandelte mich wie eine alte Freundin. Neben ihr verkaufte Asu, ihre indische Vermieterin, Kuchen, Zigaretten, Chai und Salzgebäck. Manuela hörte sich mein Begehren nach einem Stand in aller Ruhe an und wies auf meine rot-bunte Hose.

„So was willst du also hier verkaufen? Hübsch, doch!"

Ich nickte und sie entgegnete: „Da müssen wir uns auf jeden Fall beeilen, es gibt kaum noch Lücken. Aber du hast Glück. Nachher kommt mein Landlord, um abzukassieren, den fragen wir, ob er noch Platz hat."

„Tja und dass ich hier mal mit nem dicken Bauch rumlaufe", lachte die hübsche Blondine, während sich ihr Blick nach unten richtete, „hätte ich vor nem halben Jahr ooch nischt jedacht. Aber wir freuen uns riesig. Gerade streiche ich ein Zimmer, kaufe noch ein paar Sachen und dann zieh ich zu Emil. Er wohnt in einer sehr schönen, alten Villa und hat Platz genug."

„Ja, Manuela geht weg von mir", rief Asu von nebenan. „Bin sehr traurig."

„Aber ich bin doch nicht aus der Welt", tröstete daraufhin Manuela.

„Wir werden eine gute Nachmieterin finden und beim Buffet helfe ich ihr nach wie vor", ergänzte sie an mich gewandt.

„Welches Buffet?", fragte ich.

„Ach, das kennst du ja noch gar nicht. Asu bereitet jeden Sonntag in ihrem Garten, ein vegetarisches Essen für nette Leute zu. Man kann nehmen so viel man will und es gibt stets alles Mögliche. Mit fünfzig Rupi ist man gut bedient. Einerseits soll das Leuten, wie Asu, zu etwas Einkommen verhelfen und außerdem ist es immer eine nette Runde, mit guten Gesprächen. Würde mich freuen, wenn du auch mal kommen würdest."

Der Markt füllte sich mehr und mehr, aber die meisten Leute liefen vorüber und schauten kaum etwas an.

Ich wartete nun schon über eine Stunde, aber dann kam der umworbene Mann mit seinem Quittungsblock und konnte mir, abseits von einem Nebenweg, ein paar Quadratmeter Freifläche, in einer Sackgasse, anbieten.

Er lag zwar etwas versteckt, aber ich hatte meinen Platz.

Eine Woche später ging es dann morgens um 6 Uhr los. Ich hatte all meine Ware in den großen Rucksack gepackt, nahm ihn auf den Rücken und fuhr mit dem Scooter, recht wackelig, zum Zweiradparkplatz. Von dort ging es zu Fuß weiter. Alle waren mit Aufbauen beschäftigt. Als ich endlich meinen Platz gefunden hatte, war ich plötzlich von vielen Arbeitern umzingelt, die mir helfen wollten, den Stand zu errichten. Ich bezahlte die Bambusstangen, ansonsten bedurfte es keiner weiteren Erklärung und dann ging es sehr schnell.

„Rooftop?", fragte mich einer.

„Yes, Rooftop", denn die Sonne brannte gnadenlos auf das staubige Gelände. Eine Frau kippte noch einen Eimer Wasser auf den Boden, dann hielten alle die

Hand auf und ich hatte Mühe, die herauszufinden, die tatsächlich gearbeitet hatten. Ich hatte Bügel, Seile und Wäscheklammern besorgt und versuchte nun meine Ware bestmöglich zu präsentieren. Eine geschäftige Inderin kam mit Tee vorbei und dann hieß es warten.

Das Frühstück nahm ich inzwischen meistens im „Orange Juice" ein. Hier herrschte eine gepflegte Atmosphäre, es gab eine englischsprachige, aktuelle Zeitung und im Fruchtsalat waren nicht nur Bananen, sondern sogar Erdbeeren und Granatapfelkörner. Alles war zwar etwas teurer, als anderswo, aber vor allem Deutsche wussten die Angebote des Lokals zu schätzen.

Manchmal fand man kaum Platz, was wohl auch der Grund dafür war, dass sich Eva zu mir gesetzt hatte. Sie war Anfang Dreißig, groß, schlank und hatte langes, braunes Haar. Als ehemalige Stewardess war sie es gewöhnt, auf ein tadelloses Äußeres zu achten und viel zu lächeln. Zwar trug sie Flip-Flops, abgeschnittene Jeans und Zöpfe, trotzdem war bei ihr aber nichts dem Zufall überlassen, das sah ich gleich.

„Letztes Jahr habe ich in so einem Loch gewohnt", erzählte sie mir, „Aber diesmal wollte ich es richtig schön haben. Ich bewohne jetzt so eine alte Villa mit Park. Das ist für mich alleine vielleicht etwas übertrieben, aber in einer starken Woche kommt Simon, mein Freund. Er ist aus London und wir hatten letztes Jahr eine so tolle Zeit zusammen! Für mich ist Goa einer der schönsten Plätze überhaupt. Es ist so frei hier, dann die Natur und das Publikum, so international wie nirgends auf der Welt", schwärmte sie.

Auf dem nach Hause Weg sah ich Dominic vor dem Oxford Shop und ich trat sofort auf die Bremse. Sein Lächeln verriet mir, dass es ihm nicht besonders gut ging. Wir setzten uns auf die Stufen vor dem Eingang und ich fragte, wo er denn untergekommen wäre.

„Das war nicht so einfach, die guten Plätze sind zu der Zeit schon weg, andere sind zu teuer und so habe ich mich, wie früher, für etwas ganz Einfaches entschieden. Ich habe keinen Comfort, aber meine Ruhe."

„Aber was ist mit dem Laptop und deiner Musik?", fragte ich.

„Das kann erstmal warten. Hier gibt es so viele Leute, die das besser können, als ich", lächelte er müde.

„Aber ich bin viel in Agonda, bei Stefan und Prema, du erinnerst dich?"

Ja, ich erinnerte mich an die besten Freunde von Jens, unserem Gefährten auf den Andamanen. Prema, eine ehemalige Sanjyasin, hochgewachsen und schlank, hatte mir, vor einem Jahr, ohne jegliches Interesse, ihre Hand, wie einen toten Fisch, gereicht und mir noch nicht einmal ein Lächeln dazu geschenkt. Sie besuchte vor vielen Jahren eine Tanzschule in Hamburg und war dort auf die Goaszene gestoßen. Bei einem großen Festival gestaltete sie dann, mit zwei Kolleginnen, die Eröffnung mit einem Schleiertanz, aber das war schon lange her. Inzwischen war sie mit Stefan zusammen, einem Sprössling aus gutem Hause, der vor über zehn Jahren mit Jens nach Goa gekommen war und seither jede Saison, von Oktober bis April, hier verbrachte. Stefan kannte hier eine Menge Leute, aber er war weder ein Hippie, noch besonders herzlich mit anderen. So vermutete ich, dass mein Gefährte diese Leute wegen deren Kontakten aufsuchte. Ich berichtete dann von meinen Neuigkeiten und Dominic versprach, mich an meinem Stand zu besuchen.

Zunächst aber trafen wir uns beim Dinner in Asus Garten. Manuela hatte nicht zu viel versprochen. Die Tafel war reich gedeckt mit Salaten, Dal, Gemüse aller Art, Reisgerichten, Gebackenem, Chapatis und natürlich mehreren Desserts.

Dominic kam nach mir und setzte sich an meine Seite. Als Prema und Stefan erschienen, gab es auch für mich Küsschen. Prema schenkte mir dieses mal ein Lächeln und fragte nach meinem Befinden.

„Erst wenn man die zweite Season in Folge mitmacht, nehmen einen die mehr oder weniger Ansässigen, ernst." So hatte mir Manuela das erklärt.

„Man lernt so viele Leute kennen und gibt sich einfach keine Mühe mehr gegenüber Touristen, die nach zwei Wochen wieder weg sind."

Das fand ich verständlich. Leute vom Flohmarkt waren hier, davon keiner unter vierzig, ein Heilpraktiker, eine Amerikanerin, insgesamt so fünfzehn Leute.

Stefan erzählte von seinem neuen Projekt, einer Art Horoskop, das ein Computer für seine Kunden erstellt. Die Geburtsstunde und der Ort würden dabei eine große Rolle spielen. Er könne das auch für Paare erstellen, ergänzte er und dabei ihre Chancen für eine gemeinsame Zukunft ausloten.

Dominic schaute mich an und grinste ein bisschen, was ich durchaus positiv bewertete. Er war überhaupt sehr offen, mir gegenüber und es entging mir nicht, dass wir noch als Paar galten.

Als Manuela der Anordnung des Buffets den letzten Schliff gegeben hatte und sich endlich zu uns an den Tisch setzte, fragte ich sie, ob denn Emil auch noch kommen werde.

„Nein", entgegnete sie, „Der ist bei seinem Boot an der South Anjuna Beach."

Man sprach über gemeinsame Bekannte, über Mietpreise, die Partys und dass sich alles verändern würde.

„Wenn ich mich nicht täusche", wandte sich Prema an Manuela, „ist Friedrich jetzt angekommen, den sah ich nämlich gestern auch dort, in South Anjuna beim Beachtennis. Er hatte wohl noch einen Auftritt in Tokio."

„Friedrich Strutthoff?", fragte daraufhin Dominic interessiert.

„Genau der", antwortete Prema.

Um halb neun ließ der Gesprächsfluss deutlich nach und Prema meinte: „Ich hätte große Lust noch in die Ninebar zu schauen, ein bisschen das Tanzbein schwingen."

Die Ninebar lag ca. 7 Kilometer entfernt, in Vagator und ich überlegte, ob ich da jetzt noch, zu finsterer Nachtzeit, hin fahren wollte.

„Gute Idee", meinte der Heilpraktiker, „da war ich schon ewig nicht mehr." Schließlich verließen wir dann zu fünft Asus Garten. Prema und Stefan bestiegen große Motorräder und nun wusste ich auch, wieso Prema Stiefel trug. Wir anderen fuhren auf Scootern hinterher.

Einmal war ich bisher hier gewesen. Am Rande eines Hochplateaus befand sich eine Art Amphietheater unter freiem Himmel, das war die Ninebar. Jeden Abend zu Sunset, versammelten sich hier die Leute und schauten zunächst über die Felsen hinunter zum Strand, wo die Sonne glühend im Arabischen Meer versank.

Während dessen begann der Sound, meistens mit sanften Ambientklängen. Man wusste nie vorher, welche Musik es geben würde, denn jeden Tag legte ein anderer DJ auf. Wenn es dann dunkel wurde, kamen mehr Bässe dazu und die ersten Tänzer eröffneten den allabendlichen Reigen.

An jenem Abend nach dem Dinner war bereits alles in vollem Gange und wir mischten uns gleich unters Volk. Ich schaute hinüber zu Prema, die durchaus einen besonderen Tanzstil hatte. Allerdings war ihr schon nach kurzer Zeit die Lust vergangen, denn sie ging gleich hinüber zur Bar, um ein Getränk zu ordern. Raphael, der Heilpraktiker aber, lachte mir zu und schien großes Vergnügen zu haben.

Und wie mir es erst gefiel! Tanzen sowieso, die Musik war auch die richtige und dann mit Dominic und den anderen, das war richtig genial. Leider aber endete das ganze Spektakel bereits, wie an jedem Abend, um zehn. Die Einheimischen wollten verständlicherweise auch mal ihre Ruhe haben. Wir saßen noch eine Weile zusammen und beim Abschied lud mich Raphael zu einem Besuch in seinem Hause ein, wenn ich mal Lust hätte.

Voll Euphorie fuhr ich gemütlich durch die laue Nacht, in Richtung meines Häuschens. Der Wind spielte in meinem Haar und über mir lag der grenzenlose Sternenhimmel. Am Ortsausgang von Vagator passierte ich den Wohnmobilstellplatz, wo in ein paar alten Bussen, Licht brannte. Dann ging es hinauf zu Hilltop, wo heute alles im Dunkeln lag und schließlich wieder hinunter nach Anjuna. Gelegentlich überholte mich ein Motorrad und ich erreichte meine Hütte mit dem erhebenden Gefühl, dass ich jetzt auch ein bisschen dazu gehören würde.

Noch lange lag ich im Dunkeln in der Hängematte auf der Veranda und überdachte meine Lage. Wieder hatte mir die Distanz zu Dominic nur Vorteile gebracht. Ich hatte neue Leute kennen gelernt, was letztlich der Tatsache zu verdanken war, dass wir als Freunde von Jens galten. Dann natürlich die Ninebar. Wenn mir danach zu Mute wäre, könnte ich jeden Abend dort hin, auch alleine, das war gar kein Problem.

Den nächsten Morgen begann ich wieder mit einem Frühstück im Orange Juice. Man kannte mich jetzt bereits und der Chef fragte nur noch: „Coffe and Müsli?"

Eva kam kurz nach mir und setzte sich inzwischen auch zu mir, wenn ein Tisch frei war.

„Morgen kommt Simon, du glaubst nicht, wie aufgeregt ich bin", eröffnete sie das Gespräch.

Am anderen Ende des Lokals saß ein Mann Mitte Vierzig, trank Kaffee und war in die Zeitung vertieft. Er hatte langes, glattes, blondes Haar, sah gut aus, blickte aber manchmal etwas mürrisch ins Lokal.

„Hast du gesehen", fragte mich dann Eva, die meinem Blick gefolgt war, „Friedrich ist auch da."

Da ich nicht gleich reagierte, ergänzte sie: „Friedrich Strutthoff, kennst du den nicht? Der wird ja so umschwärmt hier."

Doch, ich hatte von ihm gehört und zwar lange, bevor ich daran dachte, dass ich jemals den Boden von Goa betreten würde. Damals, auf dem Schoren, da hatte Dominic eine CD von ihm gekauft und jetzt saß er da drüben und las Zeitung.

All das war aufwühlend und ich fuhr gleich am Abend frühzeitig nach Vagator.

Ein weißer Plastikstuhl an der Mauer war noch frei und ich setzte mich zwischen all die fremden Menschen. Am Strand saßen ein paar Leute unter den Palmen und andere nahmen noch ein letztes Bad.

Die Sonne stand bereits tief und der Dunst in der Ferne, schien zu keinem spektakulären Untergang beizutragen. Die Musik setzte mit geradezu elfenhaften, sphärischen Klängen ein. Es lud zu weit ausladenden, fast klassischen Tanzbewegungen ein, so wie ich es besonders liebte. Das noch weitgehend leere Dancefloor bot genau jetzt Raum für diese Art Tanz, aber es kostete mich doch auch große Überwindung, mich, wie auf einer Bühne, zu präsentieren.

So what, dachte ich, es kennt mich ja keiner und schon drehte ich mich barfuß im noch warmen Sand. Wie immer beglückte mich das so, dass ich vor mich hin lächeln musste. Schon bald kamen andere Tänzer dazu, es wurde dunkel und die Musik bekam mehr Rhythmus. Nach bestimmt über einer Stunde musste ich dann was trinken und lief Richtung Bar. Dort gab es ein ziemliches Gedränge und plötzlich sah ich Dominic, im Gespräch mit zwei blonden Rastas.

Beim Näherkommen erkannte ich Hannes, den Strandläufer, der eine hübsche junge Frau im Arm hielt. Als er mich sah, lief er auf mich zu und wir umarmten uns herzlich.

„Das ist Nico", stellte er mir seine neue Freundin vor.

„Sie hatte einen kleinen Chaishop in Morjim und ihr Essen war nicht nur gut, sondern wirklich günstig", lobte er.

„Ja mei, das ist mir dann mit der Zeit doch zu anstrengend gewesen", ergänzte sie in sympathisch bayrischem Dialekt.

„Nico wohnt jetzt bei mir in Vagator, was zwar ein bisschen eng für zwei ist, aber dafür sind wir zusammen."

Hannes Augen blitzten hinüber zu seiner Schönheit und ich freute mich für die beiden.

„Kommt doch mal vorbei, wir würden uns freuen."

Der nächste Tag war aber ein Mittwoch, sozusagen ein Arbeitstag für Hannes und mich. Wieder packte ich mein ganzes Sortiment in den großen Rucksack und fuhr zum Flohmarkt. Am ersten Tag hatte ich ganze drei Stücke verkauft und es war ein langer, heißer Tag gewesen.

Hoffentlich wird das heute besser, dachte ich, als ich wieder alles schön anordnete. Die Inderin vom letzten mal, brachte wieder Tee und ich begriff, dass ich in ihr Revier gehörte, in dem alles gut organisiert war.

In meiner Sackgasse gab es noch einen zweiten Stand, mit handgefertigten Lederwaren. Mit dem israelischen Paar hatte ich mich schon am ersten Tag gut verstanden und heute kamen wir dann richtig ins Gespräch. Tal, die eigentlich Revital hieß, war eine große Schönheit mit rotbraunem, halblangem Haar und hellblauen Augen. Sie flocht nebenher an Lederarmbändern, als sie mir von ihrer deutschen Großmutter erzählte und ich war sehr erleichtert, dass diese Frau, während des Dritten Reiches, Berlin frühzeitig mit ihrer Familie verlassen hatte.

Alex, ihr Freund, war ein ganz anderer Typ, groß, ziemlich dunkel, mit langen schwarzen Rastas. Seine Eltern waren vor etwas über zehn Jahren, von Aserbaidschan nach Israel ausgewandert.

Ich erinnerte mich flüchtig an drei Tage in Baku vor vielen Jahren. Damals war ich Teil einer Reisegruppe, die den Kaukasus besuchte und hatte weder die Ölfelder, noch die muslimische Strenge der Menschen, in guten Erinnerung.

Nun sah ich diesen freundlichen, jungen Mann mit einem so verzeihenden Lächeln und konnte keine Verbindung zu meinen Erinnerungen herstellen. Gut, dass seine Eltern ausgereist waren und gut, dass er in Israel Heilpraktiker werden konnte.

„Ich sah Tal das erste mal auf einem riesigen Werbeplakat, das mich neben einer Schnellstraße förmlich angesprungen hat. Was ist das für eine schöne Frau, dachte ich. Und jetzt ist sie meine Frau!", lächelte er stolz.

„Damals habe ich manchmal als Model gearbeitet", erklärte Tal fast verlegen, „Aber das würde ich nie mehr machen. Es ist eine dumme und eitle Welt, jeder denkt nur an sich und dann die ganze Oberflächlichkeit!"

In diesem Augenblick näherte sich ein indisches Paar meinem Stand, vermutlich waren das reiche Leute aus Mumbai.

„Oh look to this trousers, how lovely!", schwärmte die Frau und betrachtete verschiedene Hosen. Mit ihren schlanken Händen und den langen, lackierten Nägeln zog sie eine gefaltete Hose nach der anderen auseinander und eröffnete ihrem Begleiter, dass sie sich nicht entscheiden könne. Schließlich waren drei in der engeren Wahl geblieben und der Mann meinte „Take three pieces." und das tat sie auch.

Da hatte ich über hundert Mark eingenommen, auf einen Streich. Alex beglückwünschte mich und es kamen an diesem Tag noch einige Verkäufe dazu.

Natürlich war ich ein bisschen stolz, als ich an diesem Tag zurück zu meinem Häuschen fuhr. Aber es gab auch einen Wermutstropfen, denn Dominic war nicht gekommen und ich hatte so auf ihn gewartet.

Party People

Tags darauf war mir gar nicht nach Menschen zumute und ich stieg hinauf auf den Hügel, wo eine kleine Kapelle den Winden trotze. Hier herrschte Stille und es gab noch so etwas wie Natur. Weiter oben kletterte ich über Felsen, bis ein Vorsprung den Blick auf die South Anjuna Beach frei gab.

Friedrich Strutthoff spielte, im knappen Tanga, Beachtennis und plötzlich sah ich Dominic, der ganz in der Nähe auf seinem Balituch saß. Die Haare hingen ihm über den Rücken und er schaute aufs Meer, manchmal hinüber zu Friedrich. Das gab mir einen Stich ins Herz und ich wollte eben umkehren, als ich gleichzeitig einen Gegenimpuls fühlte, der mir feige Fluchtgedanken untersagte.

271

Überrascht und erfreut drehte sich Dominic in meine Richtung, als ich auf ihn zuging. Ich setzte mich in den Sand und er begann: „Gestern bin ich in Manuelas altes Zimmer gezogen. Es ist einfach, aber es gibt einen Tisch, Strom und teuer ist es auch nicht. Ich habe gleich den Laptop ausgepackt und mir angehört, was ich in Thailand alles so fabriziert habe. So schlecht ist das gar nicht," grinste er.

„Was mir aber etwas Kummer macht, man trinkt bei Asu das Wasser aus dem Brunnen. Manuela hatte nie Probleme, zumal man es vor Gebrauch mindestens einen Tag in einem Tonkrug stehen lässt, aber ich habe ein empfindliches System und bin skeptisch. Da hinten sitzt sie übrigens," und er zeigte zur Strandbar hinüber.

Hier saßen eine Menge von Leuten.

„Ist das Emil, neben ihr?"

Er schien deutlich älter als sie zu sein, wirkte sportlich und elegant.

„Wie ein Playboy aus Saint Tropez", dachte ich laut.

„Der?", konterte Dominic,

„Ein Drogendealer ist das und zwar im größeren Stil. Seinen Katamaran hat er per Seefracht in einem Container hier her transportiert und da waren wohl auch die Pillen drin. Er selber markiert den Saubermann, ist sportlich und nimmt natürlich keine Drogen. Der hat das Segelboot, eine teures Mountainbike, eine Enfield und bewohnt diese Villa, in der nun auch Manuela wohnt. Aber ob das passt, so mit Kind und Family, das bezweifle nicht nur ich."

Weil ich nicht mal Badesachen bei mir hatte, verabschiedete ich mich nach einer Weile.

„Komm doch mal zum Frühstück ins Mango Shade, kennst du das?", rief Dominic mir noch zum Abschied hinterher. Ich kannte es, denn es lag auf dem Weg zum Flohmarkt.

Gleich am nächsten Morgen fuhr ich mit dem Scooter zum Mango Shade, wo so viele schwere Motorräder davor parkten, dass ich kaum Platz fand. Ein paar Stufen führten hinauf auf eine teilweise überdachte Veranda.

Fast alle Tische waren besetzt und ich erkannte gleich, dass die meisten Gäste hier Israeli waren. Dominic saß in einer solchen Runde, in der gerade ein Shillom kreiste. Donnerwetter, dachte ich, zum Frühstück ein Shillom und das auch noch in aller Öffentlichkeit. Später erfuhr ich, dass es sich der Chef vom Mango Shade ordentlich was kosten ließ, damit seine Gäste unbehelligt rauchen konnten.

Man organisierte mir vom Nachbartisch einen Plastikstuhl und ich setzte mich zu dieser illusteren Gruppe. Die Speisekarte offerierte Shakshuka, Humus und Falafel, Speisen, die ich damals noch nicht kannte und dem hiesigen

Stammpublikum angepasst waren. Es gab auch Müsli, aber die in roter Soße gegarten Eier, die ein paar vor sich hatten, erklärte man mir, wären Shakshuka, das leckerste Frühstück überhaupt.

Mir gegenüber saßen zwei sehr hübsche, zarte Mädchen und zogen wie wild am Shillom, als es bei ihnen durchkam. Das sah routiniert aus und sie husteten kein bisschen. Da konnte auch ich nicht zurückstehen und tat mein Möglichstes, als die Reihe an mir war. Das wirkte heftig, so in aller Frühe, noch vor dem ersten Bissen und ich hielt vorsichtshalber schon mal Ausschau nach den Toiletten, falls sich mein Verdauungssystem schlagartig melden sollte.

Nur ein bleicher, sommersprossiger Mann, am Tischende, gab den Kolben unbenutzt weiter. Mit vermutlich skandinavischem Akzent, erklärte er, er würde nur mit seinem eigenen Rauchgerät kiffen und zog sogleich eine Art Zigarettenspitze aus hornfarbigem Material aus der Tasche.

„Das ist aus einem Walrosszahn gefertigt und stammt aus Grönland", erklärte er.

Das famose Teil wurde begutachtet, herumgereicht und fand allgemeine Anerkennung. Der Däne rauchte dann auch und lächelte ansonsten still vor sich hin. Er trug eine offene Weste über seinem nackten Oberkörper, dazu eine lange gestreifte Leinenhose. Sein rasierter Schädel und die kreisförmige Tätowierung auf seinem Oberarm, ließen mich gleich den Buddhisten in ihm vermuten. Als er sich verabschiedete und ich ihm neugierig nachschaute, sah ich, dass er sich auf ein schwarzes, uraltes Fahrrad schwang, das an der Mauer angelehnt war.

Ich hatte bereits etwas das Zeitgefühl verloren, als Dominic meinte, er würde jetzt nach Morjim fahren. Dazu wäre ich nach der Raucherei gar nicht in der Lage gewesen. So verabschiedeten wir uns auf dem Parkplatz.

Er fuhr in einen neuen Tag und ich war froh, als ich die paar hundert Meter bis zu meiner Hängematte bewältigt hatte. Dort verbrachte ich Musik hörend und dösend den halben Tag.

Am Nachmittag leistete mir die kleine Tochter meiner Vermieter etwas Gesellschaft. Sie zeigte mir ihre Schulhefte und war ganz stolz, als sie auch einmal die Kopfhörer meines Mini Disc Players aufsetzen durfte. Später kam ihr großer Bruder, ein schlaksiger hoch gewachsener Teenager dazu und wir hatten unseren Spaß zusammen.

Gegen Abend wollte ich noch etwas erleben und entschied mich für einen Ausklang des Tages in der Ninebar. Wieder war ich bei den ersten Tänzern und genoss die Bewegung, die immer etwas Befreiendes für mich hatte. Schnell war das Gedränge auf dem Dancefloor ziemlich beengend geworden und ich musste aufpassen, dass ich niemanden anrempelte. Aber das Stück, das gerade lief, war so elektrisierend, da konnte ich nicht anders, als mich auszutoben.

Ganz in der Nähe schien das ein Mann mit langen Haaren ähnlich zu empfinden, denn auch er war außer Rand und Band. Es war Friedrich Strutthoff und ich staunte nicht schlecht. Dass so ein Star sich mitten im Normalvolk vergnügte und dann auch noch mit so großer Begeisterung, das hätte ich nicht erwartet.

Mein nächstes Frühstück nahm ich wieder im Orange Juice ein. Eva hatte ich schon eine ganze Weile nicht mehr gesehen und gerade als ich an sie dachte, betrat sie das Lokal. Für ihre Verhältnisse sah sie ein bisschen missmutig in die Welt, schien kurz zu zögern, setzte sich dann aber doch zu mir.

Auf meine Frage nach ihrem Befinden, antwortete sie kleinlaut: „Na ja, es geht."

„Und Simon?" fragte ich, „Ist er nicht gekommen?"

„Doch, gekommen ist er, aber weißt du, was der zu mir gesagt hat?" Ihre Augenbrauen zogen sich jetzt mächtig nach oben.

„The Magic is gone!"

„Oh, das ist hart", versuchte ich sie zu trösten. „So ein Satz sitzt."

Ich hatte ähnlich deprimierende Worte auch schon gehört und wusste, wie einen das runter ziehen konnte.

„Und du, was hast du geantwortet?"

„OK, oder so etwas hab ich gesagt, denn ich war einfach zu stolz, ihm meine wahren Gefühle zu zeigen. Wir sehen uns jetzt ab und zu und tun, wie alte Bekannte, was sollte ich denn sonst machen? Heute Abend ist im Bamboo Forrest die Party von Goa Gil, da wird er auch sein und ich überlege mir, ob ich hin soll."

Das war mir doch tatsächlich entgangen. Nun war die Musik von diesem Amerikaner, nicht genau das, was mir zusagte, aber es wäre meine erste echte Party in dieser Season und Goa Gil hatte auf jeden Fall ein gewisses Ansehen. Der DJ hatte sehr lange, graue Dreads, war ein untersetzter Mann um die Fünfzig und sein Sound war sehr speziell, hart, richtig jenseitig und klang irgendwie nach krassen Drogen.

Eigentlich wollte ich nur noch ein bisschen ausruhen vor der Party, aber als ich erwachte, war es bereits nach zwei Uhr morgens. Ich hätte meinem ersten Impuls folgen sollen, nämlich mich umdrehen und weiter schlafen. Aber das war nicht der Plan gewesen. Ich raffte mich auf und fuhr mit dem Scooter durch die überraschend frische Nacht.

Selten begegnete mir ein Zweirad, aber zahlreiche marodierende Hunde waren schon wieder unterwegs. Ein Teil dieser Tiere lebte bei Familien, andere hatten niemanden, der für sie sorgte. Sobald es dunkel war, führten die Vierbeiner ihr ganz eigenes Leben, das ich sehr abschreckend, ja geradezu abstoßend fand. Keine Nacht verging ohne lautes Gebell und Gewinsel. Zweifellos galt hier das Recht des Stärkeren. Gewalt und Kampf hinterließen auf geschundenen Kreaturen blutige Spuren, die sich entzündeten und sehr schmerzhaft sein mussten. Fressen, Kopulieren und Kämpfen, das war ihr ganzes Hundeleben, mehr gab es nicht.

Schon aus der Ferne vernahm ich den typisch spaceigen Sound, viele Scooter standen unter den Bäumen und noch immer fuhren Taxis heran, um vor allem indische Gäste auszuspucken. Um das Dancefloor war nur spärlich dekoriert, kaum beleuchtet und erst nach einer Weile, als sich meine Augen an die Dunkelheit gewöhnt hatten, sah ich die Menschenmassen, die sich hier versammelt hatten. Es wurde getanzt, aber viele Inder standen auch mit verschränkten Armen am Rand und schauten zu. Gaffer, dachte ich, das hat mir gerade noch gefehlt.

Ich näherte mich von verschiedenen Seiten, aber es gab hier kein bekanntes Gesicht. Unter den Tänzern waren gut die Hälfte Inder, das hatte ich noch nie gesehen. Junge Paare waren das, Kinder reicher Leute und es gab sogar junge Sikh, die ihren Turban abgenommen hatten und das lange Haar darunter offen zur Schau trugen. Wenn das der jeweilige Vater sehen würde, dachte ich, das gäbe Schläge oder Schlimmeres. Zwischen den Tänzern nahm ich plötzlich Bettelvolk wahr. Mal eine alte Frau, die einem Tänzer auf die Schulter tippte und die Hand aufhielt, mal eine Mutter mit einem Säugling auf dem Arm und dazwischen probierten sogar Kinder ihr Glück. Das war unfassbar und ich setzte mich, innerlich sehr aufgewühlt, auf den Teppich einer Chai Mama, die mir einen kleinen Metallbecher reichte.

Später versuchte ich aber doch mein Glück mit Tanzen, denn schließlich war ich nun einmal deswegen hier. Bereits nach kurzer Zeit, tippte auch mir jemand auf die Schulter und als ich mich umdrehte, war es ein lumpiger Mann, der mir eine Flasche Wasser verkaufen wollte. So ging das die ganze Zeit. Gerade, als ich mich in die Musik vertieft hatte, wurde ich wieder unterbrochen, mal vom Bettelvolk, mal von den Wasserverkäufern. Zudem waren viele Tänzer dermaßen distanzlos, besonders eine übergewichtige Europäerin mit einer Federboa, wackelte ständig wie ein Huhn, vor mir herum. Ich wurde richtig ärgerlich und kämpfte mich wieder zur Chai Mama durch.

Dort saß zu meiner Überraschung Eva mit einem unscheinbaren, blassen jungen Mann.

„Das ist Simon. Wenn du eine Pille kaufen willst, er hat welche", schrie sie mir ins Ohr.

Das wird ja immer besser, dachte ich. Ich betrachtete die Szenerie, sah einen offensichtlich reichen Inder mit einer unverkennbar dummen Blondine im Arm und nahm seine Gier nach weißem Fleisch, in den umringten Augen, wahr.

Omkapuri fiel mir ein, der letztes Jahr „This is the End!", prophezeit hatte und das bei weit geringerem Anlass.

Schließlich kaufte ich Simon dann doch eine Pille ab, auf Vorrat, für bessere Tage und machte mich total enttäuscht auf den Heimweg. Was hatte ich kürzlich gelesen?

„May be this world is an other planets hell."

Just Now!

Morjim Beach lag auf halbem Weg nach Arambol und war damals noch ein fast unberührtes Stück Natur. In ein paar einfachen Strandbars konnte man etwas essen, aber Hotels oder sonst eine Art gemauerter Häuser, gab es nicht.

Ich war im letzten Jahr einmal hier gewesen, aber man musste zuerst nach Vagator fahren, dann einen steilen, steinigen Weg hinunter nach Chapora. Dort ging es ein Stück am Meer entlang, bis man schließlich die Fähre erreichte, die einen über den Chapora River hinüber setzte, der hier ins Arabische Meer mündete. Dann war es immer noch ein ganzes Stück, bis zu den Stränden.

Als ich endlich das handschriftliche Schild „Chai Shop Just Now" entdeckte, war es bereits Mittag. Der Pfad zu dem kleinen Palmenhain hatte sandige Passagen, in welchen ich mit dem Roller fast stecken geblieben wäre.

Ich betrat den überdachten Gastraum, der mir gleich gefiel. Entlang der halbhohen Wände aus Palmgeflecht, reihten sich bunt bezogene Sitzmatten und jeder der niederen Tische, war mit einer hübschen Bastelei aus Muscheln und Treibholz dekoriert. Die dezente Ambientmusik untermalte die entspannte Atmosphäre. Eine Inderin brachte gerade Tee zu einem Tisch, an dem zwei junge Männer in ein Brettspiel vertieft waren. Prema stand hinter dem Tresen und kramte in einer CD Box.

„Oh wie schön, dass du auch einmal kommst", begrüßte sie mich.

Ich betonte, wie gut es mir hier gefallen würde, worauf sie meinte: „Ja, das könnte unser zweites Standbein werden, hier in Goa. Bisher haben wir uns bei der Gestaltung eingebracht und Stefan kümmert sich um die Musik. Die Inder übernehmen jetzt noch die Bewirtung, aber nächstes Jahr wollen sie vielleicht ein richtiges Restaurant neben dieser Bar eröffnen und wir könnten das hier übernehmen."

Ich erzählte von meinen Erlebnissen bei der Party im Bamboo Forrest und Prema antwortete: „Da kann man nicht mehr hin, schon lange nicht mehr. Genau so wenig, wie zu den Partys im Disco Valley oder an der Spaghetti Beach. Wir gehen nur noch zu privaten Veranstaltungen."

Immer noch verärgert, ereiferte ich mich: „Die Inder meinen, sie wären zivilisiert, nur weil sie Internet haben. Für mich ist Zivilisation mit der Frage verbunden, wie eine Gesellschaft mit dem Problem der Massenarmut umgeht."

„Da hast du natürlich recht", hörte ich hinter mir und Stefan schlenderte mir entgegen.

Er kam noch ganz nass vom Strand und hielt einen Lungi um sich geschlungen.

„So war das schon immer und so wird das bleiben, solange es durch das Kastenwesen eine Legitimation gibt. Im nächsten Leben kann ja alles besser werden", lächelte er vielsagend.

„Glaubst du denn an die Unsterblichkeit der Seele?", wollte ich nun von ihm wissen.

„Ja klar", sagte er ganz salopp und ich konnte ihm das nicht wirklich abnehmen.

Er muss das sagen, dachte ich, sonst passt das nicht zu seinem Horoskopgeschäft.

Warum misstraute ich ihm und Prema, fand besonders ihn aalglatt und irgendwie nicht aufrichtig. Weil ich mich so gegen die Inder ausgesprochen hatte und mich damit nicht gut fühlte, wollte ich das nun aber doch nicht so stehen lassen: „Vielleicht ist es aber auch so, dass wir dieses Land schon lange als kostengünstige, exotische Kulisse benutzen und jetzt, wo die Kulisse lebendig wird und die Statisten in die Handlung eingreifen, sind wir empört, weil wir in unseren Egotrips gestört werden?"

„So kann man das natürlich auch sehen", grinste Stefan, fügte dann aber ernster hinzu, dass die Bevölkerung hier durchaus von den Touristen profitieren würde und dass es nirgends in Indien diesen Wohlstand gäbe, wie hier in Goa.

.

Vor der Strandbar waren in gleißendem Licht Liegestühle mit Sonnenschirmen für die Gäste aufgestellt und ich suchte mir einen Platz. Eine magere Kuh lief am Strand entlang und wenige Badende tummelten sich in der Brandung. Weiter unten lagen ein paar einfache Holzboote und die Wellen schlugen rhythmisch einschläfernd ans Ufer.

Hier ließ es sich aushalten und nach einem Bad im warmen Wasser, lief ich ein Stück den Strand entlang. Zuerst wollte ich nur kurz die Füße vertreten, doch dann kam es wie immer. Ich nahm mir einen Punkt in der Ferne vor, bis zu dem ich noch gehen wollte und als ich dann dort war, wollte ich doch noch gerne wissen, was hinter der felsigen Landzunge lag.

Der Wind strich kühl über die nasse Haut und ich näherte mich einem Wäldchen, das ein paar Hütten Schatten spendete. Es schien ein Beach Resort zu sein und ich dachte, wenn man hier wohnt, kriegt man von dem ganzen Rummel gar nichts mit.

Ich setzte mich unter einen Baum und drehte mir eine kleine Tüte. Es war so schön hier und ich wollte ganz eintauchen, die Welt vergessen. Weiter hinten, zwischen alten, schräg gewachsenen Kiefern, die vielen Winden getrotzt hatten, entdeckte ich drei Baumhäuser. Hier, dachte ich, könnte man sich ein paar Tage für eine Art Retreat einmieten. Ich erkundigte mich bei der Rezeption des Resorts nach dem Preis, der natürlich stattlich war und wollte mir diese Option für später einmal vormerken.

Als ich zu meinem Liegestuhl zurückkam, lag Prema in dem daneben.

„Und wia gfellt′s dir?", fragte sie mich, zu meiner Überraschung, in schwäbischem Dialekt.

Ich schaute sie wohl ziemlich verblüfft an, denn sie fuhr fort: „Ich stamme ursprünglich aus Stuttgart, heiße eigentlich Renate und habe in meiner Kindheit auch Dialekt geredet, wie du. Später in Hamburg habe ich mir das abgewöhnt, weil ich nicht immer die Schwäbin sein wollte, die dann auch mal belächelt wird. Ich finde es aber gut, dass du so redest, wie es dir gefällt, oder wie du es nun mal gewöhnt bist."

„Ich käme mir komisch vor, wenn ich das nicht tun würde", entgegnete ich. „Und wenn mich deswegen jemand für einen Deppen hält, dann ist das eben so."

„Dich hält bestimmt niemand für blöd, im Gegenteil, du verschaffst dir mit deiner Art eher Respekt."

Heute Abend, so um acht, essen wir im Basilico, in kleiner Runde: Stefan, ich, Friedrich, Norbert, den kennst du noch nicht, und Dominic, kommst du auch?"

Da staunte ich nun zum zweiten mal. So eine illustre Runde und man wollte mich dabei haben!

Frühzeitig trat ich nun den Heimweg an, denn die Dämmerung war hier sehr kurz und vor Einbruch der Dunkelheit, wollte ich zumindest bei der Fähre sein.

Ausgerechnet heute legte das Boot, mit der Auffahrrampe ganz schräg zum Fahrweg, an. Auf der rechten Seite lag die Rampe im Wasser und links war sie noch viel steiler als sonst. Es war ein Risiko so hinauf zu fahren, aber ich tat es einfach und nichts ging schief. Wer weiß, ob mir das nüchtern auch geglückt wäre, denn ich war eine schlechte und unsichere Scooterfahrerin.

Das Basilico war für hiesige Verhältnisse ein Edelrestaurant und ich wäre hier sicher nie gelandet. Alle Tische waren besetzt und in der dezenten Beleuchtung, musste ich mich erst mal orientieren. Harmonische Worldmusik schuf, mit den rötlichen Windlichtern auf den Tischen, ein einladendes Ambiente.

Dominic sprach angeregt mit Friedrich, als ich mich näherte. Ich hörte etwas von Wave Lab, was vermutlich ein Musikprogramm war und hatte den Eindruck, eine Verstimmung in Friedrichs Gesicht wahr zunehmen. Wie immer trug Friedrich ein ärmelloses, anliegendes, schwarzes Shirt und eine knielange, oben enge Hose dazu, ebenso in schwarz. Prema hatte ihr Haar heute Abend hoch gesteckt, was ihr eine gewisse Eleganz verlieh. Neben Norbert, dem Neuen, war noch Platz.

„Hallo", hielt er mir seine Hand hin, „Ich bin gestern angekommen und jetzt mach ich so richtig Urlaub."

Der quirlige Kerl Mitte Dreißig, schien ein bisschen aufgedreht und knabberte bereits an seinem Salat herum.

Prema wandte sich an mich: „Norbert arbeitet beim Fernsehen als Aufnahmeleiter."

„Ja", ergänzte er, „und zwar ackere ich das ganze Jahr über wie ein Idiot. Aber jetzt hab ich frei und lass es mir gut gehen."

„Du machst das doch gern!", mischte sich Friedrich ein.

„Klar, mach ich das gern, aber manchmal wird es mir trotzdem zu viel. Meistens sind das zehn Stunden am Tag oder mehr und am Wochenende muss ich auch oft ran. Der Job ist gut, aber es gibt kein Maß. Du machst entweder mit, oder du suchst dir was anderes. Halbtags oder Jobsharing, das gibt es nicht beim Sender."

Später kam das Gespräch auf Hamburg und wie sich dort alles entwickelt hatte.

„Als ich ein Pubertierender war, oder sogar fast noch ein Kind, so Ende der Sechziger, hab ich mich, trotz Verbot, am liebsten auf dem Kiez herum getrieben", begann Friedrich zu erzählen. „Eines Tages wurde dort ein Film gedreht, ein deutscher Film, der die Zeit damals ganz gut rüber gebracht hat. Ihr seid ja alle jünger und werdet den nicht kennen. Er hieß „Rocker" und handelte von einem Jungen, der ein bisschen älter war als ich."

„Am Ende läuft der Song „Its all over now, Baby Blue" und es geht nicht gut aus.", unterbrach ich Friedrich.

„Ja, genau", schaute er erstaunt zu mir rüber. „Dieser Film jedenfalls, hat meine ganze Entwicklung nachhaltig beeinflusst."

Wir stellten dann fest, dass ich tatsächlich zwei Jahre älter war, als er und ich genoss es ein bisschen, dass man mir das offensichtlich nicht ansah.

Friedrich dagegen sah aus der Nähe schon ein bisschen verbraucht aus. Klar, seine perfekt gestylten langen Haare, die fast schon so perfekt waren, dass man an irgendeine Manipulation dachte, dazu seine tadellose Sportlerfigur, die Vorstellungen von ewiger Jugend erweckte. Wenn er aber, wie oft, missmutig die Welt betrachtete, schaute das Alter durch die Fassade.

Heute jedoch schien er gut gelaunt, wir lachten und Norbert brachte frischen Wind mit.

Stefan schien eher erschöpft und verabschiedete sich mit Prema frühzeitig.

Als ich später mit Friedrich beim Parkplatz ankam und den Schlüssel in meinen Scooter steckte, stieg er auf seine edle Enfield und lachte mir zu: „Ich bin eine lebende Karikatur, die Karikatur meiner selbst." Er hatte recht, denn er sah aus, wie der Supermann aus einem Comic, als er hinaus in die Nacht fuhr.

Freunde

„Wir sind heute bei Hannes und Nico zum Essen eingeladen. Oder hast du was anderes vor?"

So überfiel mich Dominic am frühen Abend, ein paar Tage später.

Ich musste auch nicht meinen Scooter starten, sondern konnte bei ihm hinten aufsitzen. Hannes wohnte seit Jahren am selben Platz in Vagator. Hinter einer Mauer lag ein mit wenigen Bäumen bewachsener, ansonsten kahler Platz und im Anschluss konnte ich bereits Hannes, auf der Veranda, vor seiner Hütte, erkennen. Nico brachte gerade Tee und wir begrüßten uns wie alte Freunde. Sie entschuldigte sich gleich wegen des vermutlich unpassenden Abendessens, denn es gab, wie sie es nannte „Käsespatzen".

„Mein Bruder war für zwei Wochen hier zu Besuch und hatte mich per E-Mail gefragt, was er mir denn aus dem Allgäu mitbringen könnte. Es ist mir nichts rechtes eingefallen und da hab ich eben Käse gesagt. Jetzt hat der so ein großes Stück gebracht, dass wir das kaum essen können. Einen Kühlschrank haben wir ja auch nicht."

Wir beruhigten sie und meinten, ganz im Gegenteil, so etwas hätten wir schon lange nicht mehr gegessen und wir würden uns freuen. Daraufhin betätigte sich Nico am Benzinkocher und Hannes zeigte uns seine Behausung. Das war schnell erledigt, denn es gab nur einen kleinen Raum, mit einem Bett, einem Tisch und diversen Regalen.

„In dieser Kiste bewahre ich meine persönlichen Sachen und die Ware für den Flohmarkt auf", erklärte uns Hannes. „Sie ist verschlossen und bleibt immer hier, wenn die Season zu Ende ist und ich für den Sommer nach Thailand gehe."

Seine beiden Stühle hatte er auf der Terrasse platziert und mit der gemauerten Bank an der Hauswand, fanden wir alle einen Sitzplatz.

„Auf Ko Tao habe ich auch einen festen Platz mit so einer Kiste. Damit man mir meinen Bungalow auch wirklich frei hält, zahle ich schon im Voraus einen guten Teil der Miete. Inzwischen wissen die natürlich, dass ich komme, denn das geht schon ein paar Jahre so. Außerdem sind der Leiter des Resorts und ich, längst Freunde geworden. Wenn meine drei Monate Visum für Thailand zu Ende sind, reise ich weiter nach Sumatra, wo ich mein drittes Standbein habe. Meine Zeit auf Ko Tao und Sumatra verbringe ich überwiegend mit Schnorcheln, Sammeln, aber auch Kaufen von allen möglichen Muscheln und Versteinerungen, die sich dazu eignen, zu einem Schmuckstück verarbeitet zu werden".

Inzwischen war Nico mit einer großen Pfanne gekommen, in welcher der Käse, mit den Nudeln und reichlich Zwiebeln, brutzelte.

Es schmeckte ganz ausgezeichnet und Hannes meinte: „Kein Wunder, die Nico ist auch eine richtig gelernte Köchin."

„Ja, das stimmt, aber ich habe nicht lange in diesem Beruf gearbeitet, denn das ist so ein riesiger Stress. Ich weiß auch noch nicht so richtig, was ich überhaupt so machen will. Momentan reise ich und dann wird sich auch für mich mal was finden."

Nach dem Essen gab es wieder Tee und Hannes setzte die Ausführungen zu seinem Jahreslauf fort. „Von Sumatra aus fliege ich zurück nach Delhi, von wo es mit dem Zug weiter geht, nach Rajastan. Da ist es dann inzwischen Oktober oder so. In Pushkar kenne ich seit Jahren einen Goldschmied, der für mich arbeitet. Warst du schon einmal dort?", fragte er mich nun.

„Nein, leider nicht," musste ich zugeben.

„Da musst du mal hin, es ist wie im Märchen, die Architektur, die Menschen. Die Männer tragen große Turbane und gezwirbelte Schnurrbärte dazu. Es gibt gute Leute dort, aber sie haben ein Weltbild, wie im Mittelalter. Jedenfalls kann ich bei meinem Goldschmied die Arbeiten abholen, für die ich ihm, vor einem Jahr, die Steine, Muscheln usw. gebracht habe. Er macht das sehr schön mit dem Einsilbern, ich lasse ihm da weitgehend freie Hand. Meine neuen Sammelstücke liefere ich bei ihm ab und er hat wieder ein Jahr Zeit, für seine Arbeit. Wenn ich dann Anfang November in Goa eintreffe, hat sich der Kreis geschlossen und der Verkauf auf dem Flohmarkt beginnt."

Nun lachte Hannes und funkelte wieder so lustig mit den Augen, dass seine Lebensfreude geradezu ansteckend war.

„Und das machst du jedes Jahr so?", wollte Dominic wissen.

„Ja, genau und bisher hat es mir sehr gut gefallen, dieses Leben. Alle sechs Jahre bin ich dann auch mal in Deutschland."

Wir hatten bisher noch niemanden getroffen, der permanent in Asien leben konnte und das auch noch mit einem völlig legalen Einkommen. Wir waren beeindruckt.

Der Mittwoch, den ich auf dem Flohmarkt verbrachte, war mir inzwischen zur lieben Abwechslung in meinem Lotterleben geworden. Ich hatte etwas vor, das zumindest an Arbeit erinnerte, zudem brachte es ein bisschen was ein und es gab jedes mal irgendwelche interessanten Begegnungen. Auch meine Gespräche mit Tal und Alex wurden intensiver.

Tal hatte in Israel ihren Militärdienst abgeleistet, was ich mir überhaupt nicht vorstellen konnte und Alex war das erspart geblieben, weil er Asthma, oder etwas in der Art, hatte. Obwohl die beiden sehr bewusste Menschen waren, die sich in Yoga und Meditation übten, verteidigte, vor allem Tal, die israelische Politik gegenüber den Arabern und ich wagte nicht zu widersprechen.

„Dennoch", meinte Tal, „will ich in einem Land wie Israel, in dem permanent Krieg herrscht, keine Kinder aufziehen. Wir haben deswegen ein Arbeitsvisum für Australien beantragt. Sobald wir eine Zusage bekommen, reisen wir ab. Und wenn es uns gelingt, werden wir dort bleiben."

„Das werdet ihr bestimmt schaffen", antwortete ich und dachte auch so.

Die beiden waren sich einig und zogen an einem Strang, so etwas musste einfach belohnt werden.

Inzwischen war eine junge Frau an meinen Stand getreten. Ich kannte sie vom Sehen, denn als lebende Kopie einer Barbiepuppe, war sie unverwechselbar. Sie hatte nicht nur die passende Figur und das entsprechende Styling, mit rosa Schleierrock und Glitzeroberteil, nein, auch der Kopf konnte nicht perfekter sein. Ihr kleines, rundes Gesicht wurde von großen geschminkten Augen dominiert, darunter saß eine Stupsnase und ein Herzmund vervollständigte das Bild. Ihre langen, geraden, blonden Haare trug sie mit einem Pony.

Sie schaute ein bisschen und sagte dann: „Ich kenne dich. Vor ein paar Jahren bist du im selben Bus von Goa nach Hampi gefahren, wie ich. Erinnerst du dich?"

„Ja klar", entgegnete ich. „Du warst mit deinem Freund unterwegs."
Der hätte ihr Vater sein können und ich dachte damals, dass er sicher für sie bezahlen würde.

„Nein, das war nur ein Bekannter. Aber was ich sagen wollte, du hast dich unglaublich verändert seit damals, siehst zehn Jahre jünger aus, das finde ich toll."

„Danke, das freut mich."

„Ich habe jetzt hier keinen Stand oder so", fuhr sie fort, „aber ich kaufe hier ein, lass auch nach meinen Entwürfen nähen und biete die Sachen im Sommer auf Ibiza an. Hat mich gefreut, dich wieder zu sehen", meinte sie dann und verschwand in der Menge.

„Wir laufen uns sicher mal über den Weg", rief ich noch hinterher.

Auch ich hatte mich gefreut und war ein bisschen beschämt, weil ich dieser jungen Frau nicht viel zugetraut hatte und jetzt musste ich erkennen, dass sie etwas auf die Beine stellen konnte.

Später kam Dominic und ich machte ihn mit den Israelis bekannt. Sie fanden gleich einen guten Draht zueinander und wir wurden für den nächsten Nachmittag zum Tee bei ihnen eingeladen.

Auch Tal und Alex wohnten in Vagator, was mir inzwischen als die bessere Option erschien.

In einem Wäldchen, das überwiegend aus Cashewbäumen bestand, lagen verstreut, ein paar kleinere Häuschen, mit der typischen Veranda und eines davon bewohnte das israelische Paar.

Hier hörte man nur Vogelgezwitscher und der pastellgelbe Anstrich, innen und außen, verlieh dem Haus eine freundliche Atmosphäre.

„Kommt doch herein," bat uns Alex in den Hauptraum.

Wie überall in Indien, war auch hier kaum Einrichtung vorhanden. Dafür gab es noch einen zweiten Raum und die Küche, im Anschluss, war tatsächlich zu gebrauchen. Es gab Töpfe und Geschirr, vor allem aber einen Gasherd, eine Spüle und einen Kühlschrank, welcher Luxus! Hier könnte man wieder selber einmal kochen, war mein erster Gedanke.

Wieder sprach Tal von Australien und dem Kind, das nicht in Israel aufwachsen sollte.

„Es kommt im August zur Welt," lächelte sie nun.

Wir gratulierten und Dominic gab den beiden die Adresse eines Freundes, der in Australien inzwischen die Residenz bekommen hatte.

„Für mich ist hier auf der Terrasse der beste Platz für meine Yoga Übungen. Ich praktiziere täglich mehrere Stunden, um mich stetig zu verbessern", erzählte Tal.

„Später, in Australien, möchte ich gerne unterrichten und dazu muss ich richtig gut sein. In Rishikesh habe ich letzten Sommer eine Menge gelernt, aber es gilt dies auch zu verinnerlichen und zu vertiefen. Alex will wieder als Heilpraktiker arbeiten."

„Es könnte ein schönes Leben werden, mit etwas Glück", fügte sie noch hinzu.

Später erzählten wir von unseren Reisen und das ging, bis das Licht einen rosa Schimmer verbreitete und es allmählich dunkel wurde. Nun vernahm ich aus der Ferne Musik.

„Das ist die Ninebar", erklärte Alex. Wir hören hier ganz gut, welcher Sound geboten wird und sind ehrlich gesagt froh, dass es um zehn endet."

Bisher hatte ich mich mit meinem Scooter nicht bis in das Provinzstädtchen Mapusa gewagt. Einerseits war das ein ganzes Stück und dann fürchtete ich mich vor dem Linksverkehr, an den ich mich nur schwer gewöhnen konnte.

Heute aber fühlte ich mich fit und stark genug für neue Ufer. Natürlich kam ich ohne jegliche Zwischenfälle auf dem dortigen Markt an.

Einerseits war in Mapusa das Angebot an Obst und Gemüse größer als in Anjuna, vor allem aber kostete es nur die Hälfte. In den umliegenden Geschäften fand sich alles weitere, was ich noch brauchte: einen neuen Briefblock, Stifte, Batterien für die Taschenlampe und dann gab es hier Stoffgeschäfte und Schneider.

Letztes Jahr hatte mir Emanuela so gut in ihren Sariblusen gefallen, dass ich mir nun selber eine zulegen wollte. Ich fand einen leuchtend orangefarbenen Baumwollstoff, der im Schwarzlicht sicher gut zur Geltung käme. Damit ging ich dann zu einer der Schneiderbuden, die sich am Rande des Marktes befanden. Entweder der kleine Mann mittleren Alters war beim Maß nehmen sehr aufgeregt, oder ich war nicht an den aller talentiertesten geraten. Jedenfalls nahm das Messen und notieren kein Ende. In zwei Tagen könnte ich das werte Stück abholen, meinte er. Da war ich ja mal gespannt! Anschließend speiste ich wieder einmal ganz typisch indisch: schnell, gut, auch günstig, aber völlig ungemütlich, so, wie in einer Kantine.

Den Nachmittag verbrachte ich in der Hängematte, aber am Abend zog es mich noch einmal hinaus. Es gab eine Stelle an der Hauptstraße, die relativ nah am Meer lag. Dort stellte ich meinen Scooter unter einen Baum, wo bereits ein altes Fahrrad angelehnt war und bog in einen Pfad ein, der mich durch ein

Feld, bis zu einer Mauer führte, die teilweise eingebrochen war. Ich kletterte darüber, durchquerte noch einmal ein kleines Wäldchen und erreichte ein besonders schönes Stück Strand, an dem ich selten jemand vorfand. Hier wollte ich den Sonnenuntergang abwarten. Als ich aber ein Stück gegangen war, saß genau dort, an meinem Lieblingsplatz, bereits jemand.

Es war der Däne mit dem Walrosszahn aus dem Mango Shade. Ich lächelte ihm zu und grüßte, denn diese Begegnung könnte interessant werden, dachte ich. Auch er schien nicht an einem Gespräch abgeneigt zu sein und bat mich zu ihm zu sitzen.

„Ich bin oft hier", begann er. „Es ist ruhig und es gibt diese kleinen schwarzen Mistkäfer, die ihre Kugeln rollen."

Ich lachte.

„Oh, das sind sehr nützliche Tiere, fleißig und voller Ausdauer. Ich nehme sie mir zum Vorbild. Bevor ich Buddhist wurde, wären die mir wahrscheinlich gar nicht aufgefallen. Ich war früher ein solcher Idiot."

„Der Buddhismus beschäftigt mich auch sehr. Letztes Jahr habe ich mit meinem Freund Tibet bereist und diese erstaunlichen Menschen dort, kennen gelernt. Seither lässt mich das nicht mehr los."

Ich erzählte vom Kailash und er war sichtlich beeindruckt.

„Ich möchte sehr gerne mehr darüber erfahren," sagte er nun in seinem dänischen Akzent.

„Aber ich muss heute Abend noch jemanden treffen und müsste nun leider aufbrechen. Hast du vielleicht morgen Abend Zeit? Wir könnten uns in der German Bakery treffen."

Und ob ich Zeit hatte. Wir stellten uns noch gegenseitig vor und dann verschwand er in der Dunkelheit.

In der German Bakery war ich, seit meinem zweiten Tag in Indien überhaupt, nicht mehr gewesen. Das Publikum glich dem von damals, als ich mich nach Eric umsah. Zugegeben war ich etwas aufgeregt und schaute nur links und rechts, vernachlässigte dabei aber sträflich den Boden vor mir und trat dummerweise genau in eine der Glutschalen, die mit Räucherwerk gefüllt waren, um Moskitos zu vertreiben. Ich trug Sandalen, verspürte aber keinerlei Schmerz, so peinlich war mir mein Missgeschick. Ein Kellner rannte herbei, stellte die Schale wieder ordnungsgemäß auf und fragte, ob ich „fine" wäre.

Nun setzte ich mich in eine Ecke und wartete nicht lange. Eric erschien gut gelaunt in seiner Leinenhose, trug heute aber ein langärmliges helles Hemd, mit einem kleinen Stehkragen. Zwischen uns brannte eine Kerze und als er lächelte, sah er nicht jung und nicht alt aus, zudem aber dem Dalai Lama zum Verwechseln ähnlich, das ist kein Witz. Wir kamen schnell zum Wesentlichen, so wie das auch in Zukunft bleiben sollte.

„Anfang zwanzig habe ich in Christiana gelebt und eine Menge Drogen konsumiert", begann er nach einer kurzen Begrüßung.

„Jeden Tag spielten Bands, die Nacht wurde für mich zum Tag und als ich realisierte, dass ich allmählich die Kontrolle verlor, musste ich etwas tun. Ich reiste in den Norden, nach Grönland und wollte in der rauen Natur wieder zu mir finden. Aber anstatt mich an meine Vorsätze zu halten, habe ich mich in eine Grönländerin verliebt. Wie die meisten Inuit, tranken sie und ihre Freunde, eine Menge Alkohol und ich trank mit. Als sie schwanger war, heirateten wir und das war natürlich auch ein Fehler. Als mein Sohn kaum zwei Jahre alt war, habe ich mich aus dem Staub gemacht. Inzwischen ist er vierzehn und erst seit einem Jahr gibt es wieder Kontakt. Und was ich eigentlich erzählen wollte, ist, dass er im April nach Delhi fliegen wird, um mit mir den Norden von Indien zu bereidsen, Dharamsala, Rishikesh usw. Ich habe ihm nie irgendwelche Erziehung zukommen lassen und hoffe, ihn durch die Reise besser kennen zu lernen und vor allem, ihm meinen spirituellen Weg näher bringen zu können.

Vor etwa vier Jahren bin ich in ein buddhistisches Kloster eingetreten. Ich habe mich für die Karma Kaju Tradition entschieden, weil hier der Schwerpunkt nicht im Studium, sondern in der Meditation liegt. Natürlich musste ich auch praktische Arbeiten erledigen. Ich meldete mich für das Reinigen der Toiletten und habe diese so penibel sauber gehalten, wie das wohl zuvor keiner tat. Damit konnte ich mich bei allen beliebt machen und jeder hat sich immer wieder gerne revanchiert.

Ich zitierte daraufhin einen meiner Lieblingssätze des Dalai Lama: „Die intelligenteste Form des Egoismus ist das Mitgefühl."

„Ja, das ist ein kluger Satz," bestätigte er nach kurzer Überlegung.

„Ich habe viel gelernt im Kloster und nach meinem Abschluss zum Lama, bin ich wieder in die Welt zurück gekehrt. Ich glaube, mein Platz ist im Augenblick nicht in der Abgeschiedenheit."

Ich erzählte nun von meinem Leben und von der schwierigen Beziehung zu Dominic, den er vom Mango Shade her kannte.

„Bevor I was a Buddhist, I was same like him", kommentierte er meine Ausführungen.

Später kamen wir wieder auf die Lehre zu sprechen und ich war froh, meine Zweifel an so kompetenter Stelle abladen zu können.

„Gerade lese ich von den Daseinsbereichen, in die man im nächsten Leben wieder geboren werden kann. Ich war durchaus überrascht, auch bei den Buddhisten von Höllen zu lesen. Das fand ich schon bei den Katholiken eine ganz billige Drohung."

„Ich denke, jede Religion sollte gewisse moralischen Eckdaten vermitteln. Das ist das eine. Dann kommt es natürlich auch auf das Bildungsniveau des Betrachters an. Der Tibetische Buddhismus ist auch für einfache Menschen, wie Hirten, ausgerichtet. Das verlangt einfache, bilderreiche Botschaften. Ein Gelehrter kann solche Höllen auch als rein psychologische Zustände betrachten, überhaupt nur als Metapher." Damit konnte ich etwas anfangen.

„Was mir aber das Wichtigste ist, ich habe schon so viel über Meditation gelesen und versucht dies immer wieder in die Praxis umzusetzen, aber ich muss gestehen, es gelingt mir nicht", eröffnete ich ihm einigermaßen zerknirscht.

„Das ist ja auch das Schwierigste", lächelte nun Eric. „Aber wenn du willst, könnte ich dir gerne dabei helfen."

Das war genau das, was ich brauchte und ich verabredete mich für den übernächsten Spätnachmittag mit Karma Tse Wang Dorje, was sein Lama Name war.

Wege und Umwege

Den nächsten Nachmittag verbrachte ich an der South Anjuna Beach. Dominic war nicht hier und ich legte mein Badetuch in eine ruhige Ecke. Es war ein heißer Tag und die Abkühlung durch das Schwimmen, tat mir gut. Zum Trocknen legte ich mich in die Sonne und schloss die Augen. „Hallo", hörte ich nach einer Weile.

„Darf ich mich zu dir setzen?"

Es war Katrin, das Barbiemädchen.

„Ja, gerne", hörte ich mich antworten und wunderte mich, was wohl so eine junge Frau an mir finden könnte.

Als hätte sie meine Gedanken erraten, sagte sie: „Weist du, Leute in meinem Alter interessieren mich eigentlich gar nicht. Du bist bestimmt so im Alter von meiner Mutter, aber die ist natürlich ganz anders als du. Alles Äußerliche ist ihr wahnsinnig wichtig und sie nimmt es mir sehr übel, dass ich nicht studiere."

In dem Augenblick näherte sich ein Mann, Mitte Vierzig, mit einer so schweren Kamera samt Objektiven, dass es ihn förmlich nach vorne zog. Mit französischem Akzent fragte er, ob er uns fotografieren dürfe. Er wolle einen Bildband über Goa herausgeben und dazu würden natürlich auch die schönen Frauen gehören. Mir war nicht ganz klar, ob das nur eine Ausrede war, aber der Mann fragte auf so angenehme Art, dass wir zustimmten.

„Fotografiere lieber sie", versuchte ich mich heraus zu reden. „Sie ist jünger und sieht besser aus."

„Jedes Alter hat seine Schönheit", antwortete er.

Na gut. Zuerst fotografierte er jede einzeln und dann gab es noch ein Paar Gruppenfotos. Und das im Bikini!

Später erzählte mir Katrin von ihren Lebensgewohnheiten hier in Goa.

„Morgens stehe ich nicht zu spät auf, esse eine Papaya, dann schminke ich mich. Ich gehe auch nie lange zu Partys, rauche nicht, nehme keine Drogen und unterhalte mich lieber mit Leuten, die Erfahrungen gemacht haben. Meinen Vater kenne ich nicht und meine Mutter hatte immer sehr wenig Zeit".

Auf dem Heimweg, gerade als ich das „Orange Juice" passiert hatte, kam mir eine ältere Frau zu Fuß entgegen. Sie ging leicht gebeugt und zog einen Fuß nach, als hätte sie Schmerzen. Um ihre kantigen Hüften hatte sie einen bunten Lungi gewickelt und ihr braunes Kraushaar war zu einem Pferdeschwanz zusammen gebunden. Unsere Blicke trafen sich nur den Bruchteil einer Sekunde, doch ich zuckte förmlich zusammen, als ich in ihr Fatima erkannte. Welten lagen zwischen der Queen von Kathmandu, die ich vor einem Jahr kennen gelernt hatte und dieser traurigen Gestalt. Später erfuhr ich, dass sie mit einem kleinen, rothaarigen Italiener verheiratet war, der einmal etwas galt und nun dem Alkohol verfiel.

In dieser schönen, jungen Welt, konnte es anscheinend leicht passieren, dass man den Anschluss verlor, dass das persönliche Haltbarkeitsdatum abgelaufen war und der individuelle Marktwert auf Null schrumpfte.

Auf meiner Veranda erwartete mich bereits die kleine Rani und ich war den Rest des Abends abgelenkt.

Später lag ich noch lange wach und das Bild von Fatima, die einsam und wie gebrochen, die Straße entlang lief, wollte mich nicht verlassen. Vor einem Jahr beherrschte sie in Kathmandu die Szene, hatte einen jungen Geliebten und jetzt?

Inzwischen hatten wieder die marodierenden Hunde die Nachtschicht in Goa übernommen und ich fand keinen Schlaf.

Dann stand ich plötzlich in einer Kirche. Ein dicker indischer Pfarrer hielt eine Hostie hoch über einem goldenen Kelch, während Sonnenstrahlen fächerartig durch ein Oberlicht den Altar beleuchteten. Vor ihm stand Fatima, mit zum Gebet aneinander gelegten Handflächen. Sie hielt die Augen geschlossen und öffnete den Mund, als der Pfarrer ihr mit den Worten: „Es ist alles nur Schein." die Hostie reichte.

Plötzlich war der Pfarrer nicht mehr der Inder, sondern Eric, der von den verschiedenen Daseinsbereichen, in die man wieder geboren werden könnte, zu predigen begann.

Der untere Bereich wäre den Hungergeistern vorbehalten. Er wies mit seiner linken Hand in einer weit ausladenden Geste, in eine finstere Ecke des Gotteshauses und es öffnete sich ein Bild von Goa Gils Party, als die magere Alte ihre Hand zum Betteln aufgehalten hatte und kein Almosen von den Tänzern bekam, die allesamt etwas Diabolisches hatten und unter Drogen standen.

Dann wies Eric mit der Hand in die andere Ecke, wo sich die hellbraunen Mischlingshunde Goas anknurrten und balgten. Auch der Bereich der Tiere sei eine keineswegs anzustrebende Wiedergeburt.

Und schließlich wies er nach vorne, wo sich ein großes Tor öffnete und die Sonne taghell herein schien. Ich sah die Badenden am South Anjuna Strand, Friedrich Strutthoff beim Beach Tennis und dahinter fröhliche Runden in den Strandbars, buntes Volk aus aller Welt.

„Das" erklärte nun Eric, sei der Bereich der Halbgötter und Götter. Dieser Daseinsbereich wäre natürlich auch nicht erstrebenswert, weil man nur positives Karma, das sich einmal angesammelt hatte, verbrauchen könne, bis zu dem Tag, wo nichts mehr übrig wäre.

„Einzig der Bereich des Menschen" und nun hob sich seine Stimme, „ist eine erstrebenswerte Wiedergeburt. Nur hier kann man positives Karma ansammeln, für eine gute Wiedergeburt, oder für die Erleuchtung."

Nun setzte eine brachiale Orgel ein und alle Besucher strebten dem Ausgang zu.

Ich erwachte und lag schweißgebadet und innerlich aufgewühlt im Bett. Es war vermutlich mitten in der Nacht und ich versuchte mir, draußen auf der Veranda, etwas Kühlung zu verschaffen. Über mir lag der grenzenlose, klare Himmel, aber außer dem großen Wagen kannte ich keines der Sternbilder. Ich erinnerte mich an die kalten Nächte auf dem Schoren, als ich mit Decken in meiner Campingliege genau dieses Bild betrachtet hatte.

Plötzlich hatte ich einen starken Impuls, heim fahren zu wollen.

An der Straße nach Mapusa eröffnete ein wohlhabendes Paar aus Mumbai sein Restaurant und viele der ansässigen Ausländer hier, waren zur Eröffnung eingeladen. Natürlich auch Prema und Stefan, nebst aller ihrer Freunde, also auch Dominic und ich.

Aus Deutschland war inzwischen ein weiterer Star der Musik Szene angereist, Daniel Marlen, und der würde nach dem Essen auflegen, hieß es. Es gab ein völlig überteuertes Thali, Reis mit diversen Soßen und Gemüse, dazu Chapatis, serviert auf einem Bananenblatt.

Zum Glück konnten wir bei Hannes und Nico sitzen, die im Festtagsgewand erschienen waren. Beide ganz in schwarz, wobei die schwere Muschelkette, die Hannes um den Hals trug, besonders gut zur Geltung kam und Nico mit einer Ferderboa am oberen Rand des Shirts.

Daniel Marlen, der seinen unverkennbaren Sound nicht nur auf CDs verkaufte, und fürs Fernsehen arbeitete, sondern auch verschiedene Instrumente beherrschte und mit Bands spielte, hatte ich mir ganz andres vorgestellt. Er sah völlig unscheinbar aus, etwas untersetzt war er, hatte kurzes Haar und ein rundes Gesicht. Die Musik aber war unverwechselbar und als er auflegte, veränderte sich sein Gesichtsausdruck sofort. Er war hoch konzentriert, lächelte, wippte mit dem Kopf und der Rhythmus teilte sich jeder Faser seines Körpers mit. Wir tanzten ein bisschen, aber es gab nur wenig Platz.

„Ganz am Anfang, als kaum jemand diese Art von Musik kannte," begann Hannes zu erzählen, „hörten wir meistens bei irgendwem privat Kasetten, die einer mitgebracht hatte. Wir drehten die Anlage voll auf und tanzten bis zum Morgengrauen. Einmal hatte das Haus hinterher Risse."

Wir lachten, aber Hannes beteuerte, dass es genau so gewesen wäre.

„Klar, die Hütten hier sind nicht so besonders stabil, aber das war trotzdem unglaublich."

Dominic hatte einen Züricher DJ kennen gelernt und der ergötzte sich besonders an Hannes Erzählungen.

„Kommt ihr noch mit, zu einem Ausklang bei mir in Vagator?", fragte uns Hannes nach einiger Zeit. „Man kann sich hier nicht unterhalten und tanzen kann man auch nicht."

Leny, der Züricher, der eigentlich Leonard Lüthi hieß, fuhr mit seinem sportlichen, modernen Motorrad, das bestens zu seinen Markenklamotten passte, hinter Hannes Oldtimer her. Seine Dreadlocks hatte Leny garantiert beim Friseur machen lassen, denn eine Strähne lag präzise neben der anderen und alle waren gleich dick, von vorne bis hinten, das hatte nichts mehr Wildes.

Man sollte sich natürlich nicht von Äußerlichkeiten leiten lassen, aber schon bald konnte ich heraushören, wie sehr Leny von sich überzeugt war, kurz- er war mir nicht besonders sympathisch.

Es schien ihm aber doch zu gefallen, dass es solche Typen wie Hannes gab, denn er animierte ihn, aus seinem Leben zu erzählen.

„Vor einigen Jahren," begann der Aufgeforderte, „ist mir auf Ko Tao ein kleiner Hund zugelaufen. Ich bin eigentlich gar nicht der Hundetyp, aber dieser kleine Kerl war etwas Besonderes. Er lief ständig neben mir her, nachts schlief er bei mir und eine Leine oder so was war völlig unnötig. Es gab damals heiße Partys mit Drogen, Alkohol und was auch immer. In einer dieser

Nächte hatte ich es deutlich übertrieben und schaffte es gerade noch so, in meine Hütte. Was dort wirklich geschah, weiß ich nicht, jedenfalls zerrte der Hund plötzlich beharrlich an mir und als ich endlich halbwegs zu mir kam, realisierte ich, dass es brannte. Das Dach der Strohhütte brach gerade ein und ich konnte mich mit letzter Kraft nach draußen retten. Auch andere Hütten hatten Feuer gefangen und es war ein einziges Chaos.

Von meinen Sachen, Schlafsack, Klamotten, Rucksack und fast meinem ganzen Geld, war am anderen Morgen nichts mehr zu finden. Das schlimmste aber war, dass auch mein Hund in den Flammen umgekommen ist. Er, dem ich mein Leben zu verdanken habe."

Auch nach all den Jahren schien Hannes betroffen zu sein. Er schluckte und nach einer kleinen Pause fuhr er fort.

„Was konnte ich nun tun? Zurück nach Deutschland wollte ich auf keinen Fall, aber das ist eine andere Geschichte. Und wie kann man in Asien an Geld kommen? Es war aussichtslos. Da kam mir die Idee, ich könnte mit dem, was ich noch bei mir hatte, ein Ticket nach Australien kaufen und dort wieder von vorne beginnen.

Gesagt, getan. Ich erreichte Sydney und war völlig mittellos. Alle Bemühungen an einen Job zu kommen, liefen zunächst ins Leere. Ich konnte mir keine Unterkunft leisten, hatte auch Hunger und all das sah man mir zunehmend an. Schließlich besorgte ich mir einen Putzeimer, so einen Fensterwischer mit Handgriff und einen Lappen. Damit stellte ich mich an eine Ampel und begann höflich zu fragen, ob ich die Scheiben der Durchfahrenden putzen dürfe. Das ging so leidlich, aber an einem Nachmittag hielt ein roter Porsche neben mir und ich nutzte meine Chance.

„Ein super Auto hast du da", lobte ich den Fahrer, als er mir nach getaner Arbeit ein paar Münzen in die Hand drückte.

„Es wurde dort gebaut, wo ich her stamme."

Das schien dem Mann zu gefallen.

„Willst du dir ein bisschen mehr Geld verdienen?", fragte er mich dann. Natürlich wollte ich.

„Gut", meinte mein Gegenüber und schrieb eine Adresse auf einen Zettel.

„Komm morgen früh zum Hard Rock Café. Es wird in ein paar Tagen eröffnet und mir fehlt noch die Organisation für den Parkplatz. Bist du, wenn ich dir was vorschieße, dazu in der Lage, das zu übernehmen?"

„Klar, das mache ich", entgegnete ich, obwohl ich überhaupt nicht wusste, was da auf mich zu kommen würde."

Es war tatsächlich noch eine Menge zu tun, aber als die Luxuskarossen, zur Eröffnung, auf dem Hof einliefen, hatte ich bereits Strukturen geschaffen, kassierte die Parkgebühr und bot auch noch meinen hervorragenden Reinigungsservice, gegen ein geringes Aufgeld, an.

Das war jetzt nicht der Traumjob, aber genau das, was ich brauchte. Bereits nach ein paar Monaten hatte ich schon weit mehr erwirtschaftet, als ich vor dem Brand hatte und erst nach fast einem ganzen Jahr, ließ ich es gut sein. Nun hatte ich so viele Reserven, dass ich den Grundstein für das legen konnte, was ich heute mache.

Anfangs klappte es mit dem Goldschmied nicht und dann musste ich auch herausfinden, was wirklich gut aussieht und den Leuten gefällt. So war das", lachte er und es schien ihm heute noch zu gefallen, dass er doch noch so viel Glück gehabt hatte.

„Vor dem Paradiese Club auf Ibiza, da stehen auch die abgefahrensten Autos, die du dir vorstellen kannst: Ferrarie, Lamborgini, was du willst", begann nun Leny.

„Letzten Sommer habe ich in einem anderen Club aufgelegt, aber im kommenden werde ich im Paradise dabei sein, da bin ich mir sicher. Die haben eine Soundanlage, so etwas hast du noch nicht gehört, dann die Effekte und der Hammer ist natürlich, dass da 6 bis 7 tausend Leute reingehen, alles auf fünf verschiedenen Ebenen stattfindet und dann das Dach, das sich auffahren lässt! Du zahlst natürlich 80 Euro Eintritt und mit Getränken und Drogen kommst du gut auf 300 an einem Abend."

Nico warf mir einen Blick zu und lächelte. Dann wechselte sie das Thema, indem sie mich fragte, ob ich denn nicht Lust hätte, mit ihr am Samstag den Nightmarket in Baga zu besuchen.

„Hannes verkauft auch dort und es soll eine Band spielen. Hier ist das Nachtleben natürlich nicht so spektakulär wie auf Ibiza, aber ich würde das schon mal gerne sehen. Ich habe halt kein Fahrzeug." Ich betonte nun, wie gerne ich mit ihr dahin fahren würde, aber leider wäre ich eine so schlechte Fahrerin, dass ich sie warnen müsste.

Doch zunächst kam der Tag, den ich mit Eric für meine erste Einweisung in die Geheimnisse der Meditation verabredet hatte. Er wohnte hinter dem Partygelände des Bamboo Forrest und dunkle Erinnerungen stiegen in mir empor, als ich die bunten Leuchtschnüre sah, die noch immer um ein paar Palmen hingen. Sein Häuschen lag im Schatten eines großen Laubbaumes und das Summen von ein Paar Insekten unterbrach die Stille, die ansonsten herrschte. Ich zog meine Schuhe aus, bevor ich die beiden Treppen zur offenen Türe empor stieg.

„Come in", hörte ich von innen und als ich eintrat, saß Eric im Yogasitz auf einer einfachen Matte.

Vor ihm stand eine Holzkiste, die er als Tisch nutzte. Eine kleine Buddhafigur schmückte den Altar in einer Ecke und mildes Abendlicht schien schräg zum Fenster herein.

„Lass uns gleich anfangen, später können wir uns unterhalten", schlug er vor. Ich setzte mich auf den mir zugewiesenen Platz an seiner Seite und sollte zuerst etwas zur Ruhe kommen. Ich schloss die Augen und atmete langsam.

„Richte deine Aufmerksamkeit ausschließlich auf den Atem", hörte ich nach einer Weile.

Dann wurde ich aufgefordert, alle Spannungen loszulassen: zuerst in den Schultern, dann im Bauch und schließlich im Gesicht. Es überraschte mich, dass bei all dem Loslassen immer noch Luft nach oben war, wo ich doch schon davor angenommen hatte, mich bereits in völliger Entspannung zu befinden. Auch meinen Geist sollte ich loslassen, alle Gedanken, die kommen wollten, einfach wieder ziehen lassen, bis zu einem Punkt der Leere. Diese Leere zu halten, das wäre zunächst mein Ziel, das es immer wieder anzuvisieren galt. Die Gedanken kämen natürlich erneut und wieder solle ich sie ziehen lassen und so immer fort.

Nach welcher Zeit wir diese erste Sitzung beendeten, kann ich schlecht einschätzen, aber ich fühlte mich danach nicht nur körperlich sehr wohl, sondern auch leicht und positiv im Geist.

Eric reichte mir nun eine Teeschale und fragte zunächst, wie es mir ginge.

Jetzt ging es mir gut, viel besser, als noch vor einer Stunde, berichtete ich wahrheitsgemäß.

„Wir haben unsere Energien ein bisschen gemischt", lächelte er.

„Wenn du wirklich weiter kommen willst, empfehle ich dir intensives Üben, am Besten mehrmals täglich, eine kurze Zeit. Es wird nicht leicht sein und mit Erfolgen kannst du nicht sofort rechnen. Aber es lohnt sich. Hinter mir liegt bereits ein weiter Weg und der vor mir, ist noch viel weiter. Aber gut, wenn man sich für den Aufbruch entschieden hat."

„Im wörtlichen Sinne „Wege gehen" kann ich ohnehin erst seit meinem 18. Lebensjahr. Ich bin als Schwerbehinderter zur Welt gekommen. Beide Beine waren nach hinten gebogen und wäre ich in Indien geboren worden, würde ich jetzt auf einem Holzbrettchen mit Rädern darunter sitzen und müsste das Leben eines Bettlers führen.

Aber ich hatte das Glück, auf einen sehr ehrgeizigen Professor zu treffen, der sich meiner annahm. Bis ich meine ersten Gehversuche wagen konnte, hat er mich, in gewissen Abständen, zwölf mal operiert. Ich wäre sein Meisterstück, sagte er, als ich zum ersten Mal aufrecht vor ihm stand."

Ich hatte bisher überhaupt nicht bemerkt, dass er irgend ein Handikap haben könnte. Als ich Eric das versichert hatte, lächelte er und meinte, erst wenn er längere Zeit zu Fuß unterwegs wäre, bekäme er zuweilen Schmerzen.

„Heute weiß ich, dass all die Wochen und Monate, in denen andere Gleichaltrige ihren Spaß hatten und ich meine Jugend in der Klinik verbrachte, zu etwas gut waren. Leid kann Menschen zerstören, aber auch zu innerer Stärke führen.

Zunächst wollte ich meine neue Freiheit natürlich genießen und Versäumtes nachholen. Ich verließ mein Elternhaus in der Provinz und nahm mir ein Zimmer in Christiana. Und dort, das habe ich dir bereits erzählt, hab ich es dann so richtig krachen lassen".

Nun musste ich doch ein bisschen kichern, da ich mir diesen bescheidenen Mann eher nicht als Schwerenöter vorstellen konnte.

„Natürlich hat die Behinderung auch meine beruflichen Perspektiven beeinflusst. Ich musste etwas lernen, was man im Sitzen erledigen konnte und so habe ich mich für das Handwerk des Schuhmachers entschieden."

Er stellte unsere Teebecher bei Seite und öffnete die Holzkiste.

„Schau, hier habe ich meine Werkstatt", lächelte er.

Drinnen sah ich Schnüre, Ahlen, Messer, Kleber, viele Lederreste und Gerätschaften, deren Zweck ich nur ahnen konnte, wohlgeordnet beieinander liegen. Erst jetzt nahm ich auch diverse edle Einzelstücke aus Leder im Hintergrund wahr. Es gab bauchige, lederbezogene Trinkflaschen und zwei sehr schöne Umhängetaschen. An den Ständen der Israeli hatte ich so aufwändige Arbeiten noch nie gesehen.

„Gerade arbeite ich an diesem Stück," erklärte er und zog ein abgerundetes Stück Leder, mit einem sehr schönen Muster darauf, aus der Truhe. Er reichte es mir und ich erkannte den buddhistischen endlosen Knoten, in feinster Verarbeitung, mit vielen Verzierungen.

„Das Muster klopfe ich mit einer Art Körner oder Nadel ins Leder. Man darf nicht zu stark hämmern, aber auch nicht zu schwach und jeder Schlag muss an der rechten Stelle sein. Diese Arbeit ist auch Meditation und man hat immer was zu tun auf Reisen."

„Gehst du damit auch auf den Flohmarkt?",fragte ich nun, doch bereute ich das gleich wieder, weil ich ihn keinesfalls beleidigen wollte.

„Nein, nein, die Leute sehen ein Stück und fragen mich, was ich dafür haben will", antwortete er. Für heute hatte ich nun wirklich genug gehört und die Sonne war ohnehin schon lange unter gegangen. Ich bedankte mich für alles und fuhr in absolut gehobener Stimmung heim, in meine Hütte.

Feiertage

Weihnachten lag inzwischen vor der Tür und in Goa wurde es immer voller. Am Samstag würde es auf dem Night Market in Baga bestimmt ein übles Gedränge geben, aber nun hatte ich das bereits mit Nico verabredet und gerade sie, wollte ich auf keinen Fall enttäuschen.

Es war bereits dunkel, als ich bei ihr vorfuhr. Ich war noch nie mit jemandem hinten drauf gefahren, aber es ging ganz gut. Anfangs wackelte ich hin und her, aber mit etwas mehr Tempo, konnte ich das ausgleichen. Als wir in Baga einen Parkplatz gefunden hatten, versicherte mir Nico, sie hätte sich wie in Abrahams Schoße gefühlt, so gut wäre ich gefahren.

Zuerst besuchten wir natürlich Hannes, der uns bereits erwartet hatte. Wir besorgten uns etwas zu trinken und ich genoss es, die flanierenden Leute zu beobachten. Lange konnten wir aber nicht bei Hannes stehen, weil wir sonst die Sicht der Kunden auf den Schmuck verstellt hätten. Deswegen drehten wir eine Runde über den Markt und ich überlegte bereits, ob meine Hosen nicht auch gut hier her passen würden. Vorne auf einer Bühne versammelten sich inzwischen die Musiker und wir fanden ein gutes Plätzchen, auf einer halbhohen Mauer.

Seit Tagen ging mir ein Gedanke nicht mehr aus dem Kopf und weil ich mich Nico so nah fühlte, begann ich: „Anfang April werde ich zurückkehren nach Deutschland. Wenn die Season hier vorbei ist, wüsste ich nicht, wo es mich noch hin ziehen sollte. Ich bin dann fast zwei Jahre unterwegs gewesen und es gab immer nur Input. Jetzt, denke ich, ist es für mich an der Zeit, all das zu verarbeiten. Ich sehne mich nach Ruhe, nach einem Platz, wo ich hin gehöre."

„Das verstehe ich," antwortete Nico. „Für mich wäre das Leben, das Hannes führt, auf die Dauer auch keine Perspektive."

Das überraschte mich, denn die beiden waren so harmonisch miteinander, dass ich mir eine Trennung nicht vorstellen konnte.

„Weiß er das?" wollte ich nun wissen.

„Ja, klar, wir haben schon öfter darüber geredet. Sein Leben, so wie er es eingerichtet hat, ist letztlich auf eine Person zugeschnitten. Das fängt mit der Größe des Bettes an", lachte sie, „und geht in alle Lebensbereiche. Ich könnte ihm natürlich Gesellschaft leisten, aber ich würde mich auf die Dauer wie ein Anhängsel fühlen. Hannes meinte zwar, ich könne mir doch auch einen Verkaufsstand aufbauen, damit ich eigenes Geld hätte, aber ich glaube nicht, dass das für mich passt. Wir sind jetzt zusammen und haben eine gute Zeit, aber für die Zukunft gibt es keine Garantien."

Ich war irgendwie erleichtert, das zu hören. Dann war ich also nicht die Einzige, die das Herumziehen nur als zeitlich begrenzte Phase betrachtete.

„Vielleicht will ich auch mal Kinder, ein Haus, oder zumindest einen Garten, das kann ich jetzt noch nicht ausschließen", fügte sie nach kurzem Schweigen noch hinzu.

Ja, Nico war doch ein paar Jahre jünger als ich, das konnte ich verstehen. Nach diesem Gespräch war ich mir nun sicher. Zuerst würde ich Dominic meine Absichten bekunden und dann einen Brief an Marco, unseren Nachmieter, schreiben. Er müsste sich bis Anfang April eine neue Bleibe suchen, weil ich unbedingt alleine leben wollte.

Ich war ziemlich aufgeregt, als ich am nächsten Tag zu meinem Gefährten fuhr, um ihn von meinen Plänen zu unterrichten.

„Gerade jetzt, wo die Befreiung langsam kommt, willst du heim", war seine Reaktion. Wir schwiegen eine Weile zusammen und dann meinte er: „Ich werde vielleicht noch ein Jahr unterwegs sein und dann komme ich auch. Falls mir nicht noch etwas ganz besonderes begegnet", lächelte er nun.

In warmen Ländern kommt man zum Glück nicht in weinerliche Weihnachtsstimmungen, dafür fehlen schlicht die Wetter- und Temperatur bedingten Verbindungen in die eigene Kindheit. Alles verlief unspektakulär, aber es gab im katholisch dominierten Goa während der Feiertage auch keine Partys.

Für den Abend des 26. Dezember aber waren Dominic und ich zu einem Dinner, „im kleinen Kreise", wie es hieß, bei Prema und Stefan eingeladen.

Meine Saribluse war inzwischen fertiggestellt worden, wobei all das Messen wohl doch nichts genützt hatte, denn der Schneider musste bestimmt noch vier mal eine Naht jeweils vom Bund über die Achsel zum Ärmelende ausführen, bis das werte Stück meinem Körper angepasst war. Dazu trug ich viele Bangels, Armreifen aus Glas, die man in verschiedenen Farben und goldverziert, billig kaufen konnte. Sie verursachen bei jeder Bewegung ein feines Klingen oder Klimpern und verleihen jeder Frau eine exotische Note. So fühlte ich mich im bestmöglichen Outfit und gewappnet für den Abend.

Ich war noch nie zuvor in diesem Hause gewesen und staunte nicht schlecht, als die portugiesische Villa, hinter einem Cashewwäldchen, auf dem Hügel, erschien. Der repräsentative Eingangsbereich lag hinter einem weiß getünchten Säulengang und war umgeben von Hibiskus, Palmen und blühendem Oleander, in großen Terrakottakübeln. Nach der Durchquerung der Halle, betraten wir vermutlich das riesige Wohnzimmer, gedeckt war allerdings draußen auf der Terrasse.

Ein paar Leute saßen bereits an der langen Tafel mit weißem Tischtuch und nippten an einer Art Cocktail, wenn ich das richtig sah. Gerade als uns Prema mit Küsschen begrüßte und ich mir überlegte, wo ich wohl am besten sitzen könnte, stand Friedrich neben mir.

„Hallo Friedrich, wie schön, dass du doch kommst," rief nun die Gast-geberin und bat ihn, doch „gerade hier in der Mitte" platz zu nehmen „und du neben Dominic, vielleicht gegenüber?", richtete sie sich an mich.

Auch wir bekamen einen Pina Colada, wie ich nun von meinem Nebenmann erfuhr und der schmeckte richtig lecker. Friedrich hatte inzwischen das Wort an Dominic gerichtet: „Du hast mich doch gefragt, ob man ... verwenden kann, wenn Q Base als Studio benutzt wird."

Ich wurde hellhörig, denn Dominic hatte sich am Vorabend noch darüber beklagt, wie arrogant dieser Friedrich doch wäre. Er hätte ihm eine technische Frage gestellt, worauf ihn der Angesprochene anscheinend einfach ignorierte.

„Das ist keine ganz einfache Frage", fuhr er nun fort. „Ich musste erst selber darüber nachdenken. Aber ich denke ..." und dann folgte eine Erklärung, die wirklich nur für Insider war.

Dominic kam nun in richtig gute Stimmung und ich entspannte mich nach dem Alkoholgenuss auch allmählich. Am Tischende saß Norbert in ein Ge-spräch mit Stefan vertieft und ansonsten kannte ich niemanden. Nach den Gedecken zu urteilen, würden noch zwei Leute fehlen und tatsächlich trafen nun als letzte Daniel Marlen und seine Freundin Sabine ein. Welch prominente Runde, dachte ich, und ich mitten drin! Der Geräuschpegel hatte inzwischen zugenommen und bunte, dekorative Salatteller wurden verteilt. Anschließend gab es gebratenen Fisch mit Reis und jeweils drei Kleckse unterschiedlicher Dips.

Zuerst dachte ich, Respekt, liebe Prema, das hätte ich nicht so hingekriegt, doch später sah ich zwei Frauen in Saris in der Küche hantieren.

Schon während des Essens hatte Friedrich wiederholt das Wort an mich ge-richtet, aber er sprach leise und die Nebengeräusche waren einfach zu laut. Ich konnte doch nicht dauernd „bitte?" fragen und da ich anhand seiner Mimik vermutete, dass er nur irgend einen ironischen Kommentar abließ, entschied ich mich einfach nur zustimmend in seine Richtung zu lächeln. Er lächelte zurück und sah dann kurz so jung aus, dass mich das etwas verwirrte.

Prema kündigte nun das Dessert an. Friedrich schaute wieder zu mir und meinte: „Nun sagen gleich alle oh und ah!"

Nach dem Essen wurde es noch lauter und ich hatte das Gefühl, es wäre zu viel Energie in der Luft. Seltsam, bei mir funktionierte alles: Essen, Aufstehen und ein Glas holen, aber mein fehlendes Gehör trennte mich von allem ab. War das nun etwas psychisches, oder war es wirklich so laut hier? Jedenfalls hatte Friedrich oft das Wort an mich gerichtet und ich verstand ihn einfach nicht. Sicher waren es kluge oder auch nur sarkastische Worte gewesen, auf die ich ihm schlagfertig hätte antworten können, aber ich habe ihn einfach nicht verstanden, das war zum Verzweifeln. Wahrscheinlich interpretierte er mein dauerndes Gegrinse inzwischen als Äußerung eines wenig geistreichen Gegenübers, doch ich war hilflos dieser Situation ausgeliefert.

Um so besser konnte ich sein Gesicht betrachten, das schon sehr verbraucht wirkte.

Dann aber war da wieder dieses junge Lachen, mit Seele durch den Mund und wie ein warmer Wind durch die Augen. Ich musste an den Abend denken, als er sich eine Karikatur seiner selbst nannte. Ja, sein ganzes Erscheinungsbild erinnerte an einen Comic. Er wirkte wie das seelenlose Superlativ eines Helden. Das hatte etwas Tragisches und dafür konnte ich ihn lieben.

Später wurde geraucht und Daniel ließ seine neuste Musik, die er auf DAT Rekorder mitgebracht hatte, in der Halle laufen.

Auch mir war eher nach Musik in der Halle, als Gesprächen auf der Terrasse zumute und ich begann dort, in einem Torbogen, zu tanzen. Nach einer Weile gesellte sich Friedrich dazu, nahm sich ein paar Bongos, die herum lagen und trommelte.

Es war ganz wunderbar und ich hatte das Gefühl, wir drei waren uns in diesem Augenblick sehr nah. „...der aus zwei Seelen eine strich," fiel mir eine Gedichtzeile ein und der Bogen, mit dem gestrichen wurde, war diese Musik. Jetzt fühlte ich mich frei und nicht mehr abgetrennt.

Friedrich, Daniel und ich! Das machte mich stolz. Ihre Musik hatten wir auf dem Schoren gehört und jetzt war ich fast eins mit ihnen. Durch und durch spürte ich das Besondere dieses Augenblicks, den ich mein ganzes Leben nicht vergessen würde und doch ging keinerlei Verunsicherung davon aus. Dominic kam kurz in die Halle und unsere Blicke trafen sich. Ich glaube, es war Einverständnis, was ich in seinen Augen las.

Ein neues Jahr

Zu Silvester wurde es immer noch voller. Überall sollte es Partys geben und jede Menge Inder reisten an.

„Kommt doch zu uns nach Morjim", schlug Prema vor.

„Wir feiern mit ein paar Freunden und außerdem hat sich eine Gruppe Russen angemeldet."

„Russen, an Silvester?", fragte ich und dachte an Wodkaexzesse und Schlimmeres.

„Nein, keine Angst, das sind ganz nette Leute aus Moskau, vom Theater sind die", wurde ich beruhigt und so war es dann auch. Eine Gruppe recht junger Intellektueller saß plaudernd beisammen und trank Tee. So viel zum Thema Vorurteile!

Unsere Runde bestand aus den Gastgebern, Prema und Stefan, Norbert, einem Pärchen aus Franken, das eine Musikkneipe betrieb und von Prema das vernichtende Urteil: „langweilig" bekam und natürlich Daniel Marlen mit Freundin, in deren Begleitung sich der Züricher DJ Leny befand. Daniel kümmerte sich gleich um die Musik, die für ihn nie Untermalung, sondern das eigentlich Interessante war. Wenn er mit jemandem sprach, hatte ich stets den Eindruck, er würde geduldig warten, bis er wieder in seiner Musik versinken könne.

Sabine, seine Freundin, erzählte gerade Leny, dass sie jetzt Urlaub hätte und sonst in einer Bank arbeiten würde. Sie schien eine ganz normale Frau zu sein, so, wie ich es auch einmal war und ein Typ wie Leny, hätte sie nie eines Blickes gewürdigt, wenn sie nicht die Freundin eines berühmten Musikers gewesen wäre, das war mir klar.

„Daniel lebt für seine Musik!", erklärte sie. „Er hat viele Engagements, bei Festivals und in Clubs, er arbeitet fürs Fernsehen und verkauft CDs und kann trotzdem nur gerade so davon leben, reich wird er nicht."

Prema berichtete, dass Friedrich heute Abend der „Life Act" bei einer großen Party in Tel Aviv wäre, mit seiner E-Gitarre ganz oben, auf einer pyramidenförmigen Bühne.

Aber trotz verschiedener Bemühungen, wollte kein richtiges Gespräch aufkommen.

Dann bewegte sich, vom Strand her, der Schein einer Taschenlampe auf uns zu. Beim Näherkommen erkannten wir zwei Männer. Zu meinem großen Erstaunen waren es Polizisten. Leny kommentierte das gleich mit Murren, Dominic packte diverse Rauchwaren weg und Stefan erhob sich.

Zuerst ging er zu Leny hinüber, legte ihm seine Hand auf die Schulter und flüsterte: „Sei jetzt einfach still. Die können unangenehm werden, wenn sie wollen."

Dann wandte er sich freundlich an die beiden Ankömmlinge und wünschte einen Guten Abend. Ob sie denn etwas trinken wollten, einen Tee oder eine Cola vielleicht? Sie nahmen die Cola und setzten sich eine Weile in die Nähe des Eingangs. Jeder fühlte sich jetzt unbehaglich. Erst als sich die Polizisten, nach einer Weile, erhoben und ihr Lichtkegel allmählich in der Dunkelheit verschwand, atmeten alle auf.

„Diese Jungs stehen gewaltig unter Erfolgszwang", begann nun Stefan. „Die kommen aus irgendwelchen Dörfern und zwar aus ganz Indien. Um hier in Goa Polizist werden zu können, wird eine Menge Bestechungsgeld gezahlt. Dafür sammelt nicht nur die ganze Familie, sondern das ganze Dorf. Nach einer gewissen Zeit, wollen die Sponsoren dann Geld sehen. In diesem Dilemma ist es nicht nur einmal vorgekommen, dass Ausländern Drogen untergejubelt wurden. Um nicht ins Gefängnis zu kommen, zahlt dann jeder."

Leny erzählte nun, wie das auf Ibiza zuging, aber das konnte mich keineswegs aufheitern. Inzwischen war Wind aufgekommen und der Sternenhimmel verschwand hinter einer dicken Wolkenschicht. Die Böen steigerten sich allmählich zu einem richtigen Sturm und in der Ferne erhellte immer wieder Wetterleuchten die Strandlinie. Plötzlich fielen vereinzelt schwere Tropfen auf das Palmdach. Dann ging es ganz schnell. Regen prasselte los, Donner grollte und ein tagheller Blitz, folgte dem nächsten. Wir waren sprachlos: ein Gewitter und Regen zu Silvester, in einer Jahreszeit, die normalerweise nur Trockenheit und Hitze kannte. Das war nicht nur mir unheimlich. Optimisten interpretierten das, wie ich später hörte, als ein „Reinwaschen" für das neue Jahr. Man konnte das so oder so sehen, jedenfalls war nach einer halben Stunde der Spuk wieder vorbei. Bis Mitternacht dauerte es immer noch ziemlich lang.

„Heute legt Pogi in Arambol auf. Sollen wir hin fahren?", fragte mich nun Dominic.

„Jetzt?",wollte ich, fast erschrocken, wissen.

„Nein, morgen früh", antwortete er gereizt. „Natürlich jetzt."

Ich war zwar irgendwie eingeschüchtert, durch die Ereignisse des Abends, aber hier zu bleiben, hatte für mich auch etwas Bedrückendes. Als wir aufbrachen, schloss sich uns ausgerechnet Leny an. Die anderen wollten vielleicht später nachkommen.

Die Party in Arambol fand an dem Strandabschnitt statt, wo ich vor Jahren Sam kennen gelernt hatte. Es waren weniger Leute beim Tanzen, wie ich das sonst von Partys kannte, viele liefen planlos rum, andere saßen in kleinen Gruppen im Sand und in den umliegenden Bars.

„In Arambol gibt es halt keine Technoszene, das merkt man", meinte Dominic.

Der leicht abschüssige, sandige Untergrund eignete sich nicht besonders zum Tanzen, zudem war es ziemlich dunkel und so setzte ich mich nach kurzer Zeit wieder zu meinen beiden Begleitern, die mir ein Shilom reichten. Gerade als die ersten Raketen in den Himmel geschossen wurden und wir uns das neue Jahr angewünscht hatten, spürte ich wieder ein paar Tropfen. Ich war in keiner guten Verfassung und die Rauchrunde verpasste mir den Rest. Am liebsten hätte ich mich auf der Stelle hingelegt, aber da wurde der Regen stärker und die Tänzer flüchteten sich unter die Dächer der Strandbars.

Die Stimmung war nun gekippt. Leute wurden gestoßen und es gab übles Gedränge. Plötzlich sah ich Polizisten dazwischen mit Schlagstöcken. Dominic und Leny hatte ich inzwischen verloren und auch ich versuchte, nun irgendwie ans Trockene zu kommen. Die Musik hatte, des Regens wegen, abgeschaltet werden müssen und für mich war allmählich geradezu Hass spürbar.

Die Bilder um mich verwischten sich, bis ich meinen Gefährten eine Art Kellertreppe hinunter rennen sah, gefolgt von Polizisten, die mit ihren Schlagstöcken auch andere abwärts trieben. Ich bekam schreckliche Angst und wollte mich in diese Richtung durchdrängen, als mir jemand auf die Schulter tippte.

Es war Dominic, der mich dann an der Hand nahm und zu einem Shop führte, wo wir uns setzen konnten. Was ich gesehen hatte, war also eine Vision gewesen oder eine Art Trugbild, wurde mir nun, zu meiner Erleichterung, bewusst. Meinem Freund gegenüber erwähnte ich kein Wort davon. Auch dieses mal war der Regen heftig, aber von kurzer Dauer und irgendwie haben wir diese denkwürdige Nacht hinter uns gebracht.

Am frühen Morgen lieferte mich mein Gefährte vor meiner Hütte ab und meinte: „Wir waren wieder mal bei der falschen Party. Wir hätten zu Hilltop gehen sollen. Dort wird drei Tage ohne Pause gefeiert. Ich schau da später mal vorbei."

An diesem Neujahrstag sollte wieder ein Essen bei Asu sein und ich hatte Manuela bereits zugesagt. Dominic wohnte zwar dort, verschwand aber inzwischen bei den Dinners, weil er die Gespräche zwanghaft und langweilig fand. Am Anfang war es inspirierend dort, doch von Woche zu Woche, nutzte sich der Spirit immer mehr ab. Ich ging nur noch aus Dankbarkeit, Manuela gegenüber, hin, schließlich hatte sie mir den Standplatz auf dem Flohmarkt vermittelt.

Heute kamen nur Wenige und ich hatte definitiv kaum Hunger, schleppte mich zwei Stunden durch die magere Unterhaltung und legte mich gleich wieder hin, als ich zu Hause war. Das Essen lag mir schwer im Magen und ich durfte gar nicht an den gebratenen Reis denken. Schließlich war es so weit und ich musste mich übergeben. Völlig erschöpft fand ich danach in einen unruhigen Schlaf.

In den frühen Morgenstunden erwachte ich, nachdem ich wieder die Kellertreppe mit Dominic und den Polizisten, im Traum, gesehen hatte. Mit einem starken Impuls, meinen Liebsten jetzt sehen zu wollen, raffte ich nun meine ganze Energie zusammen und beschloss zu Hilltop zu fahren. Die Pille von Simon fiel mir ein und ich dachte, die wird mich jetzt wieder auf die Füße stellen.

Hilltop war ein weitläufiges, ummauertes Areal auf dem Hügel, wie der Name schon sagt, zwischen Anjuna und Vagator. Man konnte hier wohnen, essen und es gab das Open Air Gelände für Partys. Vor dem Eingang waren Türsteher platziert, die nur passendem Publikum Einlass gewährte. Hier war man vor indischem Bettelvolk sicher. Das arme, das wahre Indien, hatte keinen Zutritt, damit Leute wie ich, ungestört ihren Egotrip fahren konnten. Doch das war mir jetzt einfach egal.

An der Bar sah ich Katrin, wieder im perfekten Styling, mit einem Herrn, Mitte Sechzig, plaudern. Sie winkte mir charmant zu, doch ich ging gleich zielstrebig zum Dancefloor und wollte dort alles hinter mir lassen. Als ich mich gerade wohl zu fühlen begann, tippte mir wieder jemand auf die Schulter. Es war Dominic. Er küsste mich und hatte bestimmt gleich realisiert, dass ich nicht ganz nüchtern war. Jetzt kam ich natürlich erst recht in Stimmung und konnte zunehmend die Euphorie, die ich empfand, in Bewegungen umsetzen.

Inzwischen war es heller Tag geworden. Die Tänzer wurden weniger, wechselten auch von Zeit zu Zeit und ich nahm meine Umgebung besser wahr. In der Nähe des Eingangs tanzte die hübsche Katrin und ich musste lachen: wie ein Grashüpfer!
Vor einem der überdimensionalen Lautsprecher fuchtelte ein Berliner Szenentyp, den Dominic ziemlich cool fand, in der Luft herum, als wolle er fast hineinkriechen, in den hämmernden Sound. Er drehte sich dann in meine Richtung und als er mich erkannt hatte, lief er auf mich zu und küsste mich geradewegs auf den Mund. Dann ging es weiter. Ich fand das alles zwar ein bisschen dämonisch, aber ich war in Hochform. Neben mir tanzte eine der Frauen, die auf dem Flohmarkt, in einer Art Bauchladen, selbstgebackene

Torten verkauften. Manchmal waren Kinder dabei und es ging bestimmt oft knapp zu. Jetzt aber hatte auch sie ein High und ich liebte sie dafür.

Natürlich musste ich aufpassen, nicht zu dehydrieren, weshalb ich kurz eine Pause einlegen musste, um nach Wasser Ausschau zu halten. Am Rande der Tänzer winkte mir jemand zu. Es war die mittlerweile hochschwangere Manuela, die sich mit Emil die Tänzer betrachtete. Wir wechselten ein paar Worte.

„Welche Pille hast du genommen?", fragte mich Emil.

„Von einem Engländer", gab ich zurück.

„Du musst nicht von So Einem kaufen. Da weißt du doch gar nicht, was drin ist. Bei mir bekommst du beste Qualität, von einem staatlichen Institut auf Reinheit geprüft."

Ich schaute ihn groß an und überlegte kurz, dass dieser Mann doch als Großdealer galt und wohl kaum Einzelne verscherpeln würde.

„Ich mach das nicht so oft", stotterte ich daher.

„Egal, auch wenn du nur eine willst, komm zu mir."

„OK", lächelte ich nun und bald hatte mich das Dancefloor wieder.

Endlich kamen wieder normale Tage und es trieb mich zu Eric. Schon beim Übertreten der Schwelle des ummauerten Innenhofes, hatte ich das Gefühl, in eine bessere Welt zu gelangen. Zwei Frauen in geschürzten Saris hantierten mit Eimern an einem Ziehbrunnen und als ich auf mein Rufen das vertraute „Come in" vernahm, fielen alle möglichen Zweifel von mir ab und ich trat erleichtert ein.

In dem fast leeren Raum, herrschte stets eine fast feierliche Stille, selbst wenn leise Musik lief. Von der Tür her fiel ein Lichtstrahl direkt auf seine dünne Matte, die er auch zum Schlafen nutzte.

„Lass uns zuerst das stille Sitzen üben", lächelte er.

Ich nahm meinen Platz an seiner Seite ein und schloss die Augen. Bald senkte sich wieder großer innerer Frieden in meine Seele und als Eric, zum Ende unserer Sitzung, leicht an die Zimbel schlug, fühlte ich mich völlig entspannt.

Das letzte Mal hatte er gesagt, wir würden unsere Energien mischen. Das musste vermutlich die Ursache für den Erfolg, hier bei ihm, sein. Es schien mir aber nicht angemessen, ihn danach zu fragen. Deshalb sprach ich nun nur von meinen eigenen, eher fruchtlosen Bemühungen.

„In meiner Hütte habe ich nun jeden Tag meditiert, oder zumindest habe ich es versucht, aber ich muss zugeben, dass das Ergebnis bisher eher mager ist. Meine Gedanken springen ständig hin und her, schon nach kurzer Zeit tut mir alles weh und hinterher fühle ich mich fast schlechter, wie vorher."

„Ja, da musst du ein bisschen Geduld haben", lächelte er nun.

„Hast du schon einmal Farben gesehen während der Meditation?", wollte er nun wissen.

„Nein, leider auch keine Farben", musste ich bekennen.

„Das macht nichts, es wird einmal kommen. Nun zeige ich dir aber eine andere Sitzposition, very powerful!"

Er bildete nun mit beiden Händen eine Faust und stützte diese mit den Handrücken in der Taille ab. „Auf diese Weise sitzt du sehr gerade und leitest deinem Körper mehr Energie zu."

Ich tat, wie er sagte und spürte die Wirkung augenblicklich.

„Probiere das daheim bei dir und jetzt erzähle mir, wie du die Feiertage verbracht hast."

Natürlich sprachen wir zuerst über den Regen an Silvester, der auch ihn überrascht hatte.

„Hier in Goa herrscht ein sehr spezielles Karma, vielleicht wegen der vielen Drogen",meinte er. „Bestimmt, aber auch jeder, der hier ist, schleppt viel eigenes, zum Teil schweres Karma mit sich herum, das wirkt sich in der Summe sicher auch aus", ergänzte ich.

„Da hast du recht", erwiderte er nun.

„Ich kenne hier eine junge Frau, eine Dänin, deretwegen ich eigentlich hier bin. Sie führt seit Jahren ein Leben, das ich, einen Tanz auf dem Vulkan, nennen könnte. Seit zwei Jahren nun sogar mit einem Kind. Ich bewundere sie dafür und gebe ihr von Zeit zu Zeit etwas Geld, zu ihrer materiellen Absicherung. Wenn ich das selbstlos geben würde, wäre sie in meiner Schuld. Das ist sie aber nicht, denn ich bin ein bisschen in sie verliebt und bewundere ihren Mut. Du musst wissen, dass ich zwar ein Lama bin, aber kein Mönch.

Wenn ich morgens aufstehe, dann denke ich, ich bin ein Buddha. Natürlich habe ich dieses Ziel noch lange nicht erreicht, aber ich bin mir darüber im Klaren, dass ich auf dem Weg dazu bin und das verlangt viel Disziplin und Karmaarbeit von mir. Es ist eine andere Art Disziplin, wie das beispielsweise in einer Schule erwartet wird. Ich muss überlegen: wie kann ich heute Menschen helfen und das ist nicht immer leicht.

Auch gibt es nie einen Aufschub. Das menschliche Leben ist begrenzt und wir wissen nicht, wann es endet. Also muss ich jetzt damit beginnen, meine Zeit zu nutzen. Morgen könnte es schon zu spät sein."

„Ich habe oft das Gefühl, dass meine Zeit verstreicht und sich nichts ändert", bekannte ich nun.

„Die Beziehung mit Dominic war immer gleich problematisch, ohne irgend einen Fortschritt. Das ist kein Glück."

„Du musst ihn alleine lassen. Er kommt nicht von der Stelle, wenn du immer wieder in sein Leben eingreifst. Du verzögerst seine Lernprozesse und denkst, du würdest ihm helfen."

Er schaute mich eindringlich an und ich wusste, dass er recht hatte.

„Aber du musst das selbst entscheiden. Grundsätzlich solltest du nur auf dich selber hören. Traue niemandem, nicht mal mir. Du bist alleine verantwortlich für dein Tun. So wirst du auch nie enttäuscht werden, oder anderen Schuld zuweisen können.

Trotzdem gilt natürlich der Satz „Keep your heart open!, what that Madonna sings."

„Ich werde im April wieder nach Deutschland zurück kehren."

„Gut", nickte er bestätigend.

Der nächste Tag war wieder ein Arbeitstag. Mein Rucksack war inzwischen nicht mehr ganz so voll, denn die besten Stücke hatte ich bereits verkauft.

Tal und Alex begrüßten mich in allerbester Laune, ja Tal nahm mich sogar in die Arme und meinte: „Wir haben das Visum!"

„Das ist ja wunderbar, ich gratuliere."

„Und einen Flug haben wir auch schon", ergänzte nun Alex. „Er geht in knapp zwei Wochen. Heute ist also unser vorletzter Flohmarkt."

Ich baute nun meinen Stand auf und wartete auf Kunden.

Es war ein mühsamer Vormittag, an dem ich nur zwei Oberteile verkaufen konnte.

Als ich nach einem Toilettengang wieder an meinen Platz zurück kehrte, stand Dominic bei den Israelis.

„High", begrüßte er mich gut gelaunt. „Was hältst du davon, wenn wir das Haus der beiden übernehmen würden?"

Damit hatte ich nun überhaupt nicht gerechnet, empfand aber gleich freudige Erregung. Das Haus war so schön und dann hätten wir noch einmal über zwei Monate zusammen, welche Chance! Vielleicht war das ein Geschenk, wer wollte da nein sagen.

„Es gibt noch mehr gute Neuigkeiten. Ich habe Peter und Anna getroffen. Sie sind erst kürzlich eingetroffen", berichtete mein Freund.

Peter, ein Traveller aus USA, war einer der wichtigsten Weggefährten von Dominic, bei seiner ersten Tibetreise gewesen, vor bestimmt zehn Jahren. Sie waren damals oft illegal unterwegs und standen sich in so manchen Notlagen bei. Später, in Nepal, hatte sich Peter dann in die junge Norwegerin Anna verliebt und von da an hatte sich ihre Spur verloren.

„Die sind immer noch zusammen und immer noch auf Reisen", schwärmte Dominic.

„Peter spielt super Gitarre und Anna ist so liebenswürdig, sie wird dir gefallen. Ich habe ihnen auch schon von dir erzählt. Wir wollen uns morgen zum Sunset in Vagator treffen, du kommst doch?"

„Auf jeden Fall", bestätigte ich.

Jeder Tag brachte hier Veränderungen, stellte mich vor neue Gegebenheiten. Gestern noch versicherte ich Eric, dass ich Dominc alleine lassen würde und heute hatte ich einem gemeinsamen Haus zugestimmt.

Derlei Gedanken beschäftigten mich, als ich mit dem Scooter meine Hütte erreicht hatte.

Da fiel mir ein, dass ich meiner Vermieterin gestern Abend den Zweitschlüssel zum Haus gebracht hatte, damit sich ihr Mann dort die Elektrik anschauen könnte. Schon ein paar Tage zuvor, war immer wieder der Strom ausgefallen und gestern Abend kam er dann gar nicht wieder. Ich lief zu Maria rüber und zog am Seil der kleinen Glocke, neben dem Eingang.

„Ist alles wieder in Ordnung mit dem Strom?", fragte ich, als sie mir geöffnet hatte.

„Ja, alles gut, komm herein."

Sie nahm nun meinen Schlüssel von einem Brettchen, an dem noch ein paar andere hingen und überreichte ihn mir. Ich bedankte mich und ging zurück zu meiner Behausung. Nachdem ich den Rucksack ausgepackt hatte, musste ich erst einmal entspannen und legte mich in die Hängematte. Dazu wollte ich den Minidisc Player vom gewohnten Platz nehmen, aber er war nicht da. Ich schaute mich um, konnte ihn aber nirgends entdecken. Dann begann ich überall zu suchen und wurde nervös.

Die Fenster waren vergittert und selbst mit einer Art Angel, hätte man das Gerät nicht zwischen den Stäben durch zerren können. Die Tür war verschlossen gewesen und bei genauer Betrachtung, konnte ich nirgends Einbruchspuren finden. Ich wollte gar nicht daran denken, aber es blieb nur eine Möglichkeit: jemand von Marias Familie musste ihn entwendet haben! Sie hatten den Schlüssel und die Gelegenheit.

Maria oder ihr Mann würden das sicher nicht tun und die kleine Rani kam auch nicht in Frage. Da blieb nur noch Sebastian, der Teenager.

Wieder klingelte ich bei der Vermieterin und schilderte ihr mein Problem. Da hätten sie nichts damit zu tun. Niemand von ihrer Familie würde anderen etwas weg nehmen. Ich betonte noch einmal, dass aber außer ihnen niemand Zugang gehabt hätte und dass sie die Sache heute Abend in Ruhe mit der ganzen Familie besprechen könne. Wenn ich mein Gerät am nächsten Morgen wieder bekommen würde, wäre es für mich OK. Wenn aber nicht, ginge ich zur Polizei.

Nun war Maria richtig empört und meinte: „Mach das nur, geh zur Polizei. Du wirst dann schon sehen. Von uns war das niemand, womöglich hast du ihn verloren und beschuldigst uns."

Dieser Abend war natürlich gelaufen und ich konnte an fast nichts mehr anderes denken, als an diesen Minidisc, der mir von Anfang an nur Ärger eingebracht hatte.

Am nächsten Morgen klingelte ich gleich wieder bei Maria. Sie schien bedrückt und meinte, dass niemand von ihrer Familie etwas wüsste.

„Und was ist mit Sebastian?" fragte ich.

„Er hat nichts Böses getan", verteidigte ihn die Mutter. „Komm mit!", forderte sie mich nun auf, ihr ins Wohnzimmer zu folgen.

Dort saßen die Kinder und schauten erstaunt auf, als sie mich sahen.

„Hast du das Musikgerät dieser Frau weggenommen?", fragte sie mit erhobener Stimme.

„Nein", antwortete der Sohn und schaute dabei zu Boden.

„Schwörst du es bei der Jungfrau Maria? Dann komm und schwöre!", forderte sie ihren Sohn nun auf.

Dieser erhob sich und stellte sich vor die kleine Marienfigur, die in einer Ecke des Raumes, in einer Art Altarwinkel, stand, erhob die rechte Hand und sagte leise: „Ich schwöre."

„Hast du es gehört?", wandte sich nun Maria zu mir. „Mehr kann ich nicht für dich tun."

Mein Häuschen hatte nun aufgehört, ein Rückzugsgebiet zu sein und der Frieden hier war definitiv gestört. So packte ich alles Mögliche zusammen und fuhr, mit dem Scooter, schon am Mittag nach Vagator. Ich lief hinauf zum Fort, dann hinunter zum Strand, wo ich mich eine Weile im Meer tummelte, aber die Zeit wollte nicht vergehen. Schließlich lief ich so weit am Strand entlang, wie ich noch nie vorher gekommen war. Felsen ragten hier in die Brandung und niemand war weit und breit zu sehen.

Es ist nur ein dummer kleiner Kasten, den ich vielleicht gar nicht hätte kaufen sollen, dachte ich und meine Stimmung hellte sich auf. In einer fast kreisförmigen Steinwanne, lagen besonders schöne Kiesel, in allen Farben und kleine Fische vollführten im Schwarm, einen synchronen Tanz, wenn die Wellen rhythmisch über sie hinweg schwappten. Krebse mit Glotzaugen trotzten der Gischt, auf glänzenden, schwarzen Felsen.

Erst als die Hitze des Nachmittags merklich nachgelassen hatte, realisierte ich, dass bereits der Sonnenuntergang nahte und ich erschrak, weil ich mich jetzt wohl verspäten würde.

Als ich mich der Strandbar näherte, saß Dominic bereits, mit dem mir bis dahin unbekannten Paar, unter einem Palmblätterdach. Zur Begrüßung erhob er sich, nahm mich in seine Arme und zeigte sich offensichtlich von seiner besten Seite. Die anderen gaben mir die Hand. Anna gefiel mir sofort. Die lebhafte, hübsche Skandinavierin, Anfang Dreißig, hatte ein frisches, ehrliches Gesicht, das Optimismus und Lebensfreude ausstrahlte. Mit dem kurzen Rock, dem bauchfreien Oberteil und ihren halblangen, blonden Haaren, wirkte sie fast mädchenhaft. Peter hatte die Augen von Aragon aus „Herr der Ringe", war sehr dünn und ansonsten eher unauffällig.

„Wir waren sehr neugierig auf Dominics Freundin", lächelte er verschmitzt, als ich mich setzte.

„Gerade reden wir über alte Zeiten. Meine Eltern besuchten mich damals in Kathmandu, nachdem wir diesen mörderischen Tibettrip hinter uns hatten. Meine Mutter meinte, Dominic wäre very charming."

„Oh ja, wenn er will", antwortete ich.

Anna erzählte nun, dass sie inzwischen fast jeden Sommer nach Norwegen reisen würde, um einerseits ihre Familie zu sehen, aber auch, um mit dem Job, auf einem Campingplatz, ihre Reisekasse aufzubessern.

„Manchmal gehe ich auch mit", meinte nun Peter, aber letztes Jahr habe ich mich in der Zeit mit meinen Eltern in Spanien getroffen. Seit Dad pensioniert ist, verbringen sie viel Zeit in Europa." „Und wann warst du das letzte mal in Amerika?", wollte ich nun wissen.

„Das könnten zwölf Jahre sein", grinste er nach kurzer Überlegung.

„Und wenn es keine zwingenden Gründe gibt, werde ich nicht zurück- kehren. Die Amerikaner sind so sehr von sich überzeugt und dabei fügen sie der Welt so viel Schaden zu, politisch, wirtschaftlich, ökologisch und kulturell. Wenn man etwas Abstand gewonnen hat, kann und will man das nicht mehr ertragen."

Das war ein klares Statement, welches ich so noch nie von einem seiner Landsleute gehört hatte.

„Aber lasst uns doch von etwas Angenehmerem sprechen!", wandte er sich nun an mich.

„Wie gefällt es denn dir in Goa?"

„Eigentlich sehr gut", begann ich zu berichten,

„Aber gestern Abend ist etwas sehr Unangenehmes vorgefallen."
Und ich erzählte vom gestohlenen Minidisc Player.

„Der Sohn hat ihn genommen", meinte Dominic.

„Das kann schon sein und vielleicht wissen deine Vermieter tatsächlich nichts davon", stimmte Peter zu.

„Wenn die Versuchung zu groß ist, können Menschen nicht widerstehen. Sperr ein Kind mit einer Tafel Schokolade einen Tag lang ein und verbiete ihm, davon zu essen. Das funktioniert nicht. Außerdem halten uns die Leute hier für sehr reich und denken, wenn sie uns übervorteilen, oder gar bestehlen, hätten wir letztlich keinen Schaden."

„Ich überlege halt, was ich tun kann und wie ich mich weiterhin verhalten soll", fragte ich nun.

„Du kannst gar nichts tun", meinte Dominic.

„Auf keinen Fall solltest du zur Polizei gehen", ergänzte Peter.

„Die kommen, schnüffeln in deiner Hütte herum und finden „überraschenderweise" Drogen. Dann musst du richtig bluten. Deine Vermieter wissen das und haben im Grunde nichts zu befürchten. Ausziehen würde ich aber unbedingt, denn das Vertrauen ist jetzt zerstört", war Peters Rat.

„Zum Glück hatte ich das ohnehin vor" und zu Dominic gewandt sagte ich: „Heute in einer Woche kommt die Vermieterin von Tal und Alex aus Mumbai, um die Wohnung abzunehmen und uns kennen zu lernen. Am Freitag können wir dann einziehen und so lange muss ich halt irgendwie durchhalten."

Nun begannen Peter und Anna abwechselnd von ihren vielen, teilweise spektakulären Reisen zu erzählen, aber erinnern kann ich mich nur noch daran, dass die beiden einmal auf dem Jakobsweg unterwegs waren, was mich wunderte, weil sie so gar nicht zu den Pilgern passen wollten, die dort wohl sonst unterwegs waren und an ihre Japanreise.

„Japan ist natürlich extrem teuer und wir mussten dort arbeiten, um uns die billigste Unterkunft in Tokio leisten zu können", begann Peter.

„Ich versuchte es mit Straßenmusik und nachdem ich ein paar mal an exponierten Plätzen weggeschickt wurde, versuchte ich es in U-Bahnschächten. Den Leuten gefiel es vermutlich, denn meine Einnahmen waren nicht übel, aber man würdigte mich keines Blickes. Die Leute warfen das Geld so hochmütig in meinen Gitarrenkoffer, dass ich mir richtig minderwertig vorkam."

„Und ich arbeitete als Hostess", übernahm nun Anna die Schilderung der damaligen Ereignisse.

„Im gepflegten Kostüm, ging ich abends mit Geschäftsleuten zuerst zum Essen und anschließend in eine Bar. Die Herren waren höflich und langweilig. Ich schenkte gelegentlich ihre Gläser nach, lächelte und war so etwas wie eine Tischdekoration. Ich verdiente ziemlich gut, aber lange kann man so etwas nicht machen, das ist klar."

„Letztendlich", übernahm nun wieder Peter, „war es eine Erfahrung, die man nicht wiederholen muss."

Die Sterne standen schon lange am Himmel, als wir uns sehr herzlich verabschiedeten. Trotz der Sprachunterschiede, hatte ich mich diesen zwei Menschen sehr nah gefühlt. Gerne würde ich sie wiedersehen.

Nachdem wir endlich ins neue Heim umgezogen waren, aktivierten wir zuerst den Kühlschrank. Beim Oxford Store hatte ich eine Rechnung wie noch nie. Endlich könnte ich für uns wieder einmal kochen und das Frühstück wollte ich zukünftig auf der Terrasse einnehmen. Ich kaufte Körnerbrot und Butter, Joghurt, Müsli, Kaffee, Milch, Obst und Gemüse. Dominic schleppte auch einiges an. Ich erinnere mich an eine 1,5 Liter Flasche Cola und Chips.

Am ersten gemeinsamen Morgen meinte er: „Ich fahr mal los, will mich mit jemandem treffen."

„Ach so", antwortete ich. „Willst du nicht mit mir frühstücken?"

„Du glaubst jetzt aber nicht, dass wir nun wieder alles zusammen machen?"

Er war bereits auf seinen Scooter gestiegen und ich konnte ihm nur noch hinterher schauen. Die Enttäuschung verflog schnell und ich zelebrierte, in aller Ruhe, die Zubereitung von Kaffee, Obst und Müsli.

Insekten summten und Vögel, die hier in den Blätterdächern hausten, zwitscherten vergnügt. Von den nächsten Nachbarn sah ich nur terrakottafarbene Mauern durch das Geäst der Bäume schimmern.

Beim Kaffee auf der Veranda dachte ich, wie schön es hier doch wäre, hier im Haus und in Goa überhaupt.

Aber Goa hatte, wie so vieles, auch eine Kehrseite. Es war ein Spielfeld der Eitelkeiten und jeder war ein Held: der Schönste, der Coolste, der mit der teuersten Enfield, mit den längsten Rastas und der, der schon vor dem Frühstück fünf Shiloms raucht. Ich musste lachen, denn das war nun auch wieder so ein Klischee. Die subtileren Ebenen der Hierarchie aber lauteten: Wer kennt wen und wer wird wo eingeladen? Wer gehört dazu und wer würde gerne dazu gehören?

Ich hatte mich nicht sonderlich darum bemüht, oder doch? Auf Natürlichkeit hatte ich gesetzt und wollte ehrlich sein mit den Leuten. Das war mein Trumpf, mit dem ich Erfolg hatte.

Am Nachmittag räumte ich mein Zimmer ein, dekorierte die kahlen Wände und als mir der kleine Aquarellkasten aus Pai in die Hände fiel, begann ich ein paar wilde Farbstriche auf ein Papier zu malen. Ich dachte nicht weiter darüber nach, sondern ließ mich einfach treiben, in der Wahl der Farben und Formen.

Später erkundete ich die nähere Umgebung zu Fuß. Das Wäldchen, in dem unser Haus stand, war leicht abschüssig und großzügig verteilt, standen noch andere Häuser, die unserem ähnelten. Alle schienen von Ausländern bewohnt zu sein. Leute lagen in Hängematten und hörten Musik, ich sah Badetücher, die zum Trocknen aufgehängt waren, es wurden Besucher empfangen, hier und da gekocht. Durch die Laubbäume fielen die Sonnenstrahlen schon sehr flach, als ich zurückkehrte.

Ich betrachtete das inzwischen trockene Bild vom Nachmittag, nahm einen schwarzen Filzstift zur Hand und strichelte Strukturen in die Farbflächen. So entstanden Blumen, Farne oder mit viel Fantasie, auch zwei Vögel, die auf Zweigen saßen. Im rechten Teil des Bildes blieb aber alles verworren und ich konnte nichts damit anfangen. Als ich dann mit einem weißen Blatt diesen Teil abgedeckt hatte, entstand Harmonie, so etwas wie eine Einheit. Ja, die Proportionen mussten stimmen! Ich nahm eine Schere, schnitt alles Überflüssige weg und dann war da ein schönes Bild entstanden, zumindest für mich. Ich drehte mir nun eine Tüte und betrachtete es im sinkenden Licht.

Inzwischen war von der Niniebar her Musik zu hören.

Auch ich, ging mir durch den Kopf, suche die perfekte Harmonie, in größtmöglicher Vielfalt. So war auch die Natur konzipiert, wo eins das andere nährt und gegenseitig von einander abhängig ist. Ein permanentes Geben und Nehmen, eine perfekt ausgelotete Balance der verschiedenen Bausteine, die in so bizarren Varianten in Erscheinung tritt.

Genau so wollte ich meinen Platz finden, in völliger Harmonie mit einem Ganzen. Glück, folgerte ich, ist eine Frage der Proportion. Für jeden Menschen, der einen umgibt, müsste man den richtigen Platz finden, den richtigen zeitlichen und räumlichen Abstand, das war es! Zwischen Liebe und Hass ist eine Menge Platz. Wenn man es schaffen würde, jeden Menschen in der passenden Position anzuordnen, wäre die Harmonie verwirklicht.

Ich betrachtete wieder mein Bild und identifizierte mich spaßeshalber mit einer gelben Fläche, etwa in der Bildmitte. Im direkten Anschluss befanden sich kontrastreiche Farbtöne, die mein Gelb zum Leuchten brachten. Alles passte irgendwie zusammen und ergänzte sich.

Kurz überlegte ich, ob ich zur Ninebar fahren sollte, aber es war einfach nicht nötig. Ich war zufrieden, lauschte in die Nacht hinein und vernahm nun Geräusche, die darauf schließen ließen, dass jetzt andere Spezies aktiv wurden, als am Nachmittag. Die marodierenden Hunde gab es hier auch, aber sie waren zum Glück nur aus der Ferne zu hören.

Plötzlich näherte sich ein Licht, das den sandigen Weg entlang kam. Ich hörte es gleich am Motor. Das musste Dominic sein.

„Hallo, du sitzt ja im Dunkeln", begrüßte er mich.

„Heute Abend hat Leny in der Ninebar aufgelegt. War ganz OK, aber umgehauen hat es mich auch nicht. Ein bisschen Dub, ein bisschen House, aber irgendwie monoton und vielleicht eher was für Clubs in einer Stadt. Hast du schon gegessen?"

„Seit heute Mittag nichts mehr. Ich könnte was vertragen."

„Ich hab richtig Hunger und zwar auf was Warmes. Sollen wir kochen?", schlug er vor.

„Ja, gerne", antwortete ich und unterdrückte die Frage: „Jetzt?"

Wir gingen in die Küche und setzten einen kleinen Topf Reis auf, während wir zusammen Gemüse putzten.

„Hattest du einen schönen Tag?", wollte er nun wissen.

„Ja, ich war die ganze Zeit hier und habe es sehr genossen. Einen Rundgang habe ich unternommen und ein kleines Bild gemalt."

Später verspeisten wir unser Nachtmahl auf der Veranda und Dominic meinte, es wäre gut, dass wir wieder zusammen wohnen würden.

Nachdem mein Gefährte auch am folgenden Morgen auswärts gefrühstückt hatte, beschloss ich, einen Tag in Morjim zu verbringen. Gerade, als ich meine Tasche gepackt hatte, hörte ich Motorgeräusche vor dem Haus. Dominic war zurück gekommen und hinter ihm fuhren Hannes und Nico auf ihrer Oldtimer Maschine in den Hof.

Das war eine große Freude. Wir begrüßten uns und Nico fragte, ob sie auch nicht ungelegen kämen.

„Im Gegenteil, ich freue mich. Wollt ihr Tee trinken?"

„Ja gerne", antwortete sie. „Dominic meinte, wir könnten mal eure neue Bleibe anschauen."

„Kommt herein und seht euch um", übernahm nun mein Gefährte, während ich in der Küche Wasser erhitzte.

Ich hörte, wie Hannes nebenan mein Bild lobte.

„Sieht aus wie im Dschungel, gefällt mir, bunt und etwas chaotisch", lachte er.

„Das ist ein sehr schöner Platz", meinte Hannes, als wir kurze Zeit später auf der Veranda saßen. „Nicht ganz billig, aber das ist es wohl wert", ergänzte er dann.

„Auf dem Bild da drinnen fehlen gerade noch die kleinen Männchen", knüpfte er nun ans vorherige Thema an und wies mit dem Kopf nach meinem Zimmer.

„Es erinnert mich an Sumatra. Dort gibt es Urwaldbäume, die aussehen, wie riesige Farne. Diese Spezies hat es schon zu Dinosaurierzeiten gegeben, also vor mehr als 150 Millionen Jahren.

Eines Morgens, als Nebel von der dampfenden Erde aufstieg, da hab ich sie gesehen, die kleinen Männchen, einer hinter dem anderen, mit Pfeil und Bogen, wie sie zur Jagd gingen. Manche trugen eine Art Lendenschurz aus Baumrinde. Ich auch", lachte er nun und seine Augen blitzten.

„Am Nachmittag saßen wir dann zusammen auf der Veranda, die vor einer Hütte auf Stelzen angebracht war. Plötzlich bebte die Erde und ich dachte, ob diese Krieger wohl mir die Schuld daran geben würden? Die aber stutzten kurz und dann fingen sie an, schallend zu lachen. Die schlugen sich auf die Schenkel und lachten."

„Wir haben solche Männchen auch einmal gesehen", warf ich nun ein. „Auf den Andamanen, nur waren wir nicht gerade ihre Gäste."

„Wir sahen die Jarawas", sagte nun Dominic. „Es gibt auch noch die Sentilesen, aber die lassen niemanden auf ihre Insel. Ein Reporter wäre fast durch einen Speer ums Leben gekommen, als er sich ihnen nähern wollte."

„Dort war ich noch nie, aber von diesen Stämmen habe ich schon gehört, klingt sehr interessant", bestätigte nun Hannes.

„Es ist nicht ganz einfach mit ihnen in Kontakt zu treten, auch nicht ungefährlich", fuhr Hannes fort.

„Einmal habe ich eine Dschungelwanderung unternommen und bin dabei einem Fluss gefolgt. Der Wald wurde immer dichter und die Schreie der Vögel und Affen hatten nichts mehr mit Zivilisation zu tun. Schließlich vernahm ich ein Rauschen, das stetig zunahm. Ich stieg seitlich des Flusses auf einen Felsvorsprung und konnte nun sehen, welche Ursache das hatte. Es war ein Wasserfall, der sich in eine Art Becken ergoss.

Dieses Bild war so malerisch, fast unwirklich. Ich war begeistert, zog die Kleider aus und sprang hinunter.

Dort am Ufer waren aber gerade ein paar Eingeborenen Frauen mit Waschen beschäftigt, was ich zuerst nicht gesehen hatte. Als sie mich entdeckt hatten, die blonden Rastas, weiß, nackt und tätowiert am ganzen Körper, dachten sie wohl, ich wäre der Leibhaftige. Sie schrien wie am Spieß und rannten davon. Schon kurze Zeit später kamen dann ihre Männer mit Speeren und mir wurde himmelangst. Zum Glück konnte ich sie von meiner Harmlosigkeit überzeugen. Die Krieger nahmen mich mit in ihr Dorf und nach einer kurzen Zeit des Misstrauens, lachten die Frauen dann über mich, weil ich für sie doch ein komischer Kauz war."

Der Nachmittag verging wie im Flug. Es wurde manche Tüte geraucht und ich fühlte mich mit unseren Gästen so wohl, wie lange nicht mehr.

„Soll ich ein paar Butterbrote richten?", fiel mir ein.

„Oh ja, das wäre super", pflichtete Hannes bei.

„Ohne Kühlschrank hat man das nicht oft."

Ich richtete die Brote und legte geschälte Gurkenviertel mit Salz dazu.

„Das fehlt einem manchmal schon, so ein Essen wie daheim", warf Nico ein.

Wir aßen alles auf, bis auf den letzten Krümel.

„Das erinnert mich jetzt an das Dorf, in dem ich aufgewachsen bin", begann Hannes erneut.

„Da gab es auch Gurken im Garten und oft ein Butterbrot dazu. Ich habe fünf Geschwister und alle mussten satt werden. Meine Mutter hat ihren Garten geliebt und eine Menge raus geholt.

Und Mein Vater", dabei legte er eine kleine Pause ein und schaute mir lächelnd geradewegs in die Augen, „war Pfarrer."

„Was?", stieß ich hervor.

„Ja, aber ein Guter! Er hatte Humor, lachte laut, interessierte sich für Literatur und hatte, besonders für uns Kinder, oft eine ganz eigenwillige Interpretation der biblischen Geschichten. Trotzdem war er ein Mann von untadeligen Grundsätzen und ich habe ihn oft zur Verzweiflung gebracht.

Als ich vielleicht dreizehn Jahre alt war, begann ich eigene Wege zu gehen, von denen meine Eltern nichts wissen mussten. Unser Dorf lag etwa 30 km von Ulm entfernt und ich fuhr öfter mit einem Freund, per Anhalter, in diese Stadt, in der es alles Mögliche gab, was mich damals lockte: Langhaarige, Plattengeschäfte, Kaufhäuser usw. Einmal konnte ich nicht widerstehen und habe etwas geklaut. Nichts Teures, ich weiß nicht mal mehr, was es war. Jedenfalls bin ich erwischt worden und der Typ vom Laden hat die Polizei geholt. Die haben meine Personalien aufgenommen, und mich dann wieder laufen lassen. Mir war klar, das würde ein Nachspiel haben.

Natürlich erzählte ich nichts daheim, schließlich hatte ich eine Grenze überschritten und die Eltern würden maßlos enttäuscht sein. Ein Tag folgte dem anderen und es geschah nichts. Allmählich dachte ich, vielleicht wäre das Schicksal gnädig mit mir und meine Verfehlung doch zu gering, für eine Strafverfolgung. Aber dann meinte mein Vater eines Abends, nach dem Essen, ich solle in sein Arbeitszimmer kommen. Mir schoss das Blut in den Kopf, als er begann. Es wäre ein Brief von der Polizei aus Ulm gekommen, weil ich gestohlen hätte.

„Stimmt das?", wollte er wissen.

Ja, es stimmt", antwortete ich kleinlaut.

Es folgten ein paar belehrende Worte, an die ich mich nicht auch nicht mehr erinnere, denn ich wartete, mit bangem Herzen, auf die Strafe, die mich erwarten würde.

„In Zukunft", hörte ich ihn dann, „bekommst du Taschengeld und du kaufst dir deine Sachen."

Dann lachte Hannes wieder aus vollem Herzen.

Er gefiel mir immer besser, weil er ein so positiver Mensch war und offenbar eine gute Kindheit hinter ihm lag. Wie froh war ich, dass ich ihn kennen gelernt hatte. Und Nico passte so gut zu ihm. Sie verbreitete eine solche Weichheit um sich, war authentisch und ehrlich.

Erst gegen Abend stiegen sie auf ihr Motorrad und fuhren zum Sonnenuntergang irgendwo ans Meer.

Im Grunde war es gar nicht so übel, dass Dominic weiterhin sein Frühstück auswärts einnehmen wollte. Einerseits ersparte mir das seine morgendliche schlechte Laune und andererseits konnte ich so ungestört meine Meditationspraxis wieder aufnehmen.

Leider fiel es mir nach wie vor schwer, zu innerlicher Ruhe zu kommen. Das Haus hier war durchaus besser geeignet, als meine frühere Bleibe, aber es kostete mich immer noch große Überwindung, längere Zeit zu sitzen und den Geist von Ablenkungen fern zu halten. Auch kam ich sowieso leider sehr schwer in den Tag. Das war schon immer so gewesen. Wie hatte ich früher das zeitige Aufstehen gehasst!

Vor ein paar Tagen hatte ich zuerst gefrühstückt und danach das stille Sitzen geübt, was zu einem besseren Ergebnis führte. Vielleicht sollte ich das weiterhin so praktizieren, schließlich musste mein niederer Blutdruck erst einmal morgens in die Gänge kommen.

Das, beschloss ich, würde ich heute mit Eric besprechen.

Er saß, wie gewöhnlich, in seiner Hütte und arbeitete an der Tasche mit dem endlosen Konten. Müde sah er aus und begann, wie um sich selber überzeugen zu wollen: „Es ist alles gut, was ist. Loslassen ist nicht nötig, wenn ohnehin alles fließt. Wenn du die Hand in einen Wasserstrudel hältst, erkennst du, dass wir ohnmächtig sind, das Wasser aufzuhalten. So ohnmächtig sind wir im Aufhalten dessen, was kommt."

Unsere gemeinsame Meditation verlief, wie immer, sehr angenehm und beglückend.

„Wenn du ermüdest, richte einfach deinen Kopf ein bisschen nach oben und wenn du zu aufgeregt bist, senke ihn."

Ich probierte diesen einfachen Trick und es funktionierte sofort.

Als der helle Ton der Zimbel verklungen war, fragte ich Eric, ob denn wirklich etwas gegen die Reihenfolge, zuerst Frühstück und dann Übungen, sprechen würde.

Er schaute mich missbilligend an und fast bereute ich meine Frage.

315

„Wegen deines niederen Blutdrucks solltest du morgens früh aufstehen, die Zähne putzen, die Zunge reinigen und einen halben Liter Wasser trinken. Danach kannst du 2 bis 3 km schnell gehen. Vor der Meditation solltest du dann die Hände, die Füße und das Gesicht waschen.

Ohne Disziplin geht gar nichts. Wenn man nicht selber etwas tut, passiert auch nichts. Im Westen tun die Menschen nichts aus eigener Initiative. Sie erfüllen ihre Aufgaben, erhalten sich, sehen fern. Kaum ein Tag unterscheidet sich vom anderen. Man macht kaum Erfahrungen und lernt ganz wenig."

Ich war betroffen von seinen strengen Worten und dachte: Ja und ich bin bald hier und bald dahin geschaukelt, wie der Wind gerade weht. Trotzdem lerne ich einiges. Ich sehe, dass die Hierarchie der Menschen und die Abhängigkeiten die schlechten Eigenschaften stärken, die in uns liegen. Egoismus, Heuchelei und falsche Freundschaften schleichen sich ein.

„Man muss die Wahrheit sagen", fuhr er nun fort. „Wenn man die falschen Vorstellungen der anderen, aus Angst vor Disharmonie, unterstützt, anstatt sie falsch zu nennen, trägt man die Verantwortung dafür, wenn der Lernprozess des anderen verzögert wird. Lernen heißt zu mehr Wahrheit finden und damit zu mehr Glück. Die Sprache muss immer klar und geradlinig sein. Man soll nicht reden, um des Redens willen."

Beide schwiegen wir nun eine Weile. Draußen hörte ich eine Kuh brüllen und eine Frau schimpfte.

„Willst du Tee trinken?", fragte er nun in einem anderen Ton.

„Ich rauche zu viel", lächelte er. „Auch ich habe nicht die Disziplin, das zu ändern."

Ani, fiel mir ein, mit ihr musste wohl etwas schief gegangen sein. Deswegen war er vermutlich heute so traurig. Wenn er aber nicht darüber reden wollte, so würde ich ihn auch nicht danach fragen.

„Ich denke jetzt wieder viel an meinen Sohn", begann er dann.

„Er soll seine Indienreise hier in Goa beginnen. Zuerst will ich mit ihm nach Calangute, wo er den Normalbürger, die Langeweile und den Luxus sehen kann, ein leichtes Leben. Dann werde ich ihm Chapora zeigen, das glatte Gegenteil, die Szene mit den Extremsten und Kaputtesten von ganz Goa, dort wo sich die Normalen gar nicht hin trauen.

Er soll die Sinnlosigkeit in zweierlei Ausrichtungen mit eigenen Augen sehen. Danach will ich erst mit ihm in den Norden fahren. Dort kann er etwas Sinnvolles kennen lernen, das Handwerk und der tägliche Umgang mit den Einheimischen, die ein einfaches Leben führen und sich gegenseitig unterstützen."

Wir kamen danach noch auf den Materialismus im Allgemeinen zu sprechen und ich wollte nun auch einmal etwas sagen:

„Die Menschen im Westen klammern sich aus Angst an das Materielle, weil sie nichts haben, das ihnen Halt gibt. An nichts zu glauben, sich in kein System eingebunden zu fühlen, macht große Angst. Und je größer die Angst, um so mehr Material wird nötig."

Er nickte mit dem Kopf und meinte: When people are not Buddhist."

Ich spürte, wie anstrengend heute alles für ihn war und verabschiedete ich mich früher als sonst.

„Es freut mich immer, wenn du kommst", sagte er, als ich schon aufgestanden war.

„Überlege dir immer genau, wen du in dein Haus und in deine Lebenssphäre lässt. Die Energie, die deine Besucher mitbringen, lassen sie zurück und du wirst durch sie beeinflusst."

Das gab er mir noch mit auf den Weg und ich überlegte, ob das für mich jetzt etwas Gutes zu bedeuten hätte, oder nicht.

„Wenn du in Baga verkaufen willst, nimm deine Sachen mit und schau, ob du am späten Nachmittag den Ingo irgendwo triffst", hatte Hannes mir geraten.

„Oft sind noch Lücken, aber das weiß er erst gegen Abend."

Natürlich hatte ich schon fast die Hälfte meiner Ware verkauft, aber es könnte reizvoll sein, auch einmal beim Nightmarket dabei zu sein. Ich traf den kleinen untersetzten Mann, Anfang Fünfzig, der den Markt organisierte, wie angekündigt, als er auf dem überschaubaren Gelände nach dem Rechten sah.

Er schien gestresst und schaute mich missmutig an, aber ich fragte ihn trotzdem, ob ich heute Abend hier verkaufen könnte.

„Was hast du denn?", wollte er wissen.

Ich packte zwei Hosen und ein Oberteil aus und zeigte es ihm.

„Gut, warte dort drüben, ich schau mal", entgegnete er und wies mit dem Kopf zu ein paar Plastikstühlen, die an einer Mauer standen.

Dort saß bereits ein Mann um die Dreißig, den ich vom Sehen her kannte, der mir aber etwas unheimlich war. Er nannte sich Krishna, hatte mit schwarzem Kajal umrandete Augen und eckte immer wieder in der Öffentlichkeit an. Erst neulich war er von zwei Indern aus der Ninebar geführt worden.

„Das ist ein Junki, der arme Kerl", hatte Dominic kommentiert.

„Der weiß manchmal nicht, was er tut."

Er musste einmal ein ganz Hübscher gewesen sein, aber irgendwas war wohl passiert, in seinem Leben.

„Willst du auch etwas verkaufen?", fragte ich ihn und setzte mich in seine Nähe.

Er nickte müde mit dem Kopf und deutete auf eine Tasche vor sich.

„From the North", flüsterte er fast. Ganz so, als wolle er mir andeuten, dass es nichts Besonderes wäre.

Ich wollte ihm nicht unnötig auf die Nerven gehen und schwieg mit einem Kopfnicken. Leute liefen hin und her, Motorrikschas fuhren geräuschvoll auf den Platz und Händler mit großen Taschen, stiegen voll beladen vom Rücksitz. Ein paar mal lief Ingo an uns vorbei und ich überlegte, ob er uns vergessen hatte.

Einmal trafen sich Krishnas und mein Blick. Ich lächelte ihm zu und hob, wie zu einer zweifelnden Frage, leicht die Schultern.

„You have a good smile",sagte er dann zu meiner Überraschung.

Ich hätte nicht erwartet, dass er mich so wahrnehmen würde. Vermutlich hatte er gespürt, dass ich ihm wohlwollend gegenüber stand und das freute mich ungemein. An diesen einen Satz musste ich lange denken, habe ihn bis zum heutigen Tage nicht vergessen.

Kurz darauf stand Ingo vor uns.

„Kommt mit!", forderte er uns auf.

Zuerst erhielt Krishna einen Platz, schließlich war er auch schon vor mir da gewesen und dann führte mich Ingo zu einer kleinen Lücke zwischen zwei Indern mit Textilien und einem Japaner mit Papierwaren. Die Inder begrüßten mich gleich wie alte Bekannte. Der Ältere der beiden zeigte auf eine Fünffachsteckdose auf dem Boden und meinte: „Here you can fix your Light."

Ich überlegte kurz und dann kapierte ich, was er meinte. Natürlich, Night Market! Da brauchte man eine Beleuchtung! Wie dumm ich doch war! Ich hatte nicht daran gedacht.

Der Inder verstand sofort und lächelte: „No problem, I can buy, what you need."

Ich gab ihm einen hundert Rupie Schein und dann fuhr er auf einem Scooter davon. Bis ich meine Ware dekorativ angeordnet hatte, war er schon wieder zurück. Mit einer einfachen Fassung, fünf Meter Kabel und einer Glühbirne war ich gerettet.

Eine Woche später saß ich wieder vor der Mauer und wartete auf Ingo. Krishna war nicht hier, dafür aber ein blonder Skandinavier und ein Israeli mit Lederwaren.

Moshe, der Israeli, hatte stark gelocktes, langes Haar, trug stolz Armbänder und eine Gürteltasche mit Fransen, vermutlich aus eigener Fertigung. Er gebärdete sich wie ein Platzhirsch und fragte mich von oben herab: „What du you sell?"

Ich zeigte auf meine Hose und er zuckte missbilligend mit der Schulter.

Der Skandinavier schien Moshes Freund zu sein und war nicht mit eigener Ware vertreten. Dafür aber schien er der Welt diverse Botschaften vermitteln zu wollen und bescheidete sich mit meiner Person, als Zielobjekt.

Buddha, wollte er ausgerechnet mir weismachen, hätte die Meditation und all diese Dinge von den Anhängern Shivas gelernt. Deswegen gebühre Shiva eindeutig die größere Ehre.

Ich konterte: „Buddha lebte ein paar Jahre mit Sadhus, das stimmt. Aber er kam mit deren Methoden nicht weiter, musste einen völlig neuen Weg finden und der hat ihn doch zur Erleuchtung geführt."

Das ließ der Blonde nicht gelten. Ohne die uralten Hindutraditionen gäbe es doch gar keinen Buddhismus. Er winkte ab, als würde es sich gar nicht lohnen, mit einer wie mir zu streiten und wandte sich wieder seinem Freund zu.

Gebührt denn auch dem Affen mehr Ehre als dem Menschen, nur weil auch der schon früher da war, hätte ich am liebsten gefragt, aber man schien sich nicht mehr für mich zu interessieren. Natürlich würde ich nie einen Buddhisten über einen Hindu stellen, da müsste doch jeder erst einmal als Mensch betrachtet werden und bestehen.

Die beiden, die sich nun dazu entschlossen hatten, auf Ingo zuzugehen, anstatt dumm zu warten, schienen mir jedenfalls keine Vorbilder zu sein. Ich hörte nun, wie Ingo ihnen auseinandersetzte, dass er nur noch einen Stand zur Verfügung hätte. Der wäre aber so groß, dass die beiden mir vielleicht ein Stück davon überlassen könnten.

„Nein, auf keinen Fall!", antwortete Moshe. „Doch nicht mit diesem Zeug!"

Ingo wandte sich nun mir zu und entschuldigte sich: „Tut mir leid."

Natürlich war ich ein bisschen wütend auf die beiden, aber mehr noch war ich traurig und deprimiert. Man hatte mich nicht haben wollen und ich fühlte mich plötzlich sehr alt.

Auf Hannes Vorschlag hin, war ich schon am frühen Vormittag nach Chapora gefahren.

„Dort bekommst du ganz frische King Prowns zu einem guten Preis", hatte er empfohlen.

Der neue Tag wirkte noch ganz frisch und die Sonne schuf eine Leichtigkeit, als könnte einen nie etwas aufhalten. In einem der sonst so vollen Lokale, saß ein älterer Mann beim Tee, aber sonst war alles wie ausgestorben. Hier, in Chapora, hieß es, würden die Junkis wohnen, denn die Unterkünfte wären einfach und billig. Wahrscheinlich war auch Krishna hier irgendwo, denn seit dem Nightmarket musste ich oft an ihn denken.

Ein paar Fischerfrauen saßen, wie angekündigt, am Straßenrand und boten die geringen Fangerfolge ihrer Männer an. Es gab kleine Fischchen in geflochtenen Körben, ein paar Krabben und die begehrten Riesengarnelen fand ich in einer Plastikschüssel. Wir wurden uns schnell handelseinig und ich fuhr, wie mit einer Trophäe, wieder den steilen Holperpfad hinauf nach Vagator.

Als Dominic aufgestanden war, zeigte ich ihm meinen Schatz.
„Weißt du überhaupt, wie man die macht?", fragte er skeptisch.
„Ich möchte sie kurz kochen und dann in einer Knoblauchsauce servieren, vielleicht mit Reis dazu."
„Da bin ich ja mal gespannt", war seine Antwort.

Zunächst begann ich mit einem neuen Bild. Das letzte war doch sehr bizarr und vielleicht zu überfüllt gewesen. Jetzt versuchte ich es flächiger, transparenter, in zarten Pastelltönen. Einem Impuls, immer weitere Schichten aufzutragen, konnte ich widerstehen und fing anstatt dessen, gleich ein zweites Aquarell an. Nach dem Trocknen nahm ich den schmalen schwarzen Faserstift und schuf damit wieder Struktur und Tiefe. Aus weißem Karton schnitt ich dann zwei große L-förmige Streifen zu, mit denen ich, ein in der Größe flexibles Passepartout, auf die Aquarelle legen konnte. So war es möglich, die Bilder, wie mit einem Sucher, zu betrachten und zu entscheiden, wo etwas entstanden war und was weg musste.
„There is somthing, what is not nothing", hatte Eric einmal gesagt, als es um unsichtbare Kräfte ging. Genau so wollte ich meine Bilder sehen.
Am Nachmittag war meine schöpferische Kraft verbraucht und ich fuhr zum Baden.
Als sich der Sonnenuntergang näherte, wurde ich etwas unruhig, weil ich doch die Garnelen zubereiten wollte. Ob Dominic überhaupt kommen würde, war die Frage. Aber wenn er überraschenderweise schon daheim wäre und ich nicht da: das wäre fatal.

So trat ich früh den Heimweg an. Gerade als ich zur Hauptstraße abbiegen wollte, kam mir eine Art Mofa entgegen. Am Lenker saß Peter und hinter ihm Anna, mit weit ausgebreiteten Armen. Sie lachten, nachdem sie mich erkannt hatten und ich sah, dass Anna in jeder Hand ein Glas hielt.
„Wir fahren zum Sunset und gönnen uns heute einen Pina Colada", erklärte Anna.
Tatsächlich waren die Gläser kunstvoll arrangiert, mit Zuckerrand und Zitronenscheibe, wie in einem Restaurant.
Die beiden zelebrierten ihr Leben, da konnte man neidisch werden.

Ich dagegen wartete eine Ewigkeit. Erst als die Musik in der Ninebar geendet hatte, erschien mein Gefährte. Die King Prowns hatte er natürlich vergessen, aber als ich sie mit Brot und Salat serviert hatte, bekam ich doch ein Lob.

Er setzte sich dann an seinen Laptop, um neue Sounds zu finden und ich nahm die Styroporplatten, in denen die neuen Lautsprecher verpackt waren, zur Hand, klebte meine beiden Bilder vom Vormittag darauf und schmückte damit eine leere Wand.

Es war sicher schon nach elf Uhr, als zwei Motorräder vorfuhren. Auf einem saßen Prema und Stefan und auf dem anderen ein gewisser Marc, den ich vor ein paar Tagen in der Ninebar kennen gelernt hatte. Dieser junge Mann war so Anfang Dreißig, hatte langes, glattes Haar und war auch irgendwie wichtig, in der deutschen Musikszene: Techniker und Freund von einem bekannten Duo, so weit ich mich erinnere. Er hatte mir in der Ninebar lange beim Tanzen zugesehen und darum schien es auch jetzt zu gehen.

„Heute Nacht ist eine gute Privat Party zwischen Baga und Calangute, wir wollten euch abholen", begann Stefan.

Dominic zögerte und auch ich war eigentlich zufrieden mit meinem Tag gewesen, hatte mich schon aufs Schlafen gehen eingestellt.

Als könne er Gedanken lesen, meinte Stefan nun: „Schlafen könnt ihr morgen auch noch."

Nach einer kurzen Beratung, wie man denn fahren würde, wandte sich Marc an mich: „Du kannst mit mir fahren, ich habe das größere Moped und Dominic fährt hinterher."

Ich schaute hilfesuchend zu meinem Freund.

„Ja, so machen wir es", meinte dieser daraufhin.

So fuhr ich wieder einmal mit einem wildfremden Menschen durch die Nacht. Christian fuhr vor uns, Dominic folgte mit seinem Scooter. Ich konnte mich des Eindrucks nicht erwehren, dass mein Gefährte und ich, so eine Art Dekoration für Stefans Inszenierungen darstellten.

Die Musik bei der Party gefiel mir ausgesprochen gut und ich tanzte fast die ganze Nacht. Marc hatte sich gleich zu Beginn einen Stuhl direkt vors Dancefloor gestellt und einfach ohne Hemmungen geschaut. Dominic näherte sich mir beim Tanzen immer wieder, schien aber nicht so richtig glücklich zu sein. Obwohl sogar der Platz sehr schön war und die Deko geradezu kunstvoll, war ich es auch nicht.

Daheim meinte Dominic dann, mein Tanzstil wäre irgendwie übertrieben gewesen. Da hatte ich mich wohl zu sehr produziert.

Hannes

Jetzt, im neuen Jahr, folgte eine Party nach der anderen und wir waren viel unterwegs. Beim Flohmarkt merkte ich, dass mich inzwischen einige Leute kannten. Ich hatte nun mal einen ausgefallenen Tanzstil und konnte ganze Nächte lang durchhalten. Das fiel auf. Fremde Leute grüßten mich auf der Straße und an meinem Stand wurde ich auf Partys angesprochen und wusste oft nicht einmal, welche denn gemeint war. Obwohl mir klar war, auf welch oberflächlicher Ebene das alles vonstattenging, hatte sich mein Selbstbewusstsein dadurch trotzdem deutlich verbessert.

Inzwischen war es Ende Februar und ich hatte an diesem Tag so gut verkauft, dass ich mich abends dazu entschied, es nun gut sein zu lassen, weil es sich nun nicht mehr lohnen würde, einen ganzen Tag an meinem Stand herum zu stehen. Es gab nur noch ein paar Kleinigkeiten und eine einzige Hose. Schon beim Kaufen des Stoffes, war ich nicht sonderlich überzeugt von dessen Farben und Muster gewesen, dachte aber, dass andere Leute auch einen anderen Geschmack hätten und nun war gerade diese Hose liegen geblieben.

Ich packte meinen Rucksack mit den Ladenhütern und schaute noch kurz bei Hannes am Stand vorbei.

„Jetzt müssen auch wir beide mal übers Geschäftliche reden", scherzte ich und ließ meinen Blick über seinen Meeresschmuck gleiten.

„Such dir in Ruhe aus, was dir gefällt", empfahl er.

Wie immer war ich schnell entschlossen, außerdem gefielen mir die Anhänger mit Versteinerungen von Nautilusmuscheln schon lange. Ich deutete auf das schönste Exemplar und fragte nach dem Preis.

„Das kostet nichts", antwortete er. „Ich will es dir schenken. Du brauchst dir keine Gedanken zu machen, auch Dominik hat sich bereits etwas ausgesucht. Es freut mich, wenn meine Freunde etwas von mir tragen."

Nun waren meine Zweifel ausgeräumt und ich bedankte mich. Für den besonderen Schmuck, aber auch für seine Worte.

Eines Morgens meinte Dominic: „Du hast doch diesen Kontakt zu Emil. Peter hat mich gefragt, ob ich ihm ein paar Pillen besorgen könnte und wir brauchen auch welche."

„Ich dachte, Peter und Anna würden gar keine Drogen nehmen", entgegnete ich.

„Peter bekommt Angstzustände, wenn er kifft, aber mal ne Pille auf einer Party, das geht schon."

Ich war überrascht und stellte mir vor, wie ich mit einer unbestimmten Menge von Drogen durch Anjuna fahren würde. Es schauderte mich.

„Du hast so ein harmloses Gesicht, dich kontrolliert doch keiner!", wollte er mich beruhigen. Meine Ängste standen mir wohl ins Gesicht geschrieben.

„Du willst überall dabei sein und wenn es dann darum geht, auch einmal etwas zu riskieren, da kneifst du!"

„Nein, nein. Ich werde es ja machen", lenkte ich ein.

Am nächsten Tag war Samstag. Wenn ich am Vormittag zu Emil fahren würde, könnte ich ihn bestimmt antreffen und um die Zeit kauften die Leute ein, es war Betrieb auf den Straßen und ich würde nicht auffallen.

Emil ließ sich nichts anmerken, als ich nach zwanzig Stück fragte. Ich weiß nicht, ob er das für wenig oder viel hielt. Jedenfalls ließ er mich in einer Art Halle oder Wohnzimmer warten. Vielleicht, dachte ich, musste er die Ware erst irgendwo ausgraben? Manuela war zum Glück nicht da. Warum wäre mir das eigentlich unangenehm gewesen?, fragte ich mich, bis er wieder kam. Ich übergab ihm das Geld und verneinte die Frage, ob ich noch etwas trinken wolle.

Mein Päckchen steckte ich mir dann in die Hose und fuhr, so unauffällig wie möglich, zurück nach Vagator. Dort kümmerte sich Dominic um ein geeignetes Versteck und ich musste erst einmal eine Weile in die Hängematte liegen, bevor ich meinen Tag fortsetzen konnte.

„Du kannst bei Peter ruhig etwas mehr verlangen, als du gezahlt hast", erklärte mir Dominc. „Du hattest ja auch das Risiko."

Also gab es doch ein Risiko, dachte ich und antwortete: „Nein, ich will auf gar keinen Fall etwas daran verdienen. Ich verlange genau das von ihm, was ich gezahlt habe."

Ich dachte dabei an mein Karma und hoffte, dass es durch diese Tat nicht noch mehr Schaden erleiden sollte.

Zuerst hatten wir es von Hannes gehört: „Die Bootsparty ist jedes Jahr ein Höhepunkt in der Goa Season!"

Stefan kannte natürlich die indischen Veranstalter, die wiederum Freunde des Paares aus Mumbai waren, welches kürzlich das Restaurant, mit dem übeteuerten Thali, eröffnet hatte.

Bei Sonnenuntergag fuhren Hannes und Nico bei uns vor.

Hannes funkelte mit seinen wilden Augen und hatte sich mit der kostbaren, schweren Muschelkette geschmückt. Wir rauchten und tranken Tee, denn man konnte nicht vor elf Uhr aufs Boot. Die Zeit bis dahin verging aber wie im Flug, weil Hannes wieder zu erzählen begann.

1978 war er zum ersten Mal über Land nach Indien gereist. In Afghanistan hätte er fast ein einheimisches Mädchen geheiratet, denn damals wusste er noch nicht, wie groß die kulturellen Unterschiede waren und auch heute noch sind.

„Ich hatte noch nie vorher Palmen gesehen und dann die Strände Goas! Das Meer, das Klima und der Dschungel, das war mein Ding. Ich spürte es sofort. Als das Geld zu Ende war, musste ich natürlich wieder nach Deutschland zurück und habe eine ganze Weile als Psychiatriehelfer gearbeitet. Ich lebte auf einem kleinen Anwesen mit Tieren. Mein Liebling war ein Esel, mit dem ich sogar Wanderungen unternahm. Unglückliche Umstände trieben mich aber wieder nach Asien und darüber bin ich heute froh.

Zuerst dachte ich: für ein Jahr. Daraus wurden dann zwei und aus zwei wurden fünf. Ich bereiste inzwischen ganz Indien, viele Inseln Thailands und entdeckte dann Sumatra. Vorgelagert im Südwesten, liegen die Mentawai Inseln, die werdet ihr wahrscheinlich nicht kennen. Dort gibt es diese Stämme, von denen ich neulich erzählt habe. Sie leben noch sehr ursprünglich und haben kaum etwas von unserer Zivilisation angenommen."

„Mentawai, sagst du?", warf ich ein.

„Ja, genau", bestätigte Hannes.

„Wir hatten in der Schule ein Jahr lang einen ehemaligen Missionar als Religionslehrer", begann ich nun zu erzählen.

„Der hatte acht Jahre bei den Mentawaiern gelebt, ihre Sprache gelernt und die Kultur studiert. Dann war ihm klar, dass diese Menschen keine Missionare und andere Einmischungen brauchten. Er kündigte und wurde Religionslehrer bei uns. Die Eingeborenen aber, haben ihn nie mehr losgelassen und das ganze Jahr hat er praktisch nur von denen erzählt."

„Ja kaum zu glauben, dann kennst du die?", rief Hannes begeistert.

„Jeden Dienstag hat er uns etwas anderes erzählt. Beispielsweise, dass sie Geburtenregulierung kennen, mit Tabuzeiten usw. Besonders beeindruckt hat mich aber ihre Art, in der Gemeinschaft Beschlüsse zu fassen. Die Männer des Stammes sitzen, nach Alter und Hierarchie geordnet, im Kreis. Der erste nennt das Thema und stellt gleichzeitig seine Position dar. Der nächste wiederholt nun, was der erste gesagt hat und ändert den Kommentar in seine Richtung und so geht das weiter, bis alle etwas gesagt haben. Wenn dann noch keine Einigung vorherrscht, kommt eine zweite Runde und so fort. Das kann lange dauern, meinte unser Lehrer, aber es führt zum Ziel und die Interessen aller werden berücksichtigt."

Das Boot ging von Panjim aus und wir hatten einen weiten Weg vor uns. Hannes und Nico fuhren voraus und waren natürlich schneller, als wir mit Dominics Scooter. Ich weiß nicht, wie mein Gefährte den Weg in der Dunkelheit finden konnte. Es dauerte ewig und ein schmales Sträßchen löste das nächste ab, einzelne Häuser und ganze, namenlose Dörfer, zogen an uns vorüber, es nahm kein Ende. Schließlich erreichten wir den Hafen und sahen das hell erleuchtete, dreistöckige Schiff.

Nico winkte uns vom Parkplatz her zu. Sie hatten auf uns gewartet und gemeinsam reihten wir uns in die kleine Schlange ein, die sich an der Brücke gebildet hatte.

Jedem Gast wurde zunächst eine Blumengirlande umgehängt und an Bord erhielten wir einen Cocktail. Im Bauch des Schiffes befand sich eine Bar und es lief dezente Ambientmusik. Stefan stand beim DJ und kam auf uns zu, um uns zu begrüßen. Tische und Wände waren mit Blumen geschmückt und bunte Lichter unterstrichen die freundliche Atmosphäre. Über eine Treppe ging es dann hinauf zum zweiten Stock, in welchem eine Hängematte neben der anderen installiert war. Ganz oben an Deck, befand sich das Dancefloor und Trever, ein englischer DJ und Freund von Peter und Anna, bereitete sich gerade auf die Eröffnung vor. Eine halbe Stunde später legte das Schiff ab und ein super Intro lockte die ersten Tänzer auf Deck. Natürlich gehörte ich dazu, aber tanzen bei einer Wellenbewegung, war für mich etwas ganz Neues. Man konnte nicht GEGEN die Wellen antreten, man musste lernen, MIT ihnen zu gehen. Weiter draußen, im offenen Meer, wurde das noch krasser. Eine klebrige Masse von Menschenkörpern bewegte sich, wie ein Fischschwarm, von einer Seite zur anderen und dann wieder zurück. Ganz verrückt war das! Aber mit lauter netten Leuten, die einander zulachen, hatten wir jede Menge Spaß. Immer wieder traf ich auf Dominic, Hannes und Nico und alle gaben was sie konnten, nämlich ihr Bestes. Nur zweimal stieg ich in der Nacht in den Mittelstock hinunter, um in einer der Hängematten etwas zu relaxen. Dann aber ging es mit neuem Elan weiter. Als der Morgen dämmerte, fuhren wir relativ nah an der Küste durch. Hinter roten Felsen ragte ein finsterer Backsteinbau empor.

„Das ist das Gefängnis", hörte ich plötzlich Hannes neben mir. „Der Knast von Goa. Jetzt schau mal genau hin, wenn wir näher kommen."

Ich traute meinen Augen nicht! Aus zahlreichen, vergitterten Fenstern sah ich Arme mit geballten Fäusten herausschauen. Im Rhythmus der Musik schossen sie immer wieder hervor.

„Die freuen sich, dass wir kommen, wären natürlich auch gerne dabei. Die meisten sind Leute wie wir und kommen auch wieder frei, wenn jemand für sie zahlt."

Viele der Tänzer standen inzwischen an der Reling, die dem Gefängnis nahe kam und antworteten den Insassen mit der gleichen Geste, der geballten Faust, die im Rhythmus der Musik in den Himmel schoss.

Das hatte so viel positive Kraft, dass ich staunend lachen musste.

Am späten Vormittag erreichten wir wieder den Hafen von Panjim. Als wir von Bord gingen, hatte ich extrem weiche Knie und empfand das Passieren der wartenden Menge von Indern, die uns Exoten sehen wollten, wie eine Art Spießrutenlauf.

Eigentlich wollte ich nur noch schnell nach Hause, aber Hannes meinte: „Wir sehen uns nachher noch in Chapora, im Juice Shop an der Kreuzung, oder?"

Die weite Rückfahrt, bei Dominic hintendrauf, bereitete mir etwas Kopfzerbrechen, schließlich hatte keiner geschlafen und unsere Verfassung war nicht unbedingt die, welche die Straßenverkehrsordnung vorschreibt, aber wir haben es trotzdem geschafft. Peter und Anna saßen auch im Juice Shop und wir konnten noch eine ganze Weile von dieser gigantischen Nacht schwärmen.

Ich weiß nicht, was mich geritten hat, aber ich hörte mich, kurz bevor wir uns verabschiedeten, noch folgendes lachend zu Hannes sagen: „In mein Tagebuch werde ich schreiben: Hannes tanzte wie ein Wilder, wie ein Stammesfürst!"

Er funkelte mich fröhlich aus seinen blauen Augen an und stieß ein Laut der Begeisterung hervor. Natürlich wollte ich ihn in seinem ganzen Sein damit ehren, ihm eine Freude bereiten, vielleicht die, dass ich ihn erkannt hatte und er wiederum hatte das verstanden. Nico lachte nur, aber in Dominics Augen stieg unterdrückter Zorn auf und ich bedauerte sogleich meine unbedachten Worte.

Dieser Satz löste eine erdrutschartige Katastrophe zwischen meinem Freund und mir aus.

„Warum musst du Hannes dauernd so anschleimen? Glaubst du tatsächlich, dass es Nico gefällt, wie ihr nur noch EUCH seht? Und überhaupt: wie arrogant ist das? Du stellst dich stolz neben Leute wie Hannes oder Eric und tust so, als wärst du aus dem selben Holz wie die. Dabei hast du noch gar nichts eigenes geleistet, bist nur immer dabei. Und jetzt willst du bald den Schwanz ganz einziehen und heim gehen. Gehen denn Hannes oder Eric heim? Und daheim kriechst du auch wieder nur unter, in meiner Hütte. Such dir doch was eigenes! Genau, ich verbiete dir, in meinem Haus zu wohnen, ist das klar?", tobte er am nächsten Morgen.

So ging das noch eine ganze Weile, bis er wütend über die Veranda hinaus rannte, auf seinen Scooter stieg und im Karacho davon fuhr. Bei der ersten Linkskurve hörte ich klirrende und dumpfe Geräusche, ein Motor heulte kurz auf und klang dann wie abgewürgt. Ich lief erschrocken vors Haus und sah, wie Dominic sich und das Fahrzeug aufrichtete und seine Kleider abklopfte. Danach humpelte er zurück zum Haus. Den Scooter ließ er stehen. Ich sah, dass sein Bein blutete, als er wortlos durch die Tür lief.

„Kann ich dir helfen?", rief ich hinter ihm her, aber er wollte offensichtlich nichts mehr von mir wissen.

Kurze Zeit später kam er mit einem verpflasterten Knie und einer anderen Hose wieder heraus und warf mir einen bösen Blick zu, bevor er nun endgültig davon fuhr.

Lange saß ich auf der Veranda, starrte vor mich hin und konnte keinen klaren Gedanken fassen. Ich hatte diesen Erdrutsch selber ausgelöst und war mir doch auch wieder keiner Schuld bewusst. Nico hatte einmal zu mir gesagt: „Ja, du und Hannes, ihr wärt auch ein schönes Paar." Das hatte sie ganz ohne Bedauern oder Hintergedanken gemeint und ich antwortete: „Ja, vielleicht in einem anderen Leben, unter ganz anderen Umständen."

Hannes und ich waren fast gleich alt und nach längerem Grübeln kam mir der Gedanke, dass es unsere Jugend war, die uns verband. Damals, Anfang der Siebziger, war eine Zeit des Aufbruchs, mit großer Offenheit und Euphorie. Hannes und ich kannten uns zwar nicht, hörten aber die selbe Musik, ließen die Haare wachsen, trugen das gleiche Outfit, fuhren per Anhalter und sehnten uns nach Freiheit. Wir hatten die selben Träume, nur ich war damals zu feige, sie in die Tat umzusetzen und Hannes nicht.

Dominic war acht Jahre jünger als wir und Nico noch viel mehr.

Wie aber hätte ich Dominic das erklären können? Es ging ja um so viel mehr, als um eine dumme Eifersucht.

Die Sonne schien wie jeden Tag durch die Blätterdächer der Bäume, die Vögel sangen ihr tägliches Lied und doch war alles wie ausgelöscht in mir und um mich herum. Es lagen noch etwa drei Wochen vor mir, dann würde ich zurück fliegen. Ich hatte so gehofft, dass alles noch friedlich ablaufen könnte, aber das schien nun eine Illusion, so wie sich schon Vieles als Illusion erwiesen hatte.

Heilung

An so einem Tag, in dieser traurigen Verfassung, konnte ich mich nirgendwo blicken lassen, außer bei Eric.

Als ich am Nachmittag vor seiner Hütte das vertraute: „Come in!", hörte, war ich gleich ein wenig ruhiger.

Mit den Worten: „People here in Goa are too much konfused", eröffnete er nach der Meditation unser Gespräch. Er müsse nun endlich abreisen, versicherte er mir. Sobald er ein paar Dinge geregelt hätte, ginge er in den Norden. Wahrscheinlich wäre es falsch, seinem Sohn Goa überhaupt zu zeigen. Ein Israeli namens Moshe, der selber Lederwaren fertigen würde, hätte ihm angeboten, seine Sachen, im Sommer, auf Ibiza, zu verkaufen.

„Für die Tasche mit dem endlosen Knoten hat er mir einen guten Preis vorgeschlagen, aber ich werde sie ihm nicht geben", lächelte er dann.

„Ich kenne diesen Moshe. Er war nicht gerade nett zu mir, als ich versuchte, einen Platz auf dem Nightmarket zu bekommen." Ich erzählte daraufhin, wie es mir ergangen war.

„Ich glaube dir. Er ist sehr stolz und sieht die anderen nicht."

Eric schloss kurz die Augen und nach einer kleinen Pause fuhr er fort: „Ein Egoist liebt weder die anderen, noch sich selber. Besonders Letzteres führt dazu, dass sich solche Menschen permanent benachteiligt fühlen. Aus dem Gefühl des Mangel heraus, scheint ihnen gerechtfertigt zu sein, dass sie sich die Dinge einfach selber nehmen, oft mit fragwürdigen Mitteln."

Sein Blick wanderte nun zur offenen Tür, wo mildes Abendlicht die Staubkörner tanzen ließ. Säuberlich standen dort meine Sandalen nebeneinander, von welchem sich der Riemen des einen gelöst hatte.

„Dein Schuh ist kaputt. Bring ihn doch einmal her."

Das war mir nun doch ziemlich peinlich und ich versicherte Eric, dass ich demnächst Neue kaufen müsse, weil diese kaum noch lange halten würden.

„Die sehen noch gut aus. Ich werde sie jetzt gleich kleben und wenn du gehst, ist der Schuh wieder voll einsetzbar."

Einerseits wollte ich nicht, dass dieser Mann mir solche Dienste leistete und andererseits hatte ich in geklebte Sandalen ohnehin wenig Vertrauen. Es blieb mir aber keine Wahl und er begann erst einmal die betroffenen Stellen, in aller Ruhe, zu reinigen. Aus der Truhe nahm er dann ein Fläschchen, mit dem er den Riemen und die geteilte Sohle einstrich und nach einer kurzen Einwirkzeit, nahm er eine Art Schraubzwinge zur Hand, die den nötigen Druck erzeugen sollte.

Nun begann ich von meinen jüngsten Erlebnissen zu erzählen. Er nickte mehrfach mit dem Kopf und wiederholte mantraartig den Satz, den ich schon oft von ihm gehört hatte: „You have to leave him allone."

„Wenn du nicht mehr bei ihm bist, wird er merken, dass es ihm dadurch nicht besser geht. Erst wenn er sein eigenes Verhalten ändert, kann sich etwas Positives entwickeln."

„Jeden Abend solltest du dir darüber Gedanken machen, was du an diesem Tag alles falsch gemacht hast", fuhr Eric fort. „Über das Richtige musst du nicht nachdenken, das würde dich nur stolz machen und in die Irre führen. Nur aus den Fehlern lernen wir, aus denen, die wir erkennen.

Trotzdem soll man sich aber selber lieben.

Bei mir ist das noch nicht lange so, dass ich das kann. In der Zeit, als ich geboren wurde, war es in Dänemark nicht üblich, dass Mütter und ihre Kinder nach der Geburt dauernd zusammen sind. Zudem war ich behindert. Das führte dazu, dass ich die ersten drei Monate, getrennt von meiner Mutter, im Krankenhaus verbrachte. Es war sehr hell dort und laut, zudem wechselten ständig die Krankenschwestern. Ich habe all das in einer Meditation gesehen und konnte meiner Mutter Details des Krankenhauses nennen, die sie schockiert haben. All dies noch einmal zu erleben, war schmerzhaft für mich, aber nun weiß ich, dass meine Mutter keine Schuld trifft. Sie hatte mich geliebt und das wurde zuvor von mir angezweifelt. Wenn einer denkt, die eigene Mutter würde ihn nicht lieben, dann ist das ein großes Hindernis für die Selbstliebe."

„Manche beschenken sich selber mit unnützen Konsumgütern, um sich vorzugaukeln, das wäre Liebe zu sich selber, doch es ist nur Selbstbetrug", fügte er noch hinzu.

„Konsumiert habe ich immer sehr wenig, obwohl ich zeitweise gut verdient habe", fiel mir ein. „Ein ganz gutes Fahrrad habe ich mir gekauft. Damit fahre ich hauptsächlich wegen des Naturgenusses. Das bedeutet mir viel und versetzt mich in gehobene Stimmung. Der sportliche Aspekt ist mir dabei ziemlich egal. Im Gegenteil, Sport war mir immer verhasst, weil es Gewinner und Verlierer gibt und das scheint auch noch das Wichtigste dabei zu sein. Oder nimm die Mannschaftssportarten: ohne Aggression, wird keiner den Ball bekommen. Das ist nichts für mich", seufzte ich.

„Ich habe auch ein teures Fahrrad in Dänemark", erzählte er nun.

Ich kann nicht besonders weit gehen, ohne Schmerzen zu haben. Ich habe ohnehin immer Schmerzen und wenn ich einmal älter werde, werden die Schmerzen noch größer sein."

„Das tut mir leid", flüsterte ich.

„Muss es nicht", meinte er dann. „Ich freue mich immer, wenn du kommst. Mit dir kann ich gerade heraus reden".

Unsere Gespräche wären immer wichtig, nie „only entertainment", ergänzte er dann.

„Man muss sich gut überlegen, wen man in sein Haus lässt", fuhr er fort. „All die Energien, die ein Mensch um sich hat, verbreiten sich in deinen Räumen und bleiben zurück, wenn der Besucher geht." Wieder trat für eine Weile Stille ein.

„Du warst der einzige Mensch, der meine Behausung hier betreten hat." Das hatte ich nicht erwartet und ich bedankte mich für diese Ehre.

„Die Tasche möchte ich gerne DIR verkaufen, wenn du sie willst", eröffnete er mir dann.

Damit hatte ich auch nicht gerechnet. Einerseits freute mich das, andererseits überlegte ich aber, ob ich denn überhaupt Verwendung für sie hätte.

Eine innere Stimme flüsterte mir dann aber: Es geht gar nicht um zweckrationale Erwägungen. Es geht darum, dass ich ihm zum Dank für all seine Mühen, etwas zahle und um eine Erinnerung. Würde ich diese Tasche später einmal betrachten, wüsste ich sofort, welche Ambitionen ich damals hatte, als sie entstand. Sollte ich nachlassen in meinem Bemühen, würde Eric, in Form der Tasche, zu mir sprechen.

„Ich freue mich, dass du mir die Tasche gibst, aber sag, wie viel du dafür haben willst."

Er nannte mir keine geringe Summe und ich stimmte sofort zu.

„Wenn du in Deutschland bist, kannst du mir das Geld auf dieses Konto überweisen." Er nahm einen Zettel und schrieb seine Bankdaten darauf.

„Du weißt aber, dass ich erst in drei Wochen fliege?", erinnerte ich ihn.

„Es hat keine Eile," lächelte er dann.

Der darauf folgende Morgen brachte keinerlei Verbesserung. Dominic redete gar nicht mehr mit mir und ich fühlte mich wie ein lästiges Insekt. Alles zog sich in mir zusammen, wenn wir uns über den Weg liefen. So wollte ich meine letzte Zeit hier nicht verbringen.

Als ich wieder alleine auf der Veranda saß, fiel mir das Baumhaus ein, welches ich in Morjim gesehen hatte. Ich schrieb auf ein Stück Papier, dass ich für ein, zwei Tage verschwinden würde und packte ein paar Sachen zusammen.

Schon die Fahrt war die reinste Befreiung. In Chapora fuhr ich an den alten, portugiesischen Villen am Ortsende vorbei, die mit leuchtendem Bougonvilla überwuchert waren. Der Duft von Jasmin lag in der Luft und die vielen Schlaglöcher, denen ich ausweichen musste, unterstrichen den Hauch morbider Schönheit.

An der Abzweigung zum Chaishop „Just now" fuhr ich vorbei, denn mit Dominics nächsten Freunden wollte ich keinesfalls zusammen treffen. Ein paar Kilometer weiter ging es steil hinunter zu jenem Resort, das die Baumhäuser vermietete.

„Sorry, meinte die Frau, die mich wieder erkannte, aber alle Baumhäuser sind besetzt, das letzte aber erst ab morgen Abend."

Das passte ausgezeichnet, denn mehr als eine Nacht wäre mir doch zu teuer gewesen.

Ich kletterte die einfache Bambusleiter hinauf und ließ mich auf der Veranda nieder. Es wehte starker Wind und die Bäume um mich, mischten ihr Rauschen zu einem majestätischen Chor.

Das war jetzt das Richtige für mich! Hier konnte ich mich als Mensch, mit meinen kleinen und unwichtigen Nöten, einem größeren Ganzen unterordnen.

Ich trat ins Innere der Hütte, das eigentlich nur aus einem großen Bett bestand. Völlig umhüllt durch ein Moskitonetz, wirkte es wie ein Himmelbett.

Dort legte ich meine Sachen ab und lief danach nach Norden am Strand entlang. In dieser Richtung wurde es immer einsamer und bis Arambol, wo ich wieder auf Zivilisation stoßen würde, wäre es zu Fuß, viel zu weit. So vertrödelte ich den ganzen Tag, mal nahm ich ein Bad, dann legte ich mich wieder zum Trocknen in den Sand. Später schlenderte ich weiter und hielt nach Muscheln Ausschau, aber wenn man einmal auf den Andamanen war, was sollte man hier finden? Hübsche Steinchen wurden von den Wellen überspült und nach einer Weile kam ich an eine Stelle, wo ein kleines Bächlein ins Meer mündete. An der Bruchkante des Rinnsals hatten sich kleine, bunte Schnecken angesiedelt. Ein paar waren naturfarben oder ocker, mit gesprenkeltem Muster und weiter oben fand ich leuchtend rote, mit schwarzen Punkten. Die hatten genau die richtige Größe für Ohrringe, dachte ich. Leider waren ein paar aber noch bewohnt und die Leeren machten bereits einen fragilen Eindruck. Ich dachte an Sylvie, die auf Smith Island die Einsiedlerkrebse ausgekocht hatte und so etwas kam natürlich nicht in Frage.

So streifte ich entlang des Flusses landeinwärts und fand immer wieder geeignete Exemplare. Auch ein paar besonders schöne Stücke Strandholz hatte ich gefunden und kehrte zum Sonnenuntergang mit zahlreichen Schätzen heim.

Nach einem Abendessen im Resort, war es bereits dunkel und ich setzte mich auf die Veranda meiner Hütte. Das Rauschen der Bäume hatte noch zugenommen und versetzte mich etwas in Unruhe. Meine existenziellen Fragen schlichen sich ein. Was würde ich in Deutschland überhaupt tun? Wie würde es mit Dominic weiter gehen? Was von all dem, was mich hier umgab, würde

Bestand haben? Dann fielen mir die bunten Leute ein, die ich hier kennen und lieben gelernt hatte. Würde ich sie alle wieder verlieren? Schließlich ermüdeten mich diese Gedanken so sehr, dass ich mich hinlegen musste und bald fiel ich in einen unruhigen Schlaf.

Ich träumte von dem alten Haus auf dem Schoren, in welchem ich schon längst wieder lebte. Es lag aber nicht, wie in der Realität, auf einer Ebene, sondern an einem steilen Hang. Als ich von einem Einkauf zurückkehrte, fand ich, zu meiner Überraschung, nicht die übliche Stille und Einsamkeit vor, sondern fahrendes Volk hatte sich in dem breiten Tal, das unterhalb des Hauses lag, nieder gelassen. Dort waren prächtige, mittelalterliche Zelte aufgebaut, es gab Gaukler und Jongleure. Feuerräder wurden gedreht und Musik drang zu mir herauf. Ich begriff schnell, dass ich keinen Einfluss auf all das hatte. Gerade als ich die Szenerie betrachtete, kam ein unbekannter Mann in einer weißen Kapitänsuniform auf mich zu.

„Dominic ist heute Morgen von Bord gegangen", rief er lachend.

Das erschreckte mich ein wenig, bestärkte mich aber in dem Gefühl, keinen Einfluss zu haben.

Schließlich wollte ich das bunte Treiben im Tal näher betrachten und mischte mich unter die Leute, von denen ich niemanden kannte.

Allmählich dämmerte es und leuchtendes Abendrot erschien am Himmel, nachdem die Sonne untergegangen war. Zartrosa Kumuluswolken schoben sich vor einen lila Hintergrund und letztes Gold mischte sich dort dazu, wo noch kurz vorher die Sonne stand.

Wie gebannt schaute ich hinauf. Zu den Rottönen mischte sich blau, sogar grün und eine unnatürliche Dynamik schien sich zu entwickeln. Plötzlich zuckte es wie Wetterleuchten und danach wanderten gewaltige Nordlichter über das Firmament.

Das erste, das ich sah, wandelte sich allmählich und ein Gesicht, das einer alten Frau, schien mir entgegen zu blicken. Nach einer Weile verschwand es wieder und andere Farben traten in den Vordergrund. Wieder tauchte ein Gesicht auf, ein Mann mit traurigen Augen, der mich entfernt an meinen Vater erinnerte, bis sich neue Farben dazu mischten.

Stets in der gleichen Reihenfolge erschien nun zuerst ein Nordlicht und dann entwickelte sich ein Gesicht daraus. Keines dieser zahlreichen Gesichter erkannte ich und doch schienen mir alle vertraut. Schließlich verschwand die Erscheinung ganz und wurde von einem sternenklaren Nachthimmel abgelöst.

Im Zeltlager unten waren inzwischen einige Feuer zu erkennen und das bunte Volk scharte sich darum. Ich näherte mich einem und setzte mich in den wärmenden Kreis. Mir gegenüber saß Sam, der dunkle, kleine Mann, der mich vor ein paar Jahren abends zur Musik am Süßwassersee in Arambol eingeladen hatte.

Er lächelte mir zu, wies mit der ausgestreckten Hand nach oben und meinte: „Hast du dich erkannt? Das warst alles du."

Ganz aufgewühlt erwachte ich. Noch immer rauschten die Bäume und noch immer war sternenklare Nacht.

Noch vor Sonnenuntergang fuhr ich am nächsten Tag zurück nach Vagator. Dominic saß auf der Veranda, als würde er auf mich warten.

„Leny hat für heute Abend Hannes und Nico zu uns eingeladen, die kommen um neun", eröffnete er mir zur Begrüßung.

„Oh Gott, warum denn das?", antwortete ich und spürte eine Stich in der Magengegend.

„Tut mir leid, er hat mich gar nicht gefragt, weil er sich nichts dabei gedacht hat. Es ist Lenys letzter Abend in Goa und den wollte er mit uns verbringen", erklärte er. „Ich habe mir das auch nicht gewünscht, aber wir werden das schon hin kriegen", versuchte er dann einzulenken.

Die Zeit bis zur vereinbarten Stunde wollte nicht vorüber gehen. Dominic sprach jetzt zwar wieder mit mir, aber er wirkte kalt und einsilbig.

Kurz vor neun fuhren zwei Motorräder vor. Auf dem ersten saßen Hannes und Nico und auf dem zweiten, ein mir unbekannter Deutscher.

„Das ist Harry, ein alter Freund von daheim", stellte Hannes den hageren Mann vor.

„Er hat fast alle meine Tattoos gemacht und besucht uns gerade."

Ich war sehr erleichtert über Harrys Anwesenheit und hoffte, er würde mich ein wenig von meiner Befangenheit ablenken. Leider war dieser Gast aber ein äußerst schweigsamer Mensch und mir fiel erwartungsgemäß nichts ein, worüber wir hätten reden können. Die Leichtigkeit, die sonst zwischen uns geherrscht hatte, war dahin. Ich getraute mich nicht, wie sonst, irgendwelche witzigen Bemerkungen beizusteuern, abgesehen davon, fielen mir auch gar keine ein. Hannes spürte natürlich, dass etwas passiert war, seit unserer letzten Begegnung und konnte sich emotional nicht in der neuen Lage zurecht finden. Dominic übernahm nun die Konversation, aber sie kam nicht recht in die Gänge.

Inzwischen war es schon nach halb zehn und von Leny keine Spur. Jetzt trug dieser Typ doch so eine teure, klobige Schweizer Uhr und war überhaupt der Einzige, der hier Verabredungen mit Nennung von exakten Uhrzeiten arrangierte und nun kam er nicht! Dominic stopfte bereits das vierte Shilom, doch die Zeit wollte nicht vergehen. Harry rauchte tapfer mit, aber gegen zehn meinte er, er würde jetzt doch lieber gehen. Kurz darauf erschien endlich Leny, mit einem italienischen Freund.

„Sorry", entschuldigte er sich, „Wir haben in der Ninebar zwei ganz süße Französinnen kennen gelernt, da konnte ich mich einfach kaum trennen."

„Kein Problem", antwortete Hannes.

Zu mir gewandt meinte nun der Schweizer ganz stolz: „Schau mal, diesen Ring habe ich von Hannes bekommen. Wie gefällt er dir?"

Ich betrachtete Lenys schmale, braun gebrannte Hand, an der ein Shivaauge leuchtete.

„Sehr schön, steht dir gut", bestätigte ich.

„Heute Abend rauchen wir mal was Richtiges", lachte Leny nun zu Dominic hinüber.

„Franco", so hieß der junge Italiener, der neben ihm saß, „Zeig mal die Cream aus Parvati!"

und zu Hannes gewandt, meinte er: „Da kostet die Tola zwei Tausend Rupi, so 120 Stuz."

Franco reichte Dominic ein Stück von dem Teufelszeug und wieder wurde ein Shilom gestopft.

„Nun erzähl mal, was du so alles beim Tauchen gesehen hast", wollte Leny dann von Hannes wissen.

Der war es nicht gewohnt, dass ihm seine Geschichten auf diese Art abgefordert wurden und schien auch leicht ermüdet zu sein. Trotzdem wollte er aber den guten Willen zeigen und begann:

„Es war auf Ko Tao. Ich schnorchelte zwischen zwei Mantas, Spannweite 4 Meter. Einer kam mit offenem Maul direkt auf mich zu, wie ein Flugzeug! Aber die sind ja Vegetarier, fressen nur Plankton und es bestand keine Gefahr."

„Hast du auch schon mal Walhaie gesehen?", fragte nun Leny.

„Ja, das war aber bei Pulau. Es waren drei Stück, auch Planktonfresser, aber an die zehn Meter lang. Zuerst beobachteten wir sie von einem Boot aus, doch dann nahm ich den Schnorchel und wollte sie aus der Nähe sehen. Als der eine aber doch bedrohlich auf mich zu kam, zog ich die Beine hoch und machte eine Kugel aus mir, bis das Ungetüm vorbei war. Zum Schluss aber streifte mich noch leicht seine Schwanzflosse, deren Haut wie eine Raspel ist und ich blutete."

Um uns zu zeigen, wie genau die Haut des Walhaies beschaffen sei, krempelte er seine Hose hoch und deutete auf ein Muster, das auf seinen Oberschenkel tätowiert war.

Nun reichte Dominic Hannes das Shilom, der es ehrenhalber anrauchen sollte. Dominic sprach die Zauberformel für Shiva: „Aleg Bom Bolinath" und entzündete ein Streichholz. Das Safi, ein kleines Stück Stoff, wurde um die Öffnung, die in den Mund kam, gewickelt und Hannes nahm ein paar tüchtige Züge, um die Rauchmischung zum Glühen zu bringen.

In diesem Augenblick schlossen sich kurz seine leicht verdrehten Augen, er wurde sehr blass und kippte in Nicos Richtung. Diese fing ihn zum Glück auf. Dominic nahm ihm schnell das Shilom ab und Leny meinte: „Hab ich´s nicht gesagt? Ein Teufelszeug!"

„Wir haben auch schon viel zu viel geraucht, bevor du gekommen bist", warf ich mit einem vorwurfsvollen Unterton ein.

Ziemlich schnell kam Hannes wieder zu sich und nach einem Schluck kaltem Wasser schien er wieder stabil. Ich erinnerte mich daran, dass die Geschichte über eine Ohnmacht beim Shilom anrauchen, die erste Geschichte war, die ich von Hannes gehört hatte. Das war vor mehr als einem Jahr in Palolem gewesen.

„Jetzt ist es dir ergangen wie damals, als du Einen im Meer retten wolltest, der Unterwasser Yoga praktizierte", versuchte ich die Situation zu retten.

„Ja, genau", antwortete Hannes, „Habe ich das schon mal erzählt?"

„Ich glaub, wir gehen jetzt", wandte er sich nun zu Nico.

„Für heute reicht es, denke ich mal", bestätigte seine Freundin.

Ich schämte mich sehr für alles, was vorgefallen war. Was sind wir nur für Menschen?, dachte ich. Die einen Gäste schlagen wir in die Flucht und die anderen kollabieren. Die ganze Situation war mir schließlich so unerträglich, dass auch ich mich ins andere Zimmer zurückzog.

Ich hörte noch, wie Leny davon erzählte, dass er später mal entweder eine Eigentumswohnung in Zürich haben wollte oder halt eine Finca auf Ibiza, die aber mit anderen zusammen.

Später lief Musik und irgendwann schlief ich endlich ein.

Die Verabschiedung von Eric am nächsten Tag, verlief auch ganz anders, als ich mir das vorgestellt hatte.

Eine harte Nacht auf Acid, mit ein paar Engländern, lag hinter ihm. In dem riesigen, noblen Haus mit Garten und „Speakern, so groß, wie in der Ninebar", meinte er, war die ganze Nacht Party gewesen. Dreimal wäre sogar die Polizei gekommen.

Trotzdem nahm er sich Zeit für mich. Ich solle weiter meditieren, das würde mir helfen, in meinem Leben die richtigen Entscheidungen zu finden.

Fast hätte ich ein bisschen das Vertrauen in ihn verloren, wegen seiner, wie er es nannte: „Attachments in girls and drugs", aber für mich war er trotzdem

Karma Tse Wang Dorje.

Wir nahmen uns zum Schluss in die Arme, was zuvor nie geschehen war und er gab mir noch ein Mantra auf den Weg. Leider habe ich versäumt, es gleich aufzuschreiben und dann prompt vergessen.

„Du glaubst nicht, wen ich heute im Mango Shade getroffen habe", begrüßte mich Dominic ein paar Stunden später.

„Keine Ahnung", antwortete ich.

„Fatima! Die Fatima, die wir in Kathmandu kennen gelernt haben."

„Ja, ich bin auch mal an ihr vorbei gefahren", erinnerte ich mich und sah ihre gebeugte Gestalt vor meinem geistigen Auge.

„Das ist wirklich eine Hammer Frau! Gerade ist sie von der Kumba Mela aus Haridwar zurück gekommen. Weißt du überhaupt, was das bedeutet? Da treffen sich mehrere Millionen Hindus und nehmen ihr Bad im Ganges. Bei jeder Kumba Mela werden einige der Pilger nieder getrampelt, wenn der Run auf den Fluss losgeht. Dann die Unterkünfte, die Anreise, die Verpflegung, ganz zu schweigen von Toiletten für so viele Menschen. Also ich habe noch keinen getroffen, der sich da hin getraut hat."

Ich hatte schon viel von diesem Hinduspektakel gehört. Alle zwölf Jahre findet dieses weltweit größte Pilgerfestival, an vier verschiedenen Orten Indiens, statt. Astrologen berechnen die besonders heilsamen Tage und nicht jede Kumba Mela gilt anscheinend als gleich bedeutend.

Zuerst gehen an den wichtigsten Tagen, die Nagababas, heilige, asketisch lebende Männer, die ihren Körper und ihre langen Dreadlocks mit Asche bedecken, in den Fluss. Dieser soll die Gläubigen von Sünden und schlechtem Karma reinwaschen. Je mehr der astrologisch berechnete Zeitpunkt mit dem Badetermin übereinstimmt, heißt es, um so größer sei die Wirkung. Deswegen gibt es immer ein fürchterliches Gedränge und so mancher hat dabei schon sein Leben gelassen.

Und nun hatte sich ausgerechnet Fatima in so einen Hexenkessel gewagt. Wie falsch ich diese Frau beurteilt hatte, als sie so ein trauriges Bild am Straßenrand abgegeben hatte und ich leichtfertig daraus schloss, dass ihre Zeit vorbei wäre! Wie sehr ließ ich mich manchmal von Äußerlichkeiten leiten! Man konnte niemals endgültige Schlüsse ziehen, wurde mir klar, alles war ständig in Bewegung, mal bergauf und dann wieder hinab, so war das im Leben.

Allmählich kehrte wieder eine Art Normalität ein, aber mein Rückflug nach Deutschland schwebte wie eine dunkle Wolke über uns. Gelegentlich kam eine bissige Bemerkung darüber und dann war Dominic auch wieder äußerst liebenswürdig zu mir, ganz als wäre es ihm wichtig, einen guten Abschied von mir zu nehmen, bei dem eine Tür zu meinem Leben offen bleiben würde.

Wir verbrachten wieder mehr Zeit zusammen und manchmal gab es sehr offene Worte zwischen uns.

Auf dem Weg ins Mango Shade kam mir einmal Friedrich Strutthoff auf seinem Motorrad entgegen, grüßte und lächelte mir zu. Wie leicht fällt es Friedrich, mit einem einzigen Lächeln, andere Menschen zu erreichen, dachte ich und was alles muss ein Eric tun, für nicht einmal den halben Lohn. Wie ungerecht das war.

Natürlich zuckte ich zusammen, als ich Dominic mit Nico und Hannes im Lokal vorfand. Sie saßen bei Harry und einem mir unbekannten Typen am Tisch und schienen sich gut zu unterhalten. Am Liebsten wäre ich umgekehrt, aber man hatte mich bereits gesehen.

Dominic platzierte einen Stuhl für mich an seiner Seite und seine Augen signalisierten eine Art Entwarnung. Keiner schien daran interessiert zu sein, nochmals über den missratenen Abend von neulich zu reden und im Laufe des Nachmittags entwickelte sich wieder eine Leichtigkeit, fast wie vor dem Eklat, von dem unsere Freunde wohl nie erfahren würden.

Später fuhren wir alle zu Hannes, wo wieder ein Shilom gestopft wurde. Wir tranken Tee und Nico verarztete den armen Harry, der sich beim Baden, an einem scharfkantigen Felsen, eine Schürfwunde zugezogen hatte.

„Solche kleinen Verletzungen sind hier nicht zu unterschätzen", begann Hannes.

„Auf Ko Tao habe ich mal mit einer Handkurbel gearbeitet und zuerst gar nicht bemerkt, dass ich mir ein Loch in die Hand gekurbelt hatte. Das blutete und schon bald schwoll es bedenklich bis über den Ellbogen an. Die Hand konnte ich gar nicht mehr bewegen. Als sich dann auch noch eine dunkelrote Linie, bis fast zur Achsel hoch, abzeichnete, war klar: da ist Handlungsbedarf! Vermutlich hatte ich eine Blutvergiftung. Ich lief gleich los zum Pier, wo sich die Krankenstation befand. Auf dem Weg dahin traf ich aber einen Bekannten, der mich mitnehmen wollte, zu meinen Thaifreunden, um dort Gras zu kaufen. Hinter dem Haus dieser Leute sah ich dann ein Walgerippe, das sie kürzlich am Strand gefunden hatten. Aus den großen Knochenstücken hätte man Sessel schnitzen können. Ich war total begeistert und hätte es sofort gekauft, um es in den Garten zu stellen, aber ich hab ja keinen", lachte er dann.

„Das ging so eine Weile und später, auf dem Heimweg, traf ich einen anderen Freund, der mich gleich auf meinen Arm ansprach. Au, das hatte ich ganz vergessen, also Kehrtwende und sofort in Richtung Krankenstation. Dort wurde die Wunde gereinigt, desinfiziert und anschließend stellte mir die Frau dort alle möglichen Tabletten zusammen. 3000 Bat wollte sie dafür, also fast 150 DM, das war mir zu viel. Da ich wusste, dass die Krankenstation rund um die Uhr geöffnet war, beschloss ich, bei mir daheim die Entwicklung der Sache zu beobachten. Gesagt, getan, alle Stunde stellte ich mir den Wecker. Die dunkelrote Linie wurde mit der Zeit hellrot und schließlich verschwand sie ganz".

Wir hatten noch einen lustigen Abend zusammen und bei der Heimfahrt durch die laue Sternennacht wusste ich, dass sich, zumindest dieses Desaster, in Wohlgefallen aufgelöst hatte.

Nun waren die Tage gezählt. Ich begann sehr darunter zu leiden und fühlte mich einsam. Die Verbindung zu Goa war gerissen, wenn es denn je eine gab. Dominic fuhr jetzt wieder öfter zu Stefan, was ihm gut tat. Ich selber war zu nichts mehr zu gebrauchen. Es stellte sich eine Art Panik ein, die ich früher schon, am letzten Urlaubssonntag, empfand, an dem ich in den paar verbleibenden Stunden, nochmal alles erleben wollte, was mir normalerweise Freude macht. Wie damals, wollte mir aber nichts gelingen, denn alles war nun unwichtig und ohne jedes Gefühl. Lesen, Baden, Schreiben, Wandern, oder Malen, alles war unnötig, langweilig und absolut nutzlos.

Am anderen Morgen hielt es Dominic dann auch nicht mehr aus. Er schrie mich an, beendete unsere Beziehung und verbot mir erneut, im Haus auf dem Schoren zu wohnen.

„Überhaupt wäre es das Beste, du würdest gleich verschwinden, jetzt gleich, auf der Stelle."

Wie so oft in derlei Situationen, war ich zunächst in eine Art Erstarrung verfallen, bis mir klar wurde, dass es genau so das Beste wäre. Zwei Nächte lagen noch vor mir und die würde ich in einem Guesthouse verbringen.

„Gut, ich fahre jetzt los und suche eine Unterkunft. Später hole ich meine Sachen ab", sagte ich dann leise.

Dominic war aber bereits zu seinem Scooter gelaufen und fuhr davon.

Im Palm-groove Guesthouse, etwas außerhalb, fand ich ein schönes Zimmer mit Balkon.

Als ich mein Gepäck in unserem Häuschen abholte, schrieb ich ihm auf einen Zettel, wo ich untergekommen war. Ich nahm meine Bilder von der Wand, holte noch ein paar Sachen aus dem Kühlschrank und mein Rucksack füllte sich allmählich. Wie oft hatte ich ihn gepackt, während der letzten beiden Jahre und heute war es das letzte Mal. Die Tränen traten mir in die Augen und ich weinte so bitterlich, als wäre mir alles genommen worden, was mir je etwas bedeutet hatte. Schließlich war ich so erschöpft, dass ich mich noch eine Weile auf meine Matratze legte. Um wirklich einzuschlafen, war ich viel zu aufgewühlt. Ich schaute mich noch einmal um und fuhr bald los, denn auf eine weitere Begegnung mit Dominic, wollte ich es nicht ankommen lassen.

Am Abend, es war bereits nach neun, hielt ich es nicht mehr in meinem neuen Zimmer aus. Deshalb wollte zu ihm fahren und ihm erklären, warum ich mich zur Heimreise entschlossen hatte und schauen, ob denn wirklich alles verloren wäre.

Ich war schon unterwegs, als mir etwas gelb Leuchtendes entgegen fuhr. Das war er, mein Liebster, in seiner gelben Hose, auf dem Weg zu mir.

Er beteuerte, dass es ihm leid täte, was passiert war, heute Morgen, aber auch während unserer ganzen Reisezeit. Er weinte, ich weinte und wir lagen uns in den Armen.

„Ich werde jetzt erst mal weiter nach Thailand reisen und später komme ich dann auch nach Deutschland. Wir werden dann wieder zusammen auf dem Schoren wohnen", meinte er, nachdem er sich wieder etwas gefasst hatte.

„Prost Mahlzeit", dachte ich und war aber gleichzeitig sehr erleichtert.

„Ich habe Peter und Anna für morgen Abend zum Essen im Restaurant eingeladen. Ich möchte den Abend gerne mit dir verbringen, aber alleine schaffe ich das nicht. Die beiden haben das verstanden und wollen mir den Gefallen tun", meinte er dann.

„Ja, das machen wir so", pflichtete ich bei.

Wir saßen noch die halbe Nacht auf dem Balkon meines neuen Zimmers, rauchten und beteuerten uns gegenseitig unsere Liebe.

„Vielleicht würdest du nicht gehen, wenn ich mich dir gegenüber so verhalten hätte, wie Alex zu seiner Tal."

Er nannte mich eine super Frau und versicherte mir, dass alle mich gemocht hätten und genau das hätte ihn eifersüchtig gemacht.

So etwas hatte ich noch nie von ihm gehört, doch jetzt war es einfach zu spät.

Erst in den Morgenstunden fuhr er zurück nach Vagator.

Als ich gegen Mittag erwachte, blieb ich noch lange liegen und ließ so manchen Satz, den er vor ein paar Stunden gesagt hatte, noch einmal Revue passieren.

Die Eskalation am Morgen war wie Sterben gewesen und als Dominic dann am Abend sein Herz aufgetan hatte, das war dann nicht mehr wie von dieser Welt. Seither, dachte ich, ist alles so, als wären wir bereits Engel. Eigentlich verstand ich das alles gar nicht mehr.

Wie verabredet, weckte ich ihn mittags gegen drei Uhr. Wir waren beide etwas unsicher und vermutlich deswegen schlug Dominic vor, wir könnten noch einen kurzen Abstecher bei Stefan und Prema machen. Stefan hatte Dominic neue Musik auf einen Stick gezogen und auch sonst verlief alles erfreulich. Weiter oben am Berg, betrachteten wir später gemeinsam den Sonnenuntergang und ich erinnere mich, dass Stefan mich einen vergeistigten Menschen nannte. Das fand ich eher nicht zutreffend. Vermutlich war ich, ganz oft in seiner Gegenwart, nur deswegen so schweigsam, weil Dominic es nicht mochte, wenn ich das große Wort führte. Noch saß mein Gefährte neben mir und es war so etwas wie Wärme zu spüren. Prema nahm mich bei der Verabschiedung in die Arme und lächelte verschmitzt: „Na dann bis zur nächsten Season."

Bei der Rückfahrt zu unserem Häuschen, schienen letzte Sonnenstrahlen flach durch die Bäume und die Farben in der Natur um uns verklärten sich zu einer solchen Intensität, wie ich es vorher noch nie wahr genommen hatte.

Peter und Anna waren kurz vor uns angekommen und wir fuhren gleich weiter ins Basilico.

Auch diese Begegnung, mit dem feinen Abschiedsessen, verlief ohne Zwischenfälle, aber ich war doch froh, dass unsere Unterhaltung in Englisch geführt werden musste. Für mich war diese Sprache neutraler und man konnte meine wahren Gefühle nicht so leicht erkennen.

„Lass uns jetzt nach Hause fahren", schlug Dominic danach vor, denn er bemerkte, wie erschöpft ich inzwischen war.

Als wir wieder alleine vor dem Häuschen saßen, legte mein Freund die neue Musik auf, wir rauchten und redeten wieder die halbe Nacht. Ich erwähnte einige der schlimmsten Episoden, die wir zusammen erlebt hatten und er erwiderte, dass ihn meine Ausgeglichenheit und Ruhe oft in den Wahnsinn getrieben hätten.

„Aber ich war nie ausgeglichen, es war nur Angst, sonst nichts", beteuerte ich.

Danach kam der Rückflug.

Das war aber nicht das Ende, sondern der Anfang von etwas Neuem.

Dominic reiste über Thailand weiter nach Indonesien, wo er im August 2001 am äußersten Ende von Irian Jaya ankam. Dort konnte er mit Einheimischen, immer weiter in den Dschungel vordringen, wo es noch Stämme gab, die mit Federschmuck und Penisköcher angetan, wilde Tiere jagten. Er schrieb mir, es gäbe dort eine ganz seltene Holzart, die man im Orient zu Räucherzwecken verwenden würde. Der Handel damit wäre vielleicht nicht ganz legal, aber sehr lukrativ.

Von Nico hatte ich eine Einladung nach Nord-Italien bekommen, wo sie, völlig abgelegen in den Bergen, in einer Einrichtung für schwererziehbare Jugendliche, als Köchin arbeitete.

„Komm doch mal zu uns, da werden immer Leute gebraucht", hatte sie mir geschrieben.

Und dann gab es noch Michael, den Lieben. Er besuchte mich manchmal auf dem Schoren und wir verstanden uns gut. In einem sehr schönen Schwarzwälder Hochtal, hatte er sich inzwischen günstig Land, mit einer Ruine darauf, gekauft und begann bereits mit dem Wiederaufbau, ganz bescheiden und in Ruhe, mit einfachsten Mitteln, so wie es seine Art war.

Wenn ich von meinen Reisen erzählte und für meinen Wagemut gelobt wurde, antwortete ich wahrheitsgemäß: „Mein Mut war immer klein, die Sehnsucht aber groß."

KARTE ZWEITE FAHRT

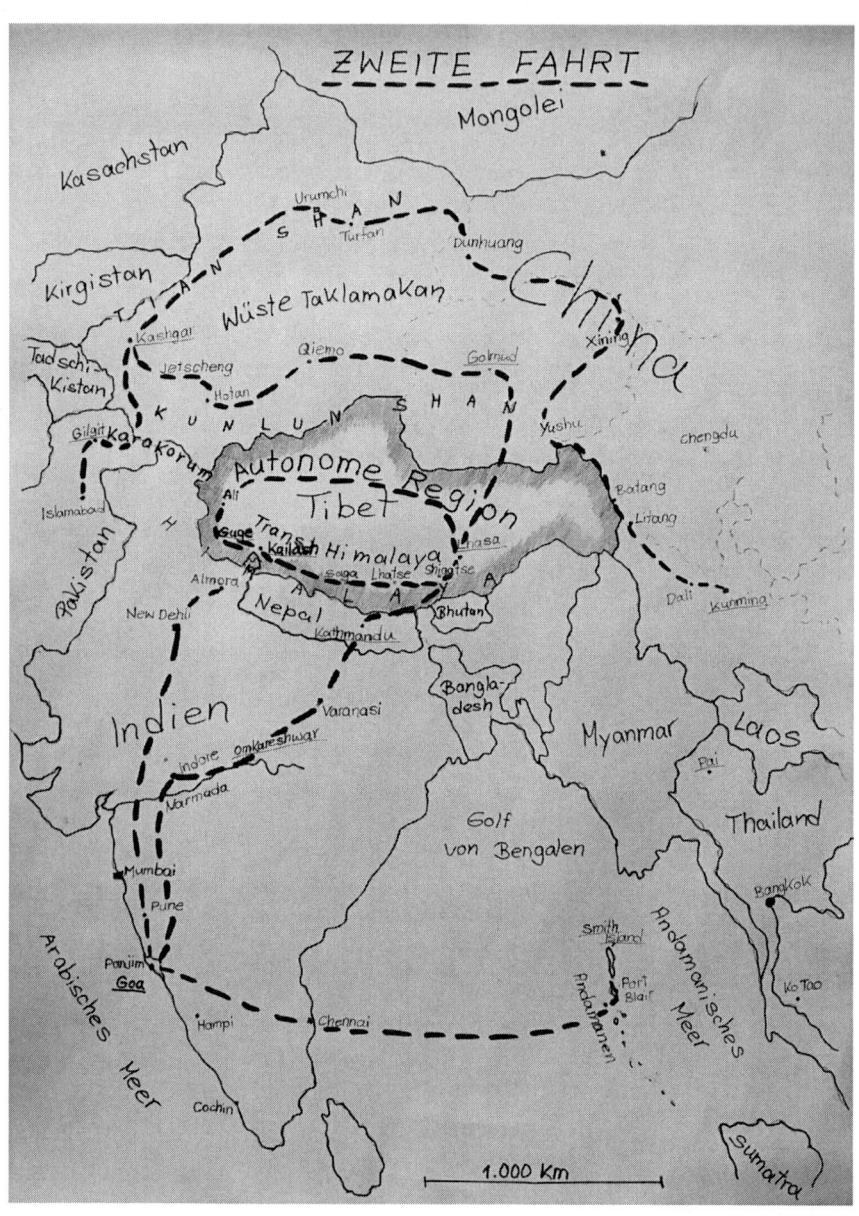

Nam Tso, Tibet 1999

IMPRESSUM

Bibliografische Information der
Deutschen Nationalbibliothek:
Die Deutsche Nationalbibliothek verzeichnet diese
Publikation in der Deutschen Nationalbibliografie;
detaillierte bibliografische Daten sind im Internet über http://
dnb.d-nb.de abrufbar.

© VERRAI-VERLAG · 70469 Stuttgart
Email: redaktion@verrai-verlag.de

1. Auflage August 2023
Alle Rechte vorbehalten.
https://verrai-verlag.de

Umschlaggestaltung:
atelier ehrle

Coverfoto:
X VaLe1605/shutterstock.com
Tania Anisimova design/shutterstock.com

Printed in Germany
ISBN 978-3-948342-91-3